united
p.c.

I0319977

Alle Rechte der Verbreitung, auch durch Film, Funk und Fernsehen, fotomechanische Wiedergabe, Tonträger, elektronische Datenträger und auszugsweisen Nachdruck, sind vorbehalten.

Für den Inhalt und die Korrektur zeichnet der Autor verantwortlich.

© 2016 united p. c. Verlag

Gedruckt in der Europäischen Union auf umweltfreundlichem, chlor- und säurefrei gebleichtem Papier.

www.united-pc.eu

Renate Zeller Heilig

Wer Angst hat,
ist noch lange nicht feige

Für Petra, meine langbeinige Freundin. Ohne ihr Talent meine Ängste einfach wegzulachen, wäre Mexiko nur ein Traum geblieben...

Auf dem Weg

Die Stewardess lächelt „ein Glas Sekt?" Warum nicht, schließlich gibt es einen Grund zu feiern, wenn auch niemanden, dem ich zuprosten könnte. Die anderen Reisenden in der Business-Class haben sich hinter Tageszeitungen versteckt, tippen in Laptops, oder studieren unermüdlich ihre Agenden.

Es riecht nach Raumspray und Putzmittel. Die Spuren der Menschen, die ein paar Stunden zuvor in denselben Sitzen saßen, wurden minutiös entfernt. Nichts lässt erkennen, ob der Fluggast auf meinem Platz gearbeitet, oder geschlafen hat. Vielleicht hat er gelesen, die Minuten bis zur Landung gezählt, Ängste ausgestanden, oder gar Tränen vergossen. War er eine sie? Bei Langstreckenflügen wird der Sitzplatz zum Lebensraum und Nummer acht ist, für die nächsten 12 Stunden, von Frankfurt nach Mexiko, meiner.

„Darf es ein Imbiss sein?" Dieses Ticket kostet genau fünfmal so viel wie das in der Chicken-Class, im dicken Bauch der Boeing. Hätte ich es bezahlen müssen, säße ich hinten auf einem der billigen Plätze und auf dem Sitz neben mir wahrscheinlich ein übergewichtiger Kerl im Hawaihemd, auf dem Weg nach Cancún. Dank meiner Flugmeilen, die ich für meinen Platz eingetauscht habe, bin ich solchen Bekanntschaften diesmal entkommen. Meilen hatte ich schließlich genügend, denn in den letzten beiden Jahren war ich ständig auf Reisen, meistens nach Mexiko, aber nie zuvor *One Way*.

In meinem Magen macht sich ein seltsames Gefühl breit. Ein Gefühl, das sich selbst in einem weiteren Glas

Sekt nicht ertränken lässt. Obwohl ich eine Meisterin im Verdrängen bin, war klar, dass dieser Moment kommt.

Ein Jahr der Vorbereitungen liegt hinter mir. Was von meinem Leben bisher übrig blieb, habe ich in zwei Koffer und ebenso viele Schachteln gepackt. Ich war so beschäftigt, dass ich mir jeden Zweifel erspart habe. Einen Job in Mexiko erfinden und beim Chef durchsetzen, Schulden zurückzahlen und mich verabschieden. Ein volles Programm bis zum Abflug. Das ist meine Art zu funktionieren. Ich kann Vorsätze ohne lange zu überlegen in Pläne umsetzen, sie wie geplant durchführen und erst danach mit dem Nachdenken beginnen. Letzteres auch nur, wenn es sich nicht umgehen lässt. Hätte ich darüber nachgedacht, wäre ich zu dem Schluss gekommen, diesen absurden Plan zu verwerfen. Wahrscheinlich hätte ich mich für folgende Variante entschieden: In Österreich bleiben, weiterhin funktionieren, endlich das suchen und finden, worauf es im Leben ankommt.

Weggehen ist schließlich keine Lösung. Was man an sich selbst nicht leiden kann, verfolgt einen so treu wie der eigene Schatten. Niemand kann vor sich selbst davonlaufen, auch ich nicht. Bleiben war auch keine Variante, denn da war sie: die Angst vor einem durchschnittlichen Leben und das Bild einer gealterten Frau, die an ihre Jugendträume denkt und sich eingestehen muss, dass diese Träume nur Träume geblieben sind. Dem vorzubauen, habe ich eine Methode gefunden, mich und meine Ängste zu überlisten. Ich entscheide ohne nachzudenken und verkünde meinen Entschluss jedem, der mir über den Weg läuft. So gibt es keinen Weg mehr zurück.

Mit 19 habe ich in einem Radioprogramm gehört, dass junge Reporter gesucht werden und mich gemeldet. Rasch, bevor ich mir ausmalen konnte, warum man mich ganz bestimmt nicht nimmt. Zwei Jahre später wurde ich zu Leiterin eben dieser Sendung ernannt. Unter vier Augen fragte mich der Abteilungsleiter, ob ich mir den Job tatsächlich zutraute. Mein Ja kam so schnell und bestimmt, dass ich selbst erstaunt war.

Bilderbuch-Karriere, Studienabschluss und eine perfekte Beziehung. Bis auf letzteres habe ich alles abgehakt. Viele Frauen meiner Generation haben eine ähnliche Checklist. Wir wollen alles und das sofort, also stellen wir hohe Ansprüche. Und zwar an uns selbst: Die beste Ehefrau und Geliebte, die erfolgreiche Journalistin (an diesem Platz kann jede nach Belieben ihren eigenen Traumjob einsetzen) und irgendwann die beste Mutter auf Erden. Attribute wie schön, mutig und kerngesund, müssen wohl nicht erst erwähnt werden. All diesen Anforderungen kann keine Frau entsprechen. Aber versuchen darf sie es und daran scheitern, so hat sie später ausreichend Grund deprimiert zu sein. Die perfekte Frau ist ein ambitioniertes, aber chancenloses Projekt. Aber auch solche Erkenntnisse habe ich immer erfolgreich verdrängt.

Nach einer kurzen, dafür steilen Radiokarriere wollte ich mehr. Also bewarb ich mich mit knapp 24 Jahren beim Fernsehen. Der Inlandsreport war damals in Österreich die innenpolitische Reportage-Sendung und deshalb musste ich genau dort hin. Ich wählte die Nummer, ganz ohne nachzudenken, und bekam einen Termin: ein Doppelinterview mit beiden Sendungsleitern. Ich bestand und weiß bis heute nicht wie. Der Zug raste in voller Fahrt weiter. Von den Zweifeln an meinen

Fähigkeiten habe ich mich mit viel Anstrengung und Kreativität abgelenkt. Ein paar Jahre und Sendungen später verkaufte ich meine erste Auslands-Dokumentation, lange bevor ich das nötige Handwerkszeug dazu hatte. So landete ich schließlich in Rio de Janeiro, mit einem 3-Millionen-Budget (damals noch österreichische Schillinge), einem Kamerateam und dem verdammten Gefühl im Bauch, dass ich meiner Rolle nicht gewachsen war. Es heißt, dass Journalisten Blender sind, wenn das tatsächlich zum Berufsbild gehört, bin ich für diesen Job geboren.

„Noch ein Glas Sekt, bitte!" Der Herr in Hugo Boss neben mir schaut skeptisch. Da sitze ich in Jogginganzug, Tennisschuhen, gänzlich ohne Make-up unter wilden Locken und trinke allein. Eigentlich sollte ich dem guten Mann zuprosten. Mein Lieber, wenn du wüsstest... Ich bin perfekt in der Rolle der modernen Frau. Attraktiv, schlau und unverschämt. Und du wärst, unter normalen Umständen, schon dabei Räder zu schlagen. Heute aber, mein Lieber, habe ich keinen Bedarf nach Jungs. Ich schaue ihm direkt in die Augen und er senkt den Blick. Ertappt.

Der Weg ist das Ziel steht am Bildschirm vor mir. Sehr gut, dann muss ich mir ja keine Sorgen machen, denn am Weg bin ich bereits. Anderen habe ich so oft erklärt, warum ich weggehe, warum ausgerechnet Mexiko und was ich dort will. Verliebt in das Land, Lust auf Abenteuer, Angst vor Langeweile und so weiter und so fort... Doch was ist es wirklich? Laufe ich vor mir weg, vor dem was hinter mir liegt? Meinem Leben bisher, meiner Familie und den dazugehörigen Schuldgefühlen? Oder vor ihm? Vor dem Mann, den ich 17 Jahre lang liebte?

Mein Sitznachbar hat die Lust an der Rolle des geschäftigen Yuppies verloren. Der Laptop schnappt zu und er zippt durchs Filmangebot. *As good as it gets* – Helen Hunt, Kellnerin und alleinerziehende Mutter gegen Jack Nicholson, menschenfeindlicher, exzentrischer Autor. Guter Film, in dem es anscheinend darum geht, was man sich von Beziehungen erwarten sollte: nämlich nichts. As good as it gets. Mein Bildschirm bleibt schwarz. Ich bin noch in meinen Gedanken gefangen und schaue aus dem Fenster. Himmel, weiter nichts.

Mein Vater war nicht am Flughafen. Er ist 78, Gehen und Stehen fällt ihm schwer. Das gilt als Erklärung für sein Fernbleiben. Wahr ist aber, dass wir nicht voneinander Abschied nehmen können. Wir beide gehören zu den Menschen, die selbst bei Hollywoodmärchen in Tränen ausbrechen. Wenn uns die Realität einholt, wir selbst betroffen sind, haben wir die Situation nicht mehr unter Kontrolle. Und *alles im Griff haben*, ist auch etwas, was meinen Vater und mich verbindet. Also vermeiden wir kritische Situationen.

Ich weiß, wie sehr er mich vermisst. Trotzdem hat er nicht versucht, mich von meinem Vorhaben abzubringen. „Unsere Tochter wandert aus", sagte er zu meiner Mutter, als ich den beiden von meinem Entschluss erzählte. So als würde er meine Eröffnung auf einen Satz zusammenfassen, um das Gesagte besser zu verstehen. Kein Argument dagegen. Der Kommentar meiner Mutter: Wahnsinn. Genau das sagt sie immer, wenn sie ein Projekt nicht gut heißt. Mein Vater hingegen reagierte, wie ich es erwartet habe. In den letzten Monaten hat er geholfen, meine Abreise zu organisieren. Jetzt sitzt der Pensionist Artur Heilig in einem kleinen Büro, eigens in einer Ecke des familiären Wohnzimmers eingerichtet, und kümmert sich um Versicherung, Autorenrechte wie Honorarangelegenheiten seiner Tochter. Als es heute im Morgengrauen Zeit war ins Auto zu steigen, sagte er nur „ich liebe dich und hoffe, dass du glücklich wirst!" Nach einer festen Umarmung, schloss er mit „Mut hast du, das muss man sagen!"

Ist es tatsächlich mutig wegzugehen und alles hinter sich zu lassen? In ein Land auszuwandern, das man nicht wirklich kennt? Diesen Schritt könnte man auch mit der Etikette *Unbedarft* versehen. Genauso wie den Vorsatz: Einfach neu anfangen. Denn einfach ist es nicht – zumindest für mich nicht. Vor mir selbst kann ich ja zugeben, dass ich vor ziemlich allem Angst habe. Um mich einigermaßen sicher zu fühlen, brauche ich Menschen, die mir vertraut sind und eine Routine, an die ich gewöhnt bin. Doch jetzt ist es zu spät. Mit dem nächsten Flieger umkehren und allen erklären ich hätte mich geirrt, ist keine vertretbare Variante. Also volle Kraft voraus. Der Flieger kämpft sich durch Turbulenzen, der Herr in Hugo Boss hüstelt nervös und löst seinen Krawattenknoten. Ich muss lächeln und schlafe ein.

Mexiko kann man riechen, lange bevor man landet. Es gibt Menschen, die behaupten, diese Stadt stinke. Mich aber erinnert dieser Geruch an einen Film, die ich vor einem Jahr am Rande der mexikanischen Megacity gedreht habe. Menschen, die von dem leben, was andere nicht mehr brauchen. Menschen am Müll. In der Branche nennt man diese Art von Geschichten Sozialpornos. Das ist mein Genre. Zu meiner Entschuldigung kann ich nur vorbringen, dass ich eine Missionstäterin bin, auch wenn ich nach 15 Jahren Journalismus einsehen muss, dass Reportagen die Welt nicht verändern. Wohl aber mich.

Jeder Fernsehmacher hat ein genaues Bild im Kopf, wie sein Film auszusehen hat, und das schon lange vor Drehbeginn. Eine Art Drehbuch, das er nur widerwillig an reale Darsteller und Orte anpasst. Die Wirklichkeit wird zum Ärgernis, mit dem sich ein Reporter herumschlagen muss. Deshalb wird sie, diese elende Realität, von manchem Kollegen verändert, man kann das auch *verzerrt* nennen. Selbst mein Film *Menschen am Müll* war anders geplant. Drehort und Darsteller haben zwar genauso ausgesehen, wie ich sie im Kopf hatte, nur die Essenz war nicht dieselbe. Statt Agonie und Traurigkeit habe ich Lebensfreude und Hoffnung gefilmt. Im Müll der mexikanischen Millionenstadt leben Leute, von denen man lernen kann. Also kam alles ganz anders und das habe ich, zu meiner eigenen Überraschung, sogar genossen. Vielleicht haben die Lebensfreude und der Mut der Müllmenschen zu der magischen Anziehungskraft beigetragen, die mich dazu gebracht hat, nach Mexiko auszuwandern. Ich bin auf der Suche nach beidem. Mehr noch: Ich suche seit Jahren verzweifelt in aller Welt. Nie in mir selbst, denn ich habe Angst dort weder Freude, noch Mut zu finden.

Vor vielen Jahren musste ich zusehen, was passiert, wenn die Freude am Leben verblasst. Meine Schwester war manisch-depressiv. Nach unzähligen Selbstmordversuchen ist sie vom 15ten Stock ihrer Wiener Vorstadt-Wohnburg gesprungen und damit endgültig aus ihrem, aber auch aus meinem Leben verschwunden. Bevor sie krank wurde, war sie mein Vorbild. Gebildet, selbstbewusst und furchtlos. Sie war stark und ich lehnte mich an ihrer Schulter. Mit den Depressionen sind ihr Lebensmut und Lebensfreude langsam aber unaufhaltsam verloren gegangen.

„Da wir zum Landeanflug ansetzen, bitten wir Sie Ihre Sitzlehnen aufrecht zu stellen und sich wieder anzuschnallen." Ich schaue auf das nie enden wollende Lichtermeer unter mir. Wie viele Menschen leben hier? 20, 30, 40 Millionen? Die mexikanische Megacity – in ein paar Minuten bin ich ein Teil davon.

Eine Schlange vor den Schaltern der Migrationsbehörde und vor mir steht der Herr in Hugo Boss, der, nach dem zwölfstündigen Flug, leicht verknittert aussieht. Er ist mit dem Ausfüllen von Formularen beschäftigt und sichtlich verärgert, dass ihm keiner dabei zur Hand geht. Endlich bin ich an der Reihe. Der Beamte schaut auf. „Buenas Noches", sage ich. „Bienvenida Amiga!" Das ist nicht das erste Mal, dass ich das beim Einreisen nach Mexiko höre, aber es erstaunt mich jedes Mal. Der Beamte, der inzwischen wieder vor sich hin stempelt, weiß gar nicht, wie wichtig diese beiden Worte für sein verschlafenes Gegenüber waren.

An der Gepäckausgabe wird dann doch klar, dass meine Landung nicht ganz so sanft sein soll – kein einziges meiner vier Gepäckstücke hat es bis nach Mexiko geschafft. Irgendwann werden mich Kisten und Koffer schon einholen, denke ich und freue mich auf Petra. Ohne sie wäre ich wahrscheinlich nie hier gelandet und wenn, sicher nicht so schnell. Da ist sie schon: Groß, blond und lacht alle meine Ängste fort. So wäre ich gerne. Diese Frau genießt das Leben, liebt Abenteuer und ist neugierig. Obendrein gibt sie mir im Handumdrehen die Sicherheit zurück, die ich unterwegs verloren habe.

„Geh los und kauf dir neue Unterwäsche und Kosmetiksachen auf Rechnung der Luftlinie", rät sie mir und winkt einen wartenden Gepäckträger herbei. Petra lebt seit 25 Jahren in Mexiko. Geboren wurde sie in

Bayern, doch davon ist nicht mehr viel zu bemerken. Auf sie passt eher die Etikette: 100% Chilanga. Das ist normalerweise kein Kompliment. *Chilangos* schimpft man in der Provinz die mexikanischen Großstädter und in einem alten spanischen Nachschlagwerk steht zu lesen: Der Chilango ist schlecht erzogen, respektlos und unehrlich. Unter Herkunft des Wortes Chilango wird erklärt, dass es von dem Mayawort *Xian* käme und das stehe für zerzaust. Wenn letzterem so ist, erfülle auch ich alle Voraussetzungen eine echte Chilanga zu werden.

Petra rast durch die Menschenmenge. Lange Beine, große Schritte. Sicher, scherzend. Ein paar Minuten später sitzen wir in ihrem roten Jeep am Weg ins Zentrum der Stadt. Ab heute teilen wir Wohnung und Auto, Petra hat natürlich schon die jeweiligen Anteile errechnet. Sie ist genial in Geldangelegenheiten, ganz im Gegensatz zu mir. Im neuen Korrespondentenbüro werden wir gemeinsam arbeiten, sie als Producerin und ich als Reporterin. Ein gewagtes Vorhaben: Job, Auto, Wohnung - kann so viel Gemeinsames gut gehen? Keine Zeit zum Nachdenken, für morgen gibt es schon Termine. „Um acht Uhr kommt Einstein, unser Chauffeur und Mädchen, oder besser gesagt Männchen für alles", erklärt Petra. Er sei nicht besonders klug, daher der Name. „Einstein fährt dich zu Migration, damit du die müßigen Amtswege ansatzlos beschreiten kannst. Danach Mittagessen beim Libanesen mit Enrique (du erinnerst dich an meinem Mann?) und zum Abschluss werden wir uns eine Produktionsfirma anschauen." Wie immer hat sie alles geplant.

Ich lehne mich im Autositz zurück und bemerke, wie müde ich bin. Autos überholen hier von links und rechts. Ein Taxifahrer will auf unsere Fahrspur schneiden. Petra hupt wütend. Da hört man, woher sie eigentlich kommt, ein Schwall bayrischer Schimpfworte bricht los. Der Übeltäter schaut verständnislos und ich beginne zu zweifeln, ob ich in Mexiko tatsächlich selbst Auto fahren sollte. „Haben hier Rechtskommende Vorrang?", frage ich. Petra scheint die Frage zu amüsieren. Regeln gäbe es, aber keiner hielte sich daran. Ich habe längst die Orientierung verloren, als wir im Stadtzentrum landen.

Das Hausmädchen öffnet. Sie heißt Josefina und wir kennen einander von meinen letzten Reisen. Diesmal können wir sogar kommunizieren, dank eines dreiwöchigen Spanisch-Intensivkurses in Guatemala, mein letzter Urlaub vor dem Start in ein neues Leben. Acht Stunden Unterricht pro Tag, ein Lehrer gegen eine Schülerin, danach Hausaufgaben und abschließend Kopfweh. Mit 33 lernt es sich offensichtlich nicht mehr so einfach.

Alle Kästen und Laden in meinem Zimmer sind leer und das werden sie vorerst auch bleiben. Am Schreibtisch steht mein Computer, daneben stapeln sich Drehkassetten von unserem letzten Filmprojekt über drei außergewöhnliche Gottesdiener. Ein Priester, der als Freistilringer Geld für sein Kinderheim verdient; ein österreichischer Pfarrer, der mitten auf einem mexikanischen Müllplatz Messen abhält und ein zorniger Mann Gottes, der Drogensüchtige mit aller Gewalt auf den rechten Weg bringen will. Wegen dieser und anderer Reportagen bin ich während der letzten Jahre immer wieder hier gelandet. Jedes Mal dieselbe Routine: Film, Kurzferien, zurück nach Hause. Ab heute aber soll das hier Zuhause sein.

Die Wohnung im sechsten Stock schwebt wie eine Insel über dem pulsierenden Stadtkern. Selbst die

Geräuschkulisse der Metropole klingt hier oben gedämpft. 200 Quadratmeter weiße Wände, Parkettböden, mexikanisches Kunsthandwerk. Meine bayrisch-mexikanische Freundin hat inzwischen Tequila eingeschenkt. „Zeit zum Anstoßen", meint sie. „Willkommen" und hebt das Glas „schön, dass du da bist!" Langsam steigt leise Vorfreude auf. Gut, dass du dich getraut hast, sage ich zu mir. Salud!

Gelandet

Es klopft an meiner Zimmertür. Josefina steckt den Kopf herein: „Se puede, Señora?" Oh, Frühstück ans Bett, selbstverständlich darf sie hereinkommen. Ich weiß aber nicht, wo sie Teller, oder Tasse hinstellen soll. Die Haare stehen mir zu Berge und ich sehe noch nicht klar. Außerdem will ich erst einmal Zähne putzen... In jedem Fall: Gracias. Offensichtlich muss ich mich an dieses Leben erst gewöhnen.

Unser Chauffeur und Assistent Einstein erscheint pünktlich, in Anzug mit Aktentasche, schließlich bin ich Bürochefin. Da er für diese Position keinen Titel präsent hat, nennt er mich Miss. So wendet man sich in Mexiko gewöhnlich an Kindergärtnerinnen. Offensichtlich waren Einsteins Missen sehr respektabel. Sein "Miss" klingt jedoch eher wie *mies*, die Wiener Bezeichnung für *gar nicht gut* oder *ziemlich übel*. Einstein kontrolliert noch einmal, ob alle Dokumente für den bevorstehenden Amtsweg eingepackt sind. Er war letzte Woche schon auf der Migrationsbehörde und erklärt mir „no se preocupe!" Machen Sie sich keine Sorgen. Warum sollte ich auch, frage ich mich? Er ist zweifellos sehr bemüht und ich komme zwischen den aufgehaltenen Türen fast nicht zum Auto.

Falls ich je im Leben behauptet habe, dass es in Wien ein Verkehrsproblem gibt, nehme ich das zurück. Hier bahnen sich drei Millionen Autos ihren Weg durch die Megacity. Das rote Licht der Ampeln legt auch in diesem Chaos den Verkehrsteilnehmern nahe stehen zu bleiben. Das heißt aber noch lange nicht, dass sich die Mexikaner diese Empfehlung zu Herzen nehmen. Bei Grün beginnen die Verkehrspolizisten heftig zu pfeifen. Ohne Unterlass. Es ist ein Rätsel, wann sie atmen, dabei winken sie weiß behandschuht die Vorbeifahrenden über die Kreuzung, obwohl das Engagement der Uniformierten keine bemerkenswerte Bewegung in den Stau bringt. Schließlich kann jeder nur so schnell fahren, wie das Auto vor ihm. Die Polizisten scheint das nicht zu irritieren, sie sind von der Mission beseelt den Verkehr zu bewegen. Auf die Frage, ob dieses Pfeifkonzert und das Gewinke wirklich notwendig seien, erklärt der Ordnungshüter durchs Autofenster, beides mache den Verkehr flüssiger... Das beruhigt natürlich sehr.

Auf der Migrationsbehörde muss ich den Inhalt meiner Handtasche ausräumen. Die Nagelschere darf nicht ins Amt und bleibt in einer Plastikschale bei der Polizistin am Eingang. Werden Beamte hier mit Nagelscheren attackiert? Einstein und ich sind zu spät dran, 20 Minuten nach neun. Schon reicht die Warteschlange fast bis zur Tür. Eine Gruppe italienischer Nonnen hält die Pole Position. Die Kommunikation funktioniert nicht, auch wenn der Beamte langsam, sehr langsam spanisch spricht. Die aufgeregten Damen verstehen kein Wort. Endlich wird die Sache transparent: Es fehlen Kopien, statt zwei, sind drei pro Original beizubringen.

Für die mexikanische Einwanderungsbehörde gehören Nonnen, Priester und Journalisten in einen Topf. Geistliches Personal und Korrespondenten – eine heilige Kombination. In beiden Gruppen gibt es Missionstäter. Als nächster an der Reihe ist ein US-amerikanischer Reporter. Er versucht seine mangelnden Sprachkenntnisse mit lautem Sprechen zu kompensieren. Erfolglos – ihm fehlt ein Dokument. Zurück an den Start. An den anderen beiden Schaltern wird nicht amtsgehandelt. Der Herr rechts ist noch mit seinem Frühstück beschäftigt und die Dame am linken Schalter lässt sich nicht bei ihrer morgendlichen Maniküre stören.

Irgendwann höre ich: Pase! Bin ich dran? Der Beamte nickt gestreng. Ich trete einen Schritt vor und befinde mich - wie zu Schulzeiten - in einer Prüfungssituation. Zögernd lege ich alle Dokumente einzeln vor, wie von mir verlangt. Der Beamte schüttelt den Kopf. Von diesem Dokument fehlt die spanische Übersetzung. Nein, dieses Papier muss nicht apostuliert, also nicht mit amtlichem Siegel versehen werden. Aber „hier haben wir das Formular falsch ausgefüllt", erklärt der Beamte langsam und schaut mir prüfend in die Augen, als ob er meinen Geisteszustand in Frage stelle. Wir? Ich kann mich nicht erinnern, dass mir der gute Mann beim Ausfüllen geholfen hätte und langsam verstehe ich, warum mir die Polizistin am Eingang die Nagelschere abgenommen hat. Einstein sieht meinen Gesichtsausdruck und sagt unter vorgehaltener Hand „No se preocupe!" Der Beamte fährt fort. Meine Fotos entsprächen nicht dem amtlich vorgeschriebenen Format und von den fehlenden Kopien müssten wir erst gar nicht reden, oder? Zurück an den Start.

Einstein wiederholt sich: Machen Sie sich keine Sorgen. Und genau jetzt fange ich an, mir ernsthaft Sorgen zu machen. Erste Lektion in Sachen Mexiko. Die Phrase: Machen Sie sich keine Sorgen, heißt anscheinend genau das Gegenteil. Wäre die Lage nicht ernst, käme ja keiner auf die Idee sich Sorgen zu machen. Ergo versucht man sich und andere zu beruhigen. No se preocupe.

Zwischen Verkehr und Amtshandeln ist der Vormittag vergangen. Ich frage mich wie die Menschen dieser Stadt den Alltag bestehen. Jeder Termin verwandelt sich in eine komplizierte Mission, die Ewigkeiten in Anspruch nimmt. Ich habe Bedenken, ob sich dieser Rhythmus mit dem meiner österreichischen Arbeitgeber abstimmen lässt.

Mühsam quält sich der Jeep zurück ins Stadtzentrum. Wir müssen einen anderen Weg einschlagen, erklärt Einstein. Nett mich einzuweihen, denn mir wäre das nicht aufgefallen. „Es wird wiedermal demonstriert, Mies." „Wer gegen wen?", frage ich. Unser Assistent zuckt mit den Schultern „wahrscheinlich wieder die Lehrer." Ich schaue aus dem Fenster. Da ist es, dieses Licht. Das Licht Mexikos, das alles plastisch aussehen lässt und jedes Grün noch grüner macht. Die Bäume und Parks, eine grüne Stadt, die von einem einmaligen Licht durchflutet wird.... Ich bin von dem Wiener Grau und der Alltagsdepression geflohen. Auf 2300 Meter Höhe wirkt der Himmel unter der Sonne blauer als anderswo.

Einstein chauffiert den Jeep durch die Altstadt, in die Welt hinter dem Zocalo, dem Hauptplatz mit seinen gewichtigen Bauten. Hier sind die Gassen eng und die Häuser schäbig. Zwischen formlosen Betonburgen einzelne Gebäude aus dem 16. und 17. Jahrhundert, deren Pracht man noch heute erahnen kann. Die Nachkommen ihrer einstigen Bewohner leben inzwischen am Rande der Stadt. Denn wer Geld hat, bleibt dieser Gegend tunlichst fern.

Heute wird in diesem Viertel gehandelt. Je nach Gasse wechselt die Produktpalette. Stoffe und Nähzubehör, parallel dazu Waren aus Plastik und in dieser Gasse Schul- und Büromaterial. Alte koloniale Fassaden verschwinden unter bunten Folien, phosphoreszierenden Kartons und Schultaschen mit grünen Hulks und schwarzen Batmen. An der Ecke steht ein Mann mit einem Fächer aus bunten Kugelschreibern. „A Peso - A Pesooo", schreit er. Es klingt, als würde er singen. Ein Stift für einen Peso. So sollen einst die Azteken Waren angepriesen haben. Auch wenn die Sprache heute eine andere ist, die Melodie blieb erhalten. „A Peso, Pesoooooooooo." „Da vorne an der Ecke ist es", sagt Einstein und meint das libanesische Restaurant, in dem ich Petra und Enrique treffen soll. Ich steige aus.

„Permiso", schreit ein Mann hinter mir. Er schiebt einen übervollen Diablito vor sich her. Diese zweirädrigen Schub-Karren heißen Teufelchen und transportieren alles von Gemüse bis zu Klopapierrollen. Ich weiche aus und stoße mit einer Mutter zusammen, die Schulmaterial für mindestens drei Kinder nach Hause schleppt. „Perdón, Señora..." Nur nicht zögern. Eintauchen und zielsicher weitermarschieren. Schließlich rette ich mich in den stillen Patio unter dem Restaurant. Einen Stock höher hört man Geschirrscheppern, Männerstimmen und geschäftiges Laufen auf Holzboden. *El Andaluz* ist der Treffpunkt libanesischer Geschäftsleute. Diese Herren halten längst nicht nur den Textilhandel dieser Stadt fest in Händen, einer unter ihnen ist heute ein großer Spieler in der Finanzwelt. Seine

Geschichte liest sich wie eine Telenovela: Erfolg, Geld und Macht, mit einem Spritzer Liebe und Tragik. Sein Name ist Carlos Slim Helú, einer der reichsten Männer auf dem Erdball. Es gibt kaum einen Bereich, in dem seine Finanzgruppe nicht tätig war: Immobilien, Minen, Hotels, Bauwirtschaft, Versicherungen, Flugwesen. 1990 gelang ihm der Supercoup. Damals kaufte Slim die staatliche Telefongesellschaft Telmex. Inzwischen gehören weltweit mehrere Mobiltelefonprovider zu seinem Imperium. In der Liste der Reichsten der Welt besetzt dieser Geschäftsmann immer einen der drei ersten Plätze.

„Sie werden schon erwartet", hüstelt der gestrenge Oberkellner. Ich bin zu spät dran, es ist 3 Uhr und selbst in Mexiko höchste Zeit zum Mittagessen. Ein Kellner geleitet mich durch die Tische. Herren mit gelockertem Krawattenknoten, jonglieren mit Mobiltelefonen und Funkgeräten, während sie Geschäftliches besprechen. Tequilas, Zigarren, libanesische Vorspeisen. Dazwischen Petra und ihr mexikanischer Mann. Ein Ehepaar ohne Trauschein, denn in Mexiko ist man offiziell immer verheiratet. Die beiden sind so unterschiedlich, wie ein Paar nur sein kann. Sie groß und blond. Er klein und dunkel. Enrique ist ein wahrer Caballero der alten Schule und obendrein der gebildetste Mann, dem ich je über den Weg gelaufen bin. Während ihn sein Chauffeur durch die Megacity fährt, liest er. In mehreren Sprachen, unter anderem auf Deutsch, aus reinem Interesse, selbst Werke wie den *Hexenhammer*. Enrique ist Anwalt und Zeit seines Lebens bei der PRI, der Partei der Institutionellen Revolution, die seit mehr als 70 Jahren dieses Land regiert. Das macht den Licenciado zum Funktionär, der immer wieder politische Ämter innehat.

Er sah viele Präsidenten kommen und gehen, mit einigen hat er persönlich zusammengearbeitet.

Licenciado ist ein akademischer Titel, der in diesem Land häufig strapaziert wird, auch getragen von Herrschaften, die nie eine Universität von innen gesehen haben. Was Enrique betrifft, ist der Lic. jedoch echt.

Petra bestellt Margaritas, eine Zeremonie und sie ist darin Meisterin. Was den Tequila betrifft: 100% Agave, keine Frage. Streng sieht sie den Kellner an und lässt sich die vorrätigen Tequilas aufzählen. Ohne mit der Wimper zu zucken, trifft sie ihre Wahl. Natürlich auf Eis, keinesfalls Frappé. Und: wenig Zucker. Am Ende lächelt sie süß: Gracias. Der Kellner läuft los. Halb vier. Ich esse inzwischen den zweiten Brotkorb leer, da wo ich herkomme, denkt man um diese Uhrzeit schon an Jause und Kaffee.

Enrique gibt mir eine Einschulung zum Thema mexikanische Politik. Wer ist links, rechts, oder in der politischen Mitte? Er lacht: „Vergiss deinen Drang alles in ideologische Schubladen zu räumen. Ideologien sind meist nur Vorwand oder schlicht Luxus." Ich verstehe gar nichts und nippe an meinem Margarita. „In der PRI zum Beispiel findest du Linke wie Rechte, Liberale wie Konservative und alle in derselben Partei. Es geht nicht um politische Anschauungen, sondern um Macht und Geld. Der politische Wind bläst aus der Richtung des Präsidenten, aus seinem Lager kommen die, die Entscheidungen treffen!" Und die Opposition? „Die Pan, die bürgerliche Partei, gehört einer Handvoll reicher Familien aus dem Norden. Klar, diese Herrschaften sind weder links noch Atheisten, sondern rechtskonservativ und katholisch." Und die andere Seite, die PRD, die Partei der demokratischen Revolution? „In den 80er-Jahren gelang es der Linken, einen eigenen Präsidentschaftskandidaten aufzustellen: Cuauhtémoc Cárdenas. Er hat bei den Wahlen von 1988 sehr wahrscheinlich die PRI besiegt. Das konnte die Regierungspartei natürlich nicht zulassen, also hat man auf ein bewährtes Mittel zurückgegriffen: den Wahlbetrug. So ist der PRD-Kandidat Cardenas nie Präsident geworden und alles lief weiterhin wie gehabt".

An diesem Punkt bin ich schon leicht betrunken. Es ist 4 Uhr nachmittags und ich habe bisher zwei Margaritas und ein paar trockene Fladen im Magen. Endlich kommen die Vorspeisen. Enrique erklärt und ich frage zwischen Jocoque und Melanzani-Aufstrich nach. Doch meine Verwirrung nimmt zu statt ab. Solange man nichts weiß, ist die Welt einfach und klar. Das Dilemma für den Fernsehjournalisten beginnt genau an diesem Punkt: Wie erklärt man einen komplexen Sachverhalt in 28 Sekunden Nachrichtentext? „No te preocupes", unterbricht Enrique „politische Details will in Europa sowieso keiner hören. Es geht doch um bildfüllende Katastrophen, Erdbeben, Vulkanausbrüche und die Drogenmafia, natürlich nur, wenn ausreichend Opfer zu beklagen sind." Ich will entgegnen, dass diese Art von Berichterstattung nicht die meine ist und, dass ich mir den Luxus gestatte zu ignorieren, was ausschließlich Ratings einbringt. Aber ich schweige. Denn nach inzwischen drei Margaritas fehlt mir die Kraft für Diskussionen, vor allem, wenn sie auf Spanisch abgehalten werden müssen. Also beobachte ich still meine beiden Gegenüber.

Enriques Anrede für Petra wechselt zwischen *Mi Amor* und *Mi Vida*. Er hält ihre Hand. Die beiden leben nicht zusammen. Jeder hat seine eigene Wohnung. Sie sind ein Paar, wie ich kein anderes kenne. Er schickt noch nach acht Jahren Rosen, besser gesagt, er überschwemmt ihre Wohnung mit einem Blumenmeer, dass keine Vase trocken bleibt. Zur Routine gehören auch Aufmerksamkeiten, wie der tägliche Weckruf, oder Enriques Chauffeur, der der Señora lästige Wege abnimmt. Abgesehen von diesen netten Details gibt es da eine Geschichte aus dem Beziehungsleben, die nach einem modernen Märchen klingt. Ein elegantes Restaurant, ein gemeinsames Abendessen und plötzlich taucht – mit dem Dessert – ein Autoschlüssel auf. „Was ist das?", fragt sie. „Schau doch einfach vor das Restaurant", antwortet er. Das tut sie und findet einen roten Jeep, zu dem dieser Schlüssel passt.

Warum habe ich nie einen Mann wie Enrique gefunden? Ich will auch auf Händen getragen werden. Dämliche Redewendung, wer kann mich schon auf Händen tragen? Wir reden schließlich von 68 Kilos verteilt auf ein Meter und 70 Zentimeter? Nein: Ich will geliebt werden. Ich will einen Mann, der mich genauso ansieht wie Enrique Petra. Einen Mann, der nicht wegläuft, wenn es ernst wird. Wenn bei den beiden eine läuft, ist es Petra, sie hat bis jetzt jeden Heiratsantrag abgelehnt. Es waren tatsächlich mehrere und es bleibt bei ihrem Nein. Wahrscheinlich ist das der Punkt: Will sie nicht, will er. Gibt es eigentlich glückliche Liebesgeschichten mit Happy End, oder sind solche Storys fürs Kino reserviert?

Seit meiner Trennung von Harald, nach 17 gemeinsamen Jahren und etlichen zwischenzeitlichen Trennungen, bin ich nur noch Geliebte. Einfach zu handhaben. Eine Frau, mit der man ausgeht, Spaß und Sex hat, vielleicht eine Affäre. Letzteres heißt so viel wie:

das gleiche Programm über längeren Zeitraum, aber ohne Kompromisse. Denn ich bin eine Frau, die – ganz nach Bedarf - wieder abtritt. So unkompliziert, dass man meinen könnte, ich hätte ein Herz aus Teflon. Das nennt man wohl eine moderne Frau. Ich kenne viele, aber nicht eine einzige, die diese Rolle genießt. Diese moderne Frau in ihren Dreißigern ist ein anspruchsloses Kunstwesen, das ganz nebenbei äußerst attraktiv und natürlich finanziell unabhängig sein sollte. Schluss damit, ich habe genug davon, Klappe und Neuanfang.

Inzwischen ist mein Hunger ertränkt. Tequila hat auf 2300 Meter Höhe eine fatale Wirkung. Trotzdem oder vielleicht auch deshalb: So klar habe ich nie gesehen. Ich weiß, was ich wirklich will: Heiraten und Kinderkriegen. Ich kann dazu stehen, auch wenn das nicht zum Selbstbild der erfolgreichen Journalistin passt. Deine Chancen, meine Gute, stehen schlecht, sage ich zu mir. Glaubt man der Statistik, ist es wahrscheinlicher, dass Frauen über 30 in einem Verkehrsunfall sterben, als in diesem fortgeschrittenen Alter noch unter die Haube zu kommen.

An die Arbeit

Es ist 4 Uhr morgens. Ein verschlafenes Kamerateam sitzt dösend im Jeep. Einstein, der Fahrer, ist der einzige, der die Augen offen hat. Das hoffe ich zumindest. Vorbereitungen, Recherche, Begehungen liegen hinter uns. Heute ist der erste Drehtag für unser erstes Filmprojekt. Titel: Unter dem Vulkan. Hauptdarsteller: Der Popocatepetl. Er raucht und spuckt vor sich hin, nur 70 Kilometer von der mexikanischen Megacity entfernt.

Dieser Vulkan gilt als einer der gefährlichsten der Welt – wenn er ausbricht, sind 200 000 Menschen auf der Flucht. Vor fünf Jahren ist der Popocatepetl, nach einem 50-jährigen Schlaf, erwacht. Am 21. Dezember 1994 gab es eine Explosion, Gas und Asche schossen aus dem Krater. Die Dörfer an seinem Fuße wurden evakuiert. Wer wollte, ging, wer nicht, der blieb. Die eine Autostunde entfernte Hauptstadt bedeckte ein grauer Schleier. Damals ist nichts weiter passiert, doch seither weht in den 23 Dörfern an den Abhängen des Vulkans die gelbe Fahne. Allen ist klar, dass er jederzeit wieder ausbrechen kann. Trotzdem leben noch genauso viele Menschen wie zuvor auf seinen Abhängen. Die meisten sind Bauern, die mit Maisanbau ihre Familien über die Runden bringen.

Am Drehplan für heute: ein Ritual am rauchenden Berg. Bewohner aus dem Dorf Xalinzintla wollen den Vulkan mit Geschenken gütig stimmen und ihn um Regen bitten. Seit präkolumbianischen Zeiten pilgern die Menschen aus der Gegend dafür zu einer Höhle auf 4000 Meter Höhe.

Noch immer steht der Mond als Sichel am morgenblauen, sternenlosen Himmel, darunter ein klassischer Kegel mit einer dünnen Rauchfahne. Ein gutes Bild. Einstein fährt folgsam an den Straßenrand und der Kameramann murrt „wo willst du diese Einstellung verwenden?" Oskar ist Deutscher. „Weiß ich noch nicht, aber mir fällt bestimmt etwas ein", entgegne ich zuckersüß. Warum muss ich mich mit Lichtbildbeamten herumschlagen? Der gute Mann sollte entspannt sein, denn ich gehöre zu einer aussterbenden Spezies: Reporter mit Drehplan, eine Art Absichtserklärung, die bei Fernsehjournalisten längst obsolet geworden ist. Spontane Einfälle wie dieser sind bei mir selten.

„Raus jetzt", sagt Petra streng und so erwacht auch der Tonmeister. Luis. Ganz ehrlich, ein süßer Junge. Er sieht genauso aus, wie frau sich den idealen *Latinlover* vorstellt. Verschlafen lächelt er mich an. Kommt ja überhaupt nicht in Frage, ermahne ich mich streng. Das wäre eindeutig die schlechteste Idee, seitdem ich hier gelandet bin. Dieser Kerl ist jünger als ich und obendrein hat er Frau und Kind. Ich habe zwar Talent für hoffnungslose Beziehungen, aber keine Zeit für Dummheiten. Der innere Dialog schließt mit: Konzentriere dich lieber auf deine Arbeit. Also ziehe ich den Zippverschluss meiner Jacke zu und klettere frierend aus dem Jeep.

Eine Stunde später und ein paar hundert Meter höher halten wir wieder. Föhrenwald, außer Bäume nichts zu sehen. An dieser Wegkreuzung treffen wir Julio Glockner, Anthropologe gleichzeitig der Mann, der diesen Dreh erst möglich gemacht hat. Durch und durch Mexikaner, sieht aber wie ein authentischer Alpenbewohner aus. Wie Julio zu dem Namen Glockner kommt, weiß keiner, aber er passt wie angegossen.

Da kommt Julio schon angefahren, in der linken Hand eine Zigarette, mit der rechten manövriert er einen alten VW-Bus. Bevor er mich getroffen hätte, scherzt er, hätte er gefürchtet, ich wäre eine dieser gewöhnlichen TV-Tanten und er müsse nach einer passenden Ausrede suchen, um mir und diesen Dreharbeiten zu entkommen. Doch es kam anders als er dachte: Nach zahllosen gemeinsamen Gläsern Pulque (präkolumbianisches Agavenbier) hatten wir ein gemeinsames Projekt.

Um 8 Uhr erscheint Don Martin, der Wettermacher mit seiner Truppe aus Xalinzintla. Zu spät, denn schließlich haben die Menschen hier keine Uhren und hätten sie welche, gingen sie sowieso anders. In großen Säcken schleppen wenige Männer viele Geschenke für Don Goyo, so nennen sie liebevoll den rauchenden Berg. Auch wir sind während der Dreharbeiten auf den guten Willen des Vulkans angewiesen. Also legten wir dazu und die Dorfbewohner kauften ein: den Truthahn, das noch lebende Opfertier, eine enorme Tonschüssel zum Kochen desselben, Gewürze, Tortillas, Früchte, Räucherwerk und Kerzen. Eben alles, was man für so ein Ritual braucht. Nur die Träger fehlen. Das Dorffest hätte so manchen Herren, ob des unkontrollierten Alkoholkonsums, außer Gefecht gesetzt, erklärt ein alter Mann, der selbst wankend einen 15-Liter-Wasserkanister schleppt. „Also", schließt Julio „werden wir alle mittragen müssen..." Wer trägt was? Mein Kameramann stellt sofort klar, dass er zu arbeiten hat und nicht fürs Tragen bezahlt wird. Luis, Assistent und Tontechniker, trägt sowieso schon die gesamte Ausrüstung: Stativ, Kabeln und Mikrofone. Petra fällt aus - sie ist höhenkrank und bleibt mit Einstein beim Auto. Ich trage die Verantwortung, habe aber beide Hände frei. Was soll ich nehmen? Nach kurzem Überlegen steht meine Entscheidung: die Früchte. Julio schaut mich erstaunt an. Ich zucke mit den Achseln. Einer der Männer stellt einen besorgniserregend großen Sack vor meine Füße. Mir wird klar, warum das eine Fehlentscheidung war, die meisten der Früchte sind Melonen. Jetzt kann ich keinen Rückzieher mehr machen. „Ich bin stärker, als ihr glaubt", sage ich und schultere mein Los.

Der Mann neben mir, der für den 12 Kilo schweren Truthahn zuständig ist, wirkt tatsächlich kräftig, dafür aber noch nicht ganz nüchtern. Unter großer Anstrengung steckt er den zappelnden Truthahn in den Sack und will ihn hochheben. Doch das Tier hüpft in weiser Voraussicht heraus. So steckt er ihn noch einmal hinein und der Truthahn springt wieder heraus. Das geht eine ganze Weile so und die ersten Bilder sind im Kasten.

Keine Chance zu Entrinnen, der Aufstieg beginnt. Wenn ich es nicht besser wüsste, würde ich meinen, ich wäre in den Alpen. Nur, dass in Europa auf dieser Höhe kein Baum mehr wächst. Fast 4000 Meter und keine blasse Ahnung, wie hoch und vor allem wie weit entfernt unser Ziel liegt. Julio keucht, dass er sich an nichts mehr erinnern könne. Das letzte Mal, als er die Truppe aus Xalinzintla begleitet hätte, läge Jahre zurück. Don Martin bleibt stehen und sieht mich zweifelnd an „kannst du das wirklich tragen?" No te preocupes. „Wie weit ist es noch?", frage ich beiläufig. Die Höhle sei dort oben, hinter den Bäumen, dann weist er mit einer ausladenden Handbewegung Richtung Himmel. Aha.

Er und die anderen aus dem Dorf tragen traditionelle Huaraches, einfache Ledersandalen. Sie gehen nicht, sie laufen. Ich hingegen bleibe immer wieder stehen, um Luft zu holen und Oskar mit Regieanweisungen zu quälen, der Aufstieg muss schließlich dokumentiert werden. Das runde Gesicht meines Kameramanns ist inzwischen dunkelrot – ich weiß nicht, ob aus Ärger über mich, oder schlicht ob der körperlichen Anstrengung. Wahrscheinlich beides. Luis hirscht bergauf, Stativ und Tasche geschultert, stets an Ort und Stelle, wenn Oskar schnippt, denn der Bildmeister bringt kein Wort mehr heraus. Julio macht eine Pause – und zündet sich eine Zigarette an. „Ich krieg sowieso keine Luft mehr", lacht er. Ich gehe tapfer weiter und versuche mir nichts anmerken zu lassen. Mir ist klar, dass ich nahezu am Ende meiner Kräfte bin. Vielleicht könnte ich die eine oder andere Melone am Weg verlieren...

Nach drei Stunden stetem Bergaufgehens kommen wir endlich ans Ziel. Ein magisch schöner Platz, umgeben von steilen Felsen und riesigen Fichten, neben dem Eingang zur Höhle braust ein Wasserfall. „Dieses eiskalte Wasser", sagt eine alte Frau, der man den Anstieg nicht anmerkt, „wäscht alle Sorgen und Probleme weg." Kaum hat sie ausgesprochen, steht Luis samt Kleidern unter der Kaskade. Ich habe keine Kraft für solche Abenteuer, auch wenn es vieles gäbe, was weggewaschen werden sollte.

Die Leute aus Xalinzintla machen sich an die Arbeit. Sie entfachen Feuer, der Platz wird mit trockenen Zweigen gefegt und mit Räucherwaren gereinigt. Die Luft füllt sich mit bläulichem Rauch. Kopal, Baumharz, mit dem die Menschen hier schon vor 2000 Jahren geräuchert haben. Der Ritualplatz ist ihre Kirche. Einfache Holzkreuze werden mit Blumen geschmückt und Opfergaben am Altar dargebracht. Wir filmen Szenen hinter Rauchschwaden. Der alte Glaube mischt sich mit katholischer Mission. Die Leute aus Xalinzintla sprechen mit den Göttern ihrer Ahnen, beten aber im gleichen Atemzug zu Vater, Sohn und dem heiligen Geist.

Da packt Don Martin den Truthahn. Die Kamera läuft gerade nicht und ich unterbreche. Bei Ritualen könne man nicht Regie führen, das sei mir klar und es täte mir sehr leid, aber ich bräuchte dieses Bild. „Ich will den Truthahn nicht sterben sehen", sage ich leise zu Oskar, „aber er soll mit dem Wettermacher im Vulkan verschwinden." Mein Kameramann wirkt sichtlich entspannt, er muss keine Höhlen ausleuchten und ebenso wenig ein kreischendes Tier beim Verenden filmen. Ich versuche Don Martin zu erklären, warum wir die Szene wiederholen müssen. Er versteht nicht, tut aber wie gebeten, mir zuliebe. Wahrscheinlich hat ihn mein Durchhaltevermögen beim Aufstieg beeindruckt. Klappe die zweite: Diesmal läuft nach 10 Sekunden die Kassette mit einem lauten Krachen aus. „Entschuldigung, nur noch ein aller, allerletztes Mal."

Julio steht neben mir, grinst und raucht. Wäre ich der Schamane, hätte ich uns schon zur Hölle geschickt. Am Ende der abgefilmten Szene verschwinden Don Martin und ein paar andere Männer in der Felsspalte. Eine kurze Weile später tauchen sie wieder auf, der Truthahn ist tot, wird gerupft und gekocht.

Das Interview mit Don Martin läuft gut. Nach ein paar Jahren und etlichen Reportagen auf diesen Breitengraden habe sogar ich kapiert, dass Schamanen nicht auf Fragen antworten, sondern das Thema umkreisen. Sie kommen nie auf den Punkt, schließlich ist das für sie nicht von Bedeutung. Für Fernsehjournalisten leider schon, wir leben von kurzen Antworten auf klare Fragen, und das in schneidbaren Portionen. Mit solchen mundgerechten Häppchen fürs Patschenkino kann man bei Männern wie Don Martin nicht rechnen. Aber irgendwann, vorausgesetzt man nimmt sich die Zeit zuzuhören, erzählen Schamanen wie er etwas Außergewöhnliches, etwas Spannendes. So auch diesmal. Don Martin erinnert sich an den Vulkanausbruch 1994:

Damals habe ich in meinen Träumen zu Don Goyo gesprochen. Verschone das Dorf, habe ich ihn gebeten. Wir sind arm und können nicht auch noch das Wenige verlieren. Am Tag darauf brach ich mit ein paar anderen zu diesem Platz hier auf. Die Luft war voller Asche und unter uns hörten wir ein tiefes Grollen. Auf dem Weg begegneten wir einem alten, bärtigen Mann. Er war in Lumpen gekleidet und hatte keine Schuhe an. „Habt keine Angst", sagte er „es wird Euch nichts geschehen", dann ging er seines Weges. Das war er selbst: Don Goyo, der Vulkan in seiner menschlichen Gestalt. Als das Dorf am nächsten Morgen vom Militär evakuiert wurde, habe ich mich geweigert das Haus zu verlassen. Don Goyo hat Wort gehalten: Xalinzintla ist verschont geblieben.

Es ist spät geworden. Einer nach dem anderen geht in die Höhle und übergibt dem Vulkan seine Geschenke. Monotone Gebete und Gesänge begleiten das Ritual. Wieder vermischt sich der alte Glaube mit dem, was die katholischen Pfarrer predigen. Die Religion der Menschen hier ist Synkretismus, Regengott, Jesus und Gottvater friedlich vereint. „Ein Widerspruch?", frage ich. „Nein", lächelt Don Martin, alle Götter seien doch ein und derselbe, oder etwa nicht?

Abstieg, neben mir geht dieselbe alte Frau von zuvor „Señora, haben Sie Kinder?" „Nein", antworte ich kurz angebunden. Sie lässt sich nicht beirren „wir kommen bald an einer kleinen Höhle vorbei, das ist ein heiliger Platz, so was wie eine Kapelle. Dort ist das Haus der weißen Frau." Sie bemerkt mein Unverständnis „die weiße Frau ist die schlafende Vulkanin neben Don Goyo. Hier in den Dörfern nennen wir sie Doña Rosita – Ihr kennt sie unter dem Namen Iztaccihuatl. Sie ist zuständig für Liebesangelegenheiten. Beten Sie zu ihr!" Ich schaue die Alte verunsichert an und frage mich, ob man mir tatsächlich so sehr ansieht, was ich mir insgeheim wünsche? Sie nickt mir zu, als hätte sie meine innere Stimme gehört. „Sie werden sehen, Ihr Wunsch geht in Erfüllung."

Als wir zu der kleinen Höhle kommen, bleibe ich stehen und warte, bis alle an mir vorbeigegangen sind. Drinnen ist es feucht, kalt und dunkel. Kies knirscht unter meinen Stiefeln, ohne Lampe komme ich nicht weiter. „Doña Rosita, ich weiß nicht wie man zur dir betet. Wenn ich ehrlich bin, weiß ich überhaupt nicht, wie man betet, aber ich versuche es trotzdem. Auf den Punkt gebracht: Ich will einen Mann finden, heiraten und Kinder haben. Das will ich tatsächlich, auch wenn mir dieser Wunsch ehrlich gesagt Angst macht. Bitte, Doña Rosita, hilf!

Zweifel

Das ist ein elender Vormittag. Ich habe das Vulkan-Material gesichtet und jede Menge Bildfehler entdeckt. Natürlich auf den Szenen, die mir am besten gefallen. Obendrein ließen mir zwei Sendungschefs ausrichten, dass sie an meinen Vorschlägen nicht interessiert seien. Zuviel Mexiko. Der Nachrichtenchef will, wenn schon Mexiko, Blut sehen. Na fein. Petra schaut in mein Zimmer. „Komm, " sagt sie „wir gehen in das Maxime, Enrique lädt ein."

Besondere Lust habe ich nicht und schaue auf meine zerbissenen Fingernägel. Eins ist klar, wenn ich mich verkommen lasse, wird meine Geschichte wohl kaum mit einem Ja-Wort enden. „Sehr heiter, " sage ich zu mir „klingt ganz nach Muttern." Ein T-Shirt, eine saubere Hose und ein Sakko, das muss reichen. Mit Make-up und hochgesteckten Locken sehe ich nicht mehr ganz so haarsträubend aus. Ich muss nächste Woche zum Friseur, ein neuer Look und eine Maniküre, falls es dann noch was zum Feilen gibt.

Polanco ist das schickste Viertel dieser Stadt. Hier kann man Luis Vuitton, Channel und Burberrys shoppen. Teurer als anderswo auf dieser Welt. Elegante Autos, Handys und gestylte Señoras, manche ein wenig zu blond und mit Kriegsbemalung, Make-up kann man das wohl kaum nennen. *Compro luego existo* (1) titelt das Buch, das ich gerade lese. Ich kaufe, also bin ich. Guadalupe Loaeza, eine mexikanische Journalistin, zeichnet ein amüsantes Bild Neureicher, beinhart an der Realität. In den edlen Vierteln dieser Stadt haben Damen ihre eigene Sprache. Worte werden in Portiönchen geteilt, so wie fa bu los (o), englische Worte werden fast spontan in die Erzählung eingeflochten, dafür aber falsch ausgesprochen, begleitet von affektiertem Gesichtsausdruck und passenden Gesten. Besonders häufig hört man „o sea, ... wie auch immer..." Regel: Vertraue nicht auf die soziale Kompetenz von Personen, die innerhalb von 30 Minuten öfter als drei Mal die Wendung „o sea" in ihren Text einflechten.

Das mexikanische Maxime liegt im Herzen Polancos, in einer Hotelburg. Eine der vielen Franchises in dieser Stadt. Schließlich will man sich die weite Welt nach Mexiko holen, koste es, was es wolle. Enrique erwartet uns schon. Perfekt angezogen, perfekt maniküert, mit perfektem Lächeln. Er ist ein großartiger Unterhalter - zwischen einer Anekdote und der nächsten verraucht meine schlechte Laune. Der Ober hüstelt, damit ich mich zurücklehne und er die Serviette gekonnt auf meinen Schoss gleiten lassen kann. Das Essen ist gut, aber teuer. Ein Kellner steht die ganze Zeit über hinter mir. Ich fühle mich beobachtet. Kaum ist weniger als ein Drittel des Weines im Glas – ist es auch schon weg, das Glas. Hier muss man schnell sein, wenn man den letzten Tropfen genießen will.

Ich bestelle mehr Brot, um den Herrn hinter mir zu beschäftigen. „Como no", sagt er und tritt ab. Frei übersetzt heißt das: warum auch nicht. Eine Antwort ganz nach mexikanischer Etikette, die mich trotzdem immer zum Schmunzeln bringt. *Como no* klingt nach einer eleganten Kritik an den Kunden, an diesen *Niños Bien*, den Neureichen, um die man als Kellner von Dienst wegen stets herumschwänzeln muss.

Die Pause hat gutgetan. Ich freue mich über den Espresso und lehne mich im Sessel zurück. Enrique bestellt die Rechnung. Wenn ich mit den beiden unterwegs bin, fühle ich mich sicher. Sie haben die Elternrolle übernommen: Petra organisiert mein Leben und Enrique bezahlt. Das ist zwar bequem, bringt mich aber nicht weiter. Ich bin 33 Jahre alt und brauche dringend wieder ein eigenes Leben, eigene Freunde, eine eigene Wohnung. Ich bin mir aber nicht sicher, ob ich mir das zutraue und das auch wirklich will. Brauche ich mehr Zeit? Ich habe Angst allein durch die Stadt zu ziehen. Angst alleine auszugehen, Angst allein auf Dreh oder Recherche zu sein. Vorwand: Mein Spanisch ist elend und diese Welt mir noch fremd. Die Wahrheit ist jedoch, dass mein ganzer Mut, so fern ich je viel davon hatte, irgendwo auf den Straßen dieser Stadt verloren gegangen ist.

Petra hat eine Liste erstellt: Mit Dingen, die zu erledigen sind, das heißt, die ich zu erledigen habe. Ich müsse mir eine neue Filmfirma ansehen und es wäre höchste Zeit die Geschichte *Die Nacht der Toten* zu verkaufen, wir müssten schließlich *New Business* machen. „Und bitte", sagt sie noch, „rufe endlich diese

Österreicherin zurück, die angeblich eine Story anzubieten hat." Noch was? Pause. „Ich kann nicht noch mehr tun", schreie ich. „Ich bin am Ende meiner Kräfte und ehrlich nicht in der Verfassung für Aufträge meiner Producerin. Verdammt, ich arbeite den ganzen Tag, Freizeit ist gestrichen, verdiene ein Drittel von meinem Ex-Einkommen und das steckt zur Gänze in unserem gemeinsamen Büro, der gemeinsamen Wohnung und dem Auto." Petra sagt nichts. Sobald sie die Tür von außen leise zugemacht hat, tut mir mein Ausbruch leid. Das alles ist nicht ihre Schuld. Es war mein Entschluss. Ich habe mir dieses neue Leben ausgesucht. Ich schaffe nicht, mich selbstständig zu machen und nehme mir keine Zeit für Freizeit.

Petra sitzt vor ihrem Computer und raucht. „Bitte verzeih mir, ich bin selbst verantwortlich für all das, was ich dir vorwerfe", sage ich. „Entschuldige", füge ich noch leise hinzu. Das sei schon in Ordnung, sagt sie und wechselt das Thema. Ich mache mir Vorwürfe. Darin bin ich gut. Ich habe schließlich schon als Kind gelernt, mich schuldig zu fühlen.

Der nächste Tag ist Sonntag. Petra verbringt den Tag in Enriques Haus im Süden der Stadt. Ich habe diesmal die Einladung abgelehnt, um allein zu sein. Josefina ist mit Freund und Tochter unterwegs und ich habe die Wohnung für mich. Ruhe in der großen Küche. Ein weiches Ei und dazu alles, was im Kühlschrank zu entdecken ist, kalter Rostbraten, Dijon Senf, Camembert, saure Gurken. Es tut gut, unfrisiert in T-Shirt und alten Boxer-Shorts zu frühstücken. Es tut gut zu schweigen. Es tut gut an nichts zu denken. Doch sobald der Magen voll ist, geht der Lärm in meinem Kopf wieder los. Was mache ich hier eigentlich? Das ist nicht mein Zuhause. Ich bin allein. Meine alten Freunde treffe ich nur per email. Dann hüte ich mich tunlichst davon zu schreiben, wie es mir wirklich geht. Plötzlich rinnen mir die Tränen übers Gesicht. Tränen, die ich schon längst hätte weinen sollen. Ich weine, weil ich meine Eltern verlassen habe. Ich weine, um meine Freunde und um meinen Ex-Mann. Ich weine, weil es nie zwischen uns geklappt hat und meine Liebe nicht für uns beide gereicht hat. Ich weine um ein eigenes Zuhause, um mein altes Leben und meine Sicherheit.

Keine Ahnung, wie viel Zeit vergangen ist, aber irgendwann ist es vorbei. Keine Träne ist mehr übrig, kein Schluchzen. Ich gehe unter die Dusche, kurz später schlüpfe ich in ein Paar Jeans, ein altes Herrenhemd und Stiefeln. Ich muss hier raus. Mit 100 Pesos in der Tasche, meinem Schlüssel und einem Päckchen Zigaretten mache ich mich auf den Weg.

Erst auf der Straße wird mir klar, dass ich, seit ich hier gelandet bin, nie alleine unterwegs war. Abgesehen von ein paar notwendigen Einkäufen und einer raschen Recherche. Nicht ein einziges Mal bin ich einfach spazieren gegangen, ganz ohne Ziel. Ich blinzle in die Sonne. Früher Nachmittag. Das Licht dieser Stadt hüllt mich ein und meine Lebenslust steigt. Der Himmel ist tiefblau und die kolonialen Häuser zeigen sich in ihren besten Farben. Das rot und schwarz der Vulkansteine hebt sich von den Fassaden ab. Es riecht nach Grillhühnern und gebackenen Süßigkeiten. Sonntag, nur wenige Autos sind unterwegs, Menschen bevölkern das Zentrum der Stadt. Keiner hetzt, alle schlendern. Familien mit Kindern, Paare, große Gruppen, Einzelne. Stille, Küssende, Lachende und Streitende.

Plötzlich fällt mir auf, dass ich keine Angst mehr habe. Vorsichtig fühle ich nach. Ist sie wirklich weg? Taucht sie hinter der nächsten Ecke wieder auf, oder kommt mir von der anderen Straßenseite entgegen? Ich kann sie nicht mehr fühlen. Wovor hatte ich eigentlich Angst? Das Gefühl ist mir so vertraut, dass ich nicht sagen kann, wovor ich mich eigentlich gefürchtet habe.

Vor mir liegt der Zocalo, die größte Plaza Lateinamerikas. Unerwarteter Freiraum im dicht bebauten Kern der Stadt. Ein paar Familien flanieren über den monumentalen Platz. Dazwischen landen Tauben, legen ihre Köpfe schief, verharren kurz und hasten los.

Einst lag hier Tenochtitlan. Die Azteken haben ihre Stadt auf Inseln gebaut. Ihre Bauherren wussten, auf welchen Untergrund sie schwere Tempel setzen konnten, und welche Flächen unbebaut bleiben mussten. Sie bewegten sich auf gondelgleichen Kähnen durch die Stadt. Herren ihres Reichs, in dem sauberes von Abwasser getrennt wurde und Staudämme vor Überschwemmungen schützten. Den siegreichen Eroberer Hernán Cortez kümmerten solche Vorkehrungen wenig. Er wollte sichtbar machen, wer ab nun der Herr dieser Stadt war. So ließ er seine Kathedrale auf der Sonnenpyramide der Azteken errichten. Diese Machtdemonstration der katholischen Kirche sollte weit über die Grundmauern des alten Tempels hinausragen. Ein schwerer Fehler. Heute bricht das monumentale Gotteshaus über dem darunter verborgenen Gebäude auseinander.

Das einstige Venedig der Azteken wurde von den Spaniern trockengelegt. Die schweren kolonialen Bauten versinken langsam im sandigen Untergrund und zerbrechen über den Bauten der Azteken, die auf festem

Fundament gebaut wurden. Kirchen und koloniale Paläste stehen schief, unter den Straßen und Plätzen kann man deutlich Erhebungen erkennen. Dort ruht Tenochtitlan.

Es ist längst später Nachmittag, als ich die Tür der Wohnung im sechsten Stock wieder aufsperre. Stille, noch immer alleine. Ich setze mich an den Computer und beginne ein Mail an meinen Vater. Ich schreibe, wie sehr ich ihn vermisse und dass ich ihn liebe. Dann ein Mail an meinen Ex-Mann. Ich danke ihm für die gemeinsamen Jahre und verzeihe, ihm wie mir. Ich schreibe weiter, Mails an meine Freunde. Endlich kann ich eingestehen, dass es mir in den letzten Wochen ganz und gar nicht einmalig, sondern elend gegangen ist und ich mich in einem neuen Leben erst wiederfinden muss. Am Ende öffne ich mein Tagebuch, dorthin kommt nur ein einziger Satz: Ich bin stolz auf mich.

Im Vorzimmer brennt Licht und mir wird klar, dass Petra schon nach Hause gekommen sein muss. Nachdem sie mich wahrscheinlich heftig tippend vorm Computer sitzen sah, ging sie leise zu Bett. „Danke meine Liebe", flüstere ich, drehe die Lichter ab und schließe die Tür.

Sechs Uhr morgens, das Telefon läutet. „Entschuldige, das ist sicher mein Vater", rufe ich meiner verschlafenen Producerin zu, die sich murrend unter der Decke zu verstecken sucht. Die sieben Stunden Zeitunterschied zwischen Österreich und Mexiko sind meinem Herrn Papa sehr wohl bewusst, aber er befand offenbar, er hätte nun lang genug auf dieses Gespräch gewartet – schließlich liegt sein Mittagessen schon eine Weile zurück. Mir ist klar: Das ist wird keines von den normalen Gesprächen, die wir alle paar Tage führen.

„Die Eigentumswohnung in Mödling wird verkauft", höre ich. Schließlich seien die Stiegen im Terrassenhaus für ihn zu einer nahezu unüberwindbaren Hürde geworden „und so sind wir zu folgendem Schluss gekommen", er macht eine Pause, „wir werden in ein Senioren-Wohnheim ziehen." Mir bleibt die Luft weg. „In ein Altersheim?", frage ich nach. „In ein Senioren-Wohnheim, Renate!" So nennt er mich nur selten, dieses *Renate* ist als Warnung zu verstehen. „Heutzutage gibt es keine Altersheime mehr, wo man bejahrte Familienmitglieder einfach abstellt. Motto: Aufbewahrt bis zum Ableben", erklärt er nachdrücklich. Heute hätte jeder Bewohner seine eigene Wohnung und erscheine nur zum Essen in gemeinschaftlichen Speiseräumen. Ganz nebenbei: Sie hätten schon ein Heim ausgewählt, es wäre herrlich, das Essen wie im feinsten Restaurant und die Wohnungen mit Veranda. Die Beschreibung klingt zu sehr nach Verkaufsbroschüre.

„Papa", versuche ich zu unterbrechen, „warum habt Ihr mir nicht schon früher von diesem Plan erzählt? Klar, das ist Eure Entscheidung, aber ein Leben unter Alten, macht doch keinen jünger. Und Ihr beide seid noch ... so jung. Wollt Ihr wirklich Eure über alles geliebte Wohnung aufgeben?" „Respektiere unsere Entscheidung", antwortet mein Vater trocken, „ich sehe, ich muss auch dir einen Brief schreiben, so wie deiner Schwester. Ich will nicht an dem Tag, an dem ich bettlägerig bin, von Euch abhängen, oder als Pflegefall einen Heimplatz suchen. Ich hoffe, du verstehst das! Wenn nicht, kann ich auch nichts machen. Ich liebe dich", er legt auf. Ein bekanntes Gefühl kommt zur Tür herein: Schuld. Ich habe die beiden im Stich gelassen. Ich bin nach Mexiko gegangen, ohne zu überlegen, was aus ihnen wird. Meine Schwester lebt am

Land und hat mit ihrem Unternehmen und ihrem Ehemann, der eine wahre Bürde ist, genug am Hut. Was sagt eigentlich meine Mutter zum Umzug in dieses Senioren-Wohnheim? Alles was ich gehört habe, klingt gar nicht nach ihr. Die Erklärung meines Vaters war etwas zu überzeugt, zu bestimmt, zu harmonisch.

„Du bist nicht für das Leben deiner Eltern verantwortlich", sagt Petra beim Frühstück. Sie persönlich fände die Entscheidung meines Vaters gar nicht schlecht. Trotzdem habe ich keine Lust auf Spiegeleier, ein Kaffee reicht mir völlig nach diesem Tagesbeginn. Soll ich ihn anrufen? „Lass ihn in Ruhe seinen Brief schreiben", meint Petra, „und kümmere dich um deinen Kram."

To-do-Liste

Die Produktionsfirma heißt *Sombrero*. „Das kann nur ein schlechter Scherz sein", sage ich zu Petra. Sie verzieht das Gesicht. Okay, okay probieren kann man´s ja. Sie hat schließlich recht. Wir sollten, so schnell es geht, eine gute Verleihfirma finden, ein neues Team und einen akzeptablen Schnittplatz. Das Verhältnis mit Oskar ist schlecht und wir brauchen Alternativen. Petra und er fallen inzwischen bei jeder Gelegenheit, vor allem aber bei Geldangelegenheiten, übereinander her. Also, auf zu Sombrero!

Einen Parkplatz gibt es nicht, der Aufzug löst klaustrophobische Zustände aus und die Klingel ist außer Betrieb. Doch die rundliche Vorzimmerdame lächelt den ersten Eindruck erfolgreich beiseite und erklärt, dass die Señores uns schon erwarten würden. Mit Señores sind die beiden Besitzer gemeint. Der eine ist ein kanadischer Kameramann, der andere der Sohn eines erfolgreichen Geschäftsmannes in Mexiko und hat Geld. Beide sehr blond. Charles, der Kameramann grinst breit und springt auf, als Petra und ich zur Tür hereinkommen. Gut, dass er meine Gedanken nicht lesen kann... *Klar, dir ist bewusst, dass du ein attraktiver Mann bist. Die Frage ist bloß, ob du auch was vom Drehen verstehst. Alt genug bist du ja.*

Ich versuche es mit einem charmanten Lächeln. Diego, sein Sozius, ist zurückhaltender und konzentriert sich auf das Geschäftliche. Wir reden überflüssiger Weise über Format, Stil und Themen. Dann endlich kommen wir zur Sache: Equipment und Preise.

Zum Abschluss führt uns Charles federnden Schritts durch die Firma. Aus der Nähe betrachtet, sieht man ihm die 50 gelebten Jahre deutlich an. Die Kabinen schauen gut aus – neue Computer - davor ein britischer und ein französischer Cutter. Scheint als verstünden beide ihr Geschäft, auch wenn alles was ich zu sehen bekomme, nicht meine Sache ist: schnelle Schnitte, viele Blenden und heftige Rhythmen und das noch dazu quer über alle Bilder.

Ich glaube, sage ich auf Deutsch zu Petra, wir können es mit diesem Sombrero versuchen. Ergo ziehen sich Petra und Diego zu Preisverhandlungen zurück. Ich plaudere mit Charles auf Englisch, so fühlt er sich wohler und ich verstehe ihn besser. Er schlägt vor „We could meet and talk about your projects and perhaps..." Dafür werde ich dir Petra schicken, denke ich. Dieser Typ Mann ist genau von der Sorte, die ich in meinem neuen Leben nicht haben will. „Thanks a lot, we´ll be in touch."

Wie nicht anders zu erwarten, hat Petra hat einen guten Preis ausgehandelt. „Erledigt", sagt sie schmunzelnd, „am Montag ist Schnittbeginn. Uns bleiben schließlich nur zwei Wochen den Vulkan-Film fertig abzuliefern. Jetzt aber auf zu gesellschaftlichen Verpflichtungen!" Ihr scheint das tatsächlich Spaß zu machen, das kann ich beim besten Willen nicht nachfühlen. Einer der Pressesprecher des Präsidenten lädt im kleinen Kreis zum Dinner ein. Die Gäste sind ein paar Journalisten, einige seiner Freunde und wir.

Der Aufzug liefert uns von der Garage direkt in das Polanco-Apartment des Funktionärs. Eine halbe Stunde zu spät, Petra flüstert mir an der Tür ins Ohr: „Du wirst sehen, wir sind die ersten..." Damit sollte sie sich irren: Einer war pünktlich und dieser gut erzogene Kerl ist Enrique, ihr eigener Mann, der – was Pünktlichkeit betrifft – einwandfrei als Deutscher durchgehen könnte. „Mi Vida! Ich habe schon gedacht, du versetzt mich", lächelt er Petra an. Vom Gastgeber keine Spur. Ein Kellner geleitet uns in einen Raum mit einer enormen Ledercouch. Rauchglastisch, Blumengestecke, Dekorationsfirlefanz aus Pewter. Die Couch, das Zentrum der Komposition passt im Ton zum Teppichboden: Cremefarben. Wir setzten uns. Ich habe versehentlich einen Rock angezogen, das passiert selten. Sobald ich mich also auf das edle lederne Stück setze, rutsche ich langsam abwärts und mein Rock gleichzeitig nach oben. Petra bricht in schallendes Gelächter aus. Fein, das kann ja gemütlich werden.

Es ist Punkt 9 Uhr – um 8 Uhr 30 waren wir geladen. Von den anderen Gästen, sowie von den Gastgebern keine Spur. Ein Kellner bietet Getränke an. 45 Minuten und zwei Tequila später kommt der nächste Gast.

Journalist bei der Tageszeitung Reforma. Um die 50, eher zurückhaltend. Ganz im Gegenteil zu mir, schließlich habe ich heute noch nichts Richtiges gegessen und auf leeren Magen zwei Agavenschnäpse gekippt. Ich mochte unbedingt wissen, warum mexikanische Journalisten bei Interviews keine direkten Fragen stellen, so sei die Frage meist länger als die Antwort. „Viel Gerede für ein Ja oder ein Nein, oder?" Der Kollege ist gekränkt, es gäbe Ausnahmen dieser Regel, meint er eingeschnappt.

Der Kellner taucht wieder auf und bringt, zum Glück, ein paar Käsebällchen in geriebenen Nüssen. Eigentlich würde ich ihm am liebsten den Teller abnehmen, aber halte mich im letzten Moment noch zurück. „Das ist das einzige Gericht, das die Dame des Hauses nicht selbst zubereitet hat", bemerkt der Kellner bedeutungsvoll. Ich verstehe nicht, was er damit sagen will und verschlinge jedoch jedes Käsebällchen, das ich erwischen kann. Weitere Tequilas lehne ich hartnäckig ab und beschließe von Allgemeinplätzen künftig abzusehen. Stille. Den anderen Anwesenden fällt auch kein passendes Gesprächsthema ein. Es wird halb zehn. Die anderen Gäste tauchen auf: ein mexikanischer Schriftsteller mit Frau, eine spanische Journalistin mit Freund. Schließlich der lang erwartete Auftritt der Gastgeber. Alle tun so, als hätten sie keine Minute gewartet.

Ich lerne, dass man zu Abendessen zwei Stunden zu spät kommt. Dazu noch eine Lehre, die sich aus diesem Abenteuer ziehen lässt: In Mexiko muss man, wenn man zum Essen geladen wird, bereits gegessen haben. Sonst ist man im Handumdrehen betrunken, benimmt sich daneben, hat schlechte Laune und fällt – gegen alle Etikette - über die Kanapees her. Trotz allem heißt mich der Gastgeber mit freundlichen Worten in Mexiko willkommen. Alle wollen wissen, was dieser O-R-F für ein Sender sei und welches Bild ich von Mexiko hätte. Ich halte mich bedeckt, bleibe freundlich an der Oberfläche. Das Publikum ist begeistert.

10 Uhr 30: Endlich bittet der Gastgeber zu Tisch. Er legt liebevoll den Arm um seine adrette Gattin und macht eine Ankündigung. „Alles, was heute auf den Tisch kommt, hat meine Frau gezaubert. Sie hat erst vor Kurzem ihre Leidenschaft für die Küche entdeckt..." Vorspeise Borschtsch. Hellrot, absolut geschmacklos, aber heiß. Hauptspeise Rindsmedaillons in Champignonsoße. Harmlos, obwohl das Fleisch überkocht und ergo staubtrocken ist, so wie die Soße zu salzig. Die eigentliche Herausforderung aber ist die Beilage. Die Gastgeberin erklärt stolz, dass sie eine Form entwickelt hätte, grünen Salat absolut keimfrei zu bekommen. Ihr Rezept: Erhitzen in der Mikrowelle. Da liegen sie vor mir, die armen Blätter, vollkommen schlapp, leicht transparent und butterweich. Zum Abschluss versuchen alle Gäste etwas Nettes über das Abendmahl zu sagen. Auch ich werde gefragt, wie es mir denn geschmeckt hätte. Mit einem Lächeln antworte ich: „Ein kulinarisches Fest, zweifellos sehr interessant." Ich war auf die Frage vorbereitet und hatte die Antwort schon auf der Zunge. In solchen Situationen die Kategorie „Interessant" zu strapazieren, hat mir ein schlauer Sommelier beigebracht. Immer dann anzuwenden, wenn die Wahrheit in ihrer Nacktheit nicht zur Gelegenheit passt. Nachdem ich Ausländerin bin und man exotischen Vögeln hier alles verzeiht, bin ich damit aus dem Schneider.

Irgendwann ist dieses Bühnenspiel schließlich zu Ende. Im Auto lachen wir Tränen, obwohl uns das nächste kulinarische Abenteuer schon bevorsteht. Der

Gastgeber betonte mit Nachdruck, dass sein Haus auch unseres sei und wir unbedingt wiederkommen müssten. Ein anderer Abend ein neues Menü. Zu Gästen sagt man in Mexiko nämlich: „están en su casa". „Sie sind in Ihrem Haus", also: Mein Heim ist dein Heim – meint aber eher: Fühlen Sie sich wie zuhause.

Achtung, dabei handelt es sich nur um eine Floskel, die man keinesfalls ernst nehmen sollte. Aber auch als solches enttarnt, kann das Theater mit *su casa* (Ihr Haus) einem das Leben schwermachen. Jemand erzählt zum Beispiel: als ich heute Früh Ihr Haus verließ ... und das, obwohl man sich nicht erinnern kann, dass man mit dem betreffenden Herrn, oder Dame die vergangene Nacht verbracht hätte. Ein gut erzogener Mexikaner sagt eben niemals mein Haus, auch wenn er das meint und es tatsächlich seines ist.

Einem deutschen Kollegen haben diese sprachlichen Verbeugungen in eine missliche Lage gebracht. Mexikanische Bekannte haben vorgeschlagen, sich am Samstag in su casa zu treffen. Er übersetzte: Essen in seinem Haus. Dass die Herrschaften sich hierzulande selbst einladen, fand er zwar ein bisschen frech, aber er kaufte alles Erdenkliche ein, kochte und wartete. Es wurde später und später und später. Plötzlich erreichte ihn ein Anruf: Man mache sich jetzt schon wirklich Sorgen, da man nun schon Stunden auf ihn warte. Deutsche seien doch an und für sich pünktlich, oder?

Neue Abenteuer

Ein neuer Film, eine neue Geschichte. *Das Verbrechen ist immer und überall* zweifellos das Lieblingsthema aller

Fernsehchefs. Auch ich kann dem nicht entkommen, also bin ich auf der Suche nach der anderen Geschichte zum Thema. Bei den Recherchen höre ich von einem ungewöhnlichen Polizisten, der für seinen Widerspruchsgeist bekannt ist. Wahrscheinlich, sagt man, war das auch der Grund, warum Capitán Santiago Silva nicht mehr in Amt und Würden wäre. Der ehemalige Polizeihauptmann hat inzwischen eine eigene Sicherheitsfirma. Das klingt gut. Ich wähle die Nummer. Der Herr am anderen Ende der Leitung ist zuvorkommend und greift seinem abwesenden Chef beherzt vor. Der Capitán sei durchaus bereit Journalisten zu treffen, schließlich wäre er ja niemandem verpflichtet. Kaum ist der „Capitán" per Funk informiert und bestätigt sein Interesse, schlägt sein Sekretär auch schon einen Termin vor und bittet um eine Adresse. Man würde uns, meine Produzentin und mich, selbstverständlich abholen.

Das Auto: ein weinroter Marquise aus den 80ern, genauso rote Samtsitze und hinter der Heckscheibe eine Kleenex-Packung, diskret unter einer dekorativen Schachtel versteckt. Capitán Santiago Silva fährt selbst in seiner alten Polizeiuniform. „Adelante", sagt der Capitán und wir steigen ein. Petra setzt sich nach vorne und ich versinke auf der hinteren Bank. „Titel und Outfit", erklärt Silva, „benütze ich weiter. Beides hat mich schließlich viel gekostet, diese Uniform beispielsweise habe ich selbst bezahlt." Eine Erklärung zu seinem Ausscheiden aus der Polizei gibt es nicht.

Der Mann ist offensichtlich kein Freund langer Einleitungen. 75 000 Polizisten gäbe es in dieser Stadt, aber das mache Mexico City nicht sicherer. „Die Ordnungshüter verdienen hier so wenig, dass sie davon nicht leben können und schon gar nicht, wenn sie Familie haben. „And if", fügt er in fließendem Englisch hinzu, „you pay peanuts, you will get monkeys. So beschreiben das doch unsere Nachbarn im Norden", scherzt er und damit hätten sie ausnahmsweise recht, diese Gringos. Der Kapitän dreht sich zu mir „der lächerliche Lohn macht Polizisten korrupt. Klar, wenn dein Gehalt nicht für ein sowieso bescheidenes Leben reicht, musst du dir was überlegen." Wir sind inzwischen also per du. „Hast du eigentlich schon gewusst, dass Polizisten in diesem Land neben ihrer Uniform jede verschossene Kugel selbst bezahlen?" Nein, wusste ich nicht und hoffe inständig, dass der Capitán bald wieder nach vorne schaut. Als unflexible Europäerin glaube ich einfach immer noch, dass Nachvorneschauen eine ideale Sicherheits-Strategie ist, speziell, wenn man ein Fahrzeug lenkt. „Übrigens: Unser Ziel ist ein ganz außergewöhnliches Restaurant im Zentrum, " bemerkt der Capitán geheimnisvoll.

Jeder Polizist am Straßenrand salutiert, sobald er den Capitán sichtet. Santiago Silva ist zwar nicht mehr im Amt, aber das spielt anscheinend keine Rolle, Capitán bleibt Capitán. Plötzlich fährt uns eine Patrouille vor, Blaulicht „gibt es ein Problem?" frage ich irritiert. „Freunde", erklärt der Ex-Polizist lachend. Die Beamten geben uns Geleit bis zum Restaurant. Petra kennt die Hütte „du wirst sehen, John´s ist ein Insider-Tipp, in dem man von Dschungelratten, über Ameiseneier bis zu Agaven-Maden so ziemlich alles bekommt, was man sich nicht auf einem Teller vorstellen kann."

Solche Momente erinnern mich immer an die Mutproben meiner Kindheit. Um in der Bubenbande unserer Gasse akzeptiert zu werden, mein größtes Anliegen im zarten Alter von sieben, musste ich eine Serie von Mutproben bestehen. Einen ganzen Regenwurm essen, war eine davon. Damals war mir alles recht, solange ich nicht rosa gekleidet mit den anderen Mädchen Prinzessin spielen musste. Zugegeben Männerdomänen reizen mich noch heute, inzwischen aber hinterfrage ich die Notwendigkeit der Aufnahmerituale. Ich beschließe trotzdem, wie damals mit sieben, mitzuspielen und bestelle als Entree Ameiseneier mit Koreandergrün, Tomaten und Zwiebel. Als Hauptgang wähle ich Tepesquintle, die famose Dschungelratte im Eintopf. Petra und Santiago essen Heuschrecken in Tacos und gebratene Agavenmaden als Vorspeise, um Zeit für die Wahl des idealen Hauptgerichts zu gewinnen.

Plötzlich wird mir leicht schwindlig. Petra starrt mich an und flüstert „ein Erdbeben." „Calma, calma", sagt der Capitán beruhigend, da Petra sich an seinen Arm krallt. Sie war 1985 schon in dieser Stadt, damals als das große Beben tausende Menschen unter zusammenstürzenden Gebäuden begrub. Ich, ahnungslos, finde die Sache aufregend. Ein Erdbeben, ein richtiges Erdbeben.

Die zwei Palmen vor dem Restaurant schwanken von einer Seite zur anderen, so als würden sie einander zum Tanz auffordern. Einige Gäste springen auf – und stürzen auf die Straße. Der Capitán schüttelt missbilligend den Kopf. Das sei nur dann eine gute Idee, wenn man unbedingt von herabfallenden Häuserteilen und Strommasten erschlagen werden wolle. Es bebt noch immer. Santiago schaut sich nach einem sicheren Platz im Raum um, doch da ist es auch schon wieder vorbei. Das Gefühl, der Untergrund schwinge immer noch, hält an. So, wie wenn man nach einer langen Schiffreise wieder festen Boden unter den Füßen hat.

Im Restaurant versuchen alle mit ihrer Familie Kontakt aufzunehmen, doch die Mobiltelefone finden kein Signal. Jeder will bezahlen – die Kellner laufen. Keine Telefonleitung, keine Kreditkarten, kein Strom, keine Registrierkasse. Es wird im Kopf gerechnet und bar beglichen.

Auf der Straße Stau. Alle haben es eilig. Der Capitán stellt ein Blaulicht auf sein Dach und bringt uns nach Hause. Das sind zwar nicht die Straßen von San Francisco und der Herr am Steuer ist auch nicht Carl Malden, aber ich fühle mich trotzdem wie in einer Seifenoper. „Wir sehen uns", sagt der Capitán noch zum Abschied. Zum Thema Polizei und Korruption hätte er noch viel zu erzählen, ruft er im Wegfahren.

Josefina ist noch ganz blass, als wir zur Tür hereinkommen. „Die Telefone funktionierten wieder", berichtet sie. Der Licenciado hätte angerufen und sei sehr besorgt. Und da war noch ein Anruf. Sie hätte kein Wort verstanden, also englisch wäre das bestimmt nicht gewesen. Das Medien-Theater geht los, denke ich, das wird eine Nacht der Nachricht. Das Internet funktioniert nicht. Enrique hält uns am Laufenden. In der Stadt selbst ist – abgesehen von Sachschäden - nichts passiert. Aber ein paar Dörfer in Puebla scheinen vom Beben betroffen zu sein. Wie viele Tote es gäbe, weiß keiner. Die Wege dorthin sind unbefahrbar. Da läutet das Telefon: „Österreichischer Rundfunk, Frau Heilig?" „Am Apparat." „Na, Gott sei Dank – bei Ihnen spricht ja keiner deutsch." „Nein, das hier ist ja auch Mexiko." Und bei dem Nein auf Fragen aus Wien bleibe ich. Nein, wir wissen noch nichts Genaueres. Nein, es gibt noch keine offizielle Stellungnahme, nein keine Ahnung, wie viele Opfer zu beklagen sind. Und wieder nein, ich kann auch nicht sagen, wann wir etwas Genaueres wissen. „In einer halben Stunde haben sie Ihren ersten Einstieg." Radio per Telefon.

Petra macht Kaffee und ich schreibe über das, was ich nicht weiß. Da läutet es wieder. Es kracht, aber ich höre „wir sind jetzt mit unserer Korrespondentin Renate Heilig verbunden." „Einen guten Abend aus Mexiko", antworte ich und lese meinen Text. „Das war Renate Heilig Vorort." „Wir hören uns in einer Stunde wieder", droht der Moderator. Was soll ich dann erzählen? frage ich mich.

Der Fernseher läuft, der mexikanische Sender Televisa berichtet frei aus dem Reich der Phantasie, viele Vermutungen - keine Daten. Das Radio kracht im Hintergrund...In der Hauptstadt keine Toten. Ich fange an zu telefonieren, nach ein paar Versuchen erreiche ich Julio Glockner. Er wohnt in Puebla und erzählt mir von den Dörfern, die man seit dem Beben nicht erreichen kann. Viele der Häuser dort seien aus Adobe, luftgetrocknete Lehmziegel. „Die stürzen in sich zusammen wie Kartenhäuser", erklärt er. Adobe sei zwar nicht schwer – aber zu schwer für Menschen, die den Ausgang nicht rechtzeitig erreichten, so wie die Alten und die Kinder....

Die Nachrichtenredaktion unterbricht. Für morgen brauchen sie einen Beitrag für die Zeit im Bild 1 „Was geschah in der Megacity" und für die ZIB 2 ein Rückblick auf das Beben 1985. Petra telefoniert mit Televisa und tatsächlich, die mexikanischen Kollegen schenken uns Archivmaterial. Diesmal läutet es an der Tür: Einstein, abfahrtsbereit um die Kassetten bei dem mexikanischen Sender abzuholen. Ich bestelle bei der Produktionsfirma ein Kamerateam für sieben Uhr in der Früh und einen Schnittplatz am späteren Vormittag. Das Telefon läutet wieder - der nächste Anruf aus Wien. An meinem Bericht ändert sich wenig.

So wie ein Spuk, um 1 Uhr morgens ist alles vorbei. Ruhe nach dem Sturm. Pause bis zum Drehbeginn morgen früh. Petra und ich stehen am Balkon über der nur noch leise dröhnenden Metropole. In der einen Hand eine Zigarette, in der anderen einen Tequila. „Ich glaube, unser Korrespondentenbüro hat die erste Krise bestanden. Salud Matadora!" Sie lächelt müde „das war ziemlich aufregend..." Ich ziehe an der Zigarette und frage mich, ob wir auch dem morgigen Auftrag gewachsen sind. Zwei Stunden Dreh – Petra sichtet währenddessen das Archivmaterial – dann zwei Stunden Schnitt und Text. Anschließend: Überspielung im mexikanischen Fernsehturm.

Nach dem Beben

Es ist noch kalt, als wir am nächsten Morgen durch die schäbigen Viertel des Zentrums fahren. Hier lehnt sich ein verfallenes Haus an das nächste, dazwischen sieht man Ruinen aus dem Jahr 1985, im damaligen Beben eingestürzt und nie wiederaufgebaut. Rasch hochgezogene Neubauten brachen in sich zusammen, historische Gebäude hielten aus. Durch das Beben ausgelöst, begann der sandige Untergrund der Stadt selbst zu schwingen. Die Schwingung des Bodens verstärkte die Eigenschwingung der Hochhäuser, die letztlich dem Druck nachgaben.

1985 wurden in nur 50 Sekunden Tausende obdachlos. Die, die Geld hatten, oder Familie in der Provinz sind weggezogen. Die anderen waren auf der

Suche nach einem Dach über dem Kopf. So wurden die alten, leerstehenden Häuser im Zentrum besetzt.

Noch heute leben viele Familien in solchen *Vecindades*, in sogenannten Nachbarschaften. Große, verwahrloste Bauten, in jedem noch intakten Raum lebt eine Familie. Die Menschen der Vecindad, vor der wir parken, schauen skeptisch. Ich lächle einer alten Frau zu. Sie trägt ein Baby auf dem Arm und kommt zögernd ein paar Schritte näher. Ich erkläre ihr, dass wir gekommen sind, um mit Leuten über das Erdbeben zu sprechen. Die Frau heißt Magdalena und bittet mich herein. Baby Pedro, Pedrito, ist ihr Enkel. In jedem Türrahmen tauchen Köpfe auf. Alle wollen wissen, was die Gringos mit der Kamera hier tun. Sie sind beruhigt, dass wir nichts mit diesen Investoren („Was immer das sein mag", wirft Magdalene leise ein) zu tun hätten, die sich in letzter Zeit immer wieder hier blicken ließen. Ein Mann erklärt: „Die wollen das Zentrum herrichten und deshalb sollen wir auf die Straße gesetzt werden."

1985? Das sei etwas Anderes, darüber hätten sie so einiges zu berichten, über das Erdbeben und über die Angst, die sie niemals wieder losgeworden seien. Noch heute hörten sie die Schreie der Verschütteten, die damals aus den Betonruinen drangen. Im Interview erinnern sie sich an die Toten und den Geruch, der tagelang über der Stadt lag. Sie erzählen von geliebten Menschen, die sie verloren hätten. Magdalena zieht mich näher zu sich: „Wissen Sie, jedes Mal, auch beim gestrigen Beben, kracht es in den Gebäuden, die Mauern, ja selbst die Fenstergläser knirschen. Und mit diesen Geräuschen kommt der Schmerz zurück: Ich sehe meinen toten Sohn vor mir, der damals verschüttet wurde. Mein

Erstgeborener war er gerade erst 25 Jahre alt, als er starb".

In dieser Stadt bebt es im Schnitt 300 Mal pro Jahr. Die meisten dieser Erdbeben spürt man nicht. Aber irgendwann, in naher Zukunft erwarten Wissenschaftler ein Beben, das noch viel stärker sein wird, als das von 1985. Durch die Verschiebung der Erdplatten ist das wahrscheinliche Epizentrum der mexikanischen Hauptstadt heute näher als vor 19 Jahren. Darauf sei man nicht vorbereitet, warnen Experten.

Mein Kameramann sammelt Bilder. Angeln ohne Türen, tiefe Risse, Durchblicke. Dazwischen Alltag. Spielende Kinder, Wäscheleinen, ein alter Mann schlurft durch den Gang. Ich sitze auf den Stufen im Hof und bereite den unvermeidlichen Aufsager vor. Auf Fachenglisch nennt sich dieser jämmerliche Auftritt *Stand-up*: Der Reporter sagt ein paar Sätze direkt in die Kamera. Sätze, die er genauso im Text sagen könnte. Dieses Kasperltheater, meinen Redaktionsleiter, mache eine TV-Geschichte authentisch, glaubhaft. Man sähe schließlich, dass der Beitragsgestalter tatsächlich an Ort und Stelle sei. *Stand-ups* dienen, so sehe ich das, vor allem der Eitelkeit der Damen und Herren meiner Zunft. Und was die Glaubhaftigkeit betrifft, wer im Text lügt, kann das auch im Bild tun.

Das Mobiltelefon klingelt, Petra drängt „macht rasch, es gibt eine Demonstration auf dem Weg und Ihr müsst in 30 Minuten am Schnittplatz sein." Wir springen ins Auto. Ich rufe Magdalena zu, dass ich Ihr für alles danke und bestimmt wiederkomme. „Esta en su casa", sagt sie zum Abschied. Ich schäme mich einfach zu verschwinden und nehme mir vor, in den nächsten Tagen vorbeizukommen. Am besten mit einer großen Packung Windeln für den Enkel.

Auf der Fahrt versuche ich die Geschichte im Kopf zu ordnen. Einstein fährt wie Emerson Fittipaldi, seines Zeichens brasilianischer Rennfahrer. Mir wird übel.

Am Schnittplatz wartet Gabriel, der französische Cutter bei der Produktionsfirma Sombrero. Ich arbeite gerne mit ihm, er hat Talent und Gefühl für menschliche Geschichten. „du hast den wilden Blick", stellt er fest. Stimmt, ich hasse News. Erstens kann ich keine Geschichte in 2 Minuten und 20 Sekunden erzählen und zweites bleibt keine Zeit an Schnitt und Text zu feilen. „Ich bin ein guter Zweiter", sagt Gabriel und damit hat er recht. Wir schneiden bis zur letzten Sekunde und mein Cutter verliert weder Nerven, noch seine gute Laune. Petra treibt zur Mischung, logischerweise verspreche ich mich. Meine Producerin beißt sich auf die Unterlippe, nur noch eine Stunde bis zur Überspielung. „Verdammt teurer Spaß", erinnert sie mich, „wenn du nicht rechtzeitig dort bist, zahlst du trotzdem. Aber deine Chance die Geschichte dann noch nach Europa zu überspielen, ist damit vorbei. Alle Minuten sind verkauft, denn schließlich gibt es außer uns noch andere Korrespondenten."

Sieben Minuten vor dem Termin landen wir im staatlichen Fernsehturm. Der Beamte am Eingang besteht darauf, dass jeder vom Team persönlich Name, Funktion und Unterschrift auf der dafür vorgesehenen Liste einträgt. Petra nimmt dem verdutzten Herrn die Liste aus der Hand und erklärt, dass sie wegen derlei bürokratischen Spinnereien keine Überspielung versäumen werde. Der Beamte schaut sprachlos zu der großen blonden Frau auf. Petra scheucht uns mit der fertigen Kassette zum entsprechenden Studio. Ihr Gesichtsausdruck lässt keine Widerrede zu, das sieht selbst der Beamte ein.

Wir laden schwitzend im siebten Stock. Die Techniker sind entspannt. „Eine Überspielung nach Österreich… Ahhh, lassen Sie mich mal schauen, Señorita, " sagt der Herr mir gegenüber langsam und schaut auf eine Liste. 4 Minuten vor dem Überspieltermin. Ich rufe die Sendeleitung in Wien an und die mexikanischen Funkbeamten senden auf meinen bittenden Blick hin tatsächlich ein Testsignal. „Frau Heilig Ihre Leute dort drüben müssen in unserem System - in PAL – abspielen, sonst können wir hier nicht empfangen. Ist das klar?" Mir schon, den mexikanischen Techniker aber nicht. Ahhh PAL, davon stünde aber nichts auf der Bestellung. Ich bin den Tränen nahe. Nur noch zwei Minuten zum Termin. Der ältere Techniker sieht meine Verzweiflung. „Señor, ich bitte Sie, helfen Sie mir", flehe ich ihn an, „ich kann das nicht verpatzen. Wenn diese Überspielung schiefläuft, verliere ich meinen Job. Bitte!"

Da lerne ich eine Lektion in Sachen Machismo. Gib einem Mann die Chance eine Frau zu retten, dann wird er zum Ritter und befreit sie aus dem obersten Turm. „Deja me ver", sagt er begütigend. Lassen Sie mich mal sehen. Er greift zum Telefon und spricht mit dem Techniker am Sendeturm im 130 Kilometer entfernten Tulancingo. Siehe da, mein Held bewegt seinen Kollegen tatsächlich dazu, den richtigen Schalter umzulegen, auch wenn das nicht auf der dafür vorgeschriebenen Anforderung steht. So geht schließlich statt dem amerikanischen NTSC-Signal ein europäisches PAL-Signal nach Wien. „Na endlich", brummt der ORF-Tontechniker auf Wienerisch „jetzt ham´ sas kapiert". Los geht's.

Genau nach meinem Schlusswort geht das Satellitenfenster wieder zu. Das letzte Bild wird zwar abgeschnitten, doch die Geschichte ist tatsächlich noch in Wien gelandet.

Ich falle in den Sessel hinter mir. Mexiko, das Land, in dem es auf den letzten Moment ankommt. Man hat schon längst die Hoffnung verloren, doch dann passiert zu allerletzt doch noch etwas, worauf sich der Karren scheinbar von selbst aus dem Dreck zieht. Der Techniker lächelt "¡no se preocupe, siempre sale algo en la tele!" Machen Sie sich keine Sorgen, irgendetwas ist immer am Bildschirm zu sehen!"

Zurück im Studio zeigt mir Petra, was sie an Archivmaterial aus dem Jahr 1985 gefunden hat. Eine Szene bleibt mir im Gedächtnis: eine Neubauruine. Der Kameramann bahnt sich einen Weg durch den zerstörten Eingang. Die Kamera läuft. Nach einigen Sekunden schafft er hineinzukommen, es wird dunkel. Man hört den Mann an seinem Gerät hantieren, da geht die kleine Lampe über der Linse an. Im Bild sieht man zwei längliche Teile von der Decke hängen. Der Kameramann regelt die Schärfe, geht näher und schwenkt nach oben. Es sind die Beine einer Frau.

19. September 1985: Es ist 7 Uhr und 18 Minuten als das erste Erdbeben die verschlafene Stadt Mexiko erschüttert. 50 Sekunden später verdunkeln Rauchwolken den morgendlichen Himmel: Explosionen, Betonlawinen, Flammen. Nach offiziellen Zahlen stürzen fast 1000 Gebäude in sich zusammen. Darunter auch zwei Spitäler, deren Mauern 800 Menschen unter sich begraben. Ein Hochhaus mit 288 Wohnungen kann den Schwingungen nicht standhalten. Keiner weiß, wie viele Menschen sich zu dem Zeitpunkt in diesem Betonblock

im Bezirk Tlaltelolco befanden. Die Liste der zerstörten Bauten scheint endlos. Viele geben den Stadtpolitikern die Schuld, sie hätten gewusst, dass die Megacity auf ein Erdbeben dieser Stärke nicht vorbereitet gewesen sei und sie hätten trotzdem nichts unternommen. Deshalb würde man jetzt die Zahlen beschönigen. 1985 sprach man offiziell von 4500 bis 6000 Opfern, die Schätzungen der Rettungsmannschaften lagen weit höher, manche sogar bei 45 000 Toten.

Josefina klopft an der Tür. Ich ziehe das Kissen von meinem Kopf und murmle „Buenos Dias". Das Frühstück. Inzwischen habe ich mich an diesen Luxus gewöhnt und frage mich, wie das Leben danach sein wird. In meiner eigenen Wohnung werde ich wohl kaum ein Dienstmädchen beschäftigen. Josefina bringt mit den Früchten, Spiegeleiern und meinem Tee auch einen Brief aus Österreich. Die Handschrift ist unverkennbar. Mein Vater.

Er schreibt: „Liebe Kinder und Kindeskinder". Damit meint er meine Schwester, mich, meine Nichte und meinen Neffen. „Ich weiß", lese ich weiter „dass unser Entschluss in ein Pensionistenheim zu ziehen zu vielen Missverständnissen, Diskussionen, ja Streitereien geführt hat. Ich möchte Euch in aller Ruhe erklären, warum wir diese Entscheidung getroffen haben". Auf den folgenden zwei Seiten schreibt er, dass ihm bewusst ist, dass er schon sehr bald nicht mehr gehen könnte, und deshalb eine Lösung drängte. Er habe mehrere Ärzte konsultiert und alle seien in dieser Sache einer Meinung gewesen. Fazit: Er werde zu einem Pflegefall und erwarte nicht, dass ihn seine Frau alleine versorge. Vor allem aber, und das sei ihm ein wirkliches Anliegen, wolle er nicht von seinen Kindern oder Enkeln abhängen. Also hätte er, mit dem Geld aus dem Wohnungsverkauf, alle nötigen Vorkehrungen getroffen.

Ich lege den Brief auf das Bett und schäme mich. Am Telefon habe ich nicht einmal versucht, meinen Vater zu verstehen. Meine Schwester tat das anscheinend genauso wenig. Klar, wir waren gekränkt, weil wir nicht nach unserer Meinung gefragt wurden. Haben wir unseren Vater stets um seine Meinung gefragt? Wollte ich wissen, was er davon hielt, als ich beschloss nach Mexiko auszuwandern? Oder davon, dass ich damit meinen sicheren Arbeitsplatz aufgab? Mit 18 Jahren habe ich ihn nicht um seine Meinung gebeten, als ich den Entschluss fasste, von daheim auszuziehen. Hat meine Schwester auf ihn gehört, als er sie bat, noch einmal zu überlegen, ihr Studium und ihre Ausbildung abzubrechen? Hat sie sich seine Meinung zu Herzen genommen, als er sie vor einer Ehe mit ihrem heutigen Mann gewarnt hat? Eine Ehe, die am Zerbrechen ist.

Wenn ich ganz ehrlich bin, muss ich zugeben, dass die meisten seiner Prophezeiungen eingetreten sind. Mein Vater ist ein weiser Mann, doch er hat versucht, sich nicht in unsere Angelegenheiten einzumischen. Er hat uns seine Meinung gesagt, ist aber nicht davon ausgegangen, dass wir uns seinem Willen fügen. Schließlich sei es ja unser Leben, hat er immer betont. Wir hingegen erwarten, dass er uns über seine Zukunft entscheiden lässt.

Warum, frage ich mich, glauben Kinder, dass ihre Eltern in ein Alter kommen, in denen man ihnen Entscheidungen abnehmen müsse? Nur weil jemand nicht mehr über seine einstigen körperlichen Kräfte verfügt, macht ihn das noch lange nicht zu einem unmündigen Wesen, dem man sagt, was es zu tun hat. Es scheint, als ob sich erwachsene Kinder anmaßen die Elternrolle zu übernehmen. Eine Art Revanche an Wehrlosen. Wehrlos oft deshalb, weil manche Eltern im Alter von ihren Kindern abhängen. Eine Situation, die mein Vater uns und auch sich ersparen wollte.

Ich stehe auf und setze mich an den Computer. Lieber Vater, tippe ich, es tut mir leid! Ich schreibe, dass ich ihn verstehe und seine Entscheidung respektiere. Ich erzähle ihm, was mir durch den Kopf geht. Auch davon, dass ich Angst habe. Angst, vor dem Tag, an dem ich ihn verlieren werde. Ich will nicht wahrhaben, dass er alt wird und die Geschichte mit dem Pensionistenheim hat mir genau das vor Augen geführt. Zum Abschluss mache ich einen Vorschlag. Mein Vater und ich schreiben einander jedes Jahr einen Weihnachtsbrief. In diesem Brief sagen wir einander alles, worüber wir das ganze Jahr geschwiegen haben. In diesen Briefen steht, was wir aneinander lieben, aber auch was uns an dem anderen stört. Ich schlage vor, unsere wöchentlichen Mails zu kurzen Weihnachtsbriefen zu machen. So wären wir einander nahe, obwohl tausende Kilometer zwischen uns lägen. Dann gäbe es weniger Platz für Missverständnisse und mehr Raum für Gefühle. Ich klicke SEND und beginne meinen Arbeitstag.

Ein Mail nach dem anderen: Angebote für Reportagen aus dem Büro Mexiko an Sendungsleiter in Wien. Einen Kaffee später frage ich telefonisch nach und verkaufe tatsächlich zwei kurze Beiträge. Dann Post vom ORF: Der Abteilungsleiter für Religion gibt grünes Licht für den Film zum Thema: Die Nacht der Toten. Endlich ist das Budget für mein nächstes großes Projekt genehmigt. Mit den beiden kleinen Reportagen decke ich die Ausgaben für den laufenden Monat. Das gibt mir Luft bis zum

Drehbeginn der Dokumentation. Ich weiß nicht, ob ich dieser Unsicherheit auf Dauer gewachsen bin. Bin ich im Herzen Angestellte? Fehlt mir ein fester Job mit regelmäßigem Gehalt? Dafür ist es zu spät. Wieder checke ich meinen Posteingang. Ein Mail von meinem Vater. Danke, steht da, danke, dass du mich verstehst. Er macht mir Mut, erinnert mich an meine Kraft und an meine Konsequenz. Letzteres kann man auch Sturheit nennen, scherzt er. Er schreibt, dass er immer für mich da wäre, aber er schreibt nicht, wie sehr ich ihm fehle.

Über die Angst

Es ist Ende Oktober, an den Hügeln haftet der Morgennebel, als hätten sich Wattestreifen in den Baumwipfeln verfangen. Die orangefarbenen Felder liegen wie eine Decke aus tausenden duftenden Blumenköpfen über dem Tal. Die Azteken nannten sie Cempasúchil, die Blume der Toten. Denn ihr Geruch, so erzählt man, kündigt sie an: Die Seelen der Verstorbenen bei ihrem alljährlichen Besuch auf Erden.

Petra und ich sind auf Recherche für einen 45-Minuten-Film über dieses ungewöhnliche Allerseelenfest. Im Norden der mexikanischen Megacity, in der Huasteca Potosina, weit weg vom Trubel der großen Städte, den großen Friedhöfen und Menschenaufläufen. Seit der Zeit ihrer Ahnen glauben Mexikaner, dass die Verstorbenen die Lebenden besuchen. Jedes Jahr zur Nacht der Toten. Dieses Ereignis ist kein Anlass zur Trauer, sondern ein Grund zu feiern. *In Europa ist das Thema Tod tabu,* schreibt Ruth Deutsch Lechuga (2), Fotografin und Forscherin mexikanischer Traditionen.

Die orthodoxen Katholiken bitten für die Toten, damit sie vor der ewigen Verdammnis verschont bleiben. Die Nachkommen der alten Völker hingegen, beten zu den Seelen ihrer Verstorbenen um Schutz und Beistand.

In dieser Gegend wollen die Menschen wissen, dass die Toten länger verweilen als nur eine einzige Nacht. Manche sind sogar überzeugt, dass sie einen ganzen Monat zu Gast auf Erden sind. Trotzdem spricht man auch hier von der Nacht der Toten. Schließlich kann man in einem katholischen Land wohl kaum Verstorbene, die schon längst im Himmel oder in der Verdammnis sein sollten, 30 Tage zu Besuch haben.

Diese indianische Tradition erinnert nicht an „Allerseelen" meiner Kindheit, obwohl die katholische Kirche hier seit fast 500 Jahren Regie führt. Der erste November verlief bei uns immer nach demselben Muster: ein nahezu endloser Spaziergang auf dem Wiener Zentralfriedhof, lang brennende Kerzen in meinen behandschuhten Händen und die Tränen der Mutter am elterlichen Grab. Die mexikanische Nacht der Toten hingegen ähnelt dem keltischen Samhain-Fest, eine Zeit, in der die Trennwand zwischen den Welten durchlässig wird.

Wir treffen den katholischen Pfarrer eines kleinen Dorfes. Er schmückt – gemeinsam mit ein paar Gläubigen – gerade seine Kirche. Orangefarbene Blumenketten ranken sich über dem Tor seines heiligen Hauses. Der Geistliche lächelt verschämt. In der katholischen Kirche glaube man natürlich nicht, gesteht er ein, dass die Toten zurückkämen. „Aber wir hier - wir wissen", betont der Diener Gottes ernst, „dass jedes Jahr zu dieser Zeit unsere Verstorbenen zu Besuch kommen. Dieses Wissen ist älter als die katholische Kirche, dieses Wissen kommt von unseren Vorfahren. Wir hier spüren die Nähe der Toten, wir hören sie. Da ein kleines Geräusch, ein Rascheln am Altar, ein Flüstern. Und die Ursache ist – kann ich Ihnen versichern – nicht nur der Wind."

Seine Arbeitgeber und Glaubensbrüder wären von diesen Ausführungen wohl weniger begeistert. Wahrscheinlich würde man anderenorts versuchen, das verirrte Schaf zur Herde zurückzutreiben. Doch dieses kleine Dorf im Bundesstaat San Luis Potosí liegt sehr, sehr weit von Rom entfernt. Außerdem war es den obersten Kirchenfürsten des 16. Jahrhunderts recht, dass sich der alte Glaube mit christlichen Feiertagen verschmelzen ließ. So konnte man selbst die in die Kirche locken, die von indianischem Brauchtum nicht ablassen wollten.

Der Pfarrer lädt mich ein, auf der Bank vor der Kirche Platz zu nehmen und erzählt mir eine Geschichte. Eine Geschichte, betont er, die sich vor gar nicht allzu langer Zeit im Dorf tatsächlich zugetragen haben soll:

Einst lebten hier zwei Freunde. Sie wuchsen miteinander auf. Über die Jahre wurden aus den Burschen Männer, die als Nachbarn ihr ganzes Leben lang Hausmauer an Hausmauer verbrachten. Einmal im November, als die beiden Haus und Altar schmückten, schlossen sie einen Pakt. „Wer von uns zuerst stirbt", sagte der Ältere, „kommt noch im selben Jahr den anderen besuchen und rüttelt an dessen Altar. Dann wissen wir endlich, ob die Toten wirklich wiederkommen." Ein paar Jahre gingen ins Land und der Ältere der beiden starb. Im selben Jahr – in der Nacht des ersten Novembers – rüttelte es so heftig am Altar des zurückgebliebenen Freundes, dass ein Glas umkippte und zerbarst. „Da bist du ja, Compadre!", sagte der erfreut und schenkte sogleich Tequila ein. Wissen Sie, die Toten kommen von weit her und deshalb muss man ihnen etwas aufwarten. Obwohl sie sich nur mehr am Duft der Getränke und Speisen laben können.

Nur ein paar Häuser von der Kirche entfernt, lebt der Dorfschamane – auch er schmückt gerade seinen Altar. Zwischen Kräutern und Räucherwerk lehnt ein Kreuz, daneben das Bild der Jungfrau Maria. Mein skeptischer Blick entgeht im nicht. „Glaubst du wirklich, dass die große Göttin, die Mutter Erde, eine andere ist, als die Frau, die die Katholiken Maria nennen?" Ich weiß nicht, was ich antworten soll, aber das scheint mein Gegenüber nicht zu stören. Er redet einfach weiter. Sein Spanisch klingt als wäre er der Ausländer von uns beiden. Der Schamane spricht im täglichen Leben Nahuatl, die Sprache der indianischen Bevölkerung. Für ihn ist Spanisch noch heute, fast 500 Jahre nach der Eroberung Mexikos, eine Fremdsprache.

Es klopft, ein Patient kommt herein, der Medizinmann unterbricht die Arbeit am Altar. Ich verstehe kein Wort. Aber ich mag den Klang dieser Sprache, besonders das L am Ende vieler Worte erinnert mich an den Dialekt meiner Heimatstadt Wien. Nach einer Weile dreht sich der Heiler zu mir um. „Dieser Mann leidet an Espanto", erklärt er und beginnt ohne Aufschub mit dem Heilungsritual. Nichts weiter? frage ich mich. Espanto heißt Erschrecken. Dass das eine Krankheit sein soll, ist mir neu. Gebete hinter dichten Rauchschwaden, Kräuter und eintönige Beschwörungen. Erst nachdem der Mann einen Brotlaib als Bezahlung auf den Tisch gelegt hat und die Tür hinter ihm zufällt, zeigt der alte Heiler auf den Sessel neben sich. Ich setze mich gehorsam.

„Menschen, die erschrecken", erklärt er, „können davon krank werden." Es gäbe unterschiedliche Formen von Espanto, denn es käme schließlich darauf an, was einen erschreckt habe. Ein Blitz, oder ein aus dem Wald hervorbrechendes Tier zum Beispiel wären zwei völlig verschiedene Dinge. Er sei Fachmann in Sachen Espanto und wisse genau, was in solchen Situationen zu tun sei. „Das Erschrecken ist der kleine Bruder der Angst. Und Angst macht aus Gesunden Kranke." Er schaut mich forschend an, so als wolle er sicherstellen, ob ich wirklich verstanden hätte. Ich nicke. Angst könne man heilen, schließt der Schamane. Dann steht er auf und lässt mich einfach sitzen. Anscheinend hat er andere Dinge zu tun und ich habe ja offensichtlich keine weiteren Fragen.

Da sitze ich also und überlege, ob ich ihn um ein Ritual bitten sollte. Auch wenn meine Ängste von Zeit zu Zeit einfach verschwinden, irgendwann tauchen sie stets wieder auf. Der gute Mann ist schließlich vom Fach und obendrein wäre so ein Ritual Teil der Recherche. Warum nicht, ich kann so was sogar mit beruflichem Interesse rechtfertigen. Rechtfertigen vor wem? Vor anderen oder vor mir selbst?

Zuerst muss mir wohl klarwerden, wovor ich eigentlich Angst habe, oder wovor ich am meisten Angst habe. Als Kind hatte ich Angst vor der Dunkelheit und vor dem Alleinsein. Meine Tagträume erschreckten mich ebenso wie die stets wiederkehrenden Albträume. Gleichwohl: Die Zeit zum Schlafengehen war für mich der schlimmste Moment des Tages. Im Dunkeln konnte ich nicht einschlafen, die Tür zu meinem Zimmer musste immer einen Spalt breit offenbleiben. Trotzdem bin ich jede Nacht in das Schlafzimmer meiner Eltern geschlichen und in das Bett meiner Mutter gekrochen. Leise, fast unhörbar, damit der Vater nicht aufwacht und mich wieder zurück in mein Zimmer – zurück zur Angst - schickt.

Seit meinem ersten Schultag hatte ich Angst nicht zu bestehen. Ich erinnere mich an viele Sonntage, an denen ich innständig hoffte, krank zu werden, nur damit ich montags nicht zur Schule müsse. Ich war mir sicher, ich sei nicht gut genug. Ja, ich erfand sogar eine Art Spiel, das eigentlich kein Spiel, sondern trauriger Ernst war. Es hieß *Neuanfangen*. Zu Beginn setzte ich mich aufrecht hin und versuchte genau ab diesem Moment perfekt zu sein. Eine perfekte Tochter, eine gute Schülerin, schlicht ein vorbildhaftes Kind. Jedes Mal aber scheiterte ich. Dann war ich wieder dieses ganz normale Mädchen, das darauf vergaß „perfekt" zu sein und Fehler machte. Ein Mädchen, das man schimpfte und ganz sicher nicht so sehr liebte wie die makellose Tochter, die ich zu sein versuchte. Also war ich wieder zurückgeworfen und musste neu anfangen. Ich biss meine Fingernägel ab und zog den Kopf ein. Irgendwann war die Schulzeit vorbei. Die Angst nicht zu bestehen, verschwand jedoch nicht.

Die Prüfungsangst verwandelte sich in die Angst im Beruf zu scheitern, den Ansprüchen nicht zu genügen, meinen eigenen Ansprüchen nicht zu genügen. Ich habe die Latte so hochgelegt, dass ich sie nur selten erreichen konnte. Meine Chefs mussten sich nie damit aufhalten, mich zu kritisieren, darin kam ich ihnen stets zuvor. Ich versuchte so nahe an die Perfektion heranzukommen, wie es nur ging. Koste es, was es wolle. Das Rezept ließ mich zwar rasch die Erfolgsleiter hochklettern, machte mich aber krank. Die chronische Gastritis war nur ein äußeres Zeichen. Trotzdem hatte ich noch nicht genug.

Mit meiner langjährigen Beziehung kam die Angst Verlassen zu werden. Die Angst nicht mehr geliebt zu werden und irgendwann alleine zu bleiben. Dafür habe ich mir genau den richtigen Mann gesucht, der mich in dieser Angst immer bestärkte. Schließlich war er sich nie sicher, ob er mich wollte oder nicht.

Mit dem Tod meiner Schwester kam eine neue Angst dazu. Die Angst, von der Traurigkeit verschluckt zu werden. Die Angst, dass die grauen Tage zu Wochen werden können. Schließlich gesellte noch eine weitere Angst dazu: die vor dem Tod. Diese Angst teile ich wohl mit vielen. Vor allem mit denen, die keine klare Antwort darauf haben, was danach passiert. Aber vielleicht sind es gerade religiöse Menschen, die die meiste Angst vor dem Danach haben. Sündige Christen erwartet schließlich die Hölle, oder gar die ewige Verdammnis. Für Atheisten ist Tod das Ende, ein Nichts, ungewiss. Zweifellos etwas vor was man sich fürchten kann. Es ist die Angst vor dem *Nie mehr wieder*. Nie mehr wieder die umarmen, die man liebt. Nie mehr wieder die Sonne aufgehen sehen. Nie mehr wieder glücklich sein. Deshalb hasten wir wohl alle durchs Leben. Schließlich weiß ja keiner, wie viel Zeit ihm bleibt, um all das abzuhaken, was auf seiner Liste steht.

Ich erinnere mich daran, was der Dorfschamane am Beginn des Tages gesagt hat. „Jeder entscheidet selbst, wann und woran er stirbt. Also überlege gut, für welchen Tod du dich entscheidest." Petra ist, ohne dass ich es bemerkt hätte, hereingekommen und fragt, ob alles in Ordnung sei. „Klar", lüge ich, und packe meine Sachen zusammen.

Am Nachmittag sind wir zu Gast beim Klan der Monteros. Fünf Brüder wohnen mit ihren Familien auf einem Hügel über dem Dorf. Von den Monteros sagt man, dass sie die Nacht der Toten noch genauso feiern, wie einst ihre Vorfahren. Der Älteste, Don Valentin, empfängt uns und lässt sich das Film-Projekt schildern. Still sitzt der da und stellt keine Fragen. Seine Körpersprache verrät nicht, was er denkt. Kein Nicken, mit dem er zustimmt, kein ablehnendes Kopfschütteln. Sein Gesichtsausdruck bleibt verschlossen. Als ich mit meinen Erklärungen am Ende bin, ergreift er das Wort. Er spricht langsam und gewählt. „Seid Willkommen!", sagt er, um in aller Form meine Bitte zu gewähren. Dann fragt er höflich, wie wir in unserer Welt die Toten empfangen? Er will unsere Rituale kennenlernen. „Wir haben keine", sage ich beschämt. „Dort wo ich herkomme, besuchen die Menschen zum Allerseelenfest den Friedhof und trauern um ihre Verstorbenen. Im restlichen Jahr spricht man, wenn es sich vermeiden lässt, nicht über den Tod." Don Valentin bleibt eine Weile still, offensichtlich muss er erst über meine Worte nachdenken, doch dann meint er „wir alle werden einmal die Reise in die andere Welt antreten. Aber nur einmal im Jahr kommen die Verstorbenen von dort drüben heim, zu den Menschen, die sie einst geliebt haben. Und bei Euch erwartet sie keiner?" Nach einer Pause schließt er „das ist sehr, sehr traurig."

Ich denke an meine Schwester und frage mich, ob sie mich hier, mitten in Mexiko auf ihrer alljährlichen Reise zu den Lebenden finden würde? Petra wiederholt, was sie mir gerade gesagt hat. „Entschuldige", antworte ich, „ich war in Gedanken." „Offen gesagt, bist du - seitdem wir hier sind - häufig weggetreten", lächelt sie. Stimmt, die Reise nach San Luis Potosí ist für mich eine Reise nach innen geworden. Ich will Petra erzählen, wie ich mich fühle, weiß aber nicht womit ich anfangen soll. Wir setzen uns in den Jeep und fahren zur nach Tamazunchale, der größten Stadt in der Gegend.

Ich liebe unsere gemeinsamen Autofahrten. Manchmal reden wir, manchmal sitzen wir einfach nur schweigend da. Ich genieße ihre Nähe ohne das Gefühl zu haben, sie unterhalten zu müssen. Ihr geht es offenbar genauso. Heute erzähle ich von meiner Schwester, deren Selbstmord, und von meiner Angst vor der Depression, die den Lebensmut verschluckt. „Meine Mutter ist depressiv, meine Schwester war es und ich bin es auch." Petra schaut auf die Straße vor uns „jeder hat Depressionen, auch ich", sagt sie und erzählt von der Traurigkeit, die sich manchmal wie eine graue Decke über sie legt. Sie erinnert sich an Tage, an denen sie nicht aus dem Haus wollte und scheinbar ohne Anlass in Tränen ausbrach. Warum verwundert mich das? Habe ich sie wirklich für perfekt gehalten? Die Superfrau, die nichts umwirft, die stets voller Tatendrang und ganz ohne Selbstzweifel ist... Ich muss lachen. „Was ist?", fragt Petra. „Entschuldige, aber ich bin wirklich erleichtert, dass du auch nur ein Mensch bist." Da lacht auch sie – und in dem Moment geht eine Tür auf, die wir nie wieder zumachen werden.

Der Tod tanzt

Dieser Tag ist ein Drehtag. Der erste mit dem neuen Team. Charles, der heitere Kanadier als Kameramann und Gabriel, der französische Cutter als Tonmeister. Erstaunlicherweise sind beide Herren guter Laune, motiviert und das Arbeiten macht Spaß. Ich muss nicht mit missmutigen Bildmeistern herumstreiten und bin auch nicht ständig darüber im Krieg wer Regie führt. Das Thema beschäftigt uns alle. Wahrscheinlich deshalb, weil man in den Ländern, aus denen wir kommen, nicht davon spricht. Hier spricht man nicht nur über den Tod, man feiert ihn sogar.

Es ist Markttag in dem kleinen Dorf in der Huasteca Potosina. An jeder Ecke lacht uns ein Skelett entgegen: in lustigem Aufzug, aus Schokolade - einfach zum Aufessen, oder als papierener Hampelmann. Ein Verkäufer preist lauthals den tanzenden Tod an. Wenn er am unteren Ende der Schnur zieht, macht das feixende Gerippe einen Luftsprung. „Nur 25 Pesos", ruft er, „der tanzende Tod mit Gitarre und bunten Federn." Die Toten, sagt er, freuten sich auf ihren Tag. „Ist Sterben, Ihrer Meinung nach, keine ernste Sache?", frage ich. Da lächelt der Mann, „jeder kann den Tod so sehen, wie er will. Wir hier bevorzugen die heitere Seite, denn das Sterben bleibt sowieso keinem erspart."

Don Valentin erscheint, wie vereinbart, pünktlich um neun Uhr. Ich frage mich, wie er das macht. Eine Uhr trägt er nicht. Er übernimmt, als der Älteste und Oberhaupt der Familie, die Einkäufe für den ganzen Klan. Dass ihn dieses Jahr ein Kamerateam begleite, störe keineswegs, betont er und marschiert los. Zuerst kauft er drei große Ballen Cempasúchil. „Die Toten", erklärt er wie ein geübter Moderator Richtung Kamera, „folgen dem Duft dieser Blume, auf den Wegen aus Blütenblättern bis in jedes Haus." Er inspiziert jede einzelne Pflanze und erklärt mir, dass man am Stiel ihre Frische prüft.

Das nächste Ziel auf seiner Liste ist der Kerzenstand. Selbst gezogen hängen sie an langen Dochten von der Decke, es riecht nach Bienenwachs. Don Valentin wählt sorgfältig aus. „Tote sehen nur im Kerzenlicht", erklärt er und wendet sich dem Kerzendreher zu, der skeptisch unsere Kamera mustert. Ich suche nach Worten, um dem Mann die Erlaubnis zum Filmen abzugewinnen. Don Valentin winkt ungeduldig ab. „Diese Leute sind gekommen, um von unseren Bräuchen zu lernen", erklärt er.

Nach den Kerzen fehlen noch das traditionelle Brot der Toten und die Kracher. „Böller sind bei unserer Familie unerlässlich. Mein Vater hat diese Tradition immer gepflegt, um auf diese Weise seinen verstorbenen Vater zu grüßen. Wenn ich einmal nicht mehr bin, sagte er immer, müsst ihr diese Tradition weiterführen. Und das tun wir auch." Jeder einzelne Böller wird sorgfältig in Zeitungspapier verpackt, der Verkäufer legt große Streichhölzer zu den papierenen Rollen. Beim Bäcker nebenan kaufen wir Kekse in Skelettform und bunt verzierte Zuckertotenköpfe mit noch unbeschrifteten Namensschildern auf der Stirn. Für jeden Verstorbenen ein Kopf, große für die Erwachsenen – kleine für die Kinder. Zu guter Letzt wählt Don Valentin 15, mit Teigknochen verzierte, Brote. Alles wird vorsichtig in Schachteln verpackt. Auf den seinen Diablito, den zweirädrigen Schiebewagen, passt kein weiteres Paket. Ohne lange Vorrede verabschiedet sich Don Valentin und winkt ein Taxi herbei. „Wir sehen uns am Nachmittag", sagt er, dreht sich um und geht ab. Ich habe verstanden: Er führt Regie und entscheidet daher, wann die Szene abgedreht ist.

Der Markt schillert bunt, riecht nach Räucherwaren und ist voller wundervoller Bilder. Also bleiben wir und filmen weiter: Leuchtende Blumenketten, Särge aus Zucker, süße Gerippe ganz in rosa mexicana. Ich liebe dieses schreiende Pink, kein zartes Pastell, ein Rosa ohne Kompromisse.

Langsam senkt sich die Sonne, es wird merklich kühler. Auf dem Weg zu dem Hügel über dem Dorf wirkt der zarte Nebel wie ein Weichzeichner. An der Einfahrt zur Siedlung des Montero-Klans stehen vier Männer mit Körben voller Blütenblätter. Die Brüder sehen einander ähnlich, wie dem Mann, der uns hierher eingeladen hat. Der aufrechte Gang, die vorstehenden Backenknochen die markanten Nasen. Sie alle streuen orangefarbene Wege zu ihren Häusern, schweigend, jeder für sich, von der Einfahrt bis zu seinem Altar. Der schwere Duft der Cempasúchil legt sich über die anderen Gerüche der Siedlung.

Am Ende eines dieser Pfade treffen wir Don Valentin. Er schmückt einen Drahtbogen mit Blumengirlanden und befestigt ihn über seinem Hausaltar. Seine Frau bringt ein Tablett voller kleiner Tonschalen mit dampfendem Kakao. „Die Becher mit heißer Schokolade kommen an den Tischrand", bestimmt Don Valentin, „schließlich sind auch Kinder unter unseren Verstorbenen und diese kleinen hungrigen Seelen sollen die für sie bestimmten Gaben auch erreichen." Dahinter stellt er Schnapsgläser und eine Flasche dazu. „Unsere Muertos kommen von weit her", führt der Herr des Hauses aus, „deshalb muss man ihnen etwas aufwarten." „Wie macht man das?", frage ich. „Zuerst schenkt man ein Glas ein", erklärt Valentin und tut das so gleich, „prostet dem Verstorbenen zu, taucht vorsichtig die Fingerspitzen ein und spritzt kleine Tröpfchen um sich. Dann heißt man den Besucher willkommen." Don Valentin reicht mir ein gefülltes Glas und bedeutet mir das Vorgezeigte nachzutun. „Auf dich, Sylvia!", sage ich leise, spritze den starken Schnaps um mich und nehme dann selbst einen Schluck und stelle das halb volle Glas meiner Schwester zu den anderen auf den Altar.

Aus großen Schalen steigt Kopalrauch auf, bricht sich in den letzten Sonnenstrahlen, um sich schließlich in die Bäume hinter dem Haus zu verziehen. Don Valentin zündet Kerzen an. Seine Frau bringt eine Schüssel Mole für die Toten, ein deftiger Eintopf auf Basis einer Schokolade – Chilemischung. Für die verstorbenen Kinder gibt es Leckereien.

Draußen entzündet der jüngste Bruder Manuel die ersten Böller. Wir bauen die Kamera auf. Zwischen lautem Krachen erzählt er uns von seinem Vater, einem einfachen aber strengen Mann. Mit ihm sei nicht immer leicht gewesen, erinnert er sich, er hätte seine Söhne stets fest an der Kandare gehabt. „Ich glaube", sagt Manuel, „er kann mich jetzt sehen und weiß, dass ich bei jedem Böller an ihn denke." Da kracht es plötzlich auch hinter uns – eine Gruppe kleiner Kinder wirft Ladycrackers und läuft lachend davon.

Inzwischen ist es über dem Dorf dunkel geworden – durch die Fenster und Türen sieht man geschmückte Altäre im Kerzenschein. Eine alte Frau lädt uns ein hereinzukommen. „Wir träumen viel zu dieser Jahreszeit", erzählt sie und es scheint fast, als bemerke sie die laufende Kamera nicht. „Manchmal erscheinen Tote in diesen Träumen und bitten uns um eine ganz besondere Gabe, ein bestimmtes Gericht, Getränk oder eine Süßigkeit. Wünsche, denen wir natürlich sofort nachkommen. Dann wieder sehen wir im Schlaf Verstorbene einfach vorbeiziehen und erinnern uns an sie. Wenn es einen Grund dafür gibt, können wir sie um Verzeihung bitten, oder sie uns. Meist aber ist ihr

Kommen nur ein Besuch – so als käme wieder zusammen, was einst zusammengehörte. Wenn wir aufwachen, fehlt am Altar manchmal ein Stück Brot oder etwas Anderes."

Es ist spät geworden. Don Valentin lässt uns durch seinen jüngsten Sohn ausrichten, dass es nun an der Zeit sei, zum Friedhof aufzubrechen. Wir stellen das Stativ hinter der ersten Wegbiegung auf und warten auf den Moment, an dem Petra uns über Mobiltelefon Bescheid gibt. Da erscheinen sie, alle Bewohner der Siedlung, einer nach dem anderen, wie in einer Prozession. Sie tragen Kerzen, feierlich, keiner spricht. Nur die Kinder laufen fröhlich herum und werfen Kracher. Die Männer haben sich große leinene Säcke über die Schultern gelegt, Geschenke für die Verstorbenen.

Am Friedhof – eine halbe Gehstunde entfernt - wird schon gefeiert. Die Wege, die kleine Kapelle und viele der Gräber sind mit Lichtern geschmückt. Ein Trio singt vor einem Mausoleum und auf einem Platz neben dem Eingangstor tanzen Männer in Tracht zu Trommelmusik. Um die Grabstätten sitzen Menschen auf Campingstühlen, leeren Schachteln, oder einfach auf den steinernen Einfriedungen. Gläser, Flaschen, volle Teller, nichts erinnert an das, was für uns Friedhof bedeutet. Keine graue Leere, keine Traurigkeit, keine winterlichen Krähen. Ein alter Mann steht vor der Gruft seines vor 30 Jahren verstorbenen Vaters und liest vor, was er für ihn geschrieben hat. Nicht weit davon stellt eine Frau eine zwei Liter Cola-Flasche aus Plastik auf die letzte Ruhestätte ihres Mannes, daneben einen Plastikbecher. „Sein ganzes Leben lang liebte er dieses Getränk, so soll er auch heute davon haben." Überall wird gegessen, getrunken und gelacht.

Eine Gruppe Frauen, Männer und Kinder setzen Tonschüsseln, Kerzen und Blumen auf das Grab in ihrer Mitte. Eine der Anwesenden bittet mich ein Foto zu machen. Motiv: die ganze Familie um ein Grab. „An diesen Moment will ich mich erinnern", erklärt die Frau, die mir die Kamera gab, „denn dieses Jahr ist ein besonderes Jahr für meine Mutter. Diesmal sind alle ihre Kinder mit all ihren Enkelkindern gekommen. Alle ohne Ausnahme!" Eine andere Gruppe winkt das Trio zu sich, damit es die Lieblingsweise ihres Verstorbenen spielt.

Schließlich finden wir zurück zu Don Valentin. Das Grab des Vaters ist schon geschmückt, die Söhne sitzen auf Klappstühlen und reden über den Herrn Papa. Einer erinnert sich, wie sehr er diesen Mann gefürchtet hat, ein anderer spricht von dessen Lehren. Da sagt Don Valentin plötzlich ernst „schon bald Vater, kommt der Zeitpunkt, an dem ich mich neben dir niederlassen werde." Die anderen nicken zustimmend, keiner sagt: „Bis dahin fehlt noch viel", oder „darüber sprechen wir lieber nicht."

Da tippt mir Gabriel auf die Schulter: „Das war die letzte Filmkassette, alles Material verdreht." Dem Team sieht man die 15 gearbeiteten Stunden an. „Drehschluss", sage ich und Petra zieht den Flachmann aus der Jackentasche: 100% Agave. Auf die Muertos!

Machos und andere Schwächen

Das Wort Macho gibt es auch, ganz unabhängig von der lateinischen Wurzel *masculus*, auf Nahuatl, in der Sprache, die einst die Völker Mexikos verband. Da aber hat dieses Wort eine andere Bedeutung. Macho steht hier für beispielhaft, oder beschreibt jemanden, der ein

Vorbild für andere darstellt. Ein Tatbestand, der in Mexiko scheinbar zu großer Verwirrung und zu Verwechslungen geführt hat...

Heute habe ich eine Verabredung mit einem Freund. Ich muss zugeben, das klingt nicht nach einem berichtenswerten Ereignis. Doch das ist es. Nach zweieinhalb Monaten Mexiko treffe zum ersten Mal allein einen Freund. Ohne Petra, ohne Enrique und nicht aus Recherchegründen. Einfach so, ganz privat. Ich habe ihn auf meiner letzten Mexikoreise kennengelernt. Er heißt Javier, ist so alt wie ich und schwul. Er war zehn Monate lang in London um Wirtschaft zu studieren, mit einem Stipendium der Bank, in der sein Herr Papa auf einem hohen und er selbst auf einem unbedeutenden Posten sitzen. Alles lief nach Plan. Javiers Karriere war vorgezeichnet: Leitender Angestellter mit internationalem Schliff, ganz der Papa. Doch es kam anders als geplant.

Der Sohn entdeckte in London seine wahre Leidenschaft: die Küche. Neben der Wirtschaftsuni nahm er Klassen in der renommierten Kochschule *Le Cordon Bleu*, die in London eine Niederlassung hat. Im 19. Jahrhundert war das Cordon Bleu eine Ausbildungsstätte für höhere Töchter, um sie auf kulinarisch anspruchsvolle Ehemänner vorzubereiten. Heute ist das renommierte Institut der Ort, wo Gourmets zu Chefköchen werden, so wie einst Julia Childs und heute mein Freund Javier. Irgendwann ließ er das inzwischen halbherzige Studium des Finanzwesens gänzlich bleiben und widmete sich neben Kochschule der Praxis, im Gastgewerbe natürlich. Nachmittags, nach den Kochklassen, arbeitete er in mehreren Londoner Restaurants. Schwarz natürlich – in der Branche kümmert man sich anscheinend nicht um

Arbeitsgenehmigungen und Anstellungsverhältnisse, selbst im sonst so korrekten Britannien.

Da stand er also, mein Freund Javier, in den Küchen wahrer Gourmet-Tempel. Für wenig Geld – aber für eine kräftige Portion Erfahrung, Praxis und Schliff. Javier, der Küchengehilfe, liebte diese Zeit. Der Vater im fernen Mexiko war ahnungslos. Wieder zurück in Mexiko hat er dann doch seine Leidenschaft gestanden. Da er schon beim Beichten war, verriet Javier dem sprachlosen Herrn Papa nicht nur seine Vorliebe für die Küche, sondern auch die für das männliche Geschlecht. Lange Geschichte kurzes Ende. Der Vater, ein klassischer Macho aus reichem Haus, konnte mit beiden Eröffnungen nicht leben. Also erklärte der enttäuschte Herr Papa, dass ein kochender homosexueller Javier nicht mehr sein Sohn sei und die in ihn investierten Pfunde zurückzahlen müsse.

Javier grinst. „Tja, das war´s wohl zum Thema Vaterbeziehung", sagt er und schließt mich in die Arme. „Ach Javier, schön, dass du da bist". Er persönlich findet das nicht so schön: Javier wollte nie wieder in Mexiko sein und will es immer noch nicht. Wenn es nach ihm ginge, würde er ansatzlos nach Europa zurückkehren. Mein Freund konnte nie verstehen was ich, eine Österreicherin, hier zu suchen habe. Hier im Land der Machos und der – laut Javier – *Mediocridad*, der Mittelmäßigkeit. Über Mexiko werden wir nie einer Meinung sein, also ziehen wir besser los.

Wir einigen uns auf das elegante Café in Bellas Artes, im Heim der schönen Künste, wie die Oper hier genannt wird. Javier ist wirklich ein hübscher Junge mit griechischem Profil. Könnte er meine Gedanken lesen, würde er mich korrigieren. Nicht griechisch, sondern spanisch, denn sein Großvater wanderte einst aus dem

Norden Spaniens nach Mexiko ein. Javier legt den Arm um mich und ich lehne meinen Kopf an seine Schulter. Solche Umarmungen sind völlig ungefährlich, Frauen lassen Javier gänzlich kalt.

Er fragt, ob es einen, wie er sagt, *unnötigen, mexikanischen Liebhaber* in meinem Leben gäbe. Nein, nicht einmal die Spur eines Liebhabers, gestehe ich. Seit ich in diesem Land gelandet bin, gibt es für mich überhaupt keine Männer mehr. Ich mag diesen Zustand. Ein frei gewähltes Zölibat.

„Zurück zur Enthaltsamkeit", scherzt Javier. Liebhaber und Affären sind bis auf Weiteres gestrichen. Ich glaube es ist Zeit auf den Mann zu warten, der es wert ist, dass ich all meine hart erarbeiteten Beziehungsängste über Bord werfe. „Marke Märchenprinz", schließt Javier und fügt hinzu, „schlechte Nachrichten, meine Schöne, solche Prinzen gibt es eben nur in Märchen." Ich lache und antworte nicht. Ich glaube noch immer an den Märchenprinzen, trotz aller Erfahrungen, die mich eines Besseren gelehrt haben sollten.

Colette Dowling würde das wohl den klassischen Cinderella-Komplex nennen, die heimliche Angst der Frau vor der Unabhängigkeit, oder der unbewusste Wunsch umsorgt zu werden. Im tiefen Inneren der weiblichen Seele hockte er angeblich, dieser Komplex. Fazit: Gebildete junge Frau mit aussichtsreicher Karriere wartet trotz allem auf einen Prinzen, der sie erlöst. Und zwar vom bösen Fluch des selbstständigen Lebens. Tritt dieser adrette Kerl auf, wirft frau ihre Freiheit, Karriere und Eigenverantwortung einfach über Bord. Sie sinkt – erleichtert - in die Arme ihres Retters und verzieht sich in die Sicherheit. Ich gebe zu, dieses Bild ist verführerisch. Vorsicht Falle.

Der Cinderella-Komplex ist eines der Bücher, die ich mit 17 verschlungen habe. Ich wollte nicht wie meine eigene Mutter als Hausfrau enden. Ohne eigene Karriere, ohne eigene Abenteuer, ohne eigenes Konto. Ich war auf allen Frauen-Demonstrationen, die damals in Wien stattfanden, den Sticker mit dem Frauenzeichen auf dem Busen. Natürlich habe ich Schneewittchen gehört und gesungen.

Für alle die diesen Höhepunkt der Musikgeschichte versäumt haben Schneewittchen war die deutsche Band aus den 70igern, die die Hymnen der Frauenbewegung geschrieben und gesungen hat. *Der Mann, das ist ein Lustobjekt*, oder auch *Nehmens Sie´s wie ein Mann, Madame*. Meine Lieblingsplatte (die gab es damals noch: schwarze Vinylscheiben mit Loch in der Mitte) hieß: Zerschlag deinen gläsernen Sarg. Am Cover standen Schneewittchen mit Strickweste, Rollkragenpulli und Faltenrocke. Musikalische Untermalung: Gitarre, Querflöte und Geige. Ehrlich, die Damen sahen nicht nach toughen Emanzen aus, ihre Lieder jedoch waren ein Aufruf zum Kampf. Ich hege sogar den Verdacht, dass sich mancher Mann tatsächlich gefürchtet hat. Das hat mir damals durchaus gefallen. Aber ich muss zugeben, dass ich die Latzhosen gehasst habe. Dunkles Lila steht mir nicht und was mich betrifft, sind Gesundheitsschlapfen an nicht manikürten Frauenfüßen der Untergang der Weiblichkeit. Schon damals liebte ich Shirts mit tiefen Ausschnitten und enge Jeans. Natürlich habe ich solche Schwächen tunlichst geheim gehalten.

Meine älteste Schwester war mein großes Vorbild. Sie war die Gründerin einer Truppe mit dem Namen Frauenzimmer. Geschieden, allein mit zwei Kindern und einem elenden Job. Sie war meine Heldin. Die steht ihren

Mann, haben damals alle gesagt. Sylvia gefiel das, aber sie sagte darauf immer nur: „Nein, ich stehe meine Frau!" In Wahrheit war sie Vater und Mutter für ihre Kinder, ständig bemüht mit einem schmählichen Einkommen auszukommen und im Balanceakt das normale Leben zu meistern. Irgendwann habe ich bemerkt, dass sie nicht nur allein, sondern auch tief unglücklich war. Schon lange bevor sie krank wurde. Schon lange bevor sie nicht mehr ihren Mann, beziehungsweise ihre Frau stand und nur noch die Etikette *Manisch-Depressiv* trug.

Bei einem Espresso erzählt mir Javier von seinen kulinarischen Abenteuern in Europa. Es ist Leidenschaft in seinen Augen, wenn er von Soufflés, selbst gemachter Fois Gras und brauner Butter erzählt. Ich kann ihn verstehen, ich teile diese Leidenschaft und den Traum davon zu leben. Dabei denke ich weder an den Stress einer Großküche, noch an Küchenchefs die Kommandos brüllen, oder gar an Verbrennungen am Unterarm. Mir schwebt ein Ort vor, an dem man in aller Ruhe wahre Delikatessen zubereitet. Ein Ort zwischen Kupferkesseln, Vulkansteinmörsern und scharfen Messern. Dieses Bild ist weit von der Realität entfernt, auch darüber reden wir. Ich erzähle Javier von einem Nudelrezept aus dem 19. Jahrhundert, von meinen Cantuccis und karamellisierten Tomaten. Wir beschließen gemeinsam zu kochen – einen ganzen Tag lang. Für wen spielt keine Rolle. Vitello Tonnato mit selbst gebackenem Weißbrot, hausgemachte Tagliatelle mit Pilzen, Petersilie und schwarzem Pfeffer, Saltimbocca auf Polenta-Scheiben und zum Abschluss ein Fondue aus Bitterschokolade.

Langsam meldet sich der Hunger und wir übersiedeln vom schicken Kaffeehaus ins Danubio, einem traditionellen Fischlokal im Stadtzentrum. Zwischen grüner Fischsuppe und gegrillten Flusskrebsen überlegen wir, ob es nicht Zeit für ein eigenes Restaurant wäre. Bei einem Schluck Chenin Blanc aus Baja California fasse ich einen Beschluss: Wenn ich den Journalismus irgendwann satthabe, mache ich mein eigenes, kleines, feines Restaurant auf. „Darauf trinken wir", sagt Javier. „Santé, mon cherie!"

Ein richtiger Mann

Petra und ich sind wieder auf Recherche, nur diesmal mussten wir unsere Wohnung über dem Zentrum der Stadt nicht verlassen. Wir haben zum Mittagessen geladen. Interessante Frauen, Mexikanerinnen mit Karriere, die wir während der letzten Jahre kennengelernt haben. Eine Archäologin, eine Architektin, eine Krankenschwester, eine Geschäftsfrau, eine Journalistin und eine Mexikanerin, die gut geheiratet hat. Es geht um Machos. Der Arbeitstitel: Was ist dran am mexikanischen Mann? Dazu servieren wir Rindsgulasch mit Rahm, Röstzwiebel und hausgemachte Spätzle. Der Nachtisch: handgezogener Apfelstrudel, nur mit Staubzucker. Kein Vanilleeis. Mexikaner mit Geld reisen eben oft gegen Norden und so ist die US Interpretation von dieser zutiefst österreichischen Nachspeise, was man hierzulande unter Strudel versteht.

Das Menü ist österreichisch deftig, das Thema delikat. Frau zeigt sich von der modernen Seite. Zur Einleitung zitiere ich aus dem elektronischen Mexiko-Lexikon, der Quelle zum besseren Verständnis von Mexiko für Deutsche, Österreicher und Schweizer. Dort steht zu lesen:

Machismus beruht auf einem Weltbild, in dem die Dominanz des Mannes und damit die Unterordnung der Frau verherrlicht und in Sprache wie in Alltagspraxis zementiert wird.

Ein langer Satz. Wollen Frauen das? Wohl nicht mehr, könnte man meinen.

Weiter:

Wechselnde Sexualpartner sind beim Mann ein Beweis von Potenz und Männlichkeit, bei Frauen hingegen wird dasselbe Verhalten als Sünde angesehen, die sie auf eine Stufe mit Prostituierten stellt und als ehrbare Mitglieder der Gesellschaft disqualifiziert.

Na fein. Willkommen im Club der Outlaws. Nichts von dem, was hier zu Machismus steht, will mir gefallen. Die geladenen Damen sehen das anders. Nach dem Essen und nach ein paar Gläsern guten spanischen Tempranillos kommen wir der Sache näher. Alle sechs geladenen Frauen am Tisch bevorzugen einen Macho dem modernen Mann. Zweifellos sei der Begriff Macho neu zu definieren. Eine Art gereifter Macho, der tatsächlich akzeptiert, dass seine Frau Karriere macht und auf eigenen Beinen steht. Hört, hört. Wie liberal auch... Und das macht den Herrn dann zu einem akzeptablen Lebenspartner?

Carla Soto bringt ihr Argument auf den Punkt „Moderne Männer wissen nicht, welche Rolle sie spielen sollen. Sie wollen über alles offen reden und lösen bei mir, wenn überhaupt Gefühle nur Muttergefühle aus. Ich will erobert werden, will, dass mir ein Mann jeden Wunsch von den Augen abliest und nach dem Ja-Wort will ich, mit Verlaub, umsorgt werden." Sie schaut mich an: „Ich verstehe Euch Europäerinnen nicht. Ihr wollt

Eure Freiheit und bezahlt sie mit 50% der Restaurantrechnung. Und was ist diese Freiheit? Ein Mann, der nicht weiß, was er will und ein Leben, in dem Ihr beweisen müsst, dass Ihr Frauen die besseren Männer seid. Felizidades – meine Glückwünsche."

Echte Machos seien leicht zu manipulieren, man müsse nur die Spielregeln kennen. Teresa, die Archäologin spricht vom Mexikaner als Liebhaber und bezweifelt, dass es den modernen Mann wirklich gibt. Gäbe es ihn tatsächlich, sei er ein nicht überlebensfähiges Hybrid. Mariana erinnert sich an alte Zeiten und schwärmt vom wahren Caballero. Am Ende des Tages weiß ich, dass Machos der Stoff für einen guten Film sind. Ich weiß aber nicht mehr, was ich will. Einen Macho oder einen neuen Mann? Neue Männer braucht das Land, sang schon Ina Deter in den 80igern. Sie suchte offensichtlich verzweifelt, sprühte es auf jede Wand – und war sogar bereit, für so einen Mann zu bezahlen....

Den nächsten Tag verbringe ich am Telefon. Es ist leichter Frauen zu finden, die über Machos reden, als Machos die von sich und ihresgleichen erzählen, und das noch dazu vor laufender Kamera. Ein Mexikaner will mich davon überzeugen, dass die Machos zu einer aussterbenden Art gehören. Ein anderer fordert Gleichberechtigung für die Herren der Schöpfung und meint sogar, dass es heute keine wahren Männer mehr gibt. Aber keiner will sich filmen lassen. Also rufe ich einen alten Freund an. Manuel ist Hacendado, wohlhabender Großgrundbesitzer.

Es liegt schon ein paar Jahre und Reisen quer durch Mexiko zurück, als Petra und ich auf eben so einer Reise Don Manuel getroffen haben. Ein Macho, wie er im Buche steht. Sein Wort gilt, ausschließlich sein Wort.

Selbst der inzwischen 50-jährige Sohn muss noch heute jede Entscheidung vom Herrn Papa absegnen lassen.

Don Manuel lebt allein, obwohl er verheiratet ist. Scheidung gilt in seiner Welt nicht als Ausweg. Seine Frau und gleichzeitig Mutter seiner vier Kinder hat er in ein Stadthaus übersiedelt, nachdem die eheliche Verbindung ihre Funktion erfüllt hat. Eine gesellschaftlich akzeptierte Lösung, wenn man das Eheleben nicht mehr erträgt. „Ein wahrer Mann tut und lässt, wonach ihm die Laune steht", erklärt er stets, wenn er danach gefragt wird. Also hat der, inzwischen über 70-jährige so viele Freundinnen, wie es ihm passt und er gesundheitlich noch verträgt.

Sein wirkliches Alter ist ein Geheimnis. Jeden Tag sieht man Don Manuel früh morgens zu Pferd seine Ländereien inspizieren. Ein großer Hut, feine Lederstiefel und im Mundwinkel eine dicke Zigarre. Petra und ich sind für ihn wahre Freundinnen, genauso wie wahre Freunde, eben keine normalen Frauen. Für uns gelten andere Regeln. Wir gehen gemeinsam zum Reiten, zum Stierkampf, oder reden bei ein paar guten Tequilas über die Welt. Ich mag ihn, diesen alten brummigen Macho, als Freund.

„Bueno?", herrscht er ins Telefon. Sobald ich mich melde, wird seine Stimme sanfter: „Como estas mi hijita?" Wie geht's dir mein Töchterlein? Er lacht heiser ins Telefon. „Erzähl ich dir nicht", scherze ich, als ob ich irgendetwas zu verbergen hätte. „Hmmm", brummt er und ich frage ihn, ob er was dagegen hätte im Fernsehen aufzutreten. „Rein gar nichts", antwortet er, „vorausgesetzt ich darf sagen, was ich will." „Darfst du, zum Thema Machos. Manuel, ich will wissen was wirkliche Männer denken, was sie lieben und was sie hassen. Wovor haben sie Angst? Haben sie Angst?" „Ja", lacht Manuel, „vor Frauen wie dir..." Dann aber sagt er „kein Problem" und ich habe meinen ersten Darsteller.

Kaum habe ich aufgelegt, läutet es. Schau an, denke ich, vielleicht hat es sich einer der Machos, mit denen ich vormittags telefonierte, doch noch anders überlegt. Ein wahrer Mann kann doch nicht den Schwanz einziehen.

„Österreichische Botschaft, Grüß Gott", meldet sich ein Herr am anderen Ende der Leitung. Diesen Mann kennen alle meine Landsleute in Mexiko: der Botschaftssekretär, eigentlich Schattenbotschafter. Schließlich liegen etliche Jahre Mexiko hinter ihm und er weiß mehr, als die gesamte entsendete Diplomaten-truppe. „Wie geht´s denn so", fragt er. „Danke bestens, auf der Suche nach Machos". Der Mann am anderen Ende der Leitung räuspert sich „damit kann ich nicht dienen. Aber unser Erstzugeteilter würde gerne mit Ihnen sprechen". Erstzugeteilter? Was auch immer das sein mag. „Kenne ich den?" „Ich glaube noch nicht", antwortet der Herr Sekretär, „Er heißt Frank Zeller". An Namen kann ich mich so wie so nie erinnern, also sage ich nur: „Verbinden Sie mich doch mit diesem Zeller und Ihnen alles Liebe. Ba Ba." Ich lasse mir dieses *Ba Ba* auf der Zunge zergehen. Ich liebe die wienerische Variante von *By By* in Mexiko gibt es ja nur selten die Chance sich mit einem herzlichen *Ba Ba* zu verabschieden.

Frank Zeller klingt nett, ich fürchte aber, ich kenne ihn doch. Als ich damals die Menschen am Müll filmte, tauchte ein Typ von der Botschaft auf. Er verteilte gespendete Tennis-Schuhe im christlich sozialen Zentrum am Rande der Müllhalde. Ich habe die Szene weder gefilmt, noch mit einer Silbe im Text erwähnt. Ich seufze unhörbar und beschließe von allem Möglichen zu reden, nur um der Tennisschuh-Causa zu entkommen.

Also erzähle ich diesem Zeller unter anderem von meinem Plan einen VW Käfer zu kaufen.

Irgendwann unterbricht er mich etwas verwundert, ja befremdet: „Ich glaube, wir kennen einander noch nicht. Ehrlich gesagt, habe ich erst bei meinem letzten Heimaturlaub entdeckt, dass es hier eine ORF-Korrespondentin gibt. Da lief der Vulkan-Schauplatz von Ihnen." Okay, der Mann ist offensichtlich nicht der Wohltäter von der Müllhalde. Was will er also? „Es ist ja eine wahre Schande", unterbricht Frank Zeller meine Gedanken, „dass die Botschaft und der ORF keinen Kontakt haben. Wie wäre es, wenn wir das ändern?" Einverstanden und wann? „Nächste Woche, am 10. November? So um 8 Uhr abends? Wir könnten gemeinsam essen gehen." „Okay", sage ich vorsichtig, „vorläufig habe ich keine anderen Pläne." Warum um Gottes Willen müssen wir gleich gemeinsam essen? Die Variante des Kaffeehauses ist sicherer. Da kann man, mit allem Anstand, nach einer Stunde verschwinden. Der Herr Diplomat bietet sich an, mich abzuholen und bittet um die Adresse. Gut, das gefällt mir, und noch mehr, dass keine seltsame Reaktion auf die Adresse im Zentrum folgt. Ein gutes Zeichen denke ich und lege auf.

Petra schaut in mein Zimmer: „Alles in Ordnung? Die Steaks sind fertig." „Fein, ich komme", antworte ich. Atkins, keine Frage. Erste Diät - Phase: So gut wie keine Kohlehydrate ...das heißt kein Stück Brot, kein Obst und kein Tequila. Petra schwört auf den Zampano aus den 70ern, auch wenn seine Diät inzwischen heftig kritisiert wird. Der erlaubte Kohlenhydratgehalt liegt nämlich unter dem was der Körper benötigt, um Gehirn und Muskeln mit Zucker zu versorgen. Petra lässt sich von solchen Nebensächlichkeiten nicht beirren und widmet sich ihren 250 Gramm Rib Eye, gut abgelegen, medium rare. Beim Essen erzähle ich ihr vom Anruf der Botschaft. „Gut", findet sie, „es wird Zeit, dass wir Beziehungen zur österreichischen Gemeinde aufbauen." „Du bist doch die Expertin in Sachen Beziehungen", entgegne ich vorsichtig und versuche ihr den Ball zuzuspielen. „Magst nicht du diesen Zeller treffen? Du weißt ja, ich bin hoffnungslos undiplomatisch und du bist ein Genie in solchen Angelegenheiten." Petra schüttelt den Kopf: „Das ist deine Botschaft, du bist die österreichische Korrespondentin und das ist dein Date." „Date?", frage ich. „Jetzt lass mich auch mal scherzen", sagt sie.

„Reden wir über was Anderes. Fahren wir am Wochenende nach Huamantla? Zu Manuel? Was sagst du dazu? Ich glaube, das täte uns so richtig gut. Außerdem müssen wir ja aus beruflichen Gründen in die Welt der Machos eintauchen." „Wie recht du nicht hast", sagt sie. Reiten, gutes Essen, viel spanischer Rotwein und 12 Stunden schlafen, wer kann da schon was dagegen haben?

Seltsam, jedes Mal wenn ich auf eine Autobahn auffahre, bekomme ich Hunger, selbst wenn ich ausgiebig gefrühstückt habe. Petra geht es da nicht anders, Gemeinsamkeiten machen das Leben gemeinsam eben lebenswert. Also fahren wir bei der ersten Möglichkeit rechts ab und gehen einkaufen. Am Rand von mexikanischen Autobahnen findet man keine schicken Raststätten. Hier sind es kleine Läden, sogenannte Tienditas, die so ziemlich alles verkaufen, womit man rasch und unkompliziert zunehmen kann. Chips mit Käsegeschmack, scharfe Erdnüsse, knusprige Schweinehaut, süß-saure Gummis, Schokokekse und zwischen den Zähnen haftende bunte Bonbons, abgesehen von Coca-Cola und Nescafé. Fazit der Geschichte: Nachher ist mir immer übel, trotzdem bin ich restlos zufrieden. Petra muss diesmal mit mexikanischen Grammeln vorliebnehmen, schließlich ist sie auf Diät. Sie tippt mit besorgter Miene auf ihre Armbanduhr. Oh Mann, wir sind spät dran, ich habe Manuel versprochen, dass wir um 10 Uhr landen. Das ist nicht mehr zu schaffen. Don Manuel schwört auf Pünktlichkeit und steht sicher um Punkt 10 Uhr vor dem Haus, um uns zu empfangen. Seine Telefonnummer habe ich natürlich nicht dabei.

Also aufs Gas steigen und ... eine Ausrede ausdenken. Petra grinst „so wie echte Mexikaner..." Was das betrifft, möchte ich ansatzlos einschränken: Hier ist ausschließlich die Rede von den Mexikanern, die sich redlich bemühen gängigen Vorurteilen zu entsprechen. Davon gibt es tatsächlich einige und die setzen in solchen Fällen die famosen *Cosas que se dicen* ein. Übersetzt heißt das: Dinge, die man einfach so sagt. Das sind nicht wirklich Lügen, sondern Notlügen beziehungsweise Halbwahrheiten. Als Entschuldigung für Zuspätkommen sagt man zum Beispiel: Der Verkehr war katastrophal (stimmt meist gilt aber nicht, da er das immer ist. Wahr ist: Man muss einfach rechtzeitig losfahren). Oder: Mir ist ein Reifen geplatzt (schon möglich – aber häufiges Anwenden dieser Ausrede ist nicht wirklich glaubhaft. Selbst Ausländer lernen nach einiger Zeit die allerorts aufklaffenden Löcher im Asphalt zu umfahren). Gleich noch eine Variante: Meine Tante ist erkrankt (häufig auch von Personen benutzt, die keine Mediziner sind und der armen Frau sowieso nicht helfen könnten). Dann gibt es noch die Dokumente, die der Hund aufgefressen hat, wie plötzliche Schwindelgefühle und andere Unpässlichkeiten.

Genau an diesem Punkt aber unterbreche ich meine kritischen Ausführungen und zitiere Jacques Paire (3), einen französischen Koch, der Ende des 19.Jahrhunderts nach Mexiko kam: „Am Beginn meiner Zeit hier habe ich solche Themen (pauschale Kritik) immer vermieden. Das schien mir durchaus besonnen und angebracht für einen Koch, der in einem Land lebt, das so sensibel auf Kommentare von Ausländern reagiert. Doch im Vorbeiziehen der Jahre konnte ich so manche Bemerkung nicht unterdrücken."

Wenn man in der Trockenzeit durch dieses Land fährt, sieht es genau so aus, wie ich mir mit zehn Jahren den Wilden Westen vorgestellt habe. Frei nach Karl May. Hohe Berge, weite Täler, so weit, dass man deren Ende im blauen Dunst nur noch erahnen kann. Die Welt scheint grenzenlos, keine Häuser nur Weite. Dunkelgrüne Kakteen trennen, als gewachsene Zäune, Maisfelder voneinander. Eine Stunde zu spät holpern wir über den steinigen Weg zur Hacienda und, wie erwartet, steht der sichtlich besorgte Hausherr vor dem Tor. "Ay, mi hijita, heißt es nicht, dass Deutsche pünktlich sind?" „Das heißt es, Don Manuel, ich bin aber Österreicherin und die Verspätung ist meine Schuld. Ich musste am Weg eine Tienda leer essen." Bei ihm gäbe es doch immer eine volle Vorratskammer, brummt er missmutig und schließt mich dann doch in seine Arme.

Nichts stört die Weite, nur manchmal bleibt das Auge des staunenden Betrachters an einer majestätischen Agave hängen. Einer der Arme zeigt stets gen Himmel, so als wolle die Pflanze den Vorbeikommenden daran erinnern, dass die da oben die Regeln festlegen, die für uns hier unten gelten. Wir reiten gemächlich über die Felder. Manuel erzählt, dass der Brokkoli-Preis an den US-Märkten gefallen sei und er Ärger mit den Feldarbeitern hätte. Die kämen bloß, wenn es Ihnen ins Zeug passe. „Diese Mexikaner...", brummt er vor sich hin. Er vergisst, dass auch er einer ist, ein Mexikaner nämlich. Diese Tatsache übersieht der alte Mann gerne, da er sich nur an seine spanischen Vorfahren erinnert. Er ist, wenn es nach ihm geht, ein Spanier aus „Nueva España". Die Diskussion haben wir 101 Mal geführt. Zwecklos, ein Macho in seinem Alter lernt nur noch, was in sein Weltbild passt. Seinen einzigen Sohn hat er im heiratsfähigen Alter nach Spanien geschickt, damit sich der Stammhalter dort, in der alten Welt, eine Frau sucht. Das hat der brave Junge auch getan. Inzwischen ist der Sohnemann 50 und Vater von fünf zweifellos sehr spanischen Töchtern. Kleines Detail am Rande: Es fehlt der männliche Erbe. „Nun, in dieser Familie haben die Frauen immer die Hosen angehabt", kommentiert Manuel. Wahrscheinlich ist der gute Mann doch weiser, als ich dachte...

Ich spüre die Kraft der Sonne, rieche die Nadelbäume am Wegrand und höre das Schnauben meiner Stute. „Wollen wir?", frage ich, lasse die Zügel locker und schnalze mit der Zunge. Wir galoppieren los und lassen die beiden anderen in einer Staubwolke zurück. Das ist eines der wirklich guten Dinge im Leben. Vielleicht sollte ich mich mit einem betuchten Hacendado verheiraten und mein Leben am Land verbringen. Auf ein „HO" bremst Baba mit allen Vieren gleichzeitig. Ich habe inzwischen gelernt mich rechtzeitig im Sattel nach hinten zu lehnen. Auf der Hinterhand kehrt und zurück. Don Manuel sitzt aufrecht am Pferd, die Zügel in einer Hand, die andere in die Hüfte gestemmt. Weiße Haare, braun gebrannt, die lachenden Augen immer noch jung. „Du solltest öfters kommen, mi hijita, die frische Luft tut dir gut."

Ich hingegen mache mir Sorgen um ihn. Der Don gehört zu der Generation von Männern, die alle wahren Bedürfnisse des Körpers hartnäckig ignorieren. Von Check-ups hält er nichts und ganz nebenbei: Schmerzen sind sowieso nur etwas für *Mamones*, zu Deutsch Muttersöhnchen. Klar, deshalb würde er sich auch eher die Zunge abbeißen, als zuzugeben, dass er sich nicht wohl fühlt. Ich kenne alle seine Ausreden, aber ich sah auch den Gehstock neben der Tür, den er heute natürlich nicht benutzt. Ich weiß, dass sich seine kantige Nase weiß färbt, wenn er sich anstrengt, und sein Mund vor Schmerz manchmal zu einer dünnen Linie wird.

Darüber aber wird kein Wort verloren, wir reden über alte Zeiten und echte Machos. Manuel lacht spitzbübisch, während er uns von seinem Liebesleben erzählt. Hier am Land, unterstreicht er ernst, ginge es mehr um Hombría, um wahre Männlichkeit, als um hormonelle Verwirrungen. Ein Macho müsse hier noch heute seinen Mann stehen: Mutig und entschlossen. Die in der Stadt seien doch alle Weicheier, sagt er. In dieser Tonart geht es bis um 8 Uhr abends weiter, dann wird mein alter Freund müde. Zeit für einen über 70-jährigen Macho ins Bett zu gehen. Auch Petra und ich sind bettreif, nach einem langen Tag an frischer Luft und nicht zuletzt den vielen Gläsern starken Rotweins, die wir geleert haben.

Nach 12 Stunden Schlaf, in absoluter Stille und Dunkelheit wachen wir auf. „Na endlich, " sagt Manuel, der schon unzählige Male ungeduldig an unserem Zimmer gehorcht hat. „Wird auch Zeit!" Schließlich hat er viel vor, wenn er schon einmal Besuch hat, muss er das auch auskosten.

Nach dem Frühstück besuchen wir seine Schafherden. „In dieser Hacienda da drüben", Manuel zeigt in die Richtung eines großen weißen Gebäudes, „wohnt mein Sohn mit all seinen Töchtern und seiner Frau. Wenn ihr mich fragt: Zu viele Weiber auf einen armen Kerl" Der alte Mann lacht gehässig.

Der Tag vergeht wie im Flug. Am Nachmittag verladen wir die Geschenke im Auto. Geschenke, die wir beim besten Willen nicht ablehnen konnten: große Säcke voller Kartoffeln, Karotten und Brokkoli. Der Kofferraum lässt sich erst beim dritten Versuch schließen. Manuel ist davon überzeugt, dass Gemüse und Obst in der Stadt nichts taugt.

Dann kommt der Moment, in dem wir endlich ins Auto steigen. Don Manuel umarmt uns und ich sehe Tränen in seinen Augen, so wie bei jedem Abschied. In Mexiko dürfen eben auch wahre Männer weinen. „Ruf mich an, wenn Ihr ankommt", sagt er zu mir und presst die Lippen aufeinander. Er ist einsam, denke ich. Ein alter, sturer Mann, der seine Frau verlassen hat und seine Kinder auf Distanz hält. Ist das wirklich das Leben, das er haben will, oder kann er einfach nicht aus seiner Haut? Muss die Geschichte eines alten Machos so zu Ende gehen?

Mann in Sicht

8 Uhr 15, also pünktlich ist er nicht, der Herr Diplomat, aber ich bin endlich angezogen: Weißes Hemd, Leinenhose, Stiefel und die wirren Locken aufgesteckt. Genug Aufwand für ein geschäftliches Treffen, sage ich zu der Frau im Spiegel, schließlich bin ich Reporterin und nicht PR-Tante. Es wird später und später, mit jeder Minute schwindet meine Lust auf einen Abend mit einem Österreicher, der es mit der Pünktlichkeit nicht genau nimmt.

Da läutet es. „Bin schon am Weg", rufe ich Josefina im Vorbeigehen zu, und öffne die Tür. „Hallo", sagt der Mann, der dahinter erscheint. Gutes Kinn, denke ich. „Entschuldigung, ich bin ein bisschen zu spät." „Komm rein." Rollkragenpulli, Hahnentrittsakko, Jeans. Mit dem Outfit passt der Gute eher in die Werbebranche, als an eine Botschaft. Laut sage ich nur „Willkommen im Korrespondenten-Wohn-Büro über dem historischen Zentrum Mexikos." Er scheint beeindruckt.

Da kommt Petra um die Ecke: „Meine Freundin und Producerin Petra Fischer. Aus Bayern, im Herzen Chilanga." Petra lächelt. „Trinkst du Tequila?" ich schaue ihm in die Augen. „Was für eine Frage", antwortet Frank – und setzt sich auf unser Sofa mit Aussicht. Petra zündet sich eine Zigarette an und so greift auch Frank in seine Sakkotasche. „Hier darf man also rauchen?" Man darf. Ein Mann im richtigen Alter, und, siehe da, er sieht auch tatsächlich wie ein Mann aus. Groß, breite Schultern, ein kantiges Kinn und eine große Nase. Nein, das hat rein gar nichts mit dem dämlichen Scherz: „So wie die Nase des

Mannes..." zu tun. Ich mag große Nasen. Großen Nasen kann man vertrauen.

Petra führt das Gespräch. Sie lässt sich von der Botschaft erzählen, will wissen, seit wann Frank in Mexiko ist – und fragt, Gott sei Dank, nicht wie viel er verdient. Das darf ja nicht wahr sein: Meine liebe Freundin macht auf besorgte Mutter. Genug, denke ich und unterbreche „wir sollten uns langsam auf den Weg machen." Frank steht sofort auf und Petra will tatsächlich noch wissen, wohin wir gehen. „Ich dachte an die Condesa", antwortet Frank mit einem fragenden Blick in meine Richtung. „Einverstanden", sage ich schnell und schnappe meine Handtasche im Vorbeigehen. „Bis später Petra!"

Am Weg zum Auto bemerke ich eine Verwandlung. Ich bin völlig entspannt, sicher und habe das Gefühl, dass diese Stadt meine Stadt ist. Im Lift ist ein Spiegel. Ich schaue die Frau mir gegenüber an. Das bin ich also an der Seite eines Mannes, meine Ängste sind verschwunden. Warum ist es so offensichtlich? Warum bin ich genau dieser Typ Frau, der mir zutiefst zuwider ist. Eine Frau, die sich dann sicher fühlt, wenn die starke Schulter eines Mannes stets im richtigen Abstand zum Anlehnen bleibt. Übrigens eine - tatsächlich - sehr schöne Schulter. Frank hält mir die Wagentür auf, ein gutes Zeichen. Offensichtlich ist dieser Mann kein moderner Mann. „Hast du Lust auf Fisch?" „Fisch klingt gut", sage ich und bin erfreut, dass ein anderer den Wagen durch das mexikanische Verkehrschaos lenkt.

Wir fahren durch die dunkle Stadt. Ich beschließe den Mund zu halten, das heißt keinen besseren, schnelleren Weg vorzuschlagen. Eine elende Angewohnheit von beifahrenden Frauen, die den Männern die Chance nimmt, sich auf die Rolle des edlen Ritters zu konzentrieren. Schließlich muss sich eine Frau ja bewusst sein, dass auch anno dazumal der Prinz die Zügel seines edlen Rosses selbst in Händen hielt und nicht im Damensitz hinter seiner Angebeteten saß. Aber zurück ins Jetzt, zurück in dieses Auto. Ich bin keine Damsel in Distress und der Mann am Steuer nicht mein edler Ritter. Aber irgendwie scheint es, als wären wir einander nicht fremd. Das hat sicher damit zu tun, dass wir im selben Land aufgewachsen sind, die gleiche Schulbildung haben und als Studenten – selbst wenn man ihm das nicht mehr ansieht – politisch links von der Mitte standen. Er ist Steirer. Das ist ja zum Schießen: Das ist Mexico City und habe ich ein Date mit einem Herrn aus Graz. Date? Nein, wie erwähnt ein rein dienstliches Treffen.

Wir landen in der Condesa. Ehemals ein elegantes Wohnviertel und ein gutes Beispiel für gelungene Stadtplanung der 20er Jahre. Breite Avenidas, in ihrer Mitte baumgesäumte Spazierwege, große Parks mit vielen Brunnen. Das scheint seltsam für eine Stadt, die fast die Hälfte des Jahres unter akutem Wassermangel leidet, doch 1920 ahnte man davon noch nichts. Schließlich musste damals nur eine Million Menschen mit kostbarem Nass versorgt werden und nicht an die 30 Millionen.

Dieses Viertel ist in den letzten Jahren zu einer der schicksten Zonen der Stadt geworden und hat sich vom Wohnviertel in eine Beislzone verwandelt. Fondesa statt Condesa sagen kritische Stimmen. Fondas sind kleine, eher einfache Lokale für junges oder jung gebliebenes Publikum. Davon gibt es im einst mondänen Bezirk Condesa heute zu viele. Die Liebhaber der Condesa hingegen vergleichen ihr Viertel mit dem New Yorker

Soho oder dem Barrio Latino in Paris. Wahr ist: Die meisten Condesa-Bewohner sind jung, darunter sind viele Ausländer und nicht wenige halten sich tatsächlich für besonders. Zugegeben: Das ist bösartig. Ich mag dieses Viertel nicht. Zu schick und was mich betrifft: zu wenig Mexiko. Aber wahrscheinlich ist die Condesa genau deshalb ein Teil dieser Stadt. Denn der DF (oder DE-F-E wie man hier sagt) überrascht seine Besucher. Kein Viertel ist wie das andere, nichts ist einheitlich grau, sondern schwarz oder weiß. Es ist mehr: Diese Stadt lässt niemanden gleichgültig. Jeder hat eine Meinung zur mexikanischen Metropole. Man liebt sie, oder man hasst sie.

Wir biegen in die Calle Michocan ein, diese Straße ist der Mittelpunkt des nächtlichen Geschehens. Hier reiht sich Beisl an Beisl und schicke Niños Bien chauffieren ihre nicht weniger schicken Autos vor ebenso schicke Lokale. Parkplätze gibt es keine – also lässt man parken. Ein Herr, auf dessen Brust *Restaurante La Marinera* zu lesen ist, nimmt uns den Wagen ab. Mich persönlich beunruhigt es, mein Auto bei einem wildfremden Herrn gegen ein jämmerliches Stück Papier einzutauschen. „No se preocupe" und schon fährt er ihn weg, den VW Golf. Jetzt fällt mir erst auf: Ein Diplomat, der einen alten Golf fährt? Understatement oder Geldprobleme?

Frank wirkt jedenfalls nicht wie ein verwöhnter Staatsangestellter, ad stressfreier Job für gutes Geld. Ich nehme mir vor, ihn zu fragen, was unter Erstzugeteilter zu verstehen ist, und was er für das Geld der Steuerzahler eigentlich so tut.

Als die ersten Tequilas kommen und wir sind bereits beim Thema Machos, bei meinem neuen Projekt. Im Gespräch habe ich still und leise die Position meiner mexikanischen Interviewpartnerinnen übernommen. Fühlt sich gut an. Frank lächelt und fragt nach. Ich preise die Vorzüge des klassischen Machos und will von ihm wissen, ob es moderne Männer wirklich gibt. Da schau her… Der Steirer mir gegenüber zweifelt auch an deren Existenz. Na, da können wir ja weiterfragen. „Was wünschen sich Männer? Frauen, die beschützt werden wollen?" „Nichts dagegen", sagt Frank. „Altmodische Frauen, die versorgt sein wollen?" Da sehe ich einen Anflug von Zweifel in seinen Augen. „Ich habe gerade eine Scheidung hinter mir", erklärt er kurz angebunden. „In dieser Ehe war ich der Versorger und bin es noch heute. Selbst nach der Scheidung und obwohl wir keine Kinder hatten."

Es ist nicht schwer ihm anzusehen, wie viel ihn diese Trennung gekostet hat. Nicht nur finanziell. Fazit: Er scheint Frauen nicht zu trauen. „Keine Sorge: Nicht alle sind gleich, " scherze ich. Er lacht. Ich erzähle ihm von meiner Trennung und von 16 Jahren ohne Trauschein. Trotzdem endete die Geschichte mit all dem, was eine richtige Scheidung ausmacht, eingeschlossen der Streitereien um Geld. Ich werde dieses verdammte Kassenbuch nie vergessen. Dort schrieben wir auf, wer wieviel für den gemeinsamen Haushalt ausgab. Nach der Trennung rechnete Harald nach und ließ mich wissen, was ich bis zu diesem Zeitpunkt schuldete. Daraufhin verfasste ich einen Brief und rechnete mit ihm ab. Was ich damals nicht verstand: Es ging nie um Geld, sondern um verletzte Gefühle. Um seine und um meine. Wir haben versucht uns zu trennen, ohne loszulassen.

Wahrscheinlich ähneln sie einander, alle Geschichten der Menschen unseres Alters, zumindest solange sie keine Kinder haben.

Bei Shrimp-Cocktail und Margaritas gelingt uns die Kurve. Das Gespräch entspannt sich und wir planen den weiteren Abend. Ich schlage vor, zurück ins Zentrum zu fahren, in eine kubanische Bar. Frank ist einverstanden. Die Bar Leon: Vergammelt, düster, heiße Salsaklänge mitten unter der Woche.

Also manchmal frage ich mich, woran ich eigentlich denke? Oder besser gesagt: Was denkt er jetzt von mir? Ich wollte nur wissen, ob man mit einem Diplomaten im Zentrum ausgehen kann. Mann kann meinen Vorschlag aber durchaus anders interpretieren. Der Mann neben mir scheint von dieser Idee belustigt und freut sich auf das Abenteuer.

Der Eingang der Bar Leon erinnert noch heute an die guten alten Zeiten. Doch das rote Seil zwischen den vergoldeten Stangen hängt inzwischen schlaff herunter, keiner braucht es, um die am Eingang Wartenden in Reih und Glied zu bringen. Es ist schon lange her, dass Menschenmassen in Ordnung an die Pforte geführt werden müssten. Dem Interieur hilft die düstere Beleuchtung, das Mobiliar ist desolat, der einstmals rote Teppich an manchen Stellen bis auf die grauen Fasern abgegangen und die Samtvorhänge sind längst zerschlissen. Selbst dem Personal sieht man die Jahre an. Die meisten Kellner sind ältere Herren und hören schlecht. Doch die Musik ist genau dieselbe wie die, die mich im grauen Wien vor der unvermeidlichen Herbstdepression gerettet hat.

Fünf dickliche Kubaner zeigen den Gästen, was wahrer Rhythmus ist. Der Ober zieht eine kleine Taschenlampe aus der Sakkotasche, damit wir die schlichte Karte studieren können. Tequila, Bier oder Cuba Libre? Wir tanzen nicht – soweit habe ich mich unter

Kontrolle. Salsa hat mich schon einmal in eine unangenehme Situation gebracht: eine untragbare Affäre mit einem Herrn, in dessen Begleitung ich bei Tageslicht nicht außer Haus gehen wollte. Solche Zeiten sind glücklicherweise vorbei.

Die kleine Tanzfläche vor uns füllt sich. Rhythmus in den Beinen, wiegende Hüften, ruhige Oberkörper. Die Herren führen ihre Damen gekonnt durch die tanzende Dichte. Zwischen Körper und Körper Leidenschaft. Keiner der Tänzer ist unter 40. Wir schauen zu und trinken.

Es ist spät geworden und Zeit aufzubrechen. „Sie gestatten", scherzt mein Begleiter und fährt mich – in allem Anstand – nach Hause. Bolivar 8 „da sind wir", sage ich, weil mir nichts Besseres einfällt. „Willst du nicht am nächsten Sonntag nach Coyoacan kommen?", fragt der Mann am Steuer. „Ich könnte uns was kochen, und dann zeige ich dir meine Ecke der Stadt. Schließlich hast du mich ins Zentrum entführt". „Die Tour hat sich nur auf die Bar Leon beschränkt", bemerke ich, „aber ein Ausflug nach Coyoacan klingt gut. Lass mich schauen, ob ich am Sonntag das Auto habe. Ich ruf dich an, Baba!" Ich steige so schnell aus dem Auto, dass ich mich frage: Wovor bin ich gerade weggelaufen?

Wahre Männer

12 Stunden später sitzen Petra und ich im Big Apple. Ein Paradies für Großstadt-Cowboys. In Mexiko heißen die Kuh-Hüter *Charros*. Was dieses Lokal mit dem eigentlichen Big Apple, der Stadt New York, zu tun hat, wird nicht klar. Der mexikanische Apfel liegt jedenfalls im Norden der Megacity und ist Restaurant, Rodeo-Ring und

Konzerthalle in einem. Überall sieht man breitkrempige Hüte und Stiefel. Wir sind noch immer auf der Suche nach wahren Männern und wollen wissen, wer in diesen Stiefeln steckt.

Es ist Mittag, die Kellner servieren Arracheras, die mexikanische Version vom amerikanischen Steak, und dazu Bier. Auf der kleinen Bühne vor uns wird gefiedelt und gesungen. All die Jungs, die hier auftreten, schämen sich offensichtlich nicht als Machos durchzugehen. Ganz im Gegenteil: Sie stolzieren wie Gockel über die Bretter, einer singt gerade lauthals: Soy Aventurero! Ein Abenteurer also. Im Text heißt es weiter: Er sei Liebhaber aller Frauen. Zwar lautet die folgende Zeile nicht: *Ob blond, ob schwarz, ob braun ich liebe alle Frauen* ... aber der Inhalt ist davon nicht weit entfernt. Ob groß, ob klein, dick oder dünn, ihm, dem singenden Charro, seien alle Damen recht. Wenn auch nicht wählerisch: Ein Abenteurer eben.

Das will mir gefallen, also bitte ich den Herren nach seinem Auftritt an unseren Tisch und erzähle von dem geplanten Film. Seine Eitelkeit erwacht und damit auch sein Interesse. So ruft der gute Mann gleich ein paar Gleichgesinnte herbei, ihres Zeichens ebenfalls singende Aventureros. Petra und ich landen auf eine Runde Tequila ein. Die Herren finden es lobenswert, dass wir uns um die letzten wahren Machos sorgen. Man müsse diese aussterbende Art erhalten, ist man sich an diesem Tisch einig. Klar machten sie mit, keine Frage. Laufende Kamera: kein Problem. Wir müssten aber auf jeden Fall noch einen weiteren Kollegen kennenlernen. Carlos – ein Macho, wie er im Buche steht. Tequila!

Die zweite Runde dieses Mittagessen wird sich in die Länge ziehen. Ich stehe auf und murmle „con permiso", das heißt so viel wie: „Mit Ihrer Erlaubnis", die man einfach voraussetzt. Seit heute Morgen beschäftigt mich eigentlich nur eine Frage: Soll ich, oder soll ich nicht? Einfach anrufen, oder es besser sein lassen? Ich bin mir nicht sicher, ob anrufen eine gute Idee ist. Soll ich, soll ich nicht? Keine Affären, ermahne ich mich, führe dich nicht in Versuchung. Ergo soll ich nicht. Wie war das doch gleich mit der selbst auferlegten Enthaltsamkeit? Bis mein Prinz auf seinem edlen Ross angaloppiert? Also: Ich soll nicht. Aber ich will und wähle die Nummer der Botschaft.

„Ist der Erstzugeteilte zugegen?" „Ja, ist er." Pause. „Könnten Sie mich mit ihm verbinden?" „Selbstverständlich." Pause. „Jetzt?" „Kein Problem." Na endlich, denke ich und warte, bis sich Frank Zeller meldet. „Hallo", sage ich. „Schön, dass du anrufst", sagt er. „Wegen Sonntag, ich wollte nur sagen: Ich bin mobil. Ähm, das heißt, ich habe ein Auto und mir gefällt die Idee, dass ein Mann für mich kochen will". Er lacht „also dann bis Sonntag, 2 Uhr bei mir". Ich lege auf. Bei ihm? In seinem Haus? Klar, schließlich wird er kochen und das kann der gute Mann wohl kaum an einem anderen Ort tun. Demnach ist „bei mir" kein unsittliches Angebot, sondern wird nur seiner Absicht gerecht, dem Kochen eben.

Mit der Adresse auf einer Papierserviette komme ich zurück zu meinen mexikanischen Machos. „Und?", fragt Petra forschend. „Ich habe ein Mittagessen am Sonntag", antworte ich so beiläufig wie möglich. „Aaaah", antwortet sie gedehnt und zieht die rechte Augenbraue hoch.

Inzwischen ist die Gruppe vollständig, denn er ist da. Carlos. Im dunklen Anzug, stiefellos, dafür schick beschuht, *gekampelt,* wie der Wiener sagen würde, und umgeben von einer betörenden Parfumwolke. Einfach umwerfend, denn bei diesem Duft wird einem tatsächlich schwindlig. Schlicht der Prototyp vom mexikanischen Macho, klar in moderner Verpackung mit erfolgversprechender Karriere. Ein Mann zum Heiraten. Wenn er nicht dieses spezielle Lächeln hätte, das ihn sofort verrät: Der Mann denkt neben dem Einen, nur an das Eine. Abgesehen von der Tatsache, dass ein Macho in seinem Alter, um die Vierzig, hierzulande schon längst verheiratet ist. Zuerst sehe ich ihn nicht, aber da ist er ja, der Ehering auf dem Ringfinger der linken Hand, so wie in den USA. Also gibt es eine Ehefrau. Trotzdem lächeln die schwarzen Augen verführerisch.

Doch siehe da, Carlos hat Humor. Da ein wahrer Macho im Denken etwas beschränkt sei, erklärt er, ginge es bei allem seinem Tun eigentlich nur um Territorium und Fortpflanzung. „Hört, hört", sage ich und die anderen Herren am Tisch lachen. „Ich werde", betont Carlos, „jeden bekämpfen, der sich in mein Territorium wagt. Und ich werde gewinnen." Ganz schön selbstsicher der Gute. „Und wie steht's mit den Damen?", frage ich. „Wenn ich mir eine in den Kopf setze, dann werde ich sie erobern. Eigentlich ist das gar nicht so schwer: du musst ihr nur verkaufen, dass sie für dich die Schönste aller Frauen ist. Die einzige, die du wirklich willst!" „So einfach?", frage ich. „So einfach", kontert Carlos selbstsicher, „klar, du musst dieses Spiel beherrschen, wissen, wie man eine Frau umwirbt." Nur um sicherzugehen, frage ich nach „diese eine ist aber nicht die Einzige?" Darauf folgt eine etwas ausweichende Antwort. Nun, ein echter Macho müsse sich und den andern eben beweisen, dass er alle Frauen haben könne, die er wolle. Außerdem solle ich nicht vergessen, dass es schließlich stets um die Erhaltung der Art ginge. Wieder lachen alle Männer am Tisch im Chor.

Oh Mann, denke ich, so einen will ich nicht einmal geschenkt. Für meinen Film aber sind solche Herren zweifellos eine geniale Besetzung. Wir beginnen zu planen. Carlos, stellt sich heraus, ist nicht nur verheiratet, sondern hat auch noch zwei Kinder. Wir werden ihn zuhause besuchen und ihn, an einem anderen Drehtag, auf einem seiner Männerabende begleiten. Nur unter Freunden könnten wahre Männer in aller Offenheit reden. Nur gut, dass eine Reporterin und ein Kamerateam diese Vertrautheit nicht stören.

Es stellt sich heraus, dass auch Carlos singt, selbst wenn nur privat. Er schlägt vor, ihn bei einer Serenade für seine Frau zu filmen. „Con mucho gusto", sage ich: mit viel Vergnügen.

Die mexikanische Serenata hat nichts mit den Serenaden des 18. Jahrhunderts gemein. Im Regelfall sind mexikanische „Serenatas" keine romantischen Kompositionen, an denen sich noble Herrschaften in lieblichen Gärten erfreuen. Hier reden wir von einer populären Tradition nach der ein Liebhaber seiner Angebeteten ein Ständchen bringt. Klar, unter ihrem Fenster. In Mexiko holt Mann sich dafür musikalische Unterstützung: Mariachis oder nur ein einfaches Trio. Der wahre Macho singt zur Brautwerbung, als romantische Liebeserklärung, oder auch – nach Bedarf – um Vergebung zu erbitten. Und letzteres scheinen diese Herren nicht selten nötig zu haben.

Ein harmloses Mittagessen

Jeans, braunes Shirt und Mokassins. Soweit ich das im Badezimmerspiegel sehen kann, ist mein Outfit in Ordnung. Habe ich noch was vergessen? Klar, die Sonnenbrille, schließlich wird ja - nach dem Essen - durch Coyoacan gebummelt. Jacke? Nein, ich werde vor Sonnenuntergang wieder daheim sein. Mobiltelefon, Geldbörse, ein paar Schminkutensilien für kleinere Reparaturen. Schließlich gibt es keinen Anlass für großes Make-up. Petra ist schon seit gestern Abend beim Licenciado, ergo habe ich nichts getrunken, viel geschlafen und für zwei gefrühstückt. Was Portionen betrifft, bin ich für das Singledasein nicht geschaffen. Von allem mache ich zu viel. Lachs, gehackte Kapern und hart gekochte Wachteleier. Wenn schon - dann schon. Schließlich ist das heute mein zweites, rein privates, Abenteuer in nur einem Monat. Zügellos, wahrlich zügellos.

Eine Stunde später liegt der dicke Guia Roji auf meinen Knien. Der „rote Stadtplan" der Metropole kann sich sehen lassen: mehr als 400 Seiten Mexiko-Stadt. Ich versuche mir den Weg vor der Abfahrt einzuprägen, denn während des Fahrens kann man in diesem umfassenden Werk schwerlich nachlesen. Avenida Coyoacan immer geradeaus, auf der Avenida Universidad rechts, nach dem Park gleich links. Franzisco Sosa, die Einfahrt zum eleganten Kern Coyoacans.

Vor 50 Jahren war dieses Viertel noch ein koloniales Dorf am Rande der Großstadt. Doch die Metropole hat Coyoacan inzwischen geschluckt, aber scheinbar ist die Zeit in diesem Dorf stehen geblieben. Ich bremse den

Jeep auf Schritttempo. Kopfsteinpflaster, großzügige Eigenheime und dahinter noch großzügigere Gärten, die man, ob der majestätischen Baumkronen hinter hohen Mauern nur erahnen kann. Rechts das Haus eines Expräsidenten. Gegenüber koloniale Fassaden in allen Farben: dunkles Rot, leuchtendes Blau, rosa mexicana. Alte Wurzeln haben das Pflaster an vielen Stellen gehoben. Sie bestimmen, wo man gehen oder über lose Randsteine und Wurzeln klettern muss. In Coyoacan lebte Octavio Paz, Frida Kahlo mit Diego Rivera und auch Leon Trotzki. Es gibt sie noch, die Kaffeehäuser und auch die Parkbänke, wo die Intellektuellen des Landes einst über Gott und die Welt diskutierten. Doch die Boheme-Vergangenheit ist Vergangenheit, die Gegenwart bestimmt der Quadratmeterpreis. Hier gibt es längst keine günstigen Liegenschaften mehr. Junge Künstler, Poeten und Denker wohnen in anderen Stadtteilen, denn für ein Eigenheim mit der Adresse Francisco Sosa, Coyoacan, muss man inzwischen Millionen hinlegen, und zwar US-Dollar und nicht mexikanische Pesos.

Ich frage mich, wie viel der österreichische Staat für die Miete des Herrn Erstzugeteilten bezahlt. Fein, dass meine Landsleute brave Steuerzahler sind, so verbringe ich den Sonntag in Coyoacan statt in einem halbseidenen Neureichen-Viertel, wo sich die Schicken beim Einkaufsbummel tummeln.

La Privada de Franzisco Sosa, die zugehörige Sackgasse zur gleichnamigen Avenida, ist leicht zu finden. Nummer 43. Die Fassade verrät nichts, lässt aber vermuten, dass ein gediegenes Haus dahinterliegt. Bescheiden Herr Zeller, bescheiden. Nur wo ist die Klingel? Da taucht Frank hinter der schweren Holztür auf: „Warte, ich öffne das Tor, dann kannst du drinnen parken." Inmitten all dieser Eleganz steht sein alter Golf. Ich parke den roten Jeep daneben. „Leicht gefunden?" Na, das war ja nicht so schwer. Selbst Touristen, die es nach Mexico-City verschlägt, stolpern über das Kopfsteinpflaster der Franzisco Sosa. „Zuerst ein Rundgang, wenn es recht ist?" Ist es. Dieses Haus ist wirklich sehenswert.

Der Architekt hat Reste längst abgerissener Haciendas aufgekauft und um sie herum ein Haus gebaut. Hier werden die schönen Stücke Teil einer nostalgischen Mischung. Schwere Türen, ein Kamin, dort eine Säule, die verschnörkelten Armaturen in den Bädern. Dieses Haus hat schon viel gesehen, auch wenn seine Geschichte Patchwork ist, so wie es selbst. Die Möbel sind englisch. „waren die schon hier?" frage ich. „Nein, die habe ich aus London mitgebracht. Ich habe eine Schwäche für Antiquitäten und Auktionen." Tja, mit einem Diplomatengehalt, kann man sich solche Schwächen erlauben.

Der Tisch im Patio ist gedeckt – für zwei. Klar, es war ja keine Rede von anderen Gästen. Trotzdem habe ich in mir ein lautloses Geräusch vernommen: Mein Herz ist in die Hose gerutscht. „Alles okay?", fragt Frank hinter mir mit zwei Gläsern Weißwein in Händen. „Alles bestens. Ich nehme an, man kann hier rauchen?" „Und wie", grinst mein Gastgeber. Das beruhigt.

Dieser Mann hat tatsächlich selbst gekocht Tagliatelle mit Shrimps und Kürbisblüten in cremiger Soße. Keine Maid weit und breit. Es schmeckt hervorragend, ich bin erstaunt. Und das will was heißen, denn ich finde immer ein Haar in der Suppe. Frank kocht offensichtlich nicht wie andere Männer. Er hat sich auf schwarzen Pfeffer und Salz beschränkt und nicht quer durch den Vorrat gewürzt. Die Zutaten sind auf ihren Punkt gekocht und er will mich nicht zu Parmesan auf Meeresfrüchten überreden.

„Gratuliere", sage ich, „das ist dir wirklich gelungen. Zur Erklärung: Ich bin ein schwieriger Gast, doch selbst ich finde nichts zu bekritteln." „Fein", sagt Frank sichtlich erleichtert. Wir nehmen unser Gespräch genau dort auf, wo wir am Mittwoch stehen geblieben sind. Wir reden über Männer und Frauen, wechseln zum Thema Mexiko und das, was uns hier hält. Er liebt dieses Land und diese Stadt, so wie ich. Davon gibt es nicht viele, vor allem nicht viele Ausländer. Wir trinken auf die Megacity.

Das Essen ist schon lange vorbei, die Teller sind leer gegessen und wir sitzen immer noch im Patio. Vor uns leuchten die violetten Blütenblätter der Bougainvillea in der Nachmittagssonne. Kolibris kommen und fliegen weiter. Die zweite leere Weinflasche steht zwischen uns. Frank schaut mich an. Er hat schon länger kein Wort mehr gesagt. Ich dafür umso mehr. Mit einem Lächeln lehnt er sich über den Tisch und küsst mich. Einfach so. Bevor ich zu denken beginne und zu guter Letzt meinem Kopf gehorche, lasse ich mich umarmen. Es gibt kein: Soll ich – Soll ich nicht? Es gibt nur mehr du und ich. Vom Tisch über die Treppe ins Schlafzimmer. Ich würde gerne sagen: du riechst gut, denn das ist das einzige, was ich denken kann. Es geht nicht um Sex – oder besser gesagt nicht nur um Sex. Ich kann mich nicht erinnern, wann ich eine ähnlich zärtliche und gleichzeitig leidenschaftliche Begegnung mit einem Mann hatte. Keine Spielchen, keine Masken, keine Dritten im Hinterkopf. Nur du und ich.

Ich mache die Augen auf und beobachte, wie er sich sein T-Shirt anzieht, mich hat er zuvor mit einer

Daunendecke zugedeckt. „Die Nächte sind kalt, in Coyoacan", erklärt er und macht Feuer im Kamin. Im Schlafzimmer. Praktisch.... Aber dieser Mann wirkt eigentlich nicht wie einer dieser Euro-Casanovas. Diese Spezies Mann hat überraschenderweise bei mexikanischen Damen durchschlagenden Erfolg und, vom unerwarteten Beifall beflügelt, neigt sie zu einem wechselhaften Liebesleben. Ich will hier nicht so schnell wieder aufstehen und kuschle mich in Franks Arme. „Den Spaziergang durch Coyoacan müssen wir ein anderes Mal nachholen", flüstert er. „Einverstanden", sage ich und finde seine samtbraunen Augen.

Ein anfahrendes Auto weckt mich im Morgengrauen. „Verdammt, es ist schon fast 6 Uhr", mein Mobiltelefon liegt neben dem Bett. Der Mann neben mir brummt verschlafen „ist das sehr schlimm?" „Hab um 9 Uhr Schnitt, muss zuerst ins Zentrum und dann pünktlich bei der Filmfirma auftauchen. Darf ich bei dir duschen?" „Dumme Frage", flüstert mein verschlafener Liebhaber.

Im Badezimmer ist es so eisig kalt, dass mir die Lust auf Waschen ansatzlos vergeht. Warum bauen Mexikaner, selbst wenn sie reich sind, in ihre Häuser keine Heizungen ein? Da musst du durch, sage ich zu mir. Selbst schuld. Wolltest du nicht vor Sonnenuntergang daheim sein? Aus dem Spiegel schaut mir eine sehr unfrisierte, aber sehr entspannte Frau entgegen. Besser als ein ganzes Wochenende im SPA. Der goldene Schwanenkopf quietscht. Ich warte, bis das Wasser brennheiß ist.

Ich bin fast schon draußen. Nur, wo sind meine Kleider? Ich gehe den gleichen Weg zurück, den wir gestern vom Esstisch in den zweiten ersten Stock genommen haben, und ziehe mir im Gehen Stück um Stück wieder an. Frank, inzwischen in Jeans, umarmt mich. „Ich hatte eine sehr schöne Nacht", sagt er. „Ich auch", antworte ich. „Ruf mich an", sage ich noch, schlüpfe in meine Schuhe und rase zum Auto. Er macht das Tor auf und ich fahre davon.

Habe ich jetzt *Ruf mich an* gesagt? Was ist, wenn er das gar nicht will. Selbst wenn die gemeinsame Nacht schön war, heißt das ja nichts. Oder doch? Soll das so weitergehen wie die letzten Jahre? Nein, ich werde nicht zur Geliebten des Erstzugeteilten, solange der in Mexiko zugeteilt ist. Verdammt was tue ich eigentlich? *Ruf mich an* – das kann ja nicht wahr sein. Warum habe ich nicht gleich auch noch ein *Bitte!* angehängt. *Ruf mich an*! Geht es noch direkter?

In jedem Nachschlagwerk in Liebesangelegenheiten steht zu lesen, dass man solch verbindliche Aufforderungen nicht ausspricht. Außer natürlich, eine Frau will beim Mann ansatzlos Fluchtinstinkte auslösen.

Petra steht mitten im Büro, als ich zur Tür hereinkomme. Keine Geschichten. „Ich bin kleben geblieben", sage ich, da mir nichts Besseres einfällt, „hoffentlich du hast dir keine Sorgen gemacht?" „Ich habe gerade damit begonnen", antwortet sie „und wollte dich anrufen. Gut, dass du da bist, in 20 Minuten müssen wir los." Das war alles zum Thema, fein. Ich schlüpfe in frische Wäsche, frisiere mich und packe meine Sachen. Gut, dass ich keine Zeit zum Nachdenken habe. Wieder tauche ich in den Großstadtdschungel quer durch das Verkehrschaos bis zum Sombrero. „Hallo! du schaust gut aus", sagt Gabriel. „Ein Wunder", antworte ich. „Sie hat kaum geschlafen", fügt Petra zur Erklärung hinzu. „Aber es gibt einen Schnittplan…" „So lange du weißt, was du willst", sagt Gabriel „ist alles perfekt". „Das weiß ich immer", lüge ich gekonnt.

Nach zwei Stunden und einer geschnittenen Doku-Minute läutet mein Handy. Ich gehe vor die Tür, schaffe aber nicht sie hinter mir zuzuziehen. „Hallo", sagt Frank, „ich wollte dir nur sagen, dass ich die letzte Nacht wirklich sehr genossen habe." „Ich auch", sage ich reserviert, schließlich hören alle interessiert zu. „Eine Frage: Hast du morgen Abend schon etwas vor?" „Nein, was hast du vor?" „Mit dir zum Essen zu gehen. Leider nicht mit dir allein. Ich habe einem österreichischen Philosophen ein Abendessen im Champs Elysees versprochen und du könntest meinen Abend retten. Bitte komm mit!" Mach dich rar mein Kind, höre ich meine Mutter sagen. Aber ich habe nicht die geringste Lust auf Spielchen. Und genau deshalb hast du, die Verhältnisse, die du verdienst, sagt die innere Stimme bösartig. „Und dieser offizielle Teil, ich meine das formelle Abendessen, wie lange dauert der?", frage ich laut. Bin ich noch bei Sinnen? „Wir können das sicher kurz halten", versichert der Mann am anderen Ende der Leitung. Ich höre ein Schmunzeln. „Na dann – wann sehen wir uns?" „Um 8 Uhr - diesmal pünktlich", scherzt er.

„Morgen gehe ich in Champs Elysees zum Abendessen." Ich setze mich wieder an den Schneidetisch. „Nicht zufällig mit einem österreichischen Diplomaten? Solche Herren langweilen dich doch zu Tode, oder?", fragt Petra und der Schelm blitzt aus ihren blauengrauen Augen. „Touché!" Ich versuche mich wieder auf meinen Schnitt zu konzentrieren: elegische Bilder zur Musik von Jorge Reyes. Die Nacht der Toten.

Am Abend sitzen Petra und ich bei einer Flasche Wein am Sofa. „Ich weiß nicht, warum du annimmst, dass ich etwas gegen dein Verhältnis habe", sagt sie. „Ganz im Gegenteil: du solltest es genießen. Aus vollen Zügen. Das tut dir gut". Ich schaue Petra in die Augen: „Wahrscheinlich bin ich es, die nicht davon überzeugt ist, dass dieses Verhältnis, wie du es nennst, eine gute Idee ist." „Hör zu", sagt Petra und lehnt sich vor: „du bist auf die Nase gefallen und wieder aufgestanden. Du hast gelernt auf dich aufzupassen. Wovor hast du eigentlich Angst?" „Davor, dass ich wieder auf die Nase falle", sage ich kleinlaut. „Aber jetzt weißt du, was du willst und was gut für dich ist. Also bleib dir treu und hab trotzdem Spaß." „Darauf trinken wir", sage ich. In meinem Inneren aber ist das Thema noch lange nicht abgeschlossen.

Ich kenne mich selbst und genau deshalb mache ich mir Sorgen. Die Geschichte ist immer dieselbe. Ich weiß, was ich will, aber genau das verschweige ich tunlichst. Vor allem wenn ich das Gefühl habe, dass der Mann mir gegenüber nicht dasselbe will. Ich habe Angst verletzt zu werden. Mich zu verlieben, mehr zu wollen, als ich bekommen kann. Also verwandle ich mich rasch in eine problemlose Geliebte und verliere jeden Respekt vor mir selbst. Eine innere Stimme sagt dann stets, wenn auch nur ganz, ganz leise: „Was hast du gegen ein Verhältnis? Wenn das alles ist, was du bekommen kannst, ist es besser als nichts." Immer wenn ich diese Stimme höre, mache ich der aktuellen Affäre ansatzlos ein Ende. Meine Selbstachtung kommt deshalb aber nicht zurück.

Die Müdigkeit holt mich ein. „Es ist Zeit schlafen zu gehen", sage ich zu Petra. „Ja. Du siehst aus, als könntest du ein paar Stunden Schlaf dringend brauchen." Obwohl ich todmüde bin, liege ich noch lange wach. Soll ich – oder soll ich nicht?

9 to 5

In meine Arbeit hat sich Routine eingeschlichen. Jeden Tag stehe ich zur gleichen Zeit auf, frühstücke und fahre in die Filmfirma. 9 Uhr Schnittbeginn, 14 Uhr Mittagessen, 18 Uhr Schnittende. In meinem Job gibt es nur kurze Phasen, in denen ich mich bei einem wiederkehrenden Tagesablauf ausruhe. Ich mag diese Tage. Es ist so, als wäre ich in einer sicheren Zone: Auszeit. Ich muss keine großen Entscheidungen fällen und keine fremden Menschen zu Drehgenehmigungen, oder Interviews überreden. Ich habe nicht 12 Stunden zu funktionieren, nur damit alles perfekt ins Bild kommt. Keiner verlangt von mir, dass ich selbstsicher in die Kamera strahle. In solchen Routinephasen frage ich mich, ob ich mir nicht einen anderen Job suchen sollte. Irgendetwas in einem Büro zum Beispiel – oder eine andere bezahlte Beschäftigung, die mir vielleicht erlauben würde, von zuhause aus zu arbeiten, wie zum Beispiel Übersetzen. Das Hinausgehen und der Kontakt mit Fremden macht mir Angst. Warum also habe ich mir diesen Job ausgesucht? Genau deshalb, damit ich nicht in der sicheren Zone hängen bleibe, und meine Wohnung schließlich nie mehr verlasse.

Seitdem ich in Mexiko gelandet bin, genieße ich die Routinephasen noch mehr als je zuvor. Komfortzone. Beim Mittagessen erledige ich meine sozialen Kontakte und kann guten Gewissens, denn recht schaffend müde, abends daheimbleiben. Bei deftigen Tacos plaudere ich mit Gabriel und höre mir seine Geschichte an. Ein junger Franzose mitten in Mexiko. Er wollte es einfach ausprobieren: etwas Neues, etwas Anderes. Mit 25 landete er als Cutter mit einem deutschen Korrespondenten und einem Vertrag für ein Jahr in dieser Stadt. Es kam es, wie es kommen musste: Er verliebte sich in eine junge Mexikanerin mit einem wunderschönen indianischen Gesicht. Sie, aus einfachem Haus, hatte keine klare Vorstellung vom Leben. Ihre Eltern schon, ihnen missfiel die romantische Liebesaffäre mit dem Ausländer, vor allem weil es nicht nach Hochzeitsglocken klang. Und siehe da, plötzlich wurde das Mädchen schwanger. Zufall? Die beiden waren ratlos und beschlossen - ganz wie von ihnen erwartet - zu heiraten. Geld haben sie nicht, nicht genug für eine eigene Wohnung, also wollen sie zu ihren Eltern an den Rand der Stadt ziehen. Das Ende der Geschichte ist offen, aber abzusehen. Nein, will ich sagen, tut das nicht! Achtung Falle. Aber ich sehe die Angst in Gabriels Augen und sein dringendes Bedürfnis, dass ihn jemand bestärkt. Also seufze ich. „Du weißt, schon worauf du dich einlässt?" „Ja, und deshalb will ich es nicht von dir hören." „Gut", antworte ich. „Kommst du zur Hochzeit?", fragt Gabriel. „Keine Frage!" Ich habe schließlich schon auf vielen Hochzeiten getanzt. Doch die meisten dieser Ehen haben nicht gehalten. Das aber behalte ich für mich.

Abendessen im Champs Elysees. Ich krame verzweifelt in meinem Kasten. Verdammt, ich habe keine passenden Klamotten für einen edlen Schuppen. „Petra, kannst du mir was zum Anziehen borgen?" „Klar, was soll´s denn sein?", fragt sie und lädt mich in ihren begehbaren Schrank ein. „Das kann sich wahrlich Garderobe nennen!" Blusen, Sakkos, Hosen, Röcke alles in Reih und Glied. Das Passende für jede Stimmung und jeden Anlass. Zu guter Letzt treffe ich eine Entscheidung, aber nicht, weil ich davon überzeugt bin, sondern weil

Petra langsam die Geduld verliert und der Zeiger auf meiner Armbanduhr erbarmungslos weiterrückt. Dunkelgraue Hose und Sakko, schwarzes Shirt mit gewagtem Dekolleté und schwarze Lackschuhe. Zu aufgedonnert. Die Frau im Spiegel bin nicht ich.

„Raus jetzt", sagt Petra. Es wird auch Zeit, es ist gleich 8 Uhr. „Falls er diesmal pünktlich ist, unterhalt ihn bitte", sage ich zu Petra und verschwinde im Bad. Tatsächlich, diesmal läutet es um Punkt acht Uhr. Petra öffnet die Tür „Renate ist beinahe angezogen", scherzt sie. „Gut", sagt Frank, „wir müssen in einer halben Stunde dort sein", und bleibt im Vorzimmer stehen. Offensichtlich will er sich nicht wieder auf ein Verhör einlassen. Mit einem Arm im Sakko und den Ring in der Hand statt am Finger, tauche ich hinter ihm auf. „Tut mir leid", sage ich schnell, „bin so gut wie fertig." Er küsst mich und da ist er wieder dieser Geruch. Elende Pheromone, auf die natürlichen Impulse zur Arterhaltung kann man sich verlassen. Rasch mache ich einen Schritt fort von ihm, um der Gefahr vorerst zu entkommen und gehe mit einem "Ciao" Richtung Petra zu Tür hinaus.

„Erzähl mir von diesem Herrn", frage ich, „und verzeih meine Ignoranz: Ich habe nie von einem österreichischen Philosophen in Mexiko gehört". Frank bleibt stehen. „Er ist Uniprofessor, Buchautor und Experte in Sachen Nietzsche." „Na fein, also ein wahrer Kenner der weiblichen Seele", scherze ich. „Ich hoffe, der Herr Professor teilt nicht dessen Ideen. In Zarathustra lernt man ja, dass wir Frauen nur kleine Wahrheiten haben, vor allem aber gebärtüchtig sind und – du weißt schon - die Peitsche nicht vergessen!" Frank verzieht das Gesicht. „Letzteres kann sicher nicht schaden. Im Ernst: Ob er inhaltlich mit Nietzsche übereinstimmt, weiß ich nicht und – ehrlich –

es kümmert mich auch nicht". Und dabei bleibt es vorerst. Mein Lieber, denke ich, ich funktioniere nicht nach dem Motto: Jetzt reden wir nicht mehr darüber. Frank bemerkt meinen Gesichtsausdruck und zieht mich zu sich: „Vergiss den Herrn Philosophen. Wie wäre es danach mit einem Abstecher in die Bar Zeller?" „Klingt reizvoll." Ich erwidere den Kuss und fühle mich in das Schlafzimmer mit Kamin zurückversetzt.

Wir landen vor dem Champs Elysees. Seit mehr als 40 Jahren ist dieses französische Restaurant Treffpunkt von mexikanischen Politikern, Mächtigen und Möchtegerns. Diskret, elegant, aber gemütlich. Es geht die Stiegen hinauf, an Brot und Patés vorbei in den ersten Stock. Da ist er der Herr Professor. „Mein lieber Freund", sagt er und steht auf. Frank stellt mich vor. „Sehr erfreut". Ich versuche ein Lächeln und wir setzen uns. Ich mag ihn nicht und er mich genauso wenig. Also werde ich meine Aufmerksamkeit der Speisekarte widmen. Französische Hausmannskost mit ein paar mexikanischen Zitaten. Vielleicht beginne ich mit einem Ceviche. Ich liebe diese Cocktails mit Meeresfrüchten, ohne Fertigsoßen made in USA. Nur Zitrone, Koreandergrün, vielleicht ein wenig feingehackter Zwiebel und ein paar Avocado-Würfel.... und danach eine Ente? Die Spezialität des Hauses ist Confit – mich reizt jedoch die Ente im Rohr... Frank nickt „warum nicht". Er bestellt den Wein und der Fachmann in Sachen Nietzsche, befragt mich derweilen zu Jobrochaden im ORF. „Genau deshalb", entgegne ich entnervt, „bin ich Korrespondentin. Ich habe weder Interesse an, noch Talent für politische Spielchen" und lächle zuckersüß. Damit hat der Professor von der anwesenden Dame genug und widmet sich ganz dem Mann an meiner Seite. Der wirkt interessiert an den

Ausführungen des Herrn Philosophen, sagt aber auffälliger Weise nur „Mhhm", oder nickt zustimmend. Dieses Nicken erinnert frappant an die Hunde in den Heckscheiben der 70er Jahre. Zum Glück kommt das Essen und es entstehen keine unangenehmen Gesprächspausen.

Das Ceviche ist wahrscheinlich eines der besten, das ich in dieser Stadt gegessen habe. Die Ente hingegen ist versalzen und hart. Ich kann den Mund nicht halten und beschwere mich bei dem Herr Ober. Tatsächlich bringt man mir einen anderen Vogel. Der ist zwar nicht viel besser, aber ich lasse es gut sein. Frank wirkt amüsiert. Dieser Mann hat Geduld, sage ich zu mir. Zuerst lasse ich seinen Gast anlaufen, dann schicke ich die Ente zurück und da sitzt er - noch immer lächelnd, völlig entspannt. Gut, denn wenn er öfters mit mir ausgehen will, muss er sich an mein Theater in Restaurants gewöhnen. Begleiter, die mich mit Bemerkungen wie: Es spielt doch keine Rolle, ob das Püree kalt ist, oder in welchem Glas der Wein kommt, treiben mich in den Wahnsinn. „Wünschen Sie Nachtisch?" Plötzlich wirkt Frank müde. „Bueno", sagt er. Das ist sehr mexikanisch: Bei einem lang gezogenen ...bueeeno... streicht der sichtlich müde Gastgeber das Tischtuch glatt und die Gäste verstehen und gehen. Nach einem raschen Espresso mit der Rechnung serviert, brechen wir auf.

Im Auto scheint mein Begleiter mit schönem Kinn plötzlich wieder zu Kräften zu kommen. „Gar nicht müde?", frage ich. „Keine Spur", bestätigt der „ich hatte nur das dringende Gefühl, dass uns ein Ortswechsel guttut. Und ich vermute, du kannst kurzfristig auch ohne die inspirierende Gesellschaft des Herrn Professors auskommen, stimmt´s?" Da muss ich zustimmen „sag bloß du hast die ganze Zeit aufmerksam zugehört?" „Zugehört? Nein, wie kommst du darauf? Ich bin Diplomat und gekonntes Zuhören gehört zur Ausbildung: In Wirklichkeit bin ich in Gedanken woanders." Das macht mir Sorgen. Ich muss schleunigst den Unterschied zwischen seinem echten und gespielten Interesse erkennen lernen. Wir landen in der „Bar Zeller" in der stets ein paar gute Flaschen vorrätig sind. Auch an diesem Abend bleibt es nicht bei einem kurzen Abstecher und so bringt mich am nächsten Morgen ein Taxi ins Zentrum.

Ein Paar?

Was sind wir eigentlich, frage ich mich. Ein Paar? Wir telefonieren täglich, gehen miteinander aus und verbringen gemeinsame Nächte in Coyoacan. Was also ist das? Eine Affäre? Sind wir in Liebespaar? Ein Paar? Eigentlich sollte ich den Text für die Dokumentation ‚Die Nacht der Toten' schreiben. Aber ich bin immer noch bei Sekunde 52 von gesamt 45 Minuten. Das heißt, auf dem leeren Dokument vor mir steht nur ein einziger Satz und selbst der will mir nicht recht gefallen. Der Himmel vor dem Fenster ist grau, unüblich für einen Wintermorgen in Mexiko.

Ich habe Angst mich wieder zu verlieren: Dieses Ich zu verlieren, dass ich nach der Trennung von Harald und ein paar unerfreulichen Verhältnissen aus 1000 Stückchen mühsam wieder zusammengesetzt und gekittet habe. Dieses Ich hat Selbstbewusstsein, wenn auch ein angeschlagenes, aber immerhin ein Selbstbewusstsein. Es hat viel gekostet wieder ganz zu werden, alleine stehen und gehen zu lernen. Ich habe wieder ein eigenes Leben, ein paar Freunde, einen Job. Dieses Leben ist nicht perfekt, aber es ist meins. Bis hierher habe ich es alleine geschafft. Jetzt aber wird aus dem Alleine wieder ein Gemeinsam und dass *Gemeinsam* ein höchst flüchtiger Zustand sein kann, habe inzwischen sogar ich begriffen. Mit Frank hat sich mein Leben verändert. Ich frage mich nicht mehr, ob ich soll. Ich will und genau das macht Angst. Will er auch?

In sechs Tagen bin ich auf dem Weg nach New York. Nicht beruflich, sondern rein privat. Dort treffe ich Angelika, eine meiner beiden besten Freundinnen. Angelika und Barbara, die zwei Frauen, die ich an meinen glücklichsten und an meinen schlechtesten Tagen um mich haben will. In New York werde ich Zeit haben, über den neuen Mann in meinem Leben nachzudenken und eine Entscheidung zu treffen. Mein Flugticket ist bezahlt und das Hotel gebucht. Der Gedanke an die Reise beruhigt mich – und endlich gelingt es mir doch mich auf meine Arbeit zu konzentrieren.

In der Nacht der Toten geht es eigentlich nicht um Brauchtum, nicht um indianische oder katholische Rituale. Es ist ein Film, in dem über das Sterben geredet wird, über den Tod und das, was nachher kommt. In Mexiko wird gerade heftig diskutiert, ob der farbenfrohe Kult um die Muertos wirklich präkolumbianische Wurzeln hat, oder als Theater für die Fremdenverkehrsindustrie inszeniert wurde. Manche meinen, dass findige Kirchenväter einst das mexikanisierte Allerheiligen- und Allerseelenfest erfunden haben, um die Menschen für den katholischen Glauben zu gewinnen. Mir erscheint die Diskussion leidig, vor allem wenn man die Menschen hier einmal auf den Friedhöfen feiern gesehen hat. Da wirkt nichts aufgesetzt, oder gespielt. Das sind echte Gefühle: Trauer und zugleich Humor. Welches Volk lacht schon über den Tod? In der Volksschule reimen die Kinder Gedichte über den Sensenmann, der in Mexiko eine Sensenfrau ist. La Muerte, der Tod, ist hierzulande weiblich und trägt viele Namen, sogar Kosenamen. Sie hat eine andere Rolle als der Tod in unserer Welt und das mag daherkommen, dass die indianische Bevölkerung glaubte, dass der Tod nur eine Station auf einer langen Reise sei. La Muerte begleitet den Menschen nur ein Stück des Weges in ein anderes Leben.

Ich frage mich, ob das der Grund ist, dass niemand hier Sterben so fürchtet wie wir. Wir, die Menschen der alten Welt, jenseits des großen Wassers. Die Mexikaner essen zu Ehren Ihrer Verstorbenen Zuckerskelette und süße Särge, sie singen und tanzen. Sie feiern. Claudio Lomnitz (4) zitiert in seinem Buch „La Idea de la Muerte en Mexico" Diego Rivera in einem Interview. Ein Journalist fragte den berühmten Maler: „Haben Sie schon über den Tod nachgedacht?" „Wenn Sie sich in meiner Werkstätte umsehen, werden Sie überall den Tod sehen, in allen Farben und Größen", erwiderte Rivera fröhlich. „Ja", unterbrach der Interviewer ungehalten, „ich rede nicht von diesem öffentlichen, populären Tod. Ich rede von dem Tod, der uns alle erwartet!" „Wissen Sie", antwortete der Maler, „in der Frage bin ich Mexikaner. Auch dieser Tod ist für mich ein populärer Tod." Im gleichen wirklich lesenswerten Buch wird noch ein anderer zitiert: Andre Breton. Die Mexikaner könnten Leben und Tod miteinander vereinbaren, ja sogar miteinander versöhnen, wundert sich der französische Surrealist. Genau das sei eine der Fähigkeiten, die er am meisten an ihnen schätze.

Ich glaube inzwischen, je mehr man über das Verhältnis eines Volkes zum Tod sagen kann, umso mehr weiß man über dessen Verhältnis zum Leben. Das Thema ist in Mexiko allgegenwärtig. Man kann hier offen über den Tod reden, nachdenken und ja sogar lachen. Auch wenn, so wie Autor und Denker Carlos Monsivais erinnert, selbst Mexikaner Angst vor dem Sterben hätten. Wem kann man das übelnehmen, wenn man bedenkt, dass vor 500 Jahren den Menschen in diesem Land die Aussicht auf ein nächstes Leben durch die Bilder von Himmel und Hölle versperrt wurde.

Schlusswort. Ich drucke die Seiten aus – um sie noch einmal Probe zu lesen. Text über Bilder und Szenen. Petra mag die Geschichte und Gabriel sagt: gekauft. Er hat 10 lange Jahre Deutschland gelebt und versteht jedes Wort. Müde packe ich mein Zeug zusammen und mache mich auf den Heimweg. Da läutet mein Mobiltelefon, Frank am Apparat. „Wie wäre es mit einem Wochenende in Acapulco: Sonne, Meer, nur wir zwei?" „Klingt himmlisch", sage ich, „nächste Woche fliege ich schließlich in den New Yorker Winter." „Ich weiß", seufzt Frank, „also? Hole ich dich am Freitagmittag ab?" Bis dahin ist mein Film per Fedex nach Wien unterwegs und meine Dreharbeiten zum Thema Machos beginnen erst nach meinem Kurzurlaub. Warum also nicht?

Another Day in Paradise steht auf dem Wassercontainer der kleinen Pension in Pie de la Cuesta, ein kleiner Ort im Norden der Wochenendmetropole Acapulco. Idylle ohne Nightlife, meterhohe Wellen den Sandstrand entlang. Der Besitzer der Pension heißt Stan. Ein schwuler Amerikaner, der nichts im Closet versteckt. Er kennt Frank von früheren Besuchen und ist hingerissen. Von ihm natürlich. „Of course, my dear." Frank bekommt das Zimmer „number nine". „Of course, my dear. " Extrahandtücher kommen sofort. „Of course, my dear." Frank kann seine Weine in Stans privaten Kühlschrank kühlen. Die Frau, die Frank begleitet, also ich, ist dem guten Mann bis jetzt noch nicht aufgefallen. Als ich freundlich nach Trinkwasser frage, dreht er sich verwirrt um „Hi there!"

Das Zimmer Nummer 9 ist tatsächlich besonders. Beim Aufwachen schaut man über die eigenen Zehen hinweg direkt ins blaue Meer. Nummer 9 liegt im ersten Stock, genauer gesagt es ist der erste Stock, Nachbarn gibt es keine. In dem kleinen Ort an der Costera ist nicht viel los. Fünf Pärchen und eine Mutter mit zwei Töchtern teilen sich den langen Strand und treffen einander abends in einem der beiden Restaurants.

Beim Aufstehen singt Frank Antonello Venditti *Ci vorrebbe un amico*. Den Tag über reden wir, als ob wir einander alles erzählen müssten, bevor unsere Zeit abläuft. In dem französischen Strandbeisl gibt es dazu alles, was noch kurz zuvor im Meer geschwommen, oder gekrochen ist mit viel Knoblauch, dazu Bier und Tequila. Wir sehen den Fischerbooten zu, die am Abend auf das schwarze Meer hinausfahren. „Noch zwei Bier, bitte!" Frank winkt dem Kellner und der fragt zur Sicherheit nach: „Tambièn para su esposa?" Auch für Ihre Frau? Frank nickt und sagt: „Auch für meine Frau." Wir lachen. Der Kellner lächelt befremdet und verschwindet Richtung Bar.

Später sitzen wir am Strand, zwischen uns eine Flasche Rotwein. Wir kennen uns kaum. Ein Monat ist vergangen seit ich „Zeller holt mich ab" in meine Agenda schrieb. Ich schaue Frank von der Seite an. Er ist mir vertraut und trotzdem fremd. Sternenhimmel, Meeresrauschen, Salz auf meinen Lippen. Romantik pur. Vor der Kulisse könnte man sich fast verlieben. Da wird mir klar: Das ist schon passiert. Ich habe mich verliebt. In einen Steirer in Mexiko.

Pause

Der Flieger geht um 20 Uhr 30. Mein Gepäck ist eingecheckt und der Boarding-Pass Mexico City - New York steckt in meiner Jackentasche. Noch zwei Stunden Zeit, was tun wir? „Lust auf Kaffee?", fragt Frank, der mich auf den Flughafen gebracht hat. Ich nicke zerstreut. Obwohl ich mich auf New York freue, werde ich diesen Mann vermissen, der gerade einen Tisch im überfüllten Flughafenrestaurant ergattert hat. Wir kennen uns erst seit vier Wochen, wie nahe können wir uns also sein? Nahe genug, um beim Abschied Dinge zu sagen, die man normalerweise für sich behält. Ohne darüber nachzudenken entschlüpft mir „ich werde dich vermissen." „Ich dich auch", antwortet er, „komm bald wieder." So, als ob es für meine Landung noch kein festes Datum gäbe. Um nicht an seinen Augen haften zu bleiben, schaue ich mich um. Flughäfen sind voller Geschichten. Dort drüben Tränen zur Begrüßung, hier zum Abschied. Gewisperte Liebeserklärungen, innige Umarmungen, ein letzter Blick über die Schulter, bevor er hinter der Schranke verschwindet. Geschäftige Damen und Herren, spielende Kinder, schreiende Eltern.

Touristen ziehen in Karawanen durch die lange Halle. Die Ankommenden: Sehr weiß, vor allem aber sehr nervös. Schließlich ist das hier Mexiko und nicht München. Die Abreisenden: Ziemlich verbrannt dafür deutlich entspannter. Sie waren auf alles vorbereitet und doch ist nichts passiert: kein Diebstahl, kein Raubüberfall, keine Entführung. Dieses Land hat tatsächlich ein Imageproblem und daran sind Menschen wie ich schuld, oder zumindest mitschuld. TV-Journalisten machen schließlich die Bildergeschichten, die im Gedächtnis bleiben. Die Botschaft ist klar: Das Böse ist immer und überall. Solche Storys verkaufen sich, selbst wenn kein echter Überfall im Bild zu sehen ist. Dafür weinen Opfer herzerweichend, wie Bild füllend, und da das Krokodil im Kaspertheater nicht fehlen darf, treten auch ein paar Böse persönlich auf, selbstverständlich anonym, zumindest mehr oder weniger. Zu guter Letzt rasen Polizeiautos mit Blaulicht durch die Straßen der Stadt. Über diese Bilder zitiert der Reporter oder die Reporterin, aus der Verbrechensstatistik. Die Zahlen sind naturgemäß erschreckend hoch und im Nachsatz hört man obendrein, dass die Dunkelziffer – wie zu erwarten – noch weit höher sei. Warum verlassen Menschen überhaupt noch ihre Häuser? Den Göttern sei Dank, glauben nicht alle, alles was sie im Fernsehen sehen, oder in der Zeitung lesen. Sie reisen trotzdem. Sogar nach Mexiko.

Ich wurde nur ein einziges Mal im Leben ausgeraubt und das in der Pariser Metro. Bestohlen wurde ich, übrigens auch nur ein einziges Mal, in einem Supermarkt mitten in Wien.

Über Lautsprecher erinnert eine freundliche Stimme auf Englisch, dass man sein Gepäck nicht unbeaufsichtigt lassen soll. „Es ist Zeit", sage ich mehr zu mir als zu Frank. Vor der Passkontrolle nimmt er meine Hände in seine, schaut mir in die Augen und küsst mich. Was zusammengehört soll man nicht trennen, denke ich und fühle mich ertappt. Gut, dass ich so etwas nie laut aussprechen würde. Gehören wir wirklich zusammen, frage ich mich, während ich in der Schlange vor dem einzigen Schalter der Einwanderungsbehörde stehe. Zum ersten Mal muss ich meine Ausreise amtlich vermerken lassen. Ich bin jetzt Ausländerin mit ständigem Wohnsitz in Mexiko, *Residente* wie das hier heißt. So macht sich, trotz der elenden Warterei, ein beruhigendes Gefühl in mir breit. Wenn ich auch sonst nichts mit absoluter Sicherheit sagen kann, aber eins weiß ich genau: Genau hierher, nach Mexiko, gehöre ich.

Ein paar Stunden und ein trauriges Abendessen später landet der Flieger im winterlich kalten New York. Ein anderes Land, ein anderer Rhythmus. Alle hier bewegen sich schneller, nur keine Zeit verlieren. Da fällt mir auf: Ich habe mich diesem Tempo angepasst. Ich rase durch die Halle. Warum? Ich bin zum Vergnügen hier und nicht um mich wichtig zu machen. Also: Tief durchatmen. Zeit zum Schauen, Schlendern und Zeit für eine Zigarette. Keine Frage: Natürlich vor dem Gebäude, trotz eisigen Windes, neben anderen bedauernswerten Süchtigen. In diesem Land wird die Lust, oder wenn man will, das Laster, zum Hürdenlauf. Selbst wenn man draußen, auf den dafür vorgesehenen Plätzen, raucht, strafen einen böse Blicke. Eine vorbeigehende Dame fächelt sich mit ihrer Zeitung ostentativ frische Luft zu, oder Rauch weg. Wie auch immer.

Ich steige in ein gelbes Taxi. In diesen legendären Vehikeln beginnt für mich das Abenteuer New York. Ich liebe diese Stadt, trotz und wegen allem. Mein Taxifahrer ist Inder und sein Englisch hinreißend. Trocken bemerkt er „Sie müssen nicht auf der Straße zu rauchen, bei mir können sie das auch im Taxi tun. Diese verdammten

Amerikaner glauben, sie müssten Gott und die Welt erziehen." Er macht eine Pause und verstellt seine Stimme: „Rauchen ist ungesund, deshalb hilft Good Old Sam dir auf den rechten Weg... So was", fügt mein indischer Fahrer hinzu, „kann ich nicht ausstehen. Ergo halte ich mich nicht an die Regeln. In meinem Taxi riecht es nach kaltem Rauch. Wem das nicht passt, der soll sich ein anderes suchen." „Are you absolutely sure?" „Yes, I am Ma´am!" „Wonderful." Vor uns liegt die beleuchtete Silhouette der Stadt, dahinter der pechschwarze Himmel. Wir fahren durch den Tunnel und tauchen in Manhattan auf „Überall Stau, " erklärt mein Fahrer. Ich mache das Fenster einen Spalt breit auf, denn ich liebe den Geruch dieser Stadt: Kaffee aus Pappbechern, Donuts und eine sanfter Hauch Parfum. Manhattan: Polizeisirenen, schicke New Yorker in Anzug mit Tennisschuhen und eine *Bag Lady* an der Straßenecke. Alles in dieser Stadt war irgendwann Teil eines Leinwanddramas.

Kurz später bremst mein Taxi vor dem Hotel. „Danke für die Fahrt", sage ich und verdopple das Trinkgeld. „Take good care of yourself", sagt mein Fahrer und verschwindet in den Straßenschluchten. Die andere Dame sei schon angekommen, berichtet der Concierge und schiebt den Schlüssel über den Tresen. Im 9. Stock und trommle ich an die Tür. Da ist sie: meine Angelika. Es gibt kaum etwas Besseres als eine alte Freundin zu umarmen. Ihr Koffer ist halb ausgepackt und das Zimmer riecht nach ihrem Parfum. Es fühlt sich an, als wären wir nie voneinander getrennt gewesen. Wir plündern die Minibar und stoßen mit zwei niedlichen Vodkas an. Ich kann mich nicht länger zurückhalten und erzähle von Frank.

Angelika bemerkt verschmitzt. „Du bist verliebt, meine Liebe." „Hoffnungslos", gebe ich zu, „aber ich weiß nicht, ob es ihm auch so geht..." „Dieser Steirer", meint Angelika belustigt, „wäre ein sehr, sehr dummer Mann, wenn er die Chance nicht ansatzlos beim Schopf packen und dich auf Knien um deine Hand anhalten würde." „Nun, im Moment würde es mir durchaus reichen, wenn ich wüsste, was er empfindet." „Sei ehrlich", sagt Angelika schnippisch, „du willst hören, dass er unsterblich verliebt ist..." „Ich gestehe alles", sage ich entwaffnet „aber nun zum Abendprogramm. Wie wäre es mit den weltbesten Prime Rips, begleitet von ein paar trockenen Martinis?" „Ich verlasse mich ganz auf dich", schließt sie.

Es ist Zeit, meine einzige warme Jacke und meinen schwarzen Samthut aus dem Koffer zu holen. Beides habe ich in dieser Stadt gekauft. Beides werde ich künftig wahrscheinlich nur hier tragen. In Mexiko gibt es kaum einen Tag im Jahr, an dem es kalt genug für warme Sachen ist.

Der Wind bläst, als wir nach Uptown ziehen. Ich sehe die Begeisterung in Angelikas Augen. Wir sind uns ähnlich und doch verschieden. Sie hat vor vier Jahren geheiratet und lebt mit ihrem Mann in ihrem kleinen, aber feinen Haus an der alten Donau in Wien. „Wir wollen ein Kind haben", sagt sie plötzlich, „du wirst sicher eine gute Mutter." Angelika lacht. Sie ist hoffnungslos optimistisch, stark und einer der liebevollsten Menschen, die mir je über den Weg gelaufen sind. Sie gehört zu den Frauen, die nicht auf den Mund gefallen sind, so der Kommentar meines Vaters. Ich habe gelernt, dass ich mich mit Frauen, auf die diese Beschreibung passt, hervorragend verstehe. Angelika arbeitet, genau wie ich, fürs Fernsehen. Sie als Angestellte und ich seit 15 Jahren als freie Mitarbeiterin, als Reporterin ohne Fixanstellung. Manchmal frage ich mich, ob ich nicht lieber an ihrer Stelle wäre. Guter Job, Krankenversicherung und künftige Pensionszahlung, kurz finanzielle Sicherheit. Würde das mein Leben angstfrei machen? „Meine Eitelkeit ist stärker als mein Drang nach Sicherheit. Ich bin doch die berühmt berüchtigte Reporterin vor Ort!" Angelika lacht. Wir kennen einander aus der Zeit, in der wir beide vom Fernsehen nur das wussten, was vom familiären Wohnzimmer aus am Bildschirm zu sehen war.

Unsere Nasen sind inzwischen rot vor Kälte und mir fällt ein, was ich vergessen habe: die Handschuhe. Doch da sind wir schon angekommen: Gallaghers Steakhouse. Am Eingang - hinter Glas - baumeln halbe, kopflose Rinder. Das nennt sich Abhängen: 21 Tage bei genau 36 Grad Fahrenheit. Über Steaks weiß man eine Menge in dieser Stadt. Hinter diesem etwas ungewöhnlichen Entree liegt das rustikale Restaurant mit Geschichte. Ich mag gute Geschichten, auch wenn ich sie schon oft gehört habe, außerdem kennt Angelika diese Story noch nicht. Es findet sich der richtige Mann für den Job, ein Kellner mit weißem Haar und weißer Schürze: „Seit 1927 werden hier Steaks verkauft. Und Drinks – das damals – trotz Prohibition, Madam. Damals traf sich alles bei Gallaghers: Prominente, Schreiber, Geschäftsleute, aber auch Showgirls, Stripper und Mafiosos." Der Kellner zeigt auf unsere Martinis. „Seit 1933 sind die da wieder legal, und trotzdem kommt man hierher, wenn man ein gutes Stück Fleisch am Teller haben will". „Da haben Sie recht", bestätige ich, „und genau aus diesem Grund: 2 Prime Rips, medium, mit Kren, Senf und Cremespinat, Vorspeise Muscheln und nachher Erdbeeren." „Perfect –

a great choice", sagt der Herr und verschwindet Richtung Küche.

An den Tischen um die Bar wird geraucht, noch erlaubt das Gesetz solch lästerliches Tun. Das ist eine der wenigen verbliebenen Rauchzonen in geschlossenen Räumen. Hier wird also heftig gepafft, diskutiert und gelacht. Angelika erzählt mir von der Zeit nach meiner Abreise. Was machen unsere Freunde? Was gibt es Neues im ORF? Was tut sich politisch? Doch was die Österreicher im Allgemeinen bewegt, berührt mich nicht mehr. All das ist so weit entfernt und ich gehöre nicht mehr in diese Geschichte. „In 10 Jahren weiß keiner mehr wer ich bin." „Das trifft deine Eitelkeit, nicht wahr?", kommentiert Angelika, „zu deiner Beruhigung: Ich werde auch dann noch wissen, wer du bist. Egal wo du gerade sein magst: in Uppsala oder in Uganda." „Also ich würde wetten, dass du mich in 10 Jahren noch immer in Mexiko findest." Ist das so sicher? Wovon lebe ich in 10 Jahren, bis dahin habe ich sicher schon über jeden Stein berichtet, oder besser gesagt alle die mexikanischen Geschichten verkauft, die man in Österreich hören will. Dann musst du dir eben einen anderen Job suchen, antwortet meine innere Stimme klar und deutlich.

Als wir wieder landen, blinkt im Hotel eine kleine rote Lampe am Telefon. Zwei Nachrichten. Franz, so heißt Angelikas Mann, und Frank. „Das ist wohl für dich", sagt Angelika und hält mir den Hörer hin, nachdem sie ihre Message abgehört hat. „Hallo Liebling, ich hoffe du genießt New York. Ich vermisse dich. Und (kurze Pause) es wird Zeit, dass du wiederkommst. Rufe dich morgen wieder an." Ich stutze. *Liebling?* Sagt man das zu einer Geliebten? Liebling! Ich spüre ein paar Schmetterlinge im Bauch. Er vermisst mich. Gut. Sehr gut. Hinreißende

Stimme. Das findet Angelika auch. Schließlich muss sie sich die Nachricht auch anhören. Gleich zweimal. Bin ich froh, dass ich eine geduldige Freundin habe. „Was sagst du?" „Klingt sehr nett, der Herr. Du weißt ja, mit Steirern kenne ich mich aus", setzt sie nach, „Franz ist schließlich auch einer." Klar, das habe ich ganz vergessen. Ich höre mir die Nachricht noch einmal an. Ich könnte es gut noch ein viertes Mal tun. Genug jetzt, sage ich zu mir. Du machst dich ja zum Affen. „Zur Äffin", verbessert Angelika, denn letzteres habe ich versehentlich laut gesagt.

In dieser, so wie in jeder anderen Nacht, sitzen wir im Bett und reden, bis lange nach Mitternacht. Manchmal sind es Selbstgespräche, bei denen die andere zuhört. Doch meine verflixte innere Stimme hört nicht auf sich einzumischen. Irgendwann setzt sich Angelika im Bett auf und sagt: „Es gibt keinen Grund dich zu fürchten. Ja, du hast dich verliebt. Ja, es ist ein Risiko. Das ist es immer. Und schließlich Ja, möglicherweise will er nur ein Abenteuer. Lass die Sache einfach auf dich zukommen. Es gibt keinen Grund zur Panik. Das ist nicht deine letzte Chance auf eine Ehe. Die biologische Uhr tickt noch nicht und du hast auch diesmal keine Erfolgstories zu schreiben." Sie dreht sich zu mir und schaut mir in die Augen. „Willst du diesen Mann?" Pause. „Das war eine Frage", wiederholt Angelika, als sie keine Antwort hört. „Ja", gebe ich zu „aber das sage ich nur dir." „Wie auch immer, wenn du ihn willst, musst du dir und ihm auch eine Chance geben. Keine Spielchen, kein Netz, lass dich fallen." „Es gibt keinen Grund dir nicht zu glauben", sage ich leise, drehe mich um und schlafe ein.

Fünf Tage danach wieder am Weg zurück zum Flughafen, überlege ich, warum eigentlich Mexiko und nicht Manhattan? Die Fenster des Taxis sind angelaufen, dahinter die knisternde Kälte. New York ist wie ein Geliebter, der zu Dummheiten verleitet, meine Kreditkartenvoucher belegen jeden einzelnen dieser schwachen Momente. Eine Stadt für sinnliche Abenteuer, aufregend, aber kein Ort zum Leben. Mexiko hingegen ist wie ein Mann zum Heiraten. Wenn auch irgendwann vertraut, sicher nie langweilig. Schön - auch wenn der Putz abfällt. Mit Fehlern - aber auf Dauer. Für mich: Zuhause.

Schneesturm in New York, ich lande mit drei Stunden Verspätung in Mexiko-City. Hat er gewartet? Wahrscheinlich nicht. Schließlich ist ja sein Bruder zu Besuch und er hat daher sicher Besseres vor, als am Flughafen herumzustehen. Ich schalte mein Mobiltelefon ein. Keine Nachrichten, keine Anrufe. Verdammt. Die Schlange der Einreisenden scheint endlos. US-amerikanische Touristen in Shorts und Tennisschuhen kämpfen mit dem Einreiseformat. Eine alte Dame sucht nach ihrer Brille und der Mann vor mir durchwühlt verzweifelt seine Taschen nach einem Kugelschreiber. Endlich bin ich an der Reihe. „Bienvenido Amiga!" Am liebsten würde ich den lächelnden Beamten fragen, ob diese Worte im Manual für Migrationsbeamte stehen? Aber ich antworte nur: „Gracias Señor, ya era hora pa´regresar". Es war höchste Zeit zurückzukommen. „Si, verdad", nickt er bestätigend. So ist es. Beim Zoll drücke ich auf die Taste. Grün: Der Götter sei Dank, ich muss meine Koffer nicht öffnen und meine New Yorker Schätze von Beamtenhänden durchwühlen lassen. Die Schiebetür geht auf und er lächelt mir entgegen. Frank: Er hat doch gewartet! Der Mann neben ihm ist kleiner, trägt Brillen, aber dieselbe Nase. „Du musst Peter sein", sage ich schnell, bevor ich Frank küsse und das, klar vor den Augen seines großen Bruders, nicht so, wie ich es mir wünschen würde. Sondern beherrscht, kurz, leicht unterkühlt.

Nachdem meine Koffer im Wohnbüro abgestellt sind, schlendern wir drei durchs Zentrum zur Bar Opera, auf Bier und Tequila. Peter mag die Stadt, das sagt er zumindest. Er ist der ältere der beiden und Architekt. Ich merke, dass er mich ungeniert mustert. Er will wohl wissen, wer diese Frau ist, auf die sein kleiner Bruder drei Stunden lang am Flughafen wartete. Obendrein hat Frank seine Hand auf meinem Knie und damit ist offensichtlich, dass unser Verhältnis nicht rein freundschaftlich ist. Das aber scheint Peter nicht zu überraschen. Hat Frank ihm von mir erzählt? Wir machen aus, einander am Samstag wiederzusehen. Alle drei. Ein Spaziergang durch Coyoacan mit anschließendem Mittagessen. Dieser Vorschlag kommt mir bekannt vor, nur in anderer Reihenfolge. „So kommen auch wir zum gemeinsamen Spaziergang durch das Viertel", lächelt Frank in meine Richtung. Ich lächle zurück und antworte nicht: Wir sind ja schließlich unter Beobachtung.

Gebrauchsanweisung für Machos

Kaum gelandet, beginnen die Dreharbeiten zum Thema Machos. Erstes Interview: Carla Soto, Ehefrau und Expertin in Sachen Männer. Ort: ihr Apartment im Golfclub am Stadtrand. Da sind wir jetzt, zumindest nahezu, uns trennt nur noch eine hohe Mauer von diesem exklusiven Konklave. Die drinnen haben Angst vor denen draußen. Will man hinein, muss man geladener

Gast sein. Der Herr im Glaskasten am Eingang fragt per Telefon nach, ob wir tatsächlich erwartet werden. „Pro Besucher ein Ausweis", fordert der gestrenge Gatekeeper. Im Hintergrund plaudern ein paar bewaffnete Privatpolizisten. Sie stehen vor Computerbildschirmen, auf denen man sehen kann, was die Überwachungskameras am Gelände aufzeichnen.

„Ich bezweifle, dass unser Señor Presidente schärfer bewacht wird", scherzt Charles, der Kameramann. Bevor wir losfahren, werden wir darauf hingewiesen, dass auf dem gesamten Gelände ausschließlich Schritttempo erlaubt ist. Wir finden tatsächlich das Gebäude mit der richtigen Nummer und werden schon erwartet, von einem anderen Privatsheriff. Streng weist er uns einen Parkplatz zu. Er war offensichtlich auf unser Kommen vorbereitet und bestätigt über Funk, dass wir gelandet sind. Ein Aufzug liefert uns direkt in das zweistöckige Apartment. Die Tür geht auf und dahinter ein wandfüllender Rafael Coronel, eine der pittoresken Figuren des mexikanischen Expressionisten, klar das hier ist ein Original und keine Kopie.

Da biegt sie um die Ecke: Carla, in Jeans, die blonden Haare zu einem Zopf zusammengebunden, ohne Make-Up. „Hallo meine Damen", sagt sie zu Petra und mir. Den Jungs schüttelt sie die Hand „están en su casa", wir sollten uns wie daheim fühlen. Sie müsse sich noch „kamerafit" machen, sagt sie.

Fünf Minuten später tritt sie wieder auf. „Was trinkt ihr? Tequila?" Wir setzen uns an die Bar, ein guter Ort für das Interview. Wo sonst finden Frauengespräche statt? Wohl kaum bei Kaffee und Kuchen in der Küche. Ich mag diese Frau. Sie ist so direkt und unverschämt, dass sie alle europäischen Emanzen in den Schatten stellt. Klar, so ist sie nur, wenn sie unter Freundinnen ist. In der Öffentlichkeit ist sie die perfekte Ehefrau. Makel- und tadellos.

„Tatsache ist", sagt Carla, „dass wir Frauen schlauer sind." Und deshalb seien klassische Machos die perfekten Ehemänner. „Sie funktionieren nach Handbuch. Ein Beispiel: Sagen wir, du willst, dass dein geliebter Mann ein Haus kauft. Zuerst suche dein Traumhaus. Hast du es gefunden, sage am selben Abend zu ihm: *-Mein Schatz also heute habe ich das Haus gesehen, von dem du immer geträumt hast. Mit allen Schikanen. Du würdest es nicht glauben: ein wahrer Traum. Nein, besser sage ich dir erst gar nicht, wo es steht. Sonst begehst du noch die Dummheit und kaufst es. Und das, wo wir doch gar kein Haus brauchen. Schließlich haben wir eins und wenn du mich fragst: Ich bin hier restlos glücklich. Aber natürlich: du entscheidest.-* Carla lächelt arglos, zu mir sagt sie „Jetzt komme mir nicht damit, dass dieses Beispiel schlecht gewählt ist, weil die meisten Herren nicht das nötige Kleingeld für dein Traumhaus haben. Abgesehen davon, dass ich dir nicht empfehle einen Mann zu heiraten, der sich das nicht leisten kann. Hier geht es um die Methode und die ist immer erfolgreich. Du kannst sie bei allem anwenden. Das Rezept ist unschlagbar und der Göttergatte glaubt obendrein, er hätte das Haus entdeckt und der Kauf wäre allein seine Entscheidung gewesen." „Ist das nicht zu platt?", frage ich zweifelnd. „Überhaupt nicht, meine Liebe." „Also hat dir einer dein Traumhaus gekauft?" Sie zieht verschwörerisch eine Braue hoch „nicht nur einer und auch nicht nur ein Haus."

„Zu den generellen Regeln im Umgang mit Machos", sie zündet sich eine Zigarette an, „ein Mann will verwöhnt werden. Hier ein paar Tipps für den Moment, in dem der Göttergatte heimkommt. Erstens, du musst so gut aussehen, wie du nur kannst. Zweitens habe sein Essen fertig. Natürlich *extra* für ihn zubereitet. Auch wenn es in Wirklichkeit das Dienstmädchen gekocht hat, oder vom Laden an der Ecke kommt. Schenk ihm zur Begrüßung einen Tequila ein und nenne ihn stets *Mi Amor*. Sag ihm, du hättest dich den ganzen Tag auf diesen Moment gefreut, selbst wenn er eine Stunde zu spät kommt. Solche Nebensächlichkeiten erwähnst du natürlich mit keinem Wort. Glaube mir: Dieser Mann liest dir jeden Wunsch von den Augen ab. So einfach funktionieren sie, die Herren der Schöpfung."

„Diese hinreißenden Machos haben aber auch kleine Defekte, oder? So wie Affären zum Beispiel." Carla schaut mich groß an: „Und was ist dabei das Problem? Nehmen wir an, er hat eine Geliebte, na dann soll er. Schau mal, Süße, eine Geliebte hält den guten Mann auf Trapp und er kommt stets in großartiger Laune heim. Obendrein hat er Schuldgefühle und macht dir teure Geschenke: Schmuck, Pelzmäntel und Kunstwerke. Sobald du kannst, setzt du all diese Kostbarkeiten in Geld um und legst es gut an." Ich denke an Carlas Mietwohnungen und muss schmunzeln. Die Fachfrau in Sachen Männer beugt sich vor und sagt leise „Glaub mir, die Geliebte wird ihm irgendwann langweilig und dann kommt er wieder früher nach Hause und alles ist wieder beim Alten." Während des gesamten Interviews haben mein Kameramann und mein Tonmeister kein einziges Wort gesagt.

Zum Abschluss drehen wir noch eine Abschlussszene: Carla wählt das Mobiltelefon ihres Mannes: „Mi amor, entschuldige, ich habe gerade gesehen, dass du mich angerufen hast, dieses elende Telefon! Ich weiß nicht, was es schon wieder hat." Pause: „Du hast ganz recht, ich werde mich bei Telmex beschweren. Geht es dir gut, mein armer Schatz? Solange bei der Arbeit..." Pause. „Ich? Was soll ich schon machen? Ich bin hier und warte auf dich." Pause. „Ob ich mir dir zum Essen gehen will? Mi amor, es gibt nichts, was ich lieber täte." Pause. „Wohin du willst. Wie wäre es mit dem köstlichen Japaner, den du so sehr liebst?" Pause. „Um 8 Uhr bin ich fertig." Pause. „Und ich liebe dich. Adios, mi amor."

Carla dreht sich zu mir „Klar, habe ich während des Interviews mein Mobiltelefon ausgeschalten, er ruft schließlich alle halben Stunden an. Ein wahrer Mann will alles unter Kontrolle haben und über jeden deiner Schritte Bescheid wissen. Und dieses Gefühl wollen wir ihm doch geben, oder?" Sie grinst und schenkt sich noch einen Tequila ein.

Im Auto fragt Charles: „Sind wir Männer wirklich so einfach zu manipulieren?" „Kein Kommentar", sage ich. Da läutet Petras Mobiltelefon. „Si mi Amor." Pause. „Ja, endlich sind wir mit dem Dreh fertig. Ich bin einfach nicht dazugekommen dich anzurufen. Wie geht es dir, mein Schatz?" Pause. „Natürlich melde ich mich sofort, wenn ich nach Hause komme." Pause. „Und ich dich, amor de mi vida!" Petra lässt das Telefon in ihre Tasche fallen und alle im Auto lachen, auch sie.

„Übriges: Peter findet dich sehr sympathisch", sagt Frank. „Na, da habe ich Glück gehabt", antworte ich gedehnt, er lässt sich aber nicht beirren „ich freu mich schon auf Samstag", fügt er noch hinzu. „Ich mich auch!" Mir fehlen die Nächte in Zellers Bar, denke - aber sage ich nicht. Seit meiner Landung haben wir nur miteinander telefoniert. Ich bin mit meinem Film beschäftigt und er mit seinem Bruder. Wird es kühler zwischen uns? War es meine Reise? Zuviel Abstand? Sind wir einander fremd geworden? Mach jetzt kein Theater, ermahne ich mich selbst, schließlich ist heute Freitag und ich habe noch eine Menge Arbeit vor mir.

„Petra, wir brauchen ein Stundenhotel", rufe ich in Richtung Büro. „Na fein", sagt sie. „Teresa gibt uns ein Interview zum Thema: *Machos als Liebhaber* und dafür gibt es wohl nur einen perfekten Ort." „Dann weiß ich schon, was wir heute tun", sagt meine Producerin, „pack deine Tasche, wir fahren an den Stadtrand." Gut, sage ich zu mir, dann habe ich wenigstens keine Zeit das alte Spiel zu spielen, Blütenblatt um Blütenblatt. Er liebt mich, er liebt mich nicht, er liebt mich....

Kurz später sitzen wir im Auto und fahren gegen Süden, Richtung Cuernavaca. Dort wo die Stadt aufhört und die Landstraße beginnt, schießen sie wie Pilze aus dem Boden: die Motels. Zimmer mit Garage, simpel und zweckmäßig oder die Luxusvariante: Suite mit Whirlpool. Diese Hotels mietet man nur für ein paar Stunden. Die Preise sind auffällig niedrig. A ist das billigste Angebot und liegt bei 185.- mexikanischen Pesos. Die teuerste Variante, nennen wir sie B, kostet 565.- Pesos. Und was bieten diese Herbergen? Einen Unterschlupf für ein paar Stunden in passender Atmosphäre mit der Möglichkeit das Auto vor den Blicken Dritter zu verstecken. Variante A: Kleines Zimmer über einem Garagenplatz, ein bunter Plastik-vorhang verdeckt den Wagen. Das Zimmer bietet das Nötigste, das heißt ein Bett, ein Badezimmer und garantiert traute Zweisamkeit. Variante B verwöhnt den anspruchsvollen Gast mit allen Schikanen Jacuzzi, King-Size und Plasmabildschirm.

Je nach Einkommen findet der Kunde sein ideales Zimmer im entsprechenden Motel. Dieses praktische Angebot nützen hierzulande Herren, um ihre Geliebten zu treffen: Früh morgens vor der Arbeit, anstelle des Geschäftsessens oder schnell nach dem Büro. Selbstverständlich treffen dort auch verheiratete Damen ihre Geliebten und junge Pärchen entkommen der elterlichen Aufsicht. Viele dieser Motels sind in spanischer Hand. Ein gutes Geschäft im Wohl der Menschheit, wenn man es so sieht. Damit kann man tatsächlich Geld machen, schließlich wird das Zimmer nach maximal drei Stunden wieder frei und flott für die nächsten Gäste geputzt. Nicht wenige dieser Etablissements haben deshalb ihre eigene Wäscherei, denn manche Zimmer werden drei- bis viermal pro Tag belegt. Das kann man wohl eine gute Ausnutzung nennen, obendrein bei geringem Personalaufwand. Schließlich wird nur geputzt und gewaschen. Kaum eines dieser Stundenhotels hat Room-Service, schließlich kommt keiner zum Essen hierher.

Unsere Suche nach dem idealen Drehort war bisher erfolglos und läuft immer nach dem gleichen Schema. Wir sichten ein Motel und fahren zur Einfahrt. „Que categoría?", fragt ein Herr aus der Kabine neben dem Schranken. Verspiegeltes Glas – sein Gesicht ist nicht zu sehen. „Wir wollen kein Zimmer", antwortet Petra, „wir wollen mit dem Geschäftsführer sprechen." Damit hat keiner gerechnet, also müssen wir zurückschieben und rechts ranfahren. Der Herr aus der Kabine kommt auf uns zu und fragt streng: „Warum geht es?" Dann sage ich lächelnd: „Wir suchen einen Drehort für eine Dokumentation." Darauf verzieht mein Gegenüber das Gesicht und ich habe große Lust zu sagen: Nicht solche Filme, wie Sie denken, aber spare mir jedes weitere Wort. Nach ein paar Minuten bittet man uns ins Büro. Hinter einem Schreibtisch, am Telefon, sitzt der viel beschäftigte Geschäftsführer. Er schenkt uns, nach einigem Warten, seine Aufmerksamkeit. „Eine Produktion für das österreichische Fernsehen zum Thema Machos also?" Er scheint nicht im Geringsten interessiert „solche Aktivitäten verschrecken die Kundschaft", erklärt er, dann richtet sich sein Blick wieder auf den Bildschirm. „Wir arbeiten sehr diskret und würden nur innen, in einem der Zimmer drehen", sage ich schnell, „keine Außenaufnahmen." „Was bringt uns dieses Theater?", fragt er mich nach einer längeren Pause, ohne uns eines weiteren Blicks zu würdigen. Da ich darauf keine befriedigende Antwort finde, stehen Petra und ich langsam auf, verabschieden uns freundlich und gehen ab. Beim vierten Motel sage ich bereits selbst: „Klar, verstehe, dass für Sie kein Nutzen aus solchen Dreharbeiten entsteht" und bringe mich damit selbst zur Tür. Erschöpft machen wir uns auf den Heimweg. Am Rande der alten Stadtautobahn, kurz vor unserer Abzweigung, sichten wir ein letztes einfaches Motel.

„Einen Versuch haben wir noch", sagt Petra und fährt ab. Der Gerente hier ist jung und offensichtlich gelangweilt. Ihm gefällt, dass sich das ausländische Fernsehen für sein Hotel interessiert. Er ist nicht nur Geschäftsführer, sondern gleichzeitig Sohn des Besitzers, ein Familienbetrieb also und da geschieht etwas Unerwartetes: Er gibt sein Einverständnis. Es ginge bei diesen Filmarbeiten ja schließlich, betont er, um eine gute Sache, nämlich um die Erhaltung der letzten Machos. Der junge Geschäftsmann bittet nur um äußerste Diskretion. „Sie verstehen?" Das hätte ich sowieso selbst angeboten und versichere eilig unsere guten Absichten.

Zum Abschluss lädt er uns zu einer Begehung ein. Wir steigen ins Auto und nehmen denselben Weg wie die Kundschaft. Mit einer einfachen Fernbedienung, die man mit der - im Voraus bezahlten - Rechnung am Eingang bekommt, öffnet sich das Garagentor genau unter dem gemieteten Zimmer. Es schließt sich wieder per Tastendruck, sobald der Wagen im Inneren abgestellt ist. Von hier aus führt eine kleine Treppe direkt ins Zimmer. Elegantes Bad mit verglaster Dusche, enormes Bett mit ebenso enormen Spiegel am Plafond darüber, kein Fenster, zwei Sesseln offensichtlich als Kleiderablage gedacht. Und das alles für nur 280.- Pesos. Ich bin beeindruckt.

Zu zweit?

Zu früh dran, also parke ich ein paar Blocks von dem Haus entfernt, in dem mein diplomatischer Geliebter wahrscheinlich mit seinem Bruder beim Frühstück sitzt. Es passt mir gar nicht, dass unsere traute Zweisamkeit gestört ist. Ich habe weder Lust auf einen Dritten im Bunde, noch auf den Spaziergang durch Coyoacan. Auf der anderen Seite muss ich auch zugeben, dass mir die neue Rolle gefällt. Statt der geheimnisvollen Geliebten bin ich Franks neue Freundin, inzwischen sogar der Familie bekannt. Ich klopfe eine Zigarette aus der Schachtel und lehne mich an den Jeep. Die Morgensonne vertreibt die winterliche Kälte der Nacht. Jeans, Raulederjacke und wie immer Stiefel. Dekolleté dezent, nur die obersten zwei Knöpfe der Bluse sind offen. Das auch nur deshalb, weil der zweite bei jeder Gelegenheit, wie bei tiefem Einatmen, von selbst aufspringt. Vielleicht hätte ich doch eine weniger knappsitzende Bluse wählen sollen. Zu spät. Die eigentliche Frage ist: Was mache ich nach dem Spaziergang und Mittagessen. Breche ich auf? Ich kann ja schlecht so lange herumhängen, bis es zum Nachhausefahren glücklicherweise zu spät ist. Und Schluss, sage ich streng zu mir, tief durchatmen und alles einfach auf sich zukommen lassen. Ein paar Minuten später stehe ich vor dem Haus in der Cerrada Francisco Sosa Nummer 43.

„Hallo", sagt Frank und schaut aus dem Küchenfenster. „Ich mach dir auf." Sobald ich aus dem Auto steige, umarmt er mich, als wolle er mich nicht wieder loslassen. „Schön, dass du da bist. Ich hoffe doch, dass du an diesem Wochenende keine weiteren Pläne mehr hast." „Eigentlich wollte ich meine Recherchen zum Thema Machos vertiefen", antworte ich. „Zu Ihren Diensten", lächelt mein Geliebter. Hinter seinem Rücken taucht Peter auf. „Hallo, wie geht´s?" „Einwandfrei", antwortet er mit derselben Stimme wie sein Bruder. „Also Ihr beide könnt tatsächlich nicht verheimlichen, dass Ihr Brüder seid." „Komm doch weiter", sagt Frank, „möchtest du vor dem Abenteuer Coyoacan noch einen Kaffee?" „Klingt hervorragend", sage ich und kann mich endlich dem Wirkungsfeld dieser elenden Pheromone lösen. Die Kaffeetasse in der Hand, warte ich, bis die beiden Herren abmarschbereit sind. Ich spüre Peters kritischen Blick im Nacken. Am liebsten würde ich mich umdrehen und sagen: dein Bruder ist nicht mehr minderjährig und muss selbst wissen, was er tut. Aber, das lasse ich besser. Wir plaudern stattdessen. Peter und ich. So als warteten wir zufällig auf denselben Zug. Ein paar Plattheiten, immer schön an der Oberfläche. Endlich taucht Frank mit Sonnenbrille und Schlüssel in der Hand auf. „Fertig?" Auf der Straße legt er den Arm um mich. Ich vergesse Peter und höre Franks Geschichten über Coyoacan zu.

„Hier ganz in der Nähe gibt es ein höchst ungewöhnliches Museum. Es befasst sich ausschließlich mit den militärischen Interventionen des 19ten und 20sten Jahrhunderts: Wer hat wann Mexiko eingenommen. Eine seltsame Art seine eigene Geschichte zu erzählen, oder? Das sagt doch viel über das Verhältnis eines Landes zu sich selbst aus." Vom *Museo Nacional de las Intervenciones* habe ich nie zuvor gehört. Spannend. Jeder von uns beiden kennt ein anderes Mexiko. Zwei verschiedene Sichtweisen und doch die gleiche Liebesgeschichte zum selben Land.

Wir schlendern durch die Straßen. Plötzlich fragt Peter: „Wann musst du eigentlich wieder nach Österreich zurück?" Seine Worte treffen mich wie ein Schlag ins Gesicht. Frank sagt eine Weile lang gar nichts. Dann antwortet er „ich kann mir nicht vorstellen hier wegzugehen. Außerdem: Ich weiß längst nicht mehr, was mich noch im diplomatischen Dienst hält. Du kennst die Geschichte ja..." Ich kenne sie nicht, will ich einwenden. Doch Frank redet weiter: „Also überlege ich mir ernsthaft in Mexiko zu bleiben und neu anzufangen". Mein Herz klopft. Seine Zeit als Diplomat in Mexiko läuft ab. Darüber habe ich nie nachgedacht. Klar, jeder Diplomatenposten hat ein Ablaufdatum.

Wir beide schauen nach vorne. Kein Blick von ihm zu mir, keiner von mir zu ihm. Hat er wirklich vor dazubleiben? Kündigt man denn als Diplomat? Wenn ja, was macht er dann? Wo wird er arbeiten? Die Welt stellt sich gerade auf den Kopf und ich weiß nicht, was ich zuerst fragen soll. „Warum willst du den Job wechseln?", kommt schließlich heraus. „An der Botschaft läuft vieles, womit ich nicht einverstanden bin. Deshalb haben die Botschafterin und ich auch ein denkbar schlechtes Verhältnis. Aber ganz abgesehen davon: Ich sehe dort keine Zukunft. Immer wenn du mich fragst, was ich den ganzen Tag über getan habe, weiß ich nicht, was ich dir antworten soll. Ich brauche eine Antwort und zwar für mich selbst. Und eine neue Aufgabe." Oh Mann, denke ich, hoffentlich, weißt du, was du da sagst. Noch hast du einen richtigen Job, eine Sicherheit, um die dich andere beneiden. Vor allem sollte man mit Wünschen nicht leichtfertig umgehen, denn sie könnten in Erfüllung gehen. Nichts von dem aber sage ich laut. Frank will offensichtlich auch nicht darüber reden.

Er fährt mit seinem Vortrag über das Dorf Coyoacan und dessen illustre Bewohner fort. Ich aber kann nicht so schnell das Thema wechseln. Warum habe ich nie darüber nachgedacht, dass er nur entsendet ist, das heißt, dass man ihn irgendwann wieder in die Heimat abkommandiert? Gut verdrängt? Warum haben wir nie über seine Pläne gesprochen? Ich weiß, dass Frank kein klassischer Diplomat ist. Das kann er ja auch kaum verheimlichen, aber dass er über das Aussteigen nachdenkt, habe ich nicht geahnt.

Frank dreht sich zu mir: „Ist dir das recht?" „Entschuldige?", frage ich. Ich habe nichts mitbekommen. „Ob dir recht ist, dass wir am Markt Mittagessen?" „Großartig", murmle ich und bezweifle ernsthaft, dass ich jetzt noch Appetit habe. Es fällt mir schwer wichtige Gespräche aufzuschieben. Ich will Ordnung im Kopf, Antworten und Lösungen. Aber es geht nicht darum, was ich will. Es ist Franks Leben und nicht meines. Es sind seine Entscheidungen und nicht meine.

Wir sind nicht verheiratet und deshalb muss es keine gemeinsamen Lösungen geben. Ich atme tief durch. „Alles okay mit dir?", fragt der Mann neben mir. „Alles okay", lüge ich und beschließe mich, wenn auch nur dieses einzige Mal, wie eine latinische Geliebte zu benehmen. Genieße den Moment und denke nicht an morgen. Ich gebe zu, das ist eines der plattesten Klischees. Die meisten meiner mexikanischen Freundinnen funktionieren nicht nach diesem Schema, aber die Methode *Blinde Kuh* funktioniert. Ich schaffe es, wieder zu lächeln und, man glaubt es kaum, mich auf das Essen zu freuen.

Im Markt von Coyoacan findet man das beste Fischrestaurant der Gegend. Der einzige lange Tisch, ein L mit Hockern an beiden Seiten, ist schon beinahe voll. Nur am unteren Ende sind noch Plätze frei. Hinter einem Tresen wirbeln zehn Köche durch die enge Küche. In großen Stahlwannen stapeln sich Fische, Muscheln und Krebse. Kellner mit blauen Schürzen rufen Bestellungen und balancieren Teller mit den Spezialitäten des Hauses. Alle drängen sich an dem langen Tisch zusammen, es gibt Meeresfrüchte in würzigen Cocktails und Fische über Dampf gegart. Dazu Clamato mit scharfen Soßen und salzigen Keksen. Clamato ist Tomaten-Muschelsaft und eines meiner liebsten Gringadas (so nennt man hier Importiertes aus den USA), vor allem wenn er mit Bier gespritzt eiskalt serviert wird. Zweifelsfrei werden auch beim nördlichen Nachbarn wahre Köstlichkeiten erfunden. Hier am Marktstand gibt es kein Bier, ob der fehlenden Alkohollizenz, dafür wird Clamato mit Soda verdünnt und scharf gewürzt.

Ich mag diese Art zu essen. Tische, an denen man mit wildfremden Menschen zusammensitzt, so als wären alle

Teil einer Familie. Die Frau neben mir braucht die Chilisoße auf meiner Seite und ihr Mann gegenüber meint, dass ich beim nächsten Mal den Tintenfisch in Knoblauchsoße probieren soll. Passable Cocktails gäbe es ja überall, erklärt er wissend, aber einen zarten Tintenfisch...?" „Da haben sie ganz recht", stimme ich ihm zu. Hinter uns singt ein Gitarrist Songs der Beatles. Als Begleitung knarrt ein alter Kassettenrekorder zu seinen Füßen. All you need is Love...

Die Biere trinken wir später im Hof von Franks Haus. Mit jeder neuen Flasche wird das Sonnenlicht rötlicher und der Hof kühler. Ich gehe auf die Suche nach meiner Jacke. Da steht Frank plötzlich hinter mir und nimmt mich bei der Hand. Er führt mich die Treppe hinauf in sein Zimmer. Hinter uns schließt sich die Türe und geht bis zum nächsten Morgen nicht wieder auf.

Ich blinzle verschlafen. Die Sonne scheint. Es ist sicher schon nach 10 Uhr denke ich und beschließe, dass mich das nicht wirklich kümmert. Nichts bringt mich weg aus diesem Bett und aus diesen Armen. Ich betrachte mein Gegenüber. Erstaunlich, wie unschuldig ein schlafender Mann aussehen kann. Frank macht die Augen auf. „Gut, dass du nicht schon wieder unterwegs bist." Jetzt kann ich mich nicht mehr beherrschen „wann solltest du eigentlich zurück in Österreich sein?" „In zwei oder längstens drei Monaten." Ich schweige. Er schaut mir in die Augen. „Ich habe meine Entscheidung schon getroffen. Ich bleibe und suche Arbeit. Mehr kann ich dir inzwischen noch nicht sagen." „Das ist gut genug", antworte ich und umarme ihn. Und da ist noch etwas: Ich liebe dich, aber das würde ich dir nie auf die Nase binden.

Kein Geheimnis mehr

Ich steige gerade aus der Dusche, da läutet das Telefon, in Badehandtuch, noch tropfend schreie ich „Bueno!", in den Hörer. „Renate?", fragt mein Vater. „Hallo Papa", sage ich, „entschuldige ich komme gerade aus dem Bad, kann ich dich in 5 Minuten zurückrufen?" „Ja, du kannst. Aber vergiss es nicht", lacht er. Warum sollte ich das vergessen, frage ich mich und schlüpfe in einen Sweater und meine Jeans. Im Vorbeigehen schenke ich mir rasch noch einen Kaffee ein und wähle die Nummer meiner Eltern. „Heilig", mein Vater am Telefon. „Ich bin's." „Wo warst du die letzte Nacht?" Ich fühle mich mit einem Schlag in eine andere Zeit versetzt. „Wo soll ich gewesen sein?", frage ich um eine Minute zu gewinnen. „Deine Freundin Petra hat mir gestern gesagt, du kämest spät, oder überhaupt erst morgen wieder." Pause. „Ertappt, ich habe die Nacht bei meinem Freund verbracht. Zur Erklärung: Ich habe einen Steirer kennengelernt." „In Mexiko?" „Ja, wo denn sonst. Und: Ich glaube, ich bin verliebt." Da höre ich meinen Vater lachen. „Was ist so lustig?" „Der Steirer in Mexiko. Meine liebe Tochter, dafür hättest du wirklich nicht auswandern müssen. Von Wien aus muss man nur in einen Zug Richtung Süden steigen und nicht einmal drei Stunden später gibt es Steirer an jeder Ecke." „Sehr lustig, Papa." Mein Vater räuspert sich. „Ganz im Ernst: Ich freue mich für dich und wünsche dir aus ganzem Herzen alles Gute. Möglicherweise lerne ich diesen Herrn bald kennen." „Warum? Ich meine, wie das?" „Na, eigentlich habe ich angerufen, um dich zu fragen, ob du mit deinen alten Eltern Geburtstag feiern willst?" „Natürlich will ich das", antworte ich. „Deine Mutter und ich haben uns gedacht, dass wir nach Mexiko kommen sollten, solange wir noch fit genug für solche Abenteuer sind. Was sagst du dazu?" „Das ist ein großartiges Geburtstagsgeschenk. Dann kann ich Euch endlich mein Mexiko zeigen." „Und, ich bitte schön, deinen Steirer", scherzt mein Vater.

Petras Kopf taucht in im Türrahmen auf. „Wieder daheim?" „Ja", antworte ich, „und danke, dass du meinem Vater über meinen Lebenswandel unterrichtet hast." „Tut mir leid, aber was hätte ich ihm sagen sollen? Du warst ja nicht zu sprechen, und dass ich keine Ahnung habe, wo du steckst, nimmt er mir nie ab." „Ist schon okay: Ich habe alles gestanden." Sie lacht und fragt mit gespielter Sorge „ich hoffe, der Vorfall hat keine ernsten Konsequenzen?" „Nein, bei unverheirateten Töchtern in meinem Alter nicht mehr", antworte ich. Ganz im Gegenteil, ein solches Verhältnis nährt die Hoffnung eines liebenden Vaters die Tochter doch noch unter die Haube zu bringen.

„Ich möchte dich was fragen, Petra. Hast du Zeit?" „Klar", sagt sie und setzt sich neben den Kleiderhaufen auf mein Bett. „Frank wird aus dem diplomatischen Dienst austreten. Er will in Mexiko Arbeit suchen. Was meinst du? Wie stehen seine Chancen?" Sie seufzt. „Tja, globale Unternehmen sind eine Möglichkeit... Ein Ausländer mit perfekten Fremdsprachenkenntnissen und internationaler Erfahrung hat schon Chancen. Leicht wird das aber nicht. Es gibt nicht viele spannende, unbesetzte Positionen. Schließlich reden wir von Mexiko und hier ist die Krise ein Dauerzustand. Abgesehen davon: Eine Firma, die sich für deinen Diplomaten interessiert, kann ihn nicht einfach anstellen, sondern muss erst eine Arbeitsgenehmigung für ihn beschaffen. Sag einmal, hast du etwas mit seinem Entschluss zu tun?" Ich schüttle den

Kopf „ich glaube nicht." „Das hoffe ich", sagt Petra, „dann kann er dich später nicht dafür verantwortlich machen." Sie sieht meinen besorgten Gesichtsausdruck „wenn du willst, setzen ich mich in aller Ruhe mit ihm zusammen. Ich kann ihm sicher ein paar Tipps geben." „Danke, Petra! Jetzt aber muss ich los!" „Was hast du vor?" „Einkaufen, das Christkind steht vor der Tür..."

Ich brauche ein Geschenk für Enrique und eins für Petras Mutter Helen, die für die Weihnachtsfeiertage aus Deutschland anreist. Zwar habe ich schon so einiges in New York besorgt aber irgendetwas muss Petras weißen Tee aus Chinatown begleiten. Ein Kochbuch passt vielleicht zu Javiers kandiertem Ingwer...Und Franks Kimono? Nun, der muss alleine ins Geschenkpapier. Dazu fällt mir nichts Passendes ein. Klar, ich darf Josefina nicht vergessen und auch nicht ihr neugeborenes Baby. Also auf ins Zentrum.

Weihnachtlich stauen endlose Autoschlangen unter glitzernden Girlanden. Alles ist festlich geschmückt, selbst die Straßen der mexikanischen Metropole. Am Eingang des Spielwarengeschäfts lacht mir ein elektronischer Santa Claus entgegen. HO HO HO. Im Schuhgeschäft schneit es und im Laden daneben sitzt der rotnasige Rudolf auf einem hohen Bücherstoß. Das alles unter der strahlenden Sonne Mexikos.

24 Grad, eindeutig zu warm um eine Jacke herumzuschleppen. Ob ich hier in Weihnachtsstimmung komme? Das ist eine der Fragen, die ich mir eigentlich nicht stellen muss. Ich bin immer in Weihnachtsstimmung. Meiner Familie und meinen engsten Freunden konnte ich diese Schwäche nie verheimlichen. Aber Bekannte und Kollegen würden schwören, dass solch Kitsch vor christlichem Background nicht zu der

Renate passt, die sie kennen. Dieses Image kostete mich viel Theater. Im tiefsten Inneren bin ich spätestens Ende November in weihnachtlicher Euphorie. Ich ärgere mich jedes Jahr darüber, dass Erwachsene keine Adventkalender bekommen, backe Unmengen Weihnachtskekse und dekoriere die Wohnung. Dabei läuft im Hintergrund stets das weihnachtliche ORF Filmangebot. Wenn sich rührende Szenen ankündigten, setze ich mich rasch aufs Sofa, um bei jeder Gelegenheit in Tränen auszubrechen.

Dieses Jahr wird alles anders. Ich kann Petra beim besten Willen nicht zu einem Weihnachtsbaum überreden. „Weihnachtssterne als Topfpflanzen: Ja. Ein weihnachtliches Menü: Soll sein. Und...meinethalben Geschenke, aber damit ist dann auch Schluss", droht sie mir. Noche Buena, der Weihnachtsstern, ist ein mexikanisches Gewächs und damit ein Bekenntnis zur neuen Heimat. 16 dieser blühenden Sterne schmücken unsere Wohnung und ich muss zugeben, im sechsten Stock über dem Zentrum der Stadt sieht es festlich aus. Trotzdem, es bleibt eine Minimalversion von Weihnachten. Nächstes Jahr wird alles anders in meiner eigenen Wohnung. Falls es die dann tatsächlich gibt, kommentiert meine innere Stimme gehässig. „Wird es geben", sage ich leise zu mir.

Dieses Jahr bin ich im Ausnahmezustand. Meine Familie und meine Freunde fehlen mir. Das familiäre Weihnachten hat in den letzten Jahren immer in meiner Wohnung stattgefunden. 24. Dezember: Ein weihnachtliches Abendessen mit guten Weinen, Speisekarte und allem Firlefanz. War die Familie dann abgefüllt und zufrieden wieder am Heimweg, sind meine Freunde zur Aprés-Party eingetrudelt. Manche nach Familienstreitereien, also weihnachtsgeschädigt, andere schon leicht beschwipst und die letzten mit der Miene: Das tue ich nur für dich. Übersetzt: Ich spiele mit, weil ich dich hoffnungslose Romantikerin zur Freundin habe. Nachsatz: Mein Kommen hat rein gar nichts mit dem eigentlichen Anlass zu tun. Jedes Jahr war das Weihnachtsfest ein wahrer Marathon bis 3 Uhr früh. Eine ausreichende Portion, um bis zum nächsten Anflug des Christkindels durchzuhalten.

Aber gut, für 1999 gilt: neues Land, neue Gewohnheiten. Die weihnachtliche Schmalversion findet zumindest im familiären Kreis statt. Petra, Enrique und Helen, Petras Mutter. Bin ich froh, dass Helen kommt, da geht sich die Familienstory besser aus. Danach fahre ich zu Frank – er macht ein Weihnachtsfest in seinem Haus in Coyoacan. Dort weihnachtet es nicht, die Gäste kommen zum Dinner, ich zum Dessert. Und das, weil ich nicht mit Menschen Weihnachten feiern will, die ich nicht, oder kaum kenne.

Während ich darüber nachdenke, entdecke ich ein Buch für Enrique. Wien, durchwandert und beschrieben von einem spanischen Autor. Schöne Bilder, gute Kommentare, viel Jugendstil. Unverständlicherweise liebt Enrique die ehemalige K&K-Hauptstadt mehr als die mexikanische Metropole. Ich versuche mir vorzustellen, Wien mit seinen Augen zu sehen. Um diese Stadt zu mögen, muss man wohl Ausländer sein, sage ich mir und gebe auf. Mir war Wien immer zu grau, zu leblos, zu langweilig. Eben all das, was Enrique an ihr liebt. Das sei eben eine zivilisierte Stadt. Man könne über die Straße gehen und mit an Sicherheit grenzender Wahrscheinlichkeit davon ausgehen, dass man heil auf der anderen Seite ankäme. Kein weggeworfenes Plastiksackerl, kein

Zuckerpapier, keine Essensreste auf dem Gehsteig. Abgesehen davon: Kann man allerorts Operetten hören, Kaiserschmarrn essen und Swarovski-Klunker kaufen.

Ich hingegen freue mich, dass ich durch Mexikos Straßen, mit oder ohne Müll, schlendere, die Menschen lächeln und die Sonne scheint... Was das Glücklichsein betrifft, habe ich eine gegenläufige Theorie zu der meines mexikanischen Freundes. Es ist nicht Ruhe, Sicherheit und Sauberkeit, was der Mensch für seinen Seelenfrieden braucht. Nein, genau das Gegenteil: eine Stadt wie diese. Die mexikanische Megacity ist eine gefährliche Stadt. Die Erde bebt. Kriminalität gehört zum Alltag, weil es im sozialen Gefüge brodelt und es ist gar nicht selbstverständlich, dass man heil zu Hause landet. Meine Theorie: Näher am Tod ist auch näher am Leben. Man genießt die guten Momente, schließlich gibt es keine Garantie, dass sie wiederkommen. Dem Menschen tut, glaube ich, Sicherheit nicht gut. Denn dann hat er zu viel Zeit zum Jammern und für Nabelschau (wer sucht der findet). Das klingt platt, das gebe ich zu, aber stimmig. Ich weiß jetzt, was ich hier suche. Ich will - mit aller Gewalt - das Leben genießen, der Endlosschleife entrinnen und glücklich werden. Bin ich wirklich am richtigen Weg?

Eine alte Dame tippt mir auf die Schulter „Usted habla español?" Sprechen Sie spanisch? „Wie bitte?" ich habe das Gefühl, dass die gute Frau schon länger auf mich einredet. „Sprechen Sie spanisch?" „Ja..." „Ihre Handtasche ist offen und es ist Vorweihnachtszeit, " sagt sie kopfschüttelnd „zu dieser Zeit wird mehr gestohlen als im restlichen Jahr!" „Gracias", sage ich verwirrt und krame in meiner Tasche. Die Geldbörse ist noch da. Ich ziehe den Zippverschluss zu und klemme die Tasche unter meinen rechten Arm.

Noch immer stehe ich im Bücherladen, vor mir der Tisch mit Neuerscheinungen. Ein Kochbuch von Jamie Oliver, dem britischen Stern am Küchenhimmel. Sehr gut, das wird Javier gefallen. Das war der nächste Streich, ein weiteres Geschenk in adretter Papiertragetasche. Nur nicht nachlassen, gleich weiter zu Zara.

Ich krame in den Babykleidern und finde eines dieser Stücke das allen Frauen (besonders denen, die vorgeben keine Kinder zu wollen) ein *Oh wie süß!* entlockt. Ob ich jemals Kleider für mein Baby kaufen werde? Meine biologische Uhr tickt so laut, dass es in meinen Ohren schallt. Wenn ich gewusst hätte, dass selbst ich diesem Leid nicht entkommen kann… Was dann? Was hätte ich anders gemacht? Ich schlendere weiter. Das Mobiltelefon läutet, Frank. „Ich konnte dich nicht länger geheim halten", sage ich lachend. „Wie bitte?", fragt er verwirrt. „Ich habe meinem Vater unser Verhältnis gestehen müssen." „Wurde auch Zeit", meint Frank, „um wie viel Uhr kommst du am 24.?" „So um 11 Uhr." „Geht´s nicht früher? Du wirst mir fehlen und was dich sicher mehr beeindruckt: du verpasst das Dinner." „Es freut mich sehr, dass ich dir fehlen werde. Was das Abendessen betrifft, mach dir keine Sorgen, ich koche selbst, da kann ich sicher sein, dass es mir auch schmeckt." „Okay, wie du willst. Wenn du spät kommst, musst du eben länger bleiben."

Lampenfieber

Die Dame aus der ORF-Telefonzentrale, erkundigt sich rührig, wie es mir so geht, dort drüben im fernen Mexiko. Dann rückt sie mit dem eigentlichen Anlass für den vorweihnachtlichen Anruf heraus. „Die *Zeit im Bild 2* will Sie sprechen, darf ich verbinden?" „Klar doch, alles Liebe und ein schönes Weihnachtsfest." „Ihnen auch, Frau Heilig." Da meldet sich mein alter Freund Klaus. Ich mag ihn, er gehört zu den wenigen Menschen, denen man im ORF-Zentrum alles anvertrauen kann, ohne befürchten zu müssen, dass das Gesagte nach ein paar Runden im Tratsch-Karussell an den Falschen gerät. Verschwiegenheit ist wahrlich eine rare Qualität im öffentlich-rechtlichen Fernsehtempel.

„Ja, Hallo", sagt Klaus, „ich habe einen Auftrag an unsere Mexikokorrespondentin: Live-Auftritt vom Hauptplatz der Megacity, beziehungsweise von dort, wo auch immer die Mexikaner das neue Jahr feiern." „Und wofür soll das gut sein?", frage ich, „was ist die Story?" „Das Jahr 2000 ist ein Thema für sich, überall auf diesem Erdball. Alle Korrespondenten werden irgendwas, mehr oder weniger Geistvolles, absondern." „Na fein", sage ich. „Lass mich mit Petra checken, ob eine Live-Schaltung vom Zocalo machbar ist. Billig wird das nicht, das kann ich dir gleich sagen." „Ist es nie, meine Liebe. Geld spielt keine Rolle, wenn sich der Chef ein internationales Bildertheater wünscht. Aber jetzt zum eigentlichen Thema meines Anrufs", scherzt Klaus „gibt es schon einen mexikanischen Geliebten?" „Nicht seine Spur, denn statt einem Macho mit Schnauzer und großem Hut, bin ich einem diplomatischen Steirer verfallen." „Nein?" „Doch." „Gibst du diese Information für die Veröffentlichung frei?", scherzt mein Herr Kollege. „Nein, noch nicht, inzwischen ist mein amouröses Abenteuer Insiderinformation."

Ich lehne mich im Sessel zurück. Live-Schaltung nach Wien, wie ich Showeinlagen hasse. Ich bin für solche

Auftritte nicht geschaffen. Vor allem: Es gibt nichts zu berichten. Klar feiert Mexiko, wahrscheinlich mit viel Lärm um nichts, so wie überall auf dieser Welt. Was aber gibt es darüber zu erzählen? Wie viele Mariachis singen, wie viele Menschen auf diesem Platz erwartet werden, was der Unsinn kosten wird und so weiter und so fort. Sehen wird man zum Zeitpunkt der Live-Schaltung nichts. Nichts, außer gähnender Leere am größten Platz Lateinamerikas. Denn zu der Stunde, in der die *Zeit im Bild* in Österreich läuft, sitzen die Menschen hier beim Mittagessen und denken nicht daran, das neue Jahr zu feiern. Da ich weder das mexikanische Neujahr vorverlegen, noch die Sendezeit der ZIB 2 in den frühen Morgen verschieben kann, wird außer mir also nicht viel zu sehen sein. Mein spannender Text lautet dann etwa so: Ich bin in Mexiko, ob es Sie nun interessiert oder nicht. Mit - an Sicherheit grenzende Wahrscheinlichkeit - wird sich in ein paar Stunden Folgendes hier abspielen...

Da ist noch eine kleine Hoffnung, Petras Recherchen könnten ergeben, dass diese Live-Schaltung gänzlich unmöglich, oder viel zu teuer ist. Aber leider ist sie eine geniale Producerin und macht Unmögliches möglich. Ich seufze, rufe in Wien an und sage mit einem schalen Gefühl im Bauch zu. Verdammt. Warum kann ich solche Auftritte nicht genießen und mein Ego feiern? Nein, das kann ich nicht. Um ehrlich zu sein: Ich habe Lampenfieber. Zugegeben: Das ist ein Problem in meiner Zunft. Ich beneide alle Moderatoren und Moderatorinnen, ihre Leichtigkeit, mit der sie sich vor eine Kamera stellen und losplaudern. Ganz ohne Hemmungen. Sie reden auch - wenn es sein muss - ohne irgendetwas zu sagen. Am Ende schließt ihr selbstbewusstes Lächeln den Auftritt. Sie genießen es im

Mittelpunkt zu stehen. Ich aber genieße das nicht. Ganz im Gegenteil. Ich fühle mich wohl, wenn die Story im Vordergrund steht und ich mich dahinter verstecken kann. Wie auch immer: Zum Absagen ist es zu spät, also Augen zu und durch. Vatern, wie Muttern aber wird die Chose gefallen, schließlich sehen sie ihre Tochter im Fernsehen. Mit viel Glück verfolgt auch die Nachbarin das TV-Theater und schaut gleich nach diesem Auftritt bei meinen stolzen Eltern vorbei, um sicherzugehen, dass die Frau im Bild tatsächlich ihre Renate war. Die, die sie schon zu der Zeit kannte, als sie in Shorts und barfuß mit Schokolade Frechheiten an die weiße Hausmauer schrieb.

Ich will mir die Weihnachtsstimmung nicht gänzlich verderben und stehe vom Schreibtisch auf. Auf meinem Bett herrscht Chaos: Seidenpapier, Schleifen und alle Geschenke darunter begraben. Es ist höchste Zeit Päckchen zu machen. Im Backrohr brutzelt ein weihnachtlicher Braten. Enrique hat sich nicht zu einer Ente überreden lassen. Also gibt's das famose Rindsfilet in Rotwein mit Wallnüssen, dazu Erdäpfel-Gratin und zur Nachspeise Kaiserschmarrn. Das ist für einen konservativen Mexikaner schon exotisch genug. Hierzulande isst man zu Weihnachten *Romeritos in Mole*, Grüngemüse in scharfer Schokoladesoße. Romeritos gibt es in Europa nicht, sie sehen zwar dem Rosmarin ähnlich, haben aber nichts mit dem Klassiker aus dem mediterranen Kräutergarten zu tun. In vielen Familien speist man heute, ganz wie bei den Nachbarn im Norden, Truthahn (kein kulinarisch bemerkenswertes Ereignis), oder – offenbar in Erinnerung an die spanischen Eroberer - *Bacalao a la Vizcaina* (Kabeljau in einer Soße aus Tomaten, Oliven und Paprikaschoten).

Josefina hat den Tisch gedeckt, Weihnachtssterne muss man nicht schmücken und eine Speisekarte für vier Personen erscheint selbst mir überzogen. Also packe ich die letzten Geschenke ein und ziehe mich um. Da ich irgendetwas zu Weihnachten aufputzen muss, suche ich nach dem silbernen Ring mit dem schwarzen Stein, den mir meine Mutter beim Abflug geschenkt hat. Mit ihm kam ein Halsschmuck, ein Armreifen und dazu die Worte: „Das trage ich ohnehin nicht mehr. Zu welchem Anlass auch? Etwa um mit deinem Vater in den Supermarkt zu gehen?" Ich mag diesen Ring, aber ich habe noch immer das Gefühl, ich müsse meine Mutter um Erlaubnis bitten, wenn ich ihn an meinen Finger stecke. Schwarze Hose, schwarzes Shirt, weinroter Samtfrack. Auf zur Party!

Stille Nacht, heilige Nacht

Helen sitzt am Sofa und trinkt Kaffee. Petra stiert noch immer auf die Zahlen im Computer, denn sie rechnet mit dem ORF-Produktionsbüro ab. Ihre Laune ist entsprechend. Da läutet es. „Der Licenciado", ruft Josefina und eilt zur Tür, um dem Patron zu öffnen. Auch wenn es in diesem Hause – eigentlich nur eine Patrona gibt. Das ist aber zu weit von der mexikanischen Realität entfernt, um in Josefinas Weltbild zu passen.

Bei einem Glas Sekt machen wir Geschenke auf. Helen hat mir einen silbernen Armreifen aus Bayern mitgebracht und von Petra bekomme ich von warmen Hausschuhen bis zum Kaschmir-Pulli alles, was ich für den mexikanischen Winter brauche. Hier rüsten sich alle perfekt für die Kälte aus. Zwar fällt der Thermometer so gut wie nie unter null Grad, aber es reicht, um in einem nicht geheizten Zimmer ordentlich zu frieren.

Schon bei der Vorspeise will Helen mehr über Frank wissen, sie findet alle meine Abenteuer großartig, sogar die amourösen. „Ich mochte auch deinen Harald", sagt sie, „aber mir ist klar, dass er für die Ehe nicht getaugt hat. Ach, warum sagte ich denn dein Harald, das ist er ja gar nicht mehr, entschuldige!" Das war er wohl nie, denke ich. Sie macht eine Pause und schaut mir in die Augen. „Und dieser Frank, ist der ein Mann zum Heiraten und Kinderkriegen?" Ich ziehe ratlos die Schultern hoch. Petra antwortet in die lange Pause „Rede ihr nichts ein, Mutter." „Dazu habe ich leider kein Talent, wie du wohl selbst am besten weißt", entgegnet Helen schmunzelnd „sonst hätte ich doch schon ein paar Enkel..."

Irgendwie ist das Fest zu viert, wenn auch ohne Christbaum, ein Weihnachtsfest. Enrique versucht deutsch zu sprechen, Helen amüsiert sich köstlich und Petra scheint mit dieser Art von Weihnachten zurechtzukommen. Das Essen wird dem Anlass gerecht und alle drei freuen sich über den Kaiserschmarrn. Danach packe ich meine Sachen. Inzwischen habe ich gelernt, dass ich, wenn ich Frank besuche, nie am selben Tag heimkomme. Da solche Abenteuer mit eigener Zahnbürste, frischen Kleidern und Schminksachen deutlich angenehmer sind, bin ich stets mit einer kleinen Reisetasche unterwegs. „Viel Glück", sagt Helen und ich grüble, was sie damit sagen will.

In dieser Nacht ist kein Auto auf der Straße, alle scheinen zu Weihnachten zuhause geblieben zu sein. Wo bin ich zu Hause? Bei Petra? Bei Frank? Oder nirgendwo? Wahrscheinlich sollte ich den Begriff vorübergehend aus meinem Vokabular streichen. Bis zu dem Tag, an dem ich wieder ein eigenes Zuhause habe.

Mexiko glänzt weihnachtlich. Die Stadt ist wie verwandelt: kein Chaos, kein Lärm, keine Menschenmengen. Ich suche im Auto-Radio 92.1 Universal, die Station für Klassiker der 80er und 90er Jahre. Es weihnachtet sehr. *Last Christmas I gave you my heart...*
Ich rase singend durch die Stadt. So schnell war ich noch nie in Coyoacan. Feuer im Kamin, Glühwein - nur wir zwei. Könnte ich mir in dieser Weihnacht etwas wünschen, wäre dieses Szenario ganz oben auf meiner Liste. Dazu singt Mariah Carey:

I don't want a lot for Christmas there is just one thing I need - I don't care about the presents underneath the Christmas tree

I just want you for my own more than you could ever know - make my wish come true all I want for Christmas is you. And you. And you.

Cerrada de Franzisco Sosa, Nummer 43. Frank hat offensichtlich schon ein paar Gläschen getrunken und umarmt mich stürmisch. „Willst du mich nicht deinen Gästen vorstellen?", frage ich ihn. „Wenn es nach mir ginge, würde ich mich mit dir in den ersten Stock zurückziehen." Er räuspert sich „da diese Variante leider nicht zur Wahl steht, schreiten wir zum offiziellen Teil." Er räuspert sich und nimmt mich bei der Hand.

Bruder Peter sitzt am oberen Tischende und lächelt „Hallo". Der Mann mit skeptischem Gesichtsausdruck und spätem Haaransatz ist Franks Freund Hans mit Freundin. Blond, Locken, breites Lächeln. Wie sie heißt, habe ich nicht verstanden. Genauso wenig worüber Hans scherzt und darüber selbst am lautesten lacht. Beide aus

Deutschland. Auf der anderen Tischseite ein seltsames Paar. Er ist betrunken, sie aggressiv, das sieht ganz nach weihnachtlicher Beziehungskrise aus. Ihre Namen vergesse ich gleich, nachdem ich ihnen vorgestellt wurde. Die beiden wollen ohnehin nicht voneinander und ihrer Misere abgelenkt werden. Die Nachspeise ist bereits gegessen und auf dem Tisch stehen mehrere Weinflaschen, Gläser und volle Aschenbecher.

Frank schenkt mir ein Glas Rotwein ein und ich fische die Zigarettenschachtel aus meiner Tasche. Gesprächsthema: Mexiko. Ich schaue mich um: alles Ex-Pats, Ausländer, die in Mexiko arbeiten. Auf Zeit. Sie sind Zaungäste, die beobachten und kommentieren, dazu bleiben sie unter sich. Keiner von ihnen kennt das Land, über das er spricht tatsächlich, doch jeder muss seinen Senf abgeben und kritisieren. Ihre tiefschürfenden Kenntnisse haben die Herrschaften aus den Tageszeitungen, von den Kommentaren ausländischer Kollegen und, wenn es Ihre Sprachkenntnisse erlauben, aus den Gesprächen mit Hausangestellten oder Chauffeuren. Kurz: ein sehr authentisches Bild Mexikos. Wie immer beginnen solche Gespräche mit dem alten Lied. Der Verkehr sei ein Ärgernis, die Unpünktlichkeit der Mexikaner sowieso, ganz zu schweigen von deren Unfähigkeit mit Kritik umzugehen. Ich ärgere mich und schüttle den Kopf: „Ich persönlich verstehe bloß eines nicht: Wenn der Leidensdruck so groß ist, warum bleiben Ausländer in dieser grauenhaften Stadt? Tun sie das tatsächlich nur wegen der Dienstmädchen und dem extravaganten Lebensstil, den sie sich in ihrer Heimat nicht leisten könnten?" Schweigen. Offensichtlich können Nicht-Mexikaner auch keine Kritik ertragen. Frank wechselt geschickt das Thema. Die Herrschaften entspannen sich.

Ex-Patriots: Entsendete, Diplomaten, Angestellte globaler Unternehmen und nicht zu vergessen die Korrespondenten. Letztere ist eine besonders mühsame Spezies, denn sie fühlt sich sogar verpflichtet öffentlich zu kommentieren. Ex-Patriots bleiben nur vorübergehend und das an der Oberfläche. Sie sind davon überzeugt alles über Land und Leute zu wissen, ergo urteilen zu können. Ziemlich frech für Abenteurer mit Fallschirm. Ihnen kann schließlich nichts passieren. Wenn es Probleme gibt, ziehen sie weiter und werden anderenorts dienstzugeteilt. Mir ist die weihnachtliche Stimmung vergangen.

Nachdem ich pausenlos geraucht habe, sind zu allem Überdruss auch meine Zigaretten am Ende. Es wird später und später, die Gäste sind immer noch da. Endlich erhebt sich Hans zum Aufbruch, und da keiner ihn nicht bittet zu bleiben, geht er und die anderen verabschieden sich auch. Endlich alleine. „Könnte man sagen, dass du Ex-Patriots nicht wirklich magst?", grinst Frank. Ich bin erstaunt, dass er mir meinen Auftritt nicht übelgenommen hat. Also frage ich harmlos: „Wieso? Hat es so ausgesehen?" „Nein überhaupt nicht", versichert der Mann mir gegenüber und zieht mich zu sich aufs Sofa. Ich lehne mich an ihn und fühle mich geborgen. Endlich weihnachtet es sehr.

2000

Müde krieche ich aus dem Bett. Das war eine elende Nacht, immer derselbe Traum, dieselbe Szene und derselbe Text. „Ich stehe hier auf dem größten Platz Lateinamerikas – ein paar Stunden bevor sich die Leere hinter mir mit Hunderten, ja mit Tausenden füllen wird.... und so weiter und so weiter und so weiter. Ich hasse Live – Auftritte, aus ganzem Herzen. Habe ich das schon erwähnt? Dieselbe Szene habe ich immer wieder geträumt, nur das Ende war jedes Mal ein anderes. Einmal ist der Ton ausgefallen, einmal hat die Kamera gestreikt und beim letzten Traum kam es gar nicht zu meinem Auftritt, da der Sendewagen nie am vereinbarten Ort eingetroffen ist. Wie lange habe ich eigentlich geschlafen? Wie auch immer – ich schlüpfe, nach einer kurzen aber zu heißen Dusche, in meine Kleider, versuche mich zu frisieren und verteile ausreichend Make-up auf meinem Gesicht.

„Frühstück", ruft Petra. „Ich habe keinen Hunger", murre ich und mache mich auf dem Weg zur Kaffeemaschine. Petra und Helen sitzen bei Tisch und stärken sich für das Abenteuer *Live-Schaltung aus der Megacity* mit Spiegeleiern. „Rede sie bloß nicht an", sagt Petra zu ihrer Mutter, so laut, dass ich es hören kann, und schiebt die Zuckerdose in meine Richtung. Helen kann´s nicht lassen und meint: „du schaust gut aus!" Wenigstens etwas, wenn ich im Bild schon nichts zu sagen habe, denke ich und versuche ein Lächeln. Es läutet an der Tür. Peter und Frank – die beiden werden Helen auf einer Runde durch das Zentrum begleiten, während Petra und ich das TV-Theater absolvieren.

Direkt vor dem Gebäude der Stadtregierung steht der Funkwagen. Sie seien schon sendefertig, sagen die Herren nach einer kurzen Begrüßung. Da schlurft auch Charles mit Kamera und Luis mit Tontasche auf mich zu. „Feliz Navidad!" Schöne Weihnachten „darf ich was sagen?" „Wenn es unbedingt sein muss, Luis..." „Zuviel Augenbraue, du machst Frida Kahlo wahrlich

Konkurrenz." „Oh Mann, danke, kannst du das reparieren?" „Ich kann fast alles", sagt Luis und zieht ein Taschentuch aus der Tasche. Da kollert ein Schnuller über den Gehsteig. Ich versuche mir Luis als Vater vorzustellen. So wie er jetzt meine Augenbrauen abtupft, macht er es sicher auch mit dem Spinatmund seines Sohnes. Hoffentlich nicht mit demselben Taschentuch. Schnuller wie Taschentuch verschwinden wieder in der Hosentasche und wir machen uns auf die Suche nach einem brauchbaren Ort für meinen Auftritt.

Kathedrale im Hintergrund? Oder besser die Flagge, deren unfassbare Größe dem ebenso unfassbaren Patriotismus der Mexikaner würdig ist? „Flagge", sagt Charles entschieden und ich stelle mich mit eingefrorenem Lächeln auf Position. Hinter mir winken ein paar Vorbeigehende in die Kamera. Na fein. Luis drückt mir das Mikrofon in die Hand und ich versuche den ORF-Würfel aufzustecken. Ohne Erfolg. Mein Handy läutet, die Kollegen in Wien wollen wissen, ob wir bereit sind.

Drei Minuten bis zum Einstieg, Zeit für eine Tonprobe. Ich stecke den Mini-Lautsprecher in mein Ohr und es kracht. „Hallo" höre ich irgendwann zwischen Rauschen. „Ich verstehe nichts – kann da irgendjemand etwas tun? Es wäre wirklich hilfreich, wenn ich die Fragen des Moderators verstehen könnte..." Mein Lächeln ist zu einer Grimasse eingefroren. Bei meinen mexikanischen Kollegen in und außerhalb des Sendewagens bricht ansatzlos nervöse Geschäftigkeit aus. Es kracht noch immer in meinem Ohr. Von dem Moderator kein Laut, dafür piept es jetzt auch noch hinter anhaltendem Rauschen. Plötzlich winkt Luis aufgeregt „Renate", zischt er mir zu „du bist auf Sendung." Resigniert ziehe ich den krachenden Stöpsel aus dem Ohr „Leider kann ich meine

Kollegen im ORF Zentrum nicht hören. Trotzdem: Schönen Abend nach Wien. Hier in Mexiko fehlen noch neun Stunden bis zum Jahreswechsel. Ich stehe auf dem Zocalo, dem Hauptplatz der Megacity. Heute um Mitternacht werden auf diesem Platz tausende Menschen zeigen was eine wahre *fiesta mexicana* ist..." Nach einer Minute zum Thema „Was sein wird" beschließe ich, dass mir nun tatsächlich nichts mehr einfällt „Mir bleibt nur noch einen guten Rutsch zu wünschen. Alles Liebe nach Wien." Ein guter Rutsch? So ein Blödsinn. Wie soll man in ein neues Jahr rutschen, vor allem hier rutscht rein gar nichts.

Mein Telefon läutet wieder: „Es tut uns leid, Frau Heilig, die Tongeschichte war unser Fehler. Na ja, ist ja trotzdem alles gut gelaufen, oder? Prosit Neujahr!" „Gleichfalls!" Als ich laut kundtue was ich soeben vernommen habe, bricht unerwarteter Jubel aus. Mein mexikanisches Team freut sich über das Versagen der Kollegen in Österreich. Klar, sie wussten es natürlich die ganze Zeit über, dass der Fehler am anderen Ende der Leitung zu suchen war. Hier passiert so etwas ja nie. Que viva México! Wie auch immer, ich will endlich etwas essen. Hinter mir taucht Frank auf: „Jetzt habe ich deinen Einstieg verpasst!" „Mach dir keine Sorgen, du hast nichts versäumt."

Nach dem Frühstück geht es mir eindeutig besser und wir planen die Details für das Neujahrsfest im Korrespondenten - Wohnbüro. Frank zieht mich zur Seite „Ich habe eine Silvester-Begleitung für Peter eingeladen." „Was?" „Eine Bekannte, Mexikanerin. Sie hat aber Angst alleine hierher zu kommen. Also hole ich sie gemeinsam mit Peter ab." Na fein: Eine Frau, die sich nicht ins Zentrum ihrer eigenen Stadt traut. Verständlich, bei so viel gewöhnlichem Volk auf den Straßen. *Muss das sein?* will ich fragen, aber da kommt mir plötzlich ein Gedanke und die Grantfalte zwischen meinen Augenbrauen weicht einem zuckersüßen Lächeln „kein Problem!" Schließlich ist es keine schlechte Idee den großen Bruder zu beschäftigen. Dann haben wir mehr Zeit für Zweisamkeit. Der Gedanke beflügelt und ich mache mich an die Arbeit.

Zuerst müssen die Prosecco-Flaschen in den überfüllten Eiskasten. Petra schaut in die Küche. „Alles unter Kontrolle", sage ich und sie zieht erleichtert den Kopf zurück. Ich schiebe einen Lammrücken auf Tomatenhälften und Rosmarinzweigen ins Rohr. „Nach 10 Minuten Marsala beigeben", sage ich mir vor. Josefina hat sich an meine Selbstgespräche gewöhnt, ohne aufzuschauen hackt sie weiter: Zwiebel und Kapern für den halben Räucherlachs. Ich rühre Mayonnaise für das Buffet und am Herd gart Miniaturgemüse über Dampf.

Die Düfte vermischen sich. Ich atme tief ein, hier ist die Welt in Ordnung. Warum bin ich nicht Köchin geworden? Warum habe ich nie daran gedacht? Reporterin klingt gut und gibt einem den Vorgeschmack auf Lorbeeren, Macht und Reichtum. Wollte ich das? Die Küche hingegen macht glücklich, mich zumindest. Ein Ort, an dem ich Frau bin. Die Hüterin des Feuers. Eine archaische Idee. Mein Haus, mein Herd. Ja, es ist Zeit. Ich will meine eigene Küche, die Frau in mir braucht ihre eigene Feuerstelle, mehr noch als einen Ehemann, obwohl letzteres auch nicht schaden könnte.

In Österreich muss es inzwischen fast Mitternacht sein, ich wähle die Nummer meiner Eltern. „Es hat gutgetan, dich zu sehen", sagt mein Vater, „auch wenn es mit der Leitung nicht geklappt hat. Armer

Moderator..." „Auch ich habe mich nicht wirklich amüsiert" sage ich rasch und hoffe, dass wir jetzt nicht, wie sonst nach meinen Auftritten, jedes Detail durchkauen müssen. „Deine Mutter sagt: du sollst deine Haare nicht so streng nach hinten binden, das macht dich älter." „Sag ihr, dass ich sie liebe und ihr auch ein schönes neues Jahr wünsche" „Mach ich, aber ich muss trotzdem weitergeben, sonst hört sie nicht auf mich ans Schienbein zu treten." „Ich liebe dich Papa! Alle deine Wünsche mögen in Erfüllung gehen!" „Ich liebe dich und der erste Wunsch meiner Liste wird erst dann wahr, wenn ich in Mexiko aus dem Flieger steige." Meine Mutter lacht ins Telefon, es scheint ihr gut zu gehen. Das war nicht immer so. Normalerweise hat ihre weihnachtliche Depression die familiären Feiertage verdüstert. „Ich feiere zum letzten Mal in meiner eigenen Wohnung Silvester", sagt sie, „bevor ich zu lauter alten Deppen ins Pensionistenheim übersiedle." Sie lacht wieder, diesmal klingt es nicht ganz echt: „Mach dir bloß keine Sorgen, mich wirft so schnell nichts um." Das weiß ich. Meine Mutter war immer eine starke und vor allem mutige Frau. Bis zum Tod ihrer ältesten Tochter hat sie tatsächlich nichts aus der Bahn geworfen. Doch seit diesem Tag wissen wir, dass sie wochenlang in tiefe Traurigkeit versinken kann. Seit diesem Tag wirkt sie älter, kleiner und zerbrechlicher. „Alles Gute, mein Liebes", sagt sie noch und legt auf.

Nach dem Gespräch schenke mir einen Tequila ein. Petra kommt um die Ecke „kommt nicht in Frage, dass du alleine trinkst. Schließlich gibt es ja einiges zu feiern. Zum Beispiel unser neues Büro und die Frau Korrespondentin. Salud!" „Beides gibt es dank dir, meine Liebe", sage ich und umarme sie „Danke!"

Langsam trudeln unsere Gäste ein, Charles mit puppengleicher, asiatischer Langzeitfreundin. Javier ohne Freund und Enrique. Frank, Peter und Maria.

Maria, die mexikanische Bekannte. Sie schaut zuerst Frank an und dann mich. „Que gusto en conocerte" - Welch Freude dich kennenzulernen, ein Lächeln umspielt ihren Mund. Maria und Peter setzen sich gemeinsam aufs Sofa. Die Unterhaltung der beiden ist schleppend. Doch nach ein paar Gläsern tauen sie auf, sprachliche Hürden verlieren mit steigenden Promille ihre Bedeutung. Die beiden scherzen und vergessen alle um sie herum.

Ein angenehmes Fest, entspannt, ohne Vorkommnisse. Die Zeit vergeht und schon ist es fünf vor zwölf. Mit Prosecco und Gläsern ausgerüstet, klettern wir aufs Dach. Das Jahr 2000. Das Feuerwerk übertrifft den Anlass, farbige Explosionen erleuchten den Himmel über uns und wir küssen einander. Dieses Jahr fängt gut an, sage ich zu mir. Wieder zurück in der Wohnung legt Petra den Donauwalzer auf. „Sie gestatten?" Mein Geliebter zieht mich in seine Arme und wir tanzen ins neue Jahr.

Drei Vorsätze für 2000: Erstens werde ich meiner Liebesgeschichte eine Chance geben, mich zurücklehnen und genießen. Zweitens denke ich ernsthaft darüber nach, was ich außer dem Fernsehjob noch alles tun kann, um Geld zu verdienen. Sicher ist sicher. Zu guter Letzt akzeptiere ich, dass ich vor vielen Dingen Angst habe. Das heißt aber noch lange nicht, dass ich feige bin. Ja, ich hatte Angst, nach Mexiko zu gehen – habe es aber trotzdem getan. Ja, ich hatte Angst vor einem Leben ohne Harald – und habe mich trotzdem getrennt. Ich habe Angst vor fremden Menschen und Podiumssituationen, trotzdem, oder vielleicht gerade deswegen bin ich Reporterin geworden.

In den letzten Tagen habe ich viel über Angst und Feigheit nachgedacht. Die indianischen Vorfahren meiner Landsleute glaubten, dass die Angst eine wertvolle Gabe ist. El Don del Aguila. Die Gabe des Adlers. Eine Gabe, die vor Gefahren warnt. Mit dieser Warnung im Hinterkopf entscheidest und handelst du. Doch das macht dich noch lange nicht zum Feigling. Ganz im Gegenteil. Mit dieser Gabe sind die Menschen einst auf Jagd, in den Krieg und auch in den Tod gegangen.

Im Limbo

Es ist eine gute Sache, wenn ein neues Jahr mit einer großen Reise beginnt. Diesmal nicht, diesmal es ist einfach der falsche Moment abzureisen. Frank hat gekündigt. Ein Diplomat, der freiwillig aus dem Dienst ausscheidet: sehr selten und sehr mutig. Sein Telefon läutet seither ohne Unterlass. Kollegen und Freunde aus aller Welt sind bestürzt, ja besorgt und manche bitten ihn die Sache noch einmal zu überdenken. Doch Frank bleibt bei seinem Entschluss und macht etwas, das er noch nie zuvorgetan hat. Er sucht Arbeit: Er klopft an Türen, stellt sich bei der amerikanischen Handelskammer an, kontaktiert Firmen und bittet Freunde um Unterstützung. In zwei Wochen muss er aus seinem Haus in Coyoacan ausziehen. Mein Mann ist im Limbo und ich soll in sieben Tagen in den Flieger nach Chile steigen.

Enrique hat Petra und mich zu einer Reise eingeladen: Chile, Argentinien und Brasilien. Seinem Plan nach frönen wir drei Wochen der Reiselust. Diese verlockende Einladung habe ich vor sechs Monaten angenommen. Damals hatte ich noch keine anderen Pläne, damals stand ich noch allein im Mittelpunkt meines Lebens, damals gab es keinen Frank darin. Ich kann nicht mehr absagen, die Tickets sind bereits gekauft. Abgesehen davon: Bin ich gerade wieder dabei, für eine Liebesgeschichte meine Pläne aufzugeben? Das wäre nicht das erste Mal. Ich neige dazu, die Bedürfnisse anderer in den Vordergrund zu stellen. Vor allem wenn diese anderen Männer sind, spezielle solche, die mich nicht gleichgültig lassen. Ein klassisch weibliches Verhalten, um das mich keiner der betreffenden Herren je gebeten hat. Auch Frank nicht. Er meint, ich solle mir keine Sorgen machen und auf Reisen gehen. Nachsatz: Er sei ja schon groß. Aber ich mache mir Sorgen – und ja, ich wäre lieber bei ihm, besonders jetzt, während der Zeit, in der er im Limbo ist.

Noch ein paar Tage Zeit bis zum Abflug, noch habe ich mich nicht entschieden. Heute Abend will ich nicht daran denken und nicht darüber reden. Petra und ich haben Frank zu einer Nacht im Zentrum eingeladen, zu einer Garibaldi-Tour, einem Ausflug in das Dorado der Mariachis. Eigentlich könnte man sagen, dass der Platz mit dem Namen Garibaldi der offizielle Sitz der sangeskräftigen Machos Mexikos ist. Seit 150 Jahren wird dort gefiedelt und gesungen, seit 1920 sogar ganz legal. Per Dekret des Herrn Präsidenten, damals Pascual Ortiz, dürfen die Herren Mariachis auf allen öffentlichen Plätzen und Straßen gegen entsprechendes Entgelt auftreten und das tun sie noch heute. Stets im edlen Outfit: Sie tragen kurze Jacken dazu enge Hosen mit silbernen Knöpfen besetzt, die Galatracht der mexikanischen Cowboys, der Charros. Die echten Kuhhüter schlüpfen aber nur bei Hochzeiten und Begräbnissen in solch elegante Roben, ganz in weiß oder - dem Anlass entsprechend - in schwarz. Für ihre stimmkräftigen Kollegen jedoch ist dieser Aufzug Uniform. Nicht zu vergessen die breitkrempigen Hüte, denn ohne Hut ist man ja kein Mann. Ein Mariachi hat mir einmal erzählt, dass der Hut so breitkrempig sein müsse, damit er auch den Schultern Schatten spenden könne. An Jacke und Hose sollten mindestens 70 Knöpfe glänzen, die Füße stets in Stiefel stecken, keine Frage. Ganz ehrlich ich hätte selbst gerne eine echte Mariachi Uniform samt Hut und Stiefel.

Sagen Wahrsager die Wahrheit?

Es ist fast neun und es läutet. Frank steht vor der Tür. „Ein Tequila vor Abmarsch?", fragt Petra. „Wie kann ich auf so ein Angebot nein sagen", lächelt Frank und küsst mich. „Sag ihr bitte, dass sie die Reise nicht einfach abblasen soll", sagt Petra im Vorbeigehen zu Frank. „Auf keinen Fall", sagt der und, „ich schaffe das allein." „Darf ich selbst entscheiden?", frage ich die beiden. „Nein", antwortet Petra und schenkt ein. Frank schaut mir in die Augen „Ich habe diese Entscheidung alleine getroffen und werde damit auch alleine zurechtkommen. Obendrein: Ein Problem ist bereits gelöst. Ein Kollege von der UNO borgt mir zwischenzeitlich seine Wohnung. Er geht für sechs Monate nach Deutschland und Ihr werdet es kaum glauben: Ich bleibe in Coyoacan."

Frank erzählt von seinen Abenteuern am Arbeitsmarkt. Der deutsche Botschafter habe ihn eingeladen, nächste Woche an einem Treffen deutscher Unternehmer teilzunehmen. Dort wolle er den Ex-Kollegen Zeller am Markt, am Arbeitsmarkt, anpreisen. Frank wirkt sehr sicher, vielleicht ein wenig zu sicher. Ich frage mich, ob auch er Angst hat. Feig ist er jedenfalls nicht. Inzwischen ist es fast 10 Uhr, Petra treibt zum Aufbruch.

Wir gehen den stark befahrenen Eje Central, eine Hauptverkehrsader, entlang Richtung Garibaldi. Schon hört man sie singen, die Mariachis der Stadt. Die strammen Herren im Charro-Outfit stehen am Straßenrand. Von hier aus werden sie für Serenatas oder private Fiestas engagiert. Sie versuchen die Aufmerksamkeit Vorbeifahrender auf sich zu ziehen. Sie preisen sich lauthals an und winken mit den breitkrempigen Hüten.

Ein einfaches Ständchen kann man auch billig haben. Auf der Plaza Garibaldi singen die Herren für ein paar Pesos auf Bestellung. Wir schlendern herum, versinken im bunten durcheinander und hören zu. Rund um den Platz reihen sich billige Restaurants und Kneipen, in denen so manche Prostituierte nach getaner Arbeit an ihrem Cuba Libre nippt. Denn auch dieses Geschäft blüht am Garibaldi. *Sexoservidoras* ist die politisch korrekte Berufsbezeichnung für die Damen des Gewerbes. Beamte nennt man in Mexiko *Servidores Publicos*, so macht die Bezeichnung *Sexoservidoras* die Damen zu Bediensteten in Sachen Sex.

Wir wollen in die Kantine an der Ecke und passieren die schwingenden Türen. El Barco de Plata. Das Silberschiff. Der Name beschreibt in keiner Weise den Ort. Dieses Schiff ist heruntergekommen, schlecht besucht und das mit einschlägigem Publikum. Da sitzen übelaussehende Gestalten unter großen Hüten an der Wand. Dazwischen, auf zwei zusammengeschobenen Tischen, stimmen sich laut lachende Herren mit Tequila und Bier auf den Feierabend ein.

In den 50er Jahren nannte man solche Lokale: *Lugar de mala muerte*. Frei übersetzt würde das einen Ort beschreiben, wo einem ein übler Tod ereilen könnte, *la mala muerte* eben: Tod durch eine fehlgeleitete Kugel, in einer Messerstecherei, oder gar als Opfer des billigen Fusels, letzte Variante erfordert wohl hartnäckiges, mehrjähriges Trinken desselben.

Im Barco de Plata hat Petra unzählige Abende auf Recherche verbracht, für die Kino-Dokumentation Megacities von Michael Glawogger. Seither kennt sie hier jeder, aus Petra wird liebevoll Petrita oder *la guera*, die Blonde. Der Oberkellner Benjamin springt von seinem Hocker auf, als er sie erblickt und begrüßt seinen Gast mit einem breiten Lächeln. Eine ältere Prostituierte fällt Petra um den Hals und ruft: „Petrita, que gusto!" Welch eine Freude. Wer Petra kennt, weiß, wie leicht sie von einer Welt in die andere wechseln kann. Ganz mühelos. Sie hat überall Freunde. Es macht für sie keinen Unterschied, ob ihr Gegenüber Abgeordneter, oder Stripptänzer ist. Petra spielt nicht, ihre Gefühle sind echt. Ob für den Schauspieler, den sie an einem Abend der oberen Zehntausend kennengelernt hat, oder für die Sexoservidora aus dem Barco de la Plata. Beide sind ihr gleich lieb und wert.

Petras Bekannte lädt uns an ihren Tisch, deren Freunde seien schließlich ihre Freunde. Sie heißt Emilia und erzählt, dass ihr Enkel gerade seinen dritten Geburtstag gefeiert habe. Währenddessen zieht sie im Handspiegel ihre Lippen dunkelrot nach. An den Falten um die schwarz geschminkten Augen sieht man die Jahre, die hinter ihr liegen. Emilia hätte eine besondere magische Begabung, erklärt uns Petra. Sie mache spirituelle Reinigungen und sage die Zukunft voraus.

Auch wir hätten solche Limpias nötig, bemerkt Emilia und schickt mich in die Tienda nebenan rohe Eier zu kaufen. Die Idee gefällt mir, also mache ich mich auf den Weg.

Eine Tienda ist ein Gemischtwarenladen in Miniaturgröße. Solche Greißler gehören in Mexiko zum Straßenbild. Dort können Nachbarn noch heute anschreiben und am Freitag, dem mexikanischen Zahltag, ihre Rechnung begleichen. Leider sind schon einige dieser Tiendas den neuen Zeiten mit ihren Supermärkten zum Opfer gefallen.

Die Tienda neben dem Barco de Plata ist noch gut besucht und ich muss warten, bis ich an die Reihe komme. Die Frau vor mir kauft für das Abendessen Tostadas, Queso Oaxaca, mexikanischen Frischkäse für 10 Pesos und zwei Tomaten. Dann bräuchte sie noch ein Säckchen Waschpulver „vom billigen, bitte" und eine Schachtel Streichhölzer. Hier gibt es alles in kleinen Mengen, zugeschnitten auf den einfachen Haushalt.

„Que le doy? Und was darf ich Ihnen geben?", fragt mich der Mann hinter dem Tresen. „Eier", da fällt mir ein, dass ich nicht weiß, wie viele. „Brauchen Sie die für eine Limpia?", fragt mich der Mann, so als ob das ein alltägliches Anliegen wäre. „Ja", antworte ich zögernd. „Wie viele Personen?", will er wissen. „Drei." „Also sechs Eier", sagt er eher zu sich als zu mir. Er wiegt sie, hier bezahlt man Eier nach Gewicht, und verlangt „zwölf Pesos." „Gracias y buenas noches" und schon bin ich zurück im Silberschiff.

Petra und Frank waren auch nicht untätig, die erste Runde Tequila steht bereits am Tisch und Frank erzählt Emilia von seiner Arbeitssuche. Die Limpias werden auf die Toiletten verlegt. Zuerst die Damen und dann der

Herr, der aber im Vorraum des Männerklos. Weiter dürfen Frauen ja nicht vordringen. Auch wenn sie dort nichts zu sehen wäre, was sie erschrecke, fügt Emilia lächelnd hinzu.

In jeder Hand ein rohes Ei reibt sie den Körper der zu behandelnden, oder besser zu reinigenden, Person kräftig ab. Ich fühle mich bei der Prozedur nicht wohl und, um mich abzulenken, frage ich nach. Sie bemerkt meine Skepsis und antwortet kurz angebunden. Die beiden Eier würden alles Schlechte aus dem Körper ziehen. „Am Ende schlägt man sie in ein Glas auf." In Eiklar und Dotter könne man nicht nur die Krankheiten eines Menschen, sondern auch seine Zukunft lesen. Ich sehe nur eins klar, wir mögen einander nicht. Also verschwinde ich rasch aus der Toilette, um Petra zur Limpia zu schicken. *La güera, Petrita* eben hätte viel Glück im Leben, sagt Emilia, als sie sich wieder zu uns an den Tisch setzt. Ich, meint sie nur trocken, bekäme, was ich mir wünschte. Dabei schaut sie nicht von Dotter und Klar auf. Ich enthalte mich allen weiteren Fragen. Zu Frank sagt sie, er solle sich keine Sorgen machen, „am 24, 25, spätestens aber am 26. Jänner hast du wieder einen Job." Obendrein würde bei ihm auch alles andere bestens laufen, sogar in Liebesangelegenheiten. „Nicht wie bisher" setzt sie nach. Ich hoffe stark, dass die Dame mit *bisher* Franks erste Ehe meint. Noch eine Runde Tequila. Danach packt Emilia ihre Schminksachen ein, fährt sich noch einmal rasch mit beiden Händen durch die Haare und streicht beim Aufstehen ihren Mini-Rock glatt. Jetzt müsse sie aber wieder an die Arbeit.

Auf Reisen

Ich fliege doch. Mit einem flauen Gefühl, aber ich fliege... hätte ich bleiben sollen? Der Mann, den ich liebe, steckt in Schwierigkeiten und ich gehe auf Reisen...ich hätte wirklich bleiben sollen, wiederholt die innere Stimme immer und immer wieder. Jetzt aber aus, jetzt ist es zu spät: Ich bin am Weg und es macht wenig Sinn mir und den beiden anderen den Urlaub zu versauen. Also: Entspannen und dieses wahrlich großzügige Geschenk genießen. Ich bestelle ein Glas Wein und krame in der Tasche nach meinem Buch. La Santa Evita (5).

Die heilige Evita. Ein faszinierendes Buch über eine Leiche und zwar die von Eva Peron. Die Frau des argentinischen Präsidenten war schon zu Lebzeiten eine Legende. Nach ihrem Tod wurde ihr Leichnam zum politischen Spielball, eine wahrlich lateinamerikanische Geschichte. 200 Seiten später, beim Landeanflug nach Santiago de Chile, entdecke ich erstaunt die Stadt unter mir. Innsbruck mitten Lateinamerikas. Die Ähnlichkeit ist frappant, auch wenn die Berge abseits liegen und unter uns moderne Bauriesen herausstechen, von denen man in der Tiroler Metropole nur albträumt. Und das soll Südamerika sein? Alles nett und rein. Kein Müll, geregelter Verkehr, wenig Menschen auf den Straßen und Stille? Enrique ist hingerissen und ich bin misstrauisch. Der erste tiefe Atemzug: Das ist nicht der Duft der geliebten mexikanischen Metropole.

Das Fax ist vor uns im Hotel gelandet. „Señora para Usted." Enrique zieht die Brauen hoch „del joven Frank" und gibt mir den eleganten Umschlag weiter. Für mich vom „Jüngling" Frank. Damit ist der Tag gerettet, ich bestelle Kaffee aufs Zimmer und lese: „du fehlst mir. Auch wenn gerade erst 24 Stunden vergangen sind, seit ich dich zum Flughafen gebracht habe. Inzwischen sitze ich auf einem Plastiksessel in einem leeren Wohnzimmer. Neben mir am Boden steht eine Bierflasche. Die Möbel sind schon verladen und ich verabschiede mich von meinem Haus in Coyoacan."

Ich sehe ihn vor mir, jetzt beginnt sein neues Leben. Es ist kein feierlicher Moment, es ist der Augenblick an dem ihm klar wird, dass er keinen Job mehr hat, dass er ab jetzt selbst Miete bezahlen muss und ohne Fallschirm über fremdes Terrain fliegt. Ich schreibe zurück und hoffe, dass er genug Mut hat. Mut, um weiterzugehen und nicht umzukehren. Mit jeder Zeile fühle ich mich ihm näher. Keine Masken, keine Spiele mehr. Es wundert mich, wie einfach ich Dinge schreibe, die ich nie zu sagen wagte. Da verstehe ich, warum meine Reise zum richtigen Augenblick begonnen hat. Es ist Zeit für Ehrlichkeit. Zeit für Nähe, die erst durch die Entfernung möglich ist. Ich brauche keinen Sicherheitsabstand mehr, schließlich liegen 1000e Kilometer zwischen uns. Ich bewundere ihn und schreibe das auch. Ich vermisse ihn und genau das bringe ich zu Papier. Nur eines schreibe ich nicht: Ich liebe dich.

Ich beginne diese Reise zu genießen. Vor allem die Distanz, die mir so viel Nähe erlaubt. Am nächsten Morgen landet wieder ein Fax gelandet, Frank und ich lernen einander kennen, per Post. So wird aus einem Verhältnis eine Liebesgeschichte, wie in vergangenen Zeiten. Die Briefe werden Realität, die Reise wird zum Traum.

In Santiago sind wir bei einem alten Freund Enriques zu Gast. Er ist Journalist und erzählt von den Jahren unter

Augusto José Ramón Pinochet Ugarte. Der General und seine Diktatur. Unser Gastgeber erinnert sich an verschwundene Freunde, aufgefundene Tote und an die ständige Angst der Nächste auf der Liste zu sein. Seine Frau bringt eine Flasche Weißwein mit fünf Gläsern. Es hätte auch Skurriles zu dieser Zeit gegeben, wirft sie ein. Da waren die Fiestas von *Tocque a Tocque*. Denn unter dem Militärregime Pinochets hätte es eine nächtliche Ausgangssperre gegeben und so dauerten manche Fiestas eben eine ganze Nacht lang. „Doch eigentlich", schließt sie bitter, „gab es in diesen Jahren wenig zu feiern..." Ihr Mann kramt in einer Lade und zeigt uns ein Foto von einem Fußballstadium, in dem Regimegegner festgehalten, gefoltert und hingerichtet wurden. Die Leichen hätte man einfach ins Meer geworfen, oder irgendwo heimlich verscharrt. Man lebte man in ständiger Panik, selbst wenn man nicht Sozialist, oder Kommunist gewesen sei „Und das alles nur, um der Welt einen weiteren Linken zu ersparen", sagt der Journalist mit einem zynischen Lächeln um den Mund „Die USA hatte schließlich beim Militärputsch gegen Salvador Allende die Finger im Spiel."

Wieder auf der nächtlichen Straße macht mich die elegante, und saubere Kulisse von Santiago de Chile schaudern. 17 Jahre Diktatur. Von 1973 bis 1990. 17 Jahre institutionalisierter Terror. Wie konnte sich der Diktator so lange halten? Die Zeit Pinochets liegt nicht lange zurück, noch heute beweint man die Opfer und noch immer sucht man nach Vermissten. Der alte Mann, der dieses mörderische Theater dirigiert hat, ist bis jetzt nicht zu Verantwortung gezogen worden. Wann kommt die Zeit für den Herr General, die Zeit in der er Rechenschaft ablegen muss? Oder laufen seine Tage ab, bevor er auf Erden gerichtet werden kann?

Die Leidenschaft die Leiden schafft

Das Taxi bahnt sich seinen Weg durch den Verkehr der argentinischen Metropole. Die nächste Station unserer Reise: Buenos Aires. Viele Menschen auf den Straßen, Musikfetzen mischen sich mit Verkehrslärm und es riecht nach scharf geröstetem Kaffee. Ja, das hier sieht ganz nach Lateinamerika aus. Der Wagen hält vor einer schönen alten Fassade, das Hotel Nogaro.

Noch ist kein Fax von Frank gelandet, sein letztes ist kurz vor meiner Abreise aus Chile eingetrudelt. Trotzdem: Ich bin unruhig und habe das Gefühl, dass irgendetwas falsch läuft. Der Mann aus meinen Träumen ist nicht mehr bei mir. Seltsam, es ist so, als wäre er mit einem Mal verschwunden. Noch vor ein paar Stunden war er nahe - trotz der Entfernung, jetzt ist er weg. Ich weiß nicht, wann das passiert ist. Ich frage noch einmal an der Rezeption nach. „¿Seguro que no tiene ningún Fax o a la mejor una carta para mí?" „Lo siento, Señorita." Es täte ihm leid, dem hübschen Herrn in roter Uniform, aber es sei rein gar nichts auf meinen Namen eingetroffen, kein Fax, kein Brief, keine telefonische Nachricht.

Mit ein paar argentinischen Dollars in der Tasche gehe ich über die Straße und kaufe Zigaretten. Zu teuer. Das ist die famose *Dolarización*, ein argentinischer Dolar soll nun genauso viel wert sein wie ein US-Dollar. Diese Politik kommt den Argentiniern teuer zu stehen. Ich überlege, ob sich jemand wie der Mann an der Rezeption ein Abendessen im Restaurant leisten könnte. Mit einem ebenfalls heftig überteuerten Kaffee im Papierbecher schlendere ich zurück ins Hotel.

Warum habe ich ein ungutes Gefühl, wenn ich an Frank denke? Ich beschließe ihn anzurufen. Er hebt nicht ab, nicht am Handy, nicht am Festnetz seiner neuen Wohnung. Im Foyer laufe ich Enrique über den Weg. Er will shoppen und fragt, ob ich ihn begleiten will. „Ja, gerne!" Verwundert schaut er auf, Petra hätte auf dieselbe Frage gelangweilt abgewinkt und sich hinter ihrem Buch versteckt. Für mich aber ist Einkaufen mit Enrique jetzt genau das richtige Programm im richtigen Augenblick.

Socken bei Burberrys, Klassik CDs im Laden nebenan, ein Schal bei Ermenegildo Zegna. „Fast geschenkt", meint Enrique, „ideal für kühle Abende" will er mich überzeugen. Wann sind die Abende kühl? Vor allem wo? In Buenos Aires? Schließlich ist hier Sommer und argentinische Sommernachmittage sind im besten Fall lau, meist aber heiß. Wenn wir wieder in Mexiko landen, kann man sich beim besten Willen selbst dort keinen Schal mehr umbinden. Aber Enrique freut sich und darauf kommt es schließlich an.

„Sollen wir für Petra auch etwas besorgen?", fragt er vergnügt. „Das glaube ich nicht, mein Lieber", winke ich ab und hake mich bei ihm unter, „wenn sie herausfindet, was du dafür ausgegeben hast, wird sie fuchsteufelswild." Da muss er mir recht geben und so fallen wir in das nächste Kaffeehaus.

Bei einer üppigen Auswahl an cremigen und schokoladenen Schweinereien überlegen wir uns eine Geschichte zu jedem der anwesenden Gäste im Raum. Die Dame am Nebentisch, mit dunklen Ringen um die

Augen und Zigarette in der Hand, hat in unserer Fantasie gerade Scheidungspapiere unterschrieben und verabschiedet sich bei einem Whisky von ihrem bisherigen Leben. Das Pärchen ihr gegenüber ist noch im zweisamen Traum gefangen, und sitzt nur aus Ermangelung an Möglichkeiten, sprich eigene vier Wände, an einem Kaffeehaustisch. Beide studieren Jus, sagt Enrique, zweifelsfrei. Der junge Mann wispert in ihr Ohr. Wir bezweifeln, dass er seiner jungen Begleiterin die jüngsten Gesetzesänderungen nahebringt. Dem älteren Herrn hinter Enriques Rücken sitzt sein edler Pug, auch Mops genannt, gegenüber. Begeistert füttert der gute Mann den schnaufenden Hund mit Kuchen. „Der ist auf den Hund gekommen", lacht Enrique, „sein tierischer Begleiter ist bestimmt billiger als die junge Freundin, die ihn so wie so mit dem Yogalehrer betrogen hat." Liebevoll tätschelt der Ahnungslose seinem Hund den Kopf.

„Apropos Beziehungen", sagt Enrique plötzlich und schaut mich an, „ist diese Sache mit Frank ernst?" „Ja, für mich schon. Und hättest du mich gestern gefragt, hätte ich dir geantwortet, dass es ihm nicht anders geht. Aber heute, plötzlich... habe ich ein seltsames Gefühl im Bauch." „Nach seinen Blicken zu schließen, die selbst mir nicht entgangen sind, glaube ich nicht, dass du dir Sorgen machen musst." So einfach bin ich nicht zu beruhigen. „Falls dieser Kerl nicht in Bälde vor dir auf die Knie geht, ist er ein Idiot." Der Text kommt mir bekannt vor. „In diesem, wenn auch unwahrscheinlichen, Fall lasse ich ihn einfach des Landes verweisen, natürlich nur, wenn du das wünscht..." „Keinesfalls mein Lieber." Ich zweifle nicht daran, dass er so etwas veranlassen könnte. „Du solltest besser mich den idealen Mann für dich aussuchen lassen, " scherzt Enrique weiter und erzählt mir von reichen, unverheirateten, aber zweifelsfrei nicht mehr ganz jugendlichen Kandidaten. Ich lehne dankend ab und wir ziehen los, um Petra abzuholen. Ich beschließe, die beiden zum Essen auszuführen. Im Hotel gibt es noch immer keine Nachricht von Frank. Gut, dass Petra und Enrique vor mir stehen, so kann ich nicht ansatzlos in Tränen ausbrechen.

Am nächsten Morgen brummt mein Schädel – mit zwei Aspirin, einem doppelten Espresso und der heißen Dusche schaffe ich es bis zur Casa Rosada und versetze mich in die Welt von Eva Peron. Dieses tatsächlich rosafarbene Haus war zu Evitas Zeit das Zentrum der Macht. Wir gehen durch die überladenen Räume, die Kulisse in Perons Leben. Ein kurzes Leben, als sie starb, war sie erst 33, genauso alt wie ich heute. Trotzdem hat sie scheinbar bekommen, was sie wollte: den Mann, die Macht, die Millionen. Von dem Balkon aus, sagt der Fremdenführer und lässt uns hinaustreten, habe Eva Peron zu den *Descamisados* gesprochen. Übersetzt bedeutet Descamisados nicht mehr als Hemdenlose, Herrschaften, die sich keine teuren Kleider leisten konnten. Evita gab sich solidarisch und die Menschen glaubten ihr. Sie trug zwar Pelzmäntel und Perlen, aber sie wusste, wie das Leben dort unten war. Denn auch sie kam von dort und das wussten auch alle, die damals zu der Frau am Balkon aufschauten.

Petra und ich sind uns einig, dass zum Abschluss der Peron-Tour nur noch der Friedhof fehlt. Wenn schon dann schon: Evita pur. Enrique seufzt. Die Recoleta, die famose Ruhestätte, ist ein wahres Labyrinth, ein Wirr-Warr an Gässchen durch dicht aneinandergereihte Gruften. Es sieht aus, als spaziere man durch eine Stadt kleiner Paläste unsichtbarer Wesen. Alles ist erstarrt: gebeugte Frauengestalten, in Stein gemeißelte Hände und melancholische Engel aus Marmor.

Es ist wahrlich nicht einfach Evitas Grab zu finden. Vor allem, wenn man, wie Petra und ich, hartnäckig ablehnt den „Friedhofsstadtplan" zu kaufen. Ich muss zugeben, wir haben nach einer langen, aber ergebnislosen Suche eine Gruppe Ausländer verfolgt, die den famosen Plan klugerweise erstanden haben. Wir wären mit Sicherheit an dem Grabmal vorbeimarschiert. Schlicht. Eva Duarte de Peron. Nur die abgebrannten Kerzen und Blumen verraten, dass hier nicht ein Irgendwer zu Grabe liegt. Evita, gehasst und geliebt. Eine Frau mit einer märchenhaften Geschichte, ein südamerikanischer Traum. Aus dem Nichts zur First Lady. Brot für die Descamisados, Designerklamotten für sie. Und trotzdem: Mis respetos! Hut ab, Evita!

Wir essen spät in einem alten italienischen Restaurant. Wenn ich nicht ganz sicher wäre, dass ich in Buenos Aires gelandet bin, würde ich auf Florenz tippen. Als wir wieder, erschöpft im Hotel landen, winkt mir mein inzwischen ausgeschlafener Rezeptionist aufgeregt zu. „Ein Fax, Señorita, ein Fax." Ich vergehe vor Scham und Petra prustet vor Lachen. „De un tal Señor Frank Zeller." Der Zeller wird im Mund des Herrn zu einem Seyer. Er lächelt. „Esto es el Fax que tanto esperaba, verdad?" „Das ist das Fax, auf das Sie so sehr gewartet haben, nicht wahr...?" Danke, danke, danke – sage ich gespielt gelassen. Petra kann sich kaum noch halten. Sobald sie in ihrem Zimmer verschwunden ist, reiße ich den Umschlag auf. Das erste, was ich lesen bekomme, ist das untere Ende. „Ich liebe dich", steht da. Mein Herz klopft hörbar. Ich liebe dich? Zum ersten Mal: Ich liebe dich.

Das alte Spiel

Ich setze mich an den kleinen Schreibtisch und lese den Brief von Anfang an. Es täte ihm leid, dass er die letzten zwei Tage nichts von sich hören ließ, aber er hätte noch einiges abzuschließen gehabt. Keine weitere Erklärung. Ich frage mich, was oder wer *einiges* ist. Ich solle mir keine Sorgen machen, es ginge ihm gut. Heute wäre das Treffen der deutschen Unternehmer, dafür solle ich die Daumen halten. Tu ich, mein Lieber. Ich lese das Fax wieder und wieder. Mein Herz klopft bei *Ich liebe dich* jedes Mal lauter. Aber das unangenehme Gefühl, dass irgendetwas nicht stimmt, werde ich trotzdem nicht los. Was wäre wenn...? Da sitzt er im Hinterkopf, der graue Zweifel. Wie kann man sich vorbehaltlos freuen, wenn man dieses elende Gefühl nicht loswird.

Ich kenne dieses Gefühl, es nennt sich Intuition. Darauf konnte ich mich bisher immer verlassen, da sich meine düsteren Vorahnungen stets bestätigt haben. Damals als mich ein „guter" Freund wegen eines Jobs hintergangen hat, damals als Harald mich betrogen hat (besser gesagt, immer, wenn er mich betrogen hat) und auch damals, als meine Schwester starb.

Draußen vor den Fenstern ist es dunkel geworden. Autos hupen und man hört das Lachen der Gäste in der Cafeteria gegenüber. Was war in seinem Leben noch offen, nicht abgeschlossen? Was war der Grund für 48 Stunden Stille? Ich habe keine Lust auszugehen und rufe Petra an, um ihr zu sagen, dass ich zu müde bin. Ich nehme ein langes Bad, bestelle eine Kanne Tee und schreibe Tagebuch. Die Zeit vergeht, der Rollladen der

Cafeteria schließt krachend. Mitternacht. Ich lasse mich auf mein Bett fallen und lese was ich geschrieben habe:

Vorsicht Falle.

Ich fürchte, was Männer betrifft, habe ich seit der Pubertät nicht viel dazugelernt. Ich neige dazu, stets die gleiche Geschichte zu wiederholen. 17 Jahre lang habe ich das sogar mit ein und demselben Mann getan. Ich liebe. Er liebt vielleicht. Ich verliere mich in der Romanze, bis ich mich selbst kaum noch erkenne. Nichts was mir wichtig ist, spielt noch eine Rolle. Dann ist nur noch Er und Er und wieder Er. Etwas später kommt, was kommen muss. Zuerst rückt er sanft von mir ab, dann steht er auf und geht. Wegen einer anderen, weil er sich nicht festlegen will, oder weil er so viel Nähe nicht erträgt. Möglicherweise auch, weil er mit der Veränderung der Frau an seiner Seite nicht umgehen kann. Schließlich ist sie nicht mehr dieselbe, wie die Frau am Beginn der Liebesgeschichte. Denn zu dem Zeitpunkt bin ich nur mehr ein trübes Abbild seiner Wünsche oder dessen, was ich für seine Wünsche halte. So geht die Geschichte zu Ende. Aus. Mein Herz bricht, mein Selbstbewusstsein liegt in Stücken. Es kostet Wochen, bis ich mein kaputtes Ich wieder behelfsmäßig zusammengekleistert habe. Im besten Fall kann ich wieder aufstehen, Schritt für Schritt gehen, wenn auch nicht erhobenen Hauptes. Die Zeit vergeht. Langsam, sehr langsam, beginne ich zu ahnen, dass es in meinem Leben außer diesem Mann noch jemand gibt, nämlich mich. Die Zeit vergeht und siehe da, manchmal gibt es schöne Momente im Leben. Auch ohne ihn.

17 Jahre lang hat die Geschichte genau dann, oder ein paar Wochen später wieder von vorne begonnen. Er kommt zurück, mit den Worten: Ohne dich kann ich nicht leben! Ehe ich mich versehe, schlägt mein Herz wieder so laut, dass ich meine innere Stimme nicht mehr hören kann. War die andere Frau, wegen der er ging, doch nicht die Märchenprinzessin? Ich bin es auch nicht. Ich bin bloß die Bank, auf der er sich ausruht, bis die Richtige vorbeikommt.

Heute ist dieser Mann, der in diese Geschichte gehört, nicht mehr der Mann in meinem Leben. Jetzt gibt es einen anderen. Einen, der sogar schreiben kann, was der erste Mann nicht über die Lippen brachte: Ich liebe dich. Was passiert? Mein Herz schlägt laut. Zu laut. Die innere Stimme ist kaum noch zu hören. Ich werde im Sturm erobert und bin schon wieder auf dem besten Weg meine Pläne, mein Leben und mein Ich an den nächsten Nagel zu hängen. Doch diesmal – und das verspreche ich mir – wird sich die Geschichte nicht wiederholen. In meinem Leben wird es keinen Mann mehr geben, der mir wichtiger ist, als ich selbst es mir bin.

Ich lese diese Zeilen und unterschreibe sie. Müde rolle ich mich in die Decke und schlafe ein.

Am nächsten Morgen wache ich spät auf. Mit einem Bekenntnis zu mir auf den Lippen: Ich mag mich. Wirklich. Ich schaue auf die Uhr. Du lieber Schreck, ich habe nur mehr 30 Minuten Zeit, um gekampelt und gestriegelt in der Halle zu erscheinen. Wir treffen einen alten Bekannten von Enrique, Leonardo Lonelli. Formell? Wahrscheinlich. Also Leinenhose, Sakko und Bluse. Schmuck ja, besser eine Handtasche als keine, keine zu hohen Absätze. Wer weiß, wie hoch der Herr ist. Ich haste ins Foyer, da stehen sie schon Petra und Enrique, der alte Bekannte ist zum Glück spät dran. „Da kommt er", sagt Enrique. Ein Mann in weinroten Shorts, alten Tennisschuhen und weißem T-Shirt (oder Rippunterhemd?) tritt auf. Er trägt ein Autoradio. „Y voz tan elegante" – und *Ihr so elegant*, bemerkt er und umarmt den Licenciado kräftig. Enrique, mit verkrampftem Lächeln, stellt erst Petra und dann mich vor. Leonardo hat dazu nichts zu sagen und zeigt auf sein Autoradio: „Immer mehr Diebe in dieser Stadt. Kein Wunder. Schließlich ist mit diesen verdammten Dollars alles so teuer, dass man sich sein Leben nicht mehr ehrlich verdienen kann."

Leonardo Lonelli ist hier geboren, ein echter Porteño. Er schlägt vor San Telmo zu besuchen, das Viertel für Tango und Antiquitäten. „Soll ich ein Taxi rufen?", fragt Enrique. „Was für eine absurde Idee", entrüstet sich Leonardo, „hast du zu viel Geld?", fragt er den inzwischen grimmig lächelnden Mann an Petras Seite. Also fahren wir mit dem Bus und gehen den Rest zu Fuß. Jetzt ist das Lächeln in Enriques Gesicht endgültig verschwunden. Leonardo scheint die Feinheiten der Mimik seines Freundes gekonnt zu übersehen und hält uns einen Vortrag über Korruption in Argentinien.

Es ist spät, als wir an diesem Abend wieder ins Hotel kommen. Von Müdigkeit keine Spur, nach all dem Espresso, den ich genossen habe, könnte ich die Nacht durchtanzen. Vorausgesetzt ich könnte Tango tanzen und hätte einen Tänzer zur Verfügung. Der Herr an der Rezeption lächelt. Wieder ein Fax. Er ist sichtlich erleichtert, dass die Dinge ihren Lauf nehmen und mein Liebesleben ohne weitere Erschütterungen abläuft. „Danke Mauricio." Inzwischen kenne ich auch seinen Namen. Leonardo Lonelli geht mit dem Autoradio in der Hand wieder seiner Wege und ich frage mich, ob es zu dem Radio eigentlich auch ein zugehöriges Auto gibt. Die beiden anderen ziehen sich auf ihr Zimmer zurück.

Ich bleibe in der Hotelbar, bei einem Anis auf Eis und dem Fax des Geliebten. *Ich habe einen Job* steht da. Er hat einen Job? Tatsächlich: Er hat einen Job. Der deutsche Botschafter hätte am Beginn des gestrigen Treffens der deutschen Business-Community gesagt, dass ein ehemaliger Kollege zu vergeben wäre. Einer der anwesenden Generaldirektoren war durchaus angetan. Die Firma: ein deutscher Chemieriese. Der Job: PR-Direktor. Die beiden, Generaldirektor und neuer PR-Direktor, hätten sich heute zusammengesetzt und sich geeinigt. „Ich glaube, ich war zu billig", schreibt Frank, „der Kerl hat zu schnell eingeschlagen." Na ja, mein Lieber, in dem Spiel hat ein ehemaliger Beamter wohl kaum Übung. „Und weißt du was", lese ich weiter, „die Wahrsagerin vom Garibaldi hatte recht: Heute ist der 24. und ich habe einen Job." Ich kann es kaum glauben, die famose Emilia hat wahrgesagt. Er hat Arbeit, das heißt wieder er bleibt und das bedeutet: Wir zwei haben eine Chance. Am Ende steht: du fehlst mir und ich liebe dich. Du fehlst mir auch, sage ich leise und gehe auf mein Zimmer.

Wir...

Die Sache mit dem WIR ist nicht so einfach. WIR ist verbindlich. Da gibt es nicht mehr nur du oder nur ich, aus mir und dir wird WIR. Ein Kompromiss. Du und ich sind nicht dasselbe und daher nicht eins, vielmehr zwei, die zu Einem zusammenwachsen sollen.

Das ist aber nicht, was mich beunruhigt. Ich bin kein überzeugter Single, war ich nie, ganz und gar nicht. Frauen wie ich sehen zwar so aus, sind aber in Wahrheit stets auf der Suche nach einer märchenhaften Romanze mit Happy End. Wenn ich mich mit 33 noch nicht kenne und dazu bekenne, fährt der Zug tatsächlich ohne mich ab. Aber, ich muss zugeben, dass ich Angst habe. Angst vor dem WIR. Um genau zu sein: Angst vor mir selbst. Ich bin es ja, die sich im Zuzweit wie eine Brausetablette auflöst. Ich bin es ja, die im Miteinander ihre eigenen Pläne verwirft und ich bin es auch, die sich am WIR schon nach kurzer Zeit wie an einem Rettungsanker festklammert.

Für den neuen Mann an meiner Seite scheint all das jedoch kein Problem zu sein. Die Dinge nehmen ihren Lauf, aus dem du und ich wird WIR. Jeden Tag ein Stück mehr. Gemeinsame Nächte, gemeinsame Wochenenden, gemeinsame Ferien. Wir. Aber was kommt dann? Darüber haben wir nie gesprochen. Darüber spricht man auch nicht, korrigiert meine innere Stimme, die mich inzwischen sehr an die einer Frau des 19. Jahrhunderts erinnert. Diese Stimme fährt unbeirrt fort: Ein richtiger Mann fällt vor der Frau, die er liebt, auf die Knie und bittet sie um ihre Hand. Gibt es das noch? Ich kann mich nicht erinnern, dass mir eine meiner Freundinnen von einem romantischen, altmodischen Hochzeitsantrag erzählt hätte. Oder doch? Frank und ich reden viel – auch über Männer und Frauen, wie sie miteinander funktionieren, oder eben nicht. Wir reden über andere, aber nicht über uns.

Es ist Freitagabend und ich fühle mich wie mit 16. Damals als meine Eltern übers Wochenende nach London gereist sind. Petra und Enrique sind gemeinsam aus der Stadt geflohen. Frank und ich bleiben im Zentrum. Allein, das heißt: zu zweit. Der Eiskasten ist zum Bersten voll, das Weinregal auch und ich laufe mit frisch lackierten Fußnägeln durch die Wohnung. Josefina freut sich auf ein Wochenende in Valle de Bravo bei ihren Eltern. „Ich komme allein zurecht", habe ich mehrmals versichert, als ich ihr vorgeschlagen habe, schon am Freitagabend loszufahren. „No se preocupe, ich bin die letzten Jahre allein zurechtgekommen und werde es auch jetzt noch problemlos schaffen Frühstück zu machen und die Wohnung soweit in Ordnung zu halten." „Gracias Señora", sie lächelt scheu, wickelt Baby Daniela in ein Tuch und gekonnt um ihren Körper, nimmt ihre Tasche und geht zu Tür hinaus. „Nichts zu danken", ich bin sowieso lieber mit Frank allein, den Nachsatz behalte ich natürlich für mich. Wir wollen alte Filme sehen, Feines aus dem Eiskasten essen und dazu eine gute oder mehrere Flaschen verkosten. Ich schaue die Videos durch: Arsen und Spitzenhäubchen, Producers, Vom Winde verweht.... Da läutet es.

„Bist du geflogen?" „So hoch, wie mir das mein Golf erlaubt", antwortet er, „sturmfreie Bude, das müssen wir genießen." Er umarmt mich und damit ist das Patschenkino vorläufig gestrichen. Um Mitternacht essen wir Lachs mit Sekt in der Küche, beide spärlich bekleidet. „Ich muss dich etwas fragen", sagt Frank und schaut mir in die Augen. „Könntest du dir vorstellen mit mir zusammenzuziehen? Ich will wieder eine eigene Wohnung und hätte gerne, dass es unsere gemeinsame Wohnung wäre." Das war plötzlich. Ich schaue ihn an. „Kannst du dir das vorstellen?", wiederholt er. „Ja ich kann mir das vorstellen", sage ich langsam, „ich glaube, das ist eine gute Idee." Frank nimmt mich in seine Arme. Zusammenziehen? Ist das alles? Ich meine: Vorerst gut, aber ist das alles? Irgendwie habe ich das Gefühl wieder in die alte Beziehungsschiene zu rutschen. Moderne Verhältnisse, kein klares Ja, aber auch kein Nein. Ein deutliches Jein. Ich will mehr, mein Lieber, viel mehr. Aber das sage ich dir nicht.

Nach mitteleuropäischen Spielregeln teilen Mann und Frau die Kosten: 50 - 50. Ganz ehrlich, mir ist das nicht recht. Es fällt schwer, das zuzugeben und noch schwerer es niederzuschreiben. Wer kann heute noch so eine antiquierte, meinethalben nicht korrekte, Sichtweise öffentlich vertreten? Obendrein als moderne Frau im zeitgemäßen Zusammenleben, sprich Beziehung. Nur, dass ich keine moderne Frau bin, Nein, bin ich nicht. Ich will auch keine Beziehung, sondern eine klassische Ehe. Ich will umsorgt werden und nicht Kassenbücher führen, wo auf den Centavo (in Ermangelung von Groschen) festgehalten wird, wer was bezahlt und wer wem was schuldet. Abrechnungen passen nicht in Liebesgeschichten. Nur um klarzustellen: Deshalb bin ich noch lange nicht Cinderella. Ich will schließlich nicht erlöst werden, will weiterarbeiten und nicht untätig im Turm vermodern. Also wie wäre das Modell: Ich zahle, was ich zahlen kann, will aber in keinem Fall dazu aufgefordert, noch daran erinnert werden. Passiert das, wird aus dem Liebesroman ein Kassenbuch.

Frank sucht nach einer gemeinsamen Wohnung und ich weiß, dass dieses Thema „wer zahlt was" auf mich zukommt. Ich kenne die Geschichte. 17 Jahre lang habe ich aufgeschrieben, zusammengerechnet und abgerechnet. Fair keine Frage, nur das die Union einer Fusion glich. Klare Rechnung gute Freunde, aber wer will denn schon mit seinem Mann oder seiner Frau gut Freund sein? Ich nicht. Ich will geliebt werden und ich will auch, dass meine Rechnungen bezahlt werden. Klar, auch ich gebe mein Geld für beide aus, denn schließlich ist das ja

– bei gemeinsamem Haushalt und Romanze – unser Geld. Am Ende des Monats ist, zumindest was mich betrifft, sowieso nichts mehr übrig.

Ehrlich: Ich habe das ganze mein und dein satt. Abgesehen davon kann ich mir 50% nicht leisten. Gehen wir davon aus, dass Frank in einer netten Gegend, ein nettes Haus, zu einer entsprechend netten Miete findet. Dazu kommen die monatlichen Fixkosten und ein eignes Auto. Ich kann ja schlecht - mit einer anderen Adresse - weiterhin Petras Jeep mitbenützen. Was sage ich Frank? Geschönte Version: Ich kann keine 50% bezahlen, da ich schlicht und einfach nicht genug verdiene. Meine Sichtweise von MEIN ist DEIN bleibt geheim. Denn das, bin ich mir sicher, würde Panik auslösen, möglicherweise sogar Fluchtinstinkte wecken. Durchaus verständlich nach der Geschichte mit einer Exfrau ohne Ambitionen. Also präsentiere ich, im richtigen Moment, aber merklich nervös, die Version vom mickrigen Einkommen. Der gute Mann schaut mich erstaunt an. Mit 50% hätte er sowieso nicht gerechnet, sagt er schnell. Nicht? Ich solle mir keine Sorgen machen. Er versteht weder meinen ernsten Ton, noch mein Problem mit dem Thema. Wie soll er auch? Ich habe ja all das verschwiegen, was ich ihm eigentlich sagen sollte. Elender Feigling, sage ich zu mir, als wir das Thema wechseln.

No nos falles...

Seit Stunden bin ich auf den Beinen. Mexiko hat gewählt und zwar den Kandidaten der Opposition. Vicente Fox. Schnauzbart, Stiefel und Cowboyhut. Äußerlichkeiten, zugegeben, aber das ist das einzige, was ich mit Sicherheit über diesen Herren berichten kann. Liest man die Artikel der Kollegen, geht es ihnen ähnlich. Keiner weiß wirklich, was das eigentliche Programm des neuen Präsidenten ist. Ein selbstbewussteres Auftreten gegenüber den Gringos in Sachen Migration? Wirtschaftlicher Aufschwung und Kampf gegen die Armut? Krieg dem organisierten Verbrechen? Das ist bloß eine Liste guter Absichten. Wie er aber die Punkte seiner Liste abhaken will, ist mir auch nach langem Wahlkampf und persönlichem Interview mit Fox nicht klar.

Klar ist nur, dass der gute Mann dazu neigt, die Möglichkeiten eines Präsidenten zu überschätzen. Seit dem 1.1.1994 hat Mexiko eine außerstaatliche, bewaffnete Armee im Land, die EZLN, die Zapatisten unter ihrem Subcomandante Marcos. Damals vor 16 Jahren hat diese selbst ernannte Befreiungsarmee mehre Orte im Bundesstaat Chiapas mit Waffengewalt eingenommen. Es gab Opfer, doch zur Revolution ist es nie gekommen. Die Herrschaften mit ihrem Anführer, dessen Gesicht medienwirksam stets unter einer schwarzen Haube steckt, haben ein Problem sichtbar gemacht: die Armut in Chiapas und die Verelendung der indianischen Bevölkerung. Kein Kriegsschauplatz, kein Marsch auf die Metropole und trotzdem ist eine bewaffnete Armee im Land für einen souveränen Staat nicht angenehm. Bei dem Versuch die Sache zu einem Ende zu bringen, sind schon viele gescheitert. Vicente Fox will nun, so seine Worte, den Konflikt in nur 15 Minuten lösen. Na dann viel Glück!

Fox ist kein Politiker, sondern Quereinsteiger. Vor seiner Berufung war er Manager bei Coca-Cola. Er ist offensichtlich stolz auf seine Englischkenntnisse, ergo will er damit bei jeder Gelegenheit brillieren. Aber wer ist dieser Mann wirklich? Was vertritt er? Was kann Mexiko vom ersten Cowboy der Nation erwarten? Seine Partei ist rechts, katholisch und wird von ein paar Familien im Norden dirigiert. Aber wo steht er? Die Mexikaner haben den Wechsel gewählt und diese Sehnsucht nach dem Cambio hat scheinbar alle anderen Inhalte verdrängt. Da ist er jetzt, der Wechsel, aber wohin?

Die perfekte Diktatur der PRI ist am Ende, kommentiert der Historiker Enrique Krauze. Der stattliche Mann in Stiefeln wird der erste Präsident seit 71 Jahren, der nicht der alten Regierungspartei angehört. PRI steht für *Pardido de la Revolucion Institutional*, was eine institutionelle Revolution sein soll, ist mir bis heute noch nicht klar, schließlich widerspricht das eine dem anderen. Kann eine Revolution zur Institution erhoben werden? Wie auch immer: Die Machtmaschine PRI ist im Juli 2000 entgleist. Die alte Regel, nach der jeder Präsident seinen Nachfolger per „dedazo", per Fingerzeig, bestimmt hat, gilt nicht mehr.

Enrique, Petras Mann, ist solange er denken kann PRI-Parteimitglied. Ob der Niederlage seiner Partei ist er in einer lausigen Verfassung und kommentiert seiner Laune entsprechend: Mexiko hätte aus dem Hosenschlitz gewählt. Deshalb hätten wir künftig einen wahren Macho zum Präsidenten: bloße Hülle ohne Fülle. Vicente ist möglicherweise Macho aber nicht zu 100% a la mexicana. Schließlich ist sein Nachname Fox. Vicente ist Sohn eines Einwanderers – und obendrein eines solchen, der es hier zu Geld gebracht hat.

Ich habe gerade einen TV-Liveeinstieg hinter mir und schreibe im fahrenden Auto eine Zusammenfassung für meinen Radiobericht. Streng genommen fahren wir nicht, sondern stecken im Verkehr. Tausende ziehen im

Siegestaumel durch die Straßen. Mein Kameramann schaltet seinen Miniatur-Fernsehapparat ein. Lautes Krachen und schwarzweiße Schlieren, dann erscheint Vicente Fox am Engel der Freiheit, dem Symbol der Stadt. Die Menge brüllt „No nos falles, no nos falles!" Versage (uns) nicht! Mehr im Sinne von: Lass uns nicht hängen! Der neu gewählte Präsident winkt staatsmännisch. Doch irgendetwas in seinem Gesichtsausdruck lässt mich stutzen. Kann es sein? Ist dieser Mann erstaunt, dass er tatsächlich der nächste Präsident wird? Hat er nicht damit gerechnet? Ist er auf diese Rolle überhaupt vorbereitet, oder hat er nur eine Kampagne gegen einen absehbaren Wahlbetrug geplant? Ein Präsident wider Erwarten. Kann das gut gehen? No nos falles...

Der amerikanische Traum

„Ich habe unser Haus gefunden", sagt Frank. „In der Condesa." Wollen wir da hin? „Keine Sorge das Haus liegt abseits der schicken Meile und ich mag es wirklich." Ich bin völlig verschlafen und daher nicht in der Verfassung für Kommentare. „Sobald du wieder zurück bist, schauen wir es an, einverstanden?" Warum auch nicht.

Ich sitze im Auto Richtung Guatemala. Eigentlich sitze ich nicht, sondern liege am Rücksitz und schlafe, außer mein Mobiltelefon läutet. Ich stehe nur zum Essen auf, oder um vom Auto in irgendein Hotelbett zu wechseln und weiterzuschlafen. So verlaufen meine Dienstreisen, genau gesagt Dienstanreisen. Vorteil, ich komme entspannt und ausgeschlafen an. Nachteil, ich sehe nichts von dem Land zwischen den einzelnen Drehorten. Das Auto fährt unser neuer Chauffeur Daniel. Einstein hat sich mit 200 US-Dollar abgesetzt und ward nie wiedergesehen. Ich verweigere mich deshalb aufzuregen. Petra ärgert sich noch immer und sitzt am Beifahrersitz. Wem kann man noch vertrauen? Ich hingegen, wie gesagt, schlafe.

Wir sind am Weg nach Tecún Uman, einer kleinen guatemaltekischen Stadt. Sie liegt an der Grenze, am Fluss Usumacinta, der Guatemala von Mexiko trennt. Tecún Uman ist wahrlich kein bemerkenswerter Ort auf der Landkarte, aber diese Stadt ist für Tausende zum Schicksal geworden. Dort landen alle, deren amerikanischer Traum nicht wahr wurde. Deportiert von der mexikanischen Migrationspolizei zurück an den Start.

Sie kamen aus Honduras, Nicaragua oder El Salvador und waren auf dem Weg in die USA. Doch konnten sie die breiteste Grenze der Welt nicht unbemerkt überschreiten: 4000 Kilometer Mexiko, der schützende Vorhof der Amerikaner. Denn für gute Beziehungen und finanzielle Unterstützung kümmert man sich auf mexikanischer Seite darum, dass die Migranten Migranten bleiben und ihr Ziel nie erreichen. Doch die sind hartnäckig. Sie versuchen ihr Glück immer wieder, viele schaffen es. Rund 200.000 aber werden jedes Jahr von den mexikanischen Behörden aufgegriffen und deportiert, das heißt, auf der guatemaltekischen Seite der Grenze ausgesetzt. Noch ärmer als zuvor. Noch hoffnungsloser als zuvor. Manche haben schon zehn gescheiterte Versuche hinter sich. Einige sind mit ihren über 60 Jahren zu alt für ein nächstes Mal. Andere hingegen sind noch zu jung für dieses lebensgefährliche Abenteuer, darunter zehn - ja achtjährige, die sich alleine auf den Weg gemacht haben. Wenn sie Glück haben und überleben, landen sie meist wieder in dieser Stadt.

Tecún Uman wurde nach einem großen Krieger benannt, der im 16ten Jahrhundert gegen die spanischen Eroberer kämpfte. Er war mutig aber nicht erfolgreich. Denn Tecún Uman ist einem fatalen Irrtum erlegen: Er tötete Pedro Alvarados Pferd, im Glauben Reiter und Tier seien eins. Der spanische Eroberer hingegen verfehlte sein Ziel nicht.

Es scheint, als wäre das Schicksal des indianischen Helden gar nicht so unähnlich dem der Menschen, die heute in der - nach ihm benannten - Stadt stranden. Tapfere Krieger, die sich täuschen und einem Trugbild erliegen, so wie viele in Tecún Uman. Sie glauben an das fabelhafte Land der unbegrenzten Möglichkeiten. So sehr, dass sie dafür alles aufgeben. Selbst viele derer, denen es tatsächlich irgendwann gelingt, müssen erkennen, dass sie sich verrannt haben. Der amerikanische Traum wurde zum Albtraum.

Am Grenzübergang bin ich hellwach. Petra und Daniel schweigen. Der drückenden Stimmung kann sich keiner entziehen, auch wir nicht. Die meisten Menschen in Tecún Uman haben scheinbar eines gemein: Sie wollen nicht hier sein. Die Stadt ist wie ein großer Wartesaal, in dem alle auf das eigentliche Leben warten, ein Leben, das irgendwann danach beginnen soll.

Viele auf den staubigen, heißen Straßen dieser Stadt sind wieder hier. Sie haben es auch diesmal nicht bis in die Vereinigten Staaten geschafft. Sie stecken fest. Sie kommen weder voran, noch können sie zurück. Zurück dorthin, woher sie einst gekommen sind. Dort lebt die Hoffnung auf ihren Erfolg. Dort schulden sie den Zurückgebliebenen ein besseres Leben und meist auch Geld. Sie mussten für ihre Reise in den Norden borgen und alle haben beigesteuert. Sie sind zu einer Investition für ihre

Familie geworden. Eine Familie, die jetzt auf das Geld aus der ersten Welt wartet. Deshalb führt für die Gestrandeten von Tecún Uman kein Weg nach Hause zurück. Außer sie wollen ihr Scheitern eingestehen und den geliebten Menschen die letzte Hoffnung auf ein besseres Leben nehmen. Die meisten wollen das nicht: Sie werden es wieder versuchen und wieder, und wieder.

La Casa del Migrante, *Das Haus des Migranten* ist eine Herberge mit freier Kost und Logis. Der Mann, der dieses Haus leitet, ist Priester, letzteres sieht man ihm nicht an. In Jeans, verwaschenem T-Shirt und Plastik-Schlapfen steht er im Hof und spricht mit ein paar Neuankömmlingen, unter ihnen ein 8-jähriger Junge. Tränen rinnen über sein Gesicht, er habe seinen Bruder bei der Verhaftung verloren, stammelt er. Der ungewöhnliche Priester versucht ihn davon zu überzeugen, nach Nicaragua zurückzukehren. Der Junge sieht ihn groß an. „Ich kann doch nicht einfach aufgeben!" Er und sein Bruder seien schließlich ausgezogen, um ihrer Mutter zu helfen. „Ich kann doch nicht mit leeren Taschen nach Hause kommen." Daheim gäbe es noch zwei kleinere Brüder und kein Geld. Die Männer, die um ihn herumstehen, nicken stumm.

Überall sitzen Migranten in kleinen Gruppen zusammen. Sie warten, so lange, bis sie wieder genug Mut und Kraft gesammelt haben, es wieder zu versuchen. Ich sehe nur eine einzige Frau. Sie lehnt an der Mauer im Hof, raucht eine Zigarette und weint.

Der Hausleiter ist ein zorniger Diener Gottes. „Ich weiß nicht, warum die US-Politiker etwas so Einfaches nicht verstehen. Diese Menschen wollen nicht auswandern. Sie müssen auswandern. Das Geld, das die Gringos dafür ausgeben, damit keiner ihre Grenze erreicht, oder gar überschreitet, ist falsch investiert. Würde man die gleiche Summe in den Ländern ausgeben, aus denen all diese Menschen kommen, würden sie erst gar nicht in Richtung USA aufbrechen." In seinen Augen sieht man die ohnmächtige Wut eines Mannes, der weiß, dass er die Welt nicht ändern kann.

Die Migranten kämen immer wieder, aber die meiste Angst hätte er um die, die nicht mehr auftauchen. Die Männer um ihn herum berichten von Unfällen auf den Todeszügen Richtung Norden. Schließlich sind Migranten blinde Passagiere, die aufspringen und sich festklammern. Andere erzählen von Banden, die Auswanderer überfallen, ausrauben und auch töten. Wer beschützt die Rechte der Illegalen?

Die Frau im Hintergrund hat zu weinen aufgehört, langsam gehe ich zu ihr hinüber. „Woher kommen Sie?" „Aus Nicaragua", sagt sie und schnäuzt sich in ein Stück Klopapier. „Warum sind Sie weggegangen?" „Weil ich keine andere Chance hatte. Meine kleine Tochter ist drei Jahre alt und lebt bei meinen Eltern. Mein Vater hat die Arbeit verloren, meine Geschwister sind ohne Job. Meine Familie hält sich mit Tageslöhnen knapp über Wasser. So kann das nicht weitergehen." Gestern sei sie wieder hier gelandet, nach ihrem ersten gescheiterten Versuch die US-Grenze zu erreichen und nach ihrer ersten Deportation. Die Polizisten, die sie anhielten, hätten sie vergewaltigt, dann ihr gesamtes Geld gestohlen und sie anschließend bei der Migrationsbehörde abgesetzt. Jetzt wüsste sie nicht mehr, was sie tun solle. Ich setze mich neben sie und biete ihr eine Zigarette an. Wir rauchen wortlos. Es gibt nichts, was ich dazu zu sagen hätte.

Endstation Tecún Uman

Charles und Luis sind heute angekommen. Bei wässrigem Kaffee aus Pappbechern erzähle ich ihnen die Geschichte. Keine Fragen, keine Kommentare, offensichtlich hat die Stimmung dieser Stadt auch sie eingenommen.

Die Dreharbeiten beginnen: Straßenszenen, Bilder von Durchreisenden. Denn das sind sie schließlich, Durchreisende, auch wenn sie immer wieder durchreisen. Eine Gruppe von Männern steht um einen öffentlichen Telefonautomaten am Straßenrand. Sie haben zusammengelegt, um in einer Tienda ihrer salvadorianischen Heimatgemeinde anzurufen, private Anschlüsse gäbe es dort noch keine. Die Verbindung klappt und während der Ladenbesitzer scheinbar alle Verwandten zusammentrommelt, stellen sich die Männer in einer Reihe an. Für sie ist diesmal das erste Mal. Morgen werden sie den Usumacinta übersetzen und sich Richtung USA aufmachen. Jetzt nimmt einer nach dem anderen den Hörer um noch einmal mit seiner Mutter, seiner Frau, oder seinen Kindern zu sprechen.

Der Mann, der gerade am Apparat ist, hat Tränen in den Augen. „Te quiero mucho, mi amor." Rasch gibt er den Hörer weiter und wischt sich mit dem Ärmel verschämt über sein Gesicht. Ein Mann aus Honduras, der ein Bicitaxi (eine Art Rikscha) fährt, bleibt neben uns stehen. „Für wen arbeitet Ihr?", will er wissen. „Für das österreichische Fernsehen", antwortet Luis. „Das ist doch auf der anderen Seite der Welt?" „Ja", lächelt mein Tonmeister, „auf der anderen Seite der Welt!"

Er selbst wäre schon einmal in Amerika gewesen, erzählt der Mann. Dort, in Chicago, hätte er ein Jahr in einem chinesischen Restaurant gearbeitet. „Mein Name ist Aldo", lächelt er und verbeugt sich leicht. „Warum bist du dann wieder hier?", fragt Luis. „Ich wollte meine beiden Töchter wiedersehen und meine Frau umarmen", und deshalb sei er wieder nach Honduras zurückgegangen. Doch nach ein paar Wochen daheim wurde ihm klar, dass er als ungelernte Kraft in San Pedro Sula, seiner Heimatstadt, keine gut bezahlte Arbeit finden würde. Also hätte er seinen Aushilfsjob wieder an den Nagel gehängt und versuche sein Glück von Neuem. Aldo trinkt einen Schluck Wasser aus der Flasche, die an seinem „Taxi" befestigt ist. Er sei ein Profi, was diese Grenze beträfe, unterstreicht er stolz. Trotzdem hätten sie ihn diesmal nach nur 500 Kilometern geschnappt. Er arbeite, um genug Geld für den nächsten Versuch zusammen zu bekommen. Deshalb die Rikscha. „Ich habe es nahezu geschafft, morgen Früh geht es wieder los!" Wenn wir wollten, könnten wir ihn begleiten, klar nur bis auf die andere Seite des Flusses.

Vorerst laden wir Aldo zum Essen ein und er erzählt von seiner Zeit in Chicago. 10 Stunden Geschirrwaschen und Putzen, das alles für einen absurd niedrigen Gehalt. Klar, wisse er das, aber für ihn und die anderen hier sei auch ein lächerlicher Lohn viel Geld. Damals teilte er mit fünf Männern eine kleine Absteige am Stadtrand. Beim Chinesen bekamen sie zu essen. So konnte er fast sein gesamtes Gehalt nach Honduras schicken. „In Amerika lebst du wie ein Tier, nur die Hoffnung irgendwann wieder nach Hause zu kommen, hält dich am Leben." Vielleicht würde er diesmal in den USA genug Geld machen, um daheim in San Pedro Sula, seinen eigenen

Gemischtwarenladen aufzumachen. Dann hätte er es geschafft und müsse seine Familie nie mehr wieder verlassen. Charles dreht die Kamera ab. „Danke", sage ich. „Kein Problem, ich hatte gerade nichts Besseres vor", versichert Aldo. Wir verabreden uns für den nächsten Morgen um sieben Uhr früh beim Bootshafen. Dort, wo mit zwei Dollar für die Überfahrt das lebensgefährliche Abenteuer beginnt.

Filmarbeiten, bei denen keiner der Beteiligten nach Drehschluss Lust auf noch ein Bier hat, habe ich noch nie erlebt. Genauso wenig wie die Stille im Auto am Weg ins Hotel. Ich bin erschöpft. Es sind nicht die gearbeiteten Stunden, nicht das nächtliche Sichten des Materials, nein es sind die Geschichten in dieser Stadt.

Am nächsten Morgen sitze ich auf einem Boot und erzähle vor laufender Kamera die Geschichte von dem gefährlichen Weg, der für die Migranten am anderen Ufer des Flusses beginnt. Ein Kamerateam, eine Reporterin und ein Migrant. Niemand hindert uns am illegalen Grenzübertritt. Mehr noch: Keiner beachtet uns und das, obwohl wir von einem weiteren Boot begleitet werden: Petra, Assistent und Equipment. Außerdem machen wir die Überfahrt gleich zweimal. Zu meiner eigenen Überraschung gefällt mir diesmal mein Auftritt. Schließlich überquere ich dabei illegal eine Grenze, und das auch noch spielend leicht.

Die Probleme erwarten den Abenteurer auf der anderen Seite. Schließlich zahlt der große Bruder im Norden mit, und so wird in Mexiko auf diese lästigen Kerle aus Zentralamerika Jagd gemacht. Auf der anderen Seite gelandet, umarme ich Aldo und wünsche ihm von ganzem Herzen viel Glück. Er sieht nicht wie ein klassischer Migrant aus: Gut gekleidet, Sportasche statt

Plastiksackerl, ein perfekter Haarschnitt. Der Profi zeigt auf ein paar Männer, die neben uns aus dem Boot klettern. „Die schaffen das nie, denen sieht man ja sofort an, woher sie kommen und was sie im Sinn haben." Dann geht er los und dreht sich nicht mehr um.

Petra hat sich wieder einmal selbst übertroffen. Wir haben eine Drehgenehmigung für die Brücke, die Mexiko mit Guatemala verbindet. Am guatemaltekischen Ende dieser Brücke halten die Busse der mexikanischen Behörden. Dort steigen die aus, die es nicht in die USA geschafft haben. Wir haben erfahren, dass heute drei dieser Busse erwartet werden. Am späten Vormittag taucht der erste auf. Die Kamera läuft. 34 Männer steigen aus und werden ansatzlos in einen fensterlosen Raum verfrachtet. Guatemaltekische Grenzer kontrollieren ihre Papiere und Habseligkeiten. Ein kleiner Mann in Uniform fordert die Anwesenden auf, dorthin zurückzukehren, woher sie kamen. Er weiß haargenau, dass sie das nicht tun werden, aber damit hat er seine Schuldigkeit getan. Dann geht einer nach dem anderen zur Tür hinaus und wieder seiner eigenen Wege.

Draußen frage ich die Männer, was sie erlebt haben. Ein paar beginnen zu erzählen und es werden immer mehr, die sich um uns scharen. „Wir sind vom Fernsehen, nicht von einer Menschenrechtsorganisation", sage ich laut, „wir können nicht helfen. Aber wir wollen Eure Geschichten hören, um sie anderen zu erzählen. Vielleicht ändert das etwas, vielleicht auch nicht." Stille. Dann sagt ein alter Mann „diesmal haben sie meine neuen Tennisschuhe gestohlen." Er zeigt auf seine baren Füße. „Die mexikanischen Polizisten sind üble Diebe. Sie haben meinen Weggefährten brutal zusammengeschlagen, nur, weil er sein Erspartes nicht freiwillig herausrücken wollte." Ein anderer mischt sich ein. „Einer aus meiner Gruppe ist nach dem Verhör verschwunden. Wir haben ihn nicht mehr wiedergesehen." Keiner dieser Männer ist Anfänger. Sie alle haben drei, fünf oder gar zehn Versuche hinter sich.

Vor uns hat inzwischen der zweite Bus gehalten. Wieder steigen 30 Deportierte aus. „Werdet Ihr es noch einmal versuchen?", frage ich die Männer. „Kannst du mir sagen, was wir sonst tun sollen?", entgegnet der schuhlose Mann. Nein, das kann ich nicht.

Drehpause. Kein gesetztes Essen, sondern Pizza auf der Straße, Cola aus Pappbechern und noch immer keine Lust auf Small Talk. An diesem Abend drehen wir unser letztes Interview. Vorausgesetzt der Mann, der uns das Gespräch zugesagt hat, erscheint tatsächlich. Er ist kein Migrant. Keiner, für den Tecún Uman zur Endstation wurde. Nein, er ist hier geboren und hat den amerikanischen Traum zu seinem Geschäft gemacht. Er bietet eine Serviceleistung an, so nennt er es zumindest. Für 1000-US Dollar schafft sein Unternehmen Migranten quer durch Mexiko und über die amerikanische Grenze. Wie - wissen wir nicht.

Treffpunkt für das Interview: Das Hinterzimmer einer kleinen Bar in Tecún Uman. Wir warten lange, aber schließlich kommt er doch. In der Branche nennt man keine Namen, er tut das auch nicht. Er wäre Coyote von Beruf, damit sei genug gesagt. Bei dem Gespräch sind nur ich und die goldberingten Hände meines Gegenübers im Bild. Er sei verlässlich, will er voranschicken und diese armen Teufel kämen doch ohne ihn nie an ihr Ziel. Er wolle nur helfen. „Gegen ein entsprechendes Entgelt" werfe ich ein. Mich ärgert das Bild des Wohltäters, das der gute Mann von sich zeichnet. „Nun, ich habe

Ausgaben, das müssen Sie verstehen. Wer bezahlt den Transport und die zugedrückten Augen der Beamten?" Klar, ich verstehe „wie sicher ist die Sache? Schließlich werden immer wieder Lastwagen mit Migranten aufgehalten. Abgesehen davon kommt es auch vor, dass diese armen Teufel, wie Sie sie nennen, den Transport nicht überleben." „Bei mir schon", lächelt mein Gegenüber und zeigt seine Goldzähne. „Meine Kunden landen mit 100%iger Sicherheit auf der anderen Seite." „Können Sie das garantieren?" „Darauf gebe ich mein Wort."

Tula 62

Ein kleines Haus in einer ruhigen Gasse der Condesa, abseits von Fondesa, Parks und Schickimikis. Aus einem der Häuser hört man die Stimme von Luis Miguel singen, der mexikanischen Nummer 1 am Schlagerhimmel. Ein Mann in Jogginghosen führt seinen Schnauzer spazieren. „Buenas Noches!"

Eingangstür, ebenerdiges Fenster, gedämpftes Licht hinter Jalousien. Von außen nicht viel zu sehen. Wir läuten, die Tür geht auf. Ein lachender Ricardo gibt mir die Hand und umarmt Frank. Die beiden kennen einander von früher, seine Frau Alejandra ist genauso sympathisch wie ihr er. Wenn das Haus so schwingt wie die beiden, will ich es haben. Drinnen treffen wir Sohn, Tochter und Hund im Wohnzimmer, dahinter ein hübscher Patio. Die Küche ist groß mit Blick in den Hof. Eine Stiege führt in den ersten Stock. Schlafzimmer mit Bibliothek und zwei Kinderzimmer. Das Beste von allem: zwei getrennte Bäder.

Genial, denn ich bin der Meinung, dass Mann und Frau, aus psychohygienischen Gründen nicht dasselbe Badezimmer benützen sollten. Männer setzen ihre Rasierer, Gesichtswässer und hässlichen (zugegebenermaßen wirklich preiswerten) Riesen-Shampooflaschen immer genau dorthin, wo man, oder besser gesagt frau, sie nicht übersehen kann. Ich will hier gar nicht an Rasierschaum im Waschbecken, aufgeklappte Klobrillen oder an schmutzige Socken am Boden denken. All das, wie die Debatten darüber möchte ich mir und meinem Liebesleben ersparen. Ergo bin ich restlos begeistert über die Aussicht auf getrennte Bäder. Obendrein gibt es genug Platz für mein Büro. Ein eigenes Büro. Fazit: schöne Räume – elende Einrichtung: Spannteppich, künstliches Leder und versenkte Halogenlampen.

„Man muss einiges herrichten und manches umbauen", sage ich. „Klar", meint Ricardo, „das wissen wir auch und haben beschlossen, dass wir die Investitionen mit den künftigen Mietern teilen. Was sagt Ihr dazu?"

10 000 Pesos, etwa 1000 US-Dollar Miete, ein guter Preis für die Gegend. Ich drehe mich zu Frank um. „Was meinst du?", fragt er auf Deutsch. „Gefällt mir, aber der Umbau wird kosten. Ich habe schon viele Wohnungen umgebaut, aber ich weiß nicht, wie das hier in Mexiko kosten kann." Frank übersetzt für die beiden. „Wir mögen Euer Haus, aber lasst uns erst einmal recherchieren, was der Umbau kosten würde und dann treffen wir eine Entscheidung." „Einverstanden, habt Ihr noch Zeit für einen Tequila?" Gerne.

Zwei Stunden später parkt der rote Jeep vor der Wohnung zu ebener Erde, in die Frank vor zwei Monaten eingezogen ist. Das Auto ist von der langen Reise von Tecún Uman zurück nach Mexiko-Stadt noch schmutzig.

Endlich daheim, endlich kann ich den Mann neben mir wieder umarmen. „du hast mir sehr gefehlt", sage ich und wundere mich darüber, warum mir solche Bekenntnisse keine Angst mehr machen. „du mir auch, mein Liebling, was sagst du zu unserem gemeinsamen Haus?" „Mit Holzböden, weißen Wänden und neuen Bädern ist es zweifellos hinreißend. Obendrein muss man ein Badezimmer für das Dienstmädchen einbauen…und die Küche adaptieren." „Du hast den Bauplan ja schon im Kopf", grinst Frank. „Stimmt und es wäre auch nicht die erste Baustelle, die ich in eine Wohnung verwandle. Wahrscheinlich hätte ich Architektin werden sollen. Möglicherweise würde ich dann nicht an meiner Arbeit, oder besser gesagt an meiner Berufung zweifeln."

Am Tisch stehen eine Flasche Wein und zwei Gläser, vor uns liegt eine ganze Nacht mit traurigen Geschichten aus und um Tecún Uman. Doch irgendwann weiß ich nichts mehr zu erzählen. So als hätte ich mir die Geschichten tatsächlich von der Seele geredet, fühle ich mich um ihre Last leichter. Frank schaut mir in die Augen „Das wird eine gute Reportage." „Kann sein", werfe ich ein „aber ich muss mir wirklich überlegen, wie viele Jahre ich diesen Job noch machen kann. Mir ist dieser Zynismus zuwider. Erzählt mir Eure Story, ich verkaufe sie und dann vergesse ich sie wieder. Nachsatz: so schnell ich kann." „Was wirfst du dir eigentlich vor? Auch wenn du Geld damit verdienst, ist das Weitererzählen solcher Geschichten wichtig. Jemand muss es tun, damit sich irgendwann etwas ändert." Ich mag nicht mit Argumenten, die von mir stammen könnten, getröstet werden und nehme einen Schluck Wein.

Soll ich ihm von meinen Plänen erzählen? Titel: Vom Schauplatz in die Küche. „Sag einmal, könntest du auch mit einer Köchin an deiner Seite leben?" „Wie bitte?" „Was wäre, wenn ich den Beruf wechseln und als Köchin mein Geld verdienen würde?" „Du kochst immer nur für andere, ich habe keine Ahnung, ob du Talent hast", scherzt Frank und zieht mich an sich. Das stimmt, für den Mann, den ich liebe, habe ich in den letzten vier Monaten, wenn es gut geht, genau viermal gekocht. „Im Ernst: Es ist mir egal, womit du dein Geld verdienst. Ich liebe dich als Reporterin, Köchin oder was auch immer." Danke. Ich werde mir *was auch immer* überlegen.

Wenn das mein Vater wüsste...

„Ich habe ihnen noch nicht erzählt, dass wir zusammenziehen werden." Frank schaut verwundert. „Wissen sie denn, dass wir einander - sagen wir mal - näher kennen?" Da muss ich lachen „das habe ich erwähnt. Außerdem hat Petra meinem Vater davon in Kenntnis gesetzt, dass ich meine Nächte bei dir verbringe. Er wird wohl kaum annehmen, dass wir miteinander Kartenspielen." „Das beruhigt mich", bekennt Frank offen.

Obwohl ich ständig auf die Uhr schaue, wird es nicht später. Ich muss zugeben: Wir sind viel zu früh am Flughafen. Der Mann neben mir ist die Ruhe selbst. Da steht er, legt den Arm um meine Schultern und sagt nichts. Kein: *Das habe ich dir ja gesagt* und kein: *du wolltest ja unbedingt so früh losfahren*. Ich lehne mich an ihn „ich liebe dich", sage ich. „Ich dich auch." Ich bin schon fünfmal zum Monitor marschiert und immer mit dem gleichen Resultat zurückgekommen: Die Lufthansa ist noch nicht gelandet. „Ich lade dich auf einen Tequila ein", schlägt Frank vor. „Von unserem Tisch aus können wir sehen, wenn sie herauskommen." Am liebsten würde ich mich keinen Zentimeter von diesem Platz wegbewegen, sage aber trotzdem „Ja."

Meine Eltern. Schon bald werden sie vor mir stehen. Ich bin fast 34 und nervös. Ja, nervös. Weil ich ihnen meinen neuen Freund vorstelle. Freund? Ich bin ja nicht mehr 17. Das ist mein Mann und nicht mein Freund, mit oder ohne Trauschein. Was wird mein Vater sagen? Vor Frank kein Wort, für Unpassendes im falschen Augenblick ist meine Mutter zuständig. Dem Herrn Papa merkt man nichts an. Unter vier Augen erklärt er mit Sicherheit, was er von diesem Herrn hält. Als Vater kann man Frank doch nur mögen, oder? Und wenn nicht? Ist mir das so wichtig? Würde ich mich von einem Mann trennen, nur, weil er meinem Vater nicht zusagt? Wahrscheinlich nicht. Aber es würde mein Harmoniebedürfnis stören. Außerdem hätte ich meines Vaters Stimme ständig im Hinterkopf. Was ist, wenn er doch recht hat? Schließlich liebt er mich und will mein Bestes. Habe ich mich im Mann geirrt? Torschlusspanik?

Bin ich froh, dass der Mann mir gegenüber nicht Gedanken lesen kann. Frank schiebt einen Tequila über den Tisch „keine Sorge, ich werde mich tadellos benehmen." „Das macht mir keine Sorgen. Ich hoffe nur, dass meine Eltern das auch tun."

Da sehe ich einen weißen Haarschopf neben dem dicken Zollbeamten. Ein Mann mit Stock. Da ist er, ich springe auf. „Papa!" Mein Vater ist blass und sein Lächeln dünn. Die Reise hat ihn mitgenommen. „Meine Kleine" er umarmt mich „eigentlich bin ich jetzt der Kleinere..." Mir rinnen Tränen übers Gesicht, das war klar. Deshalb versuche ich erst gar nicht meine Gefühle zu verstecken. Mama drückt mich an sich. Eine kurze Umarmung, dann schaut sie interessiert an mir vorbei zu dem Mann, der gerade neben mich tritt. „Das ist also der Steirer...", sagt sie. „Ja", antwortet Frank, „das ist der Steirer". Mein Vater streckt die Hand aus. „Artur Heilig." „Frank Zeller." Da hört man meine Mutter von hinten „der ist ja wirklich ganz fesch..." „Ist er, ist er" gebe ich zu und hoffe, dass sich meine Mutter weitere Kommentare spart.

Am Weg zum Auto stützt sich mein Vater auf mich. Er versucht mit Scherzen von seiner körperlichen Verfassung abzulenken. Sein Gesicht ist noch immer fahl, fast transparent. Jeder Schritt scheint ihn anzustrengen. Kein Wunder, nach 12 Stunden Flug von Frankfurt hierher. Nicht zu vergessen die zehn Stunden, die er bis dahin unterwegs war. Um mich von seinen Unpässlichkeiten abzulenken, erkundigt er sich, wie es meinem kleinen Büro geht. Ich erzähle von Dreharbeiten, neuen Aufträgen und altem Ärger mit den Bossen in Wien. Ich bin nicht recht bei der Sache. Mich beunruhigt, dass meine Mutter sich ansatzlos bei Frank untergehakt hat und scheinbar pausenlos auf ihn einredet. Ich verstehe nicht, was sie sagt, er lächelt nur. Nun, das will nicht viel heißen. Mein gut erzogener und nebenbei gelernter Diplomat würde auch dann noch lächeln, wenn ihre Worte nicht zum Lachen wären.

Der Verkehr in dieser Stadt kommt zum Stehen. Meine Eltern sind sprachlos und so habe ich Zeit die nächsten Tage zu planen. Morgen, Tag 1: Frühstück bei Petra und mir, dann die klassische Tour durchs Zentrum „mit vielen Pausen zum Niedersetzen", wirft mein Vater ein. Danach Abendessen mit Frank. Tag 2: Ein Ausflug nach Tlaxcala, Don Manuel lädt in seine Hacienda. Tag 3: Mein Geburtstagsfest auf einem Boot, in den schwimmenden Gärten von Xochimilco. Tag 4: Frank führt durch Coyoacan. Tag 5: Abreise nach Acapulco. Wir fahren ein paar Tage ans Meer und Frank kommt am darauffolgenden Wochenende nach. Die letzten Tage lasse ich offen, wenn auch ungern, denn mit Plan fühle ich mich sicherer.

Endlich landen wir im Hotel Gillow. Mir gefällt das Zimmer nicht, außerdem ist es nicht das, das ich bestellt habe. Mein Vater kann kaum noch stehen. Trotzdem gebe ich nicht auf „Ich bestehe, wie vereinbart, auf ein Zimmer im obersten Stock mit Terrasse." „Como Usted diga." Ganz wie Sie wünschen, lächelt der Concierge säuerlich und gibt klein bei. Eine Liftfahrt noch, dann kann sich mein Vater endlich setzen. Ich bestelle eine Runde Tequila aufs Zimmer. Mir ist klar, dass die beiden für einen Drink in einer Bar keine Kraft mehr haben. Später lasse ich den Concierge meine Telefonnummer vor meinen Augen notieren und schärfe ihm ein, mich beim kleinsten Problem anzurufen. Meinen Eltern verspreche ich noch sie morgen pünktlich um 8 Uhr abzuholen. „Keine Sorge wir gehen nicht verloren", beruhigt mich mein Vater, „in meinem Zustand könnte ich mich gar nicht davonmachen."

Ich küsse meine Eltern zum Abschied. „Schön, dass Ihr da seid", sage ich noch. „Schön, dass es dir gut geht", antwortet meine Mutter. Nachdem sechs zusätzliche Wasserflaschen auf dem Zimmer gelandet sind und ich meine Nummer auch noch neben ihrem Telefon hinterlegt habe, gehe ich endlich zur Tür hinaus. Frank legt den Arm um mich „mach dir keine Sorgen, alles wird nach Plan laufen." Ich weiß, aber ich hätte meine Eltern lieber bei uns in unserem Haus.

Mexiko gefällt ihnen, auch wenn Vaters Darm schon am ersten Tag rebelliert und Mutter bei jeder Gelegenheit zu viel Tequila trinkt. Auf 2300 Meter Höhe führt solches Tun am nächsten Morgen zu Unpässlichkeiten, für sie ist das kein Hindernis denselben Fehler täglich zu wiederholen. Frank gefällt ihnen, das heißt, er gefällt sogar meinem Vater. Nein, bislang könne er nichts entdecken, betont er, was ihn beunruhige.

Ist Frank ihm so ähnlich? Heißt es nicht, dass Frauen einen Mann nach dem Modell des eigenen Vaters suchten. Hätte ich tatsächlich so einen gefunden, könnte das Original, mein Vater also, kein Haar in der Suppe finden. Wir drei sitzen im Auto nach Xochimilco, der Anlass mein Geburtstag. Im Kofferraum scheppert eine Kiste Bierflaschen. Petra ist vorgefahren und Frank kommt nach. „Wollt Ihr nicht zusammenziehen?", fragt meine Mutter aus heiterem Himmel. „Wir haben darüber nachgedacht", halte ich mich bedeckt. „du liebe Güte", stöhnt sie, „nur nicht festlegen, stimmt es?" „Mama, wir kennen uns erst fünf Monate und haben beide eine gescheiterte Liebesgeschichte hinter uns. Wir wollen nicht gleich wieder auf die Nase fallen." „Von wem sprichst du, von ihm oder von dir?" „Von uns beiden", antworte ich gereizt. Meine Mutter setzt ein triumphierendes Lächeln auf „also, er scheint zu wissen, was er will." Ich tue so, als müsste ich mich auf den Verkehr konzentrieren.

Warum sagt sie das, was weiß sie? Vor allem aber: Weshalb weiß ich nichts davon? Ja, er liebt mich. Ja, er will mit mir zusammenziehen. Aber will er mich heiraten? „Glaub mir, nicht alle Männer laufen davon. Harald war eine Ausnahme. Ich mag ihn ja, aber als Schwiegersohn ist er eine Fehlbesetzung." Dazu habe ich nichts zu sagen, das Thema ist abgeschlossen, für mich zumindest. „Also, auch wenn du das nicht hören willst: Ich glaube, es konnte dir nichts Besseres passieren." Sie legt ihre Hand auf meine Schulter. „Ich liebe dich, mein Schatz. Deshalb: Lauf diesmal nicht weg! Solche Männer wie Frank sind selten." Warum sollte ich weglaufen? Wann bin ich weggelaufen? Ich hatte den Eindruck, dass das Weglaufen immer die Männer übernehmen.

Was hat meine Mutter noch gesagt: Solche Männer wie Frank seien selten? Offensichtlich ist er meinem Vater wirklich ähnlich. Kavalier der alten Schule, beständig, Talent für die Vaterrolle. Gut. Sehr gut. Auch wenn das möglicherweise nicht populär ist, muss ich zugeben, genau so einen will ich. Die Variante moderner Partner kann mir gestohlen bleiben, ich bin ja auch nur scheinbar eine moderne Frau. Ich will, dass Mann mich abholt, mir die Autotür aufhält und nicht nur die Hälfte der Restaurantrechnung bezahlt. Denn da muss ich der guten Carla recht geben. Genau bei den 50% vergeht mir die Romantik, an Erotik gar nicht zu denken. Er muss nicht kochen können, für Haus und Herd bin ich zuständig. Zweifellos mit der tatkräftigen Unterstützung eines Dienstmädchens. Er soll nicht über alles reden wollen, dafür habe ich schließlich Freundinnen.

Die Stimme meines Vaters holt mich in das Auto zurück. „Ich weiß, das geht mich nichts an...", er macht eine Pause, „aber wollt Ihr nicht heiraten?" Es folgt ein erleichterter Seufzer. „Er hat mich noch nicht gefragt. Täte er es, würde ich Ja sagen. Aber wer weiß, ob er es tun wird." „Wenn er ein anständiger Mann ist, tut er das", sagt mein Vater kaum hörbar. „Es geht dabei nicht um Anstand, Papa, sondern um Liebe, Vertrauen und um ein Bekenntnis." „Danke für die Belehrung, das weiß ich." Zum Glück sind wir gerade am kleinen Hafen von Cuemanco angekommen.

Heute gibt es nur noch einen kleinen Teil der Seen, die in der Zeit der Conquista dieses Tal bedeckten. Der Name Xochimilco steht für Ort der blühenden Felder. Hier haben die Menschen schon vor der Herrschaft der Azteken Gemüse, Heilpflanzen und Blumen auf schwimmenden Gärten angebaut. Die Xochimilcos tun das noch heute. Für wenig Geld. Heute verdienen die Urenkel der indianischen Bauern ausschließlich an Wochenenden gut. Da trudeln Großstädter ein und vergnügen sich bei Tacos, Bier und Musik auf den Trajineras. Boote die, ähnlich wie Venedigs Gondeln, mit langen Holzstangen über die verzweigten Wasserarme geschoben werden. Von vorbeikommenden Kähnen aus werden Speisen und Getränke angeboten und auf anderen bieten musizierende Trios ihre Dienste an. Heute aber ist der Parkplatz ist leer. Es ist Freitag und noch fehlen ein paar Stunden bis Feierabend.

Petra hat uns schon entdeckt. „Na endlich", sagt sie, „Zeit zum Feiern." Am Steg steht es: Mein Boot. Jedes Boot hier trägt einen Namen, meist den der Freundin oder der Frau des Kapitäns. Auf meinem steht in bunten Farben: Renate. Außerdem hat es ein Beiboot, in dem drei Herren singen, Musikbegleitung im eigentlichen Sinn. Als wir an Board klettern, stimmt das Trio *La Perfidia* an. Alberto Dominguez, der diesen, für meine Ohren schönsten, Bolero geschrieben hat, beschwert sich über die Hinterlist der Damen in amourösen Angelegenheiten. So besingt er seine Liebe zu einer Frau, die seine Gefühle offenbar nicht erwidert. Auf dem zweiten Boot ist neben den Musikanten auch die schwimmende Küche untergebracht. Josefina lächelt mir zu, vor sich alles, was zu einer mexikanischen *Taquiza* gehört: verschiedene Eintöpfe, die man alle in Tortillas wickeln und als Tacos essen kann. Die ersten Tequilas sind eingeschenkt. „Salud", sagt mein Vater lachend, „auf deine 34 gelebte Jahre!"

Be-Ziehung

Die Bilanz nach zehn Monaten Mexiko: Ich habe einen Job, ehrlich gesagt das ist keine besondere Leistung, denn mit dem bin ich schon hier gelandet. Vielleicht sollte ich also sagen: Ich habe noch immer einen Job. Unter Neuerwerbungen hat zu stehen: Ich habe einen Mann und ab heute ein eigenes Auto. Den Ex-Golf des Ex-Diplomaten. Frank hat inzwischen ein schniekes Dienstauto, einen silbernen VW-Jetta, und braucht das gute alte Stück nicht mehr. Also hat die neue Freundin den alten Wagen gekauft. Ja, gekauft, schließlich will ich ihn nicht geborgt. Jetzt habe ich wieder ein eigenes Auto.

Kaum merklich verändert sich mein Leben: Das Abenteuer Mexiko wird zum Alltag und der DF zur neuen Heimat. Es fühlt sich gut an, ich bin ein Teil dieser Stadt, weil ich ein eigenes Leben in ihr habe und nicht mehr als Zaungast danebenstehe. Bald habe ich auch ein eigenes Zuhause. Wenn alles nach Plan läuft, ziehen Frank und ich in ein paar Wochen in unser gemeinsames Haus. Davon habe ich meinen Eltern gegenüber bisher nichts erwähnt. Schließlich waren wir ständig unterwegs. Schwachsinn, kommentiert meine innere Stimme.

Zugegeben: Zeit zum Reden gab es genug. Ich wollte aber nicht.

Warum eigentlich? Weil ich vor mir selbst nicht eingestehen will, dass ich wieder einer Beziehung zugestimmt habe, in der man zusammenzieht, gemeinsam lebt und so tut als wäre man ein Ehepaar, wenn auch ohne Trauschein. Ich bin tatsächlich altmodisch. Hoffnungslos altmodisch. Ich habe damit ein Problem – nicht meine Eltern. Die beiden sind nicht spießig, ich bin es. Und deshalb möchte ich auch nicht darüber reden. Nicht, dass es mir nicht gefiele, dass wir schon bald ein eigenes Haus hätten, nicht, dass ich nicht gerne täglich in seinen Armen aufwachte, nicht, dass mir Zweisamkeit Angst machte. Nein, ich mag keine Beziehungen ohne Trauschein. Ein Paar auf Probe. Daraus folgt: ein Paar mit Ablaufdatum. Doch ich habe diesem, Verzeihung, unheiligen Zustand zugestimmt. Ein Zustand, der - im besten Fall - bis ans Ende aller Tage prolongiert wird. Die verständliche Frage liegt auf der Hand: Was soll durch eine Ehe anders werden? Wahr ist, dass die meisten Beziehungen eben nur bis an das Ende der Beziehung dauern.

Ich hasse schon das Wort Beziehung. Was um der Götter Willen soll das heißen. Wer bezieht sich auf wen? Das klingt nach Zitat und nicht nach Liebesgeschichte. Vor allem aber: Es klingt nicht nach Happy End. Beziehungskiste, Beziehungskrise, Beziehungsende. Auf der hilfreichen Internetseite *fremdwort.de* steht nachzulesen, was unsereiner unter Beziehung zu verstehen hat. Erstens: sich beziehen auf, im Sinne von Anspielung, oder Anknüpfung. Das ist es wohl nicht. Zweitens: Zusammenhang. Nun bei einer Beziehung ist wohl wünschenswert, dass ein solcher besteht. Man hängt zusammen, oder besser aneinander. Mit Romantik hat das aber wenig zu tun. Drittens: eine vorteilhafte Beziehung. Gut, wenn sich Vorteile aus einer solchen Beziehung ergeben... Aber damit ist eine andere Bedeutung des Wortes gemeint. Der Text erläutert: gute Beziehungen zu höheren Stellen. Aha. Viertens: die Fähigkeit eine innere Verbindung herzustellen. Das will mir gefallen. Das Beispiel führt uns aber gleich vom Zwischenmenschlichen weg, nur damit sich keine Verwechslung einschleicht: Er hat eine Beziehung zu Hunden. Fünftens: Hinsicht. So wie, steht hier zu lesen, du hast in jeder Beziehung recht. Das klingt sehr nach gereifter Beziehung, aber nicht nach Begriffserklärung eben jener. Letztlich unter Punkt sechs: eine Partnerschaft zwischen zwei Menschen. Endlich, da ist sie ja: die Beziehung.

Ganz einfach. Eine Zustandsbeschreibung. Wir haben eine Beziehung. Keine Absichtserklärung, eine Beziehung eben. Ohne Bekenntnis. Was bleibt lässt sich in einen Satz fassen. Ich hatte 17 Jahre eine Beziehung. Ende der Geschichte. Ich will keine Beziehung mehr haben. Ich will heiraten. Man verschone mich mit Informationen wie: Jede zweite Ehe wird geschieden. Soll sein. In Beziehungen brechen auch Herzen, so wie meines zum Beispiel, ohne je davor bei einer Hochzeit höher geschlagen zu haben. Ich kann den Vorteil von Beziehungen nicht sehen.

Zusammenziehen ist der erste Schritt in die moderne Zweisamkeit unter dem Titel *Beziehung* und ich habe zugestimmt. Oh Mann, mir ist wirklich noch zu helfen? Wie auch immer: Es ist Zeit meinen Eltern davon zu erzählen, falls ich ihnen irgendwann meine neue Adresse und Telefonnummer geben will. Vier Stunden Autofahrt liegen vor uns und selbst ich finde keine Ausreden mehr das Thema *Unser neues Haus* nicht aufzubringen.

Gedankenverloren packe ich mein neues, altes Auto: Reisetaschen, Badesachen, Wasser- und Weinflaschen. Meine Eltern freuen sich auf das famose Acapulco der 50er Jahre. „Die guten Zeiten gehören längst zur Vergangenheit", werfe ich ein. Ein Schicksal, das Acapulco mit dem österreichischen Semmering teilt. Sogar das Flair Acapulcos erinnert an den einst schicken Luftkurorts im Süden von Wien. All das stört meine Eltern ganz und gar nicht. „Wir sind auch schon längst aus der Mode", scherzt mein Vater, „und daher in Acapulco bestens aufgehoben." Sie erinnern sich an alte Elvisfilme, Jonny Weissmüller und Drinks mit Ananassaft und Schirmchen-Dekorationen.

Kaum sind wir aus der Stadt, räuspere ich mich. „Ich wollte Euch noch etwas erzählen. Frank und ich werden zusammenziehen." Pause. Meine Eltern sagen nichts. Auch gut. „Wir haben schon ein Haus gefunden. Sobald wir aus Acapulco zurückkommen, zeige ich es Euch." „Also ist die Sache ernst", stellt mein Vater fest, „Ihr denkt also nicht nur, so wie du ursprünglich erwähnt hast, darüber nach. Das ist schon konkreter." Ich sehe ihn im Rückspiegel scherzen „nachdem du mich ja nicht mehr um Erlaubnis fragen musst...was soll ich da noch sagen?" „Wenn ich es müsste, was würdest du sagen?" „Dass ich ihn mag, deinen Steirer und das ich dir wünsche, dass du glücklich wirst." Meine Mutter unterbricht ihn, sie hat lange genug still da gesessen „Ihr zieht zusammen: Na endlich, beeilt Euch: Zeit zum Kinderkriegen." „Mama bis dahin ist es noch ein langer Weg." „Ich hoffe, kein zu langer, denn ich will meine Enkel noch kennenlernen." „Ich werde mein Bestes tun" lache ich.

Wir fahren durch die Sierra Madre del Sur: Kakteen, Steine, über die karge Landschaft kreisen Falken. Es wird langsam heiß im Auto, der alte Golf hat keine Klimaanlage. Ich mache das Fenster einen Spalt breit auf. Mein Vater sieht müde aus. Ich schaue in seine blauen Augen, junge Augen in einem fahlen Gesicht. Er ist älter geworden. Er geht am Stock und bewegt sich vorsichtig, so als sei er selbst besorgt, dass er bei einem Sturz zerbrechen könnte. Ich war gewohnt, mich an ihn zu lehnen, an seiner Schulter zu weinen und mich in seinen Armen vor der Welt zu verstecken. Jetzt braucht er meinen Arm und trotzdem, fühle ich mich an seiner Seite geborgen. „Ich liebe Euch beide", sage ich und meine Augen füllen sich mit Tränen. „Wir dich auch!", sagt meine Mutter und ich bemerkte, dass mein Vater inzwischen eingeschlafen ist.

„Er ist alt geworden, dein Vater", wirft meine Mutter ein, als hätte sie meine Gedanken erraten „deshalb habe ich auch dem Umzug ins Pensionisten-Wohnheim zugestimmt. Wenn er einmal nicht mehr gehen und nicht mehr aufstehen kann, werde ich Hilfe brauchen." Mit dem Bild vor Augen wächst meine Angst ihn zu verlieren „kann man nicht irgendetwas dagegen tun? Eine Behandlung, Therapie, Medikamente?" „Mein Schatz, das liegt einzig und allein bei deinem Vater. Er hat entschieden, dass er alt und gebrechlich ist. Und daher ist er es auch." Sie schaut aus dem Fenster. Ich weiß, dass sie stark ist, aber ich weiß auch, dass ein Pensionisten-Wohnheim nicht ihren Vorstellungen von Alter entspricht. Ginge es nach ihr, würden die beiden reisen, ausgehen und Freunde einladen. Sie würden weiterhin in ihrer eigenen Wohnung leben. Ganz nach ihren und nicht nach fremden Regeln.

„Wie geht es Euch dort im Pensionisten-Wohnheim?" Es ist das erste Mal, dass ich diese Frage stelle. „Ernsthaft?" „Ernsthaft." „Ich weiß nicht, ob ich das aushalte. Alte, Alte und noch mehr Alte. Unsere Wohnung ist schön, eine großartige Anlage, das ist es nicht. Ich glaube einfach, ich passe nicht dorthin." „Aber Mama, was, wenn du es irgendwann nicht mehr aushältst?" „Dann werde ich eine Lösung finden." Sie macht eine Pause. „Deine Schwester wird sich scheiden lassen, weißt du das schon?" Ich bin erstaunt. Nach 25 Jahren Sturheit die Erleuchtung? „Da können wir, wenn ich das Heim nicht mehr ertrage, ja zu ihr aufs Land ziehen." „Also, ich weiß nicht, ob das eine gute Idee ist." „Ich auch nicht", sagt sie und seufzt. Ich bin wirklich weit weg, zu weit. „Ich hätte Euch gerne bei mir", sage ich. „Liebes", sagt meine Mutter zärtlich, „alte Bäume kann man nicht verpflanzen."

Acapulco. Es ist schon nach Mittag und die Sonnenstrahlen tauchen die Kulisse der Stadt in goldenes Licht. Hier haben schon vor mehr als 4000 Jahren Menschen gelebt. Lange bevor die Azteken über dieses Land herrschten, trug dieser Ort schon den Namen Acapulco, die Ebene im Schilf. Im modernen Acapulco ist von Schilf keine Spur. Stattdessen liegt ein Häusermeer vor uns, eine Metropole, die immer weiterwächst. Entlang der Costera drängen sich Touristen, auf den Klippen sonnen sich die Reichen und auf den Hügeln am Stadtrand leben die, die sie bedienen. Sie putzen, kochen und servieren. Damit verdienen sie – wenn sie Glück haben - zwei Mindestlöhne pro Tag. Das reicht nicht für ein hübsches Häuschen am Rande der Stadt. Daher sind die Hügel außerhalb Acapulcos von grauen, rasch hochgezogenen Betonsiedlungen überwuchert, ähnlich aller elenden Vororte mexikanischer Großstädte. Meine Eltern wissen nichts von all dem – und ich habe nicht die geringste Lust ihre Ferienstimmung zu trüben. Die beiden schauen beglückt auf das glitzernde Wasser und zeigen einander Möwen, Schiffe und Felsen. „Ich kann das Meer riechen", sagt mein Vater und kurbelt seine Fensterscheibe ganz hinunter.

Ich erinnere mich an mein Leben vor Mexiko, an die grauen Wochenenden, an denen ich mich einfach ins Auto gesetzt habe und Richtung Italien gefahren bin. Ein paar Stunden später war er da, der Moment, in dem das Auge dieses Blau entdeckt, jedes Mal wie beim ersten Mal. Das Meer. Diese selbe unbeschreibliche Freude sehe ich heute in den Augen meiner Eltern.

„Wisst Ihr was? Wir nehmen einen Drink, bevor wir ins Hotel fahren", sage ich und parke mich vor einem der Strandlokale ein. Drei Margaritas, das Lied der Wellen und eine frische Brise. Mein Vater lächelt „das will mir wohl gefallen! Da lebt ja sogar ein alter Greis wie ich wieder auf." „Ein Greis bist du noch lange nicht Papa, und ich werde dir das beweisen. Komm wir gehen zum Ufer." Obwohl mein Vater protestiert, ziehe ich ihn hoch. „Der Stock bleibt hier, der hat auch Ferien." Langsam gehen wir über den Sand. Er wankt unsicher. „Ich weiß nicht, ob das eine gute Idee ist", sagt mein Vater. Ich schon und stapfe fest neben ihm her. Nur noch zwei Meter und das Wasser spült über unsere Schuhe. Plötzlich eine Welle, mein Vater klammert sich an meinem Arm fest. „Es kann nichts passieren", sage ich zu ihm und beruhige mich, schließlich schaffen wir unser beider Gleichgewicht zu halten. Vom Nabel abwärts sind wir nass. Alle zwei. Mein Vater lacht. „Die Margaritas werden warm! Zurück an den Tisch!"

Die nächsten Tage verbringen wir in Stans kleinem Strandhotel in Pie de la Cuesta, dem kleinen Ort nahe Acapulcos. Meine Eltern beziehen ein ebenerdiges Häuschen neben dem Pool. Ich klettere in mein Bett auf Room Number 9 und träume von den romantischen Nächten, die hier verbracht habe. Darauf muss ich wohl noch eine Weile warten. Mein geduldiger Geliebter hat Pause. Auszeit von der neuen Freundin und ihrer Familie. Die letzten Wochenenden und Abende waren wir nie zu weit. Ihn scheint das nicht zu stören. Man könnte sogar meinen, Frank genieße Familie. Wahrscheinlich, weil er als Kind davon nur träumen konnte. Der Herr Papa hat seine Mutter verlassen, als Frank gerade zwei Jahre alt war. Dort, wo ein Vater sein sollte, war eine Leerstelle. Frank liebt ihn nicht, er hasst ihn nicht. Aber er vermisst die Erinnerung an Familie.

Meine Eltern haben ihn ansatzlos adoptiert, meine Mutter hakt sich bei ihm unter und mein Vater gibt ihm ungefragt gute Ratschläge. Und Frank? Hört zu und macht keine Anstalten zu flüchten. Jetzt hat er Ruhe bis zum nächsten Wochenende. Am Strand gibt es nur meine Eltern und mich. Spätes Frühstück, Blick auf die Wellen, friedliche Stunden unter dem Palmendach. Später: Piña Coladas, Meeresfrüchte und Limetten. Keine Termine. Sonne am Rücken, Salzwassertropfen auf den Wimpern und Sand zwischen den Zehen. Wenn ich am Meer bin, frage ich mich jedes Mal, warum ich nicht für immer bleibe. Das Leben fühlt sich anders an, ich fühle mich anders an. Es ist so, als würden das Rauschen und der Geruch des Meeres daran erinnern, worum es im Leben wirklich ginge.

Ich beobachte meinen Vater. Seinen Stock hat er noch kein einziges Mal mit an den Strand genommen. Er stützt sich auf mich, so wie am ersten Tag. Er lacht laut, und wenn er sich selbst vergisst, bewegt er sich mühelos, so als hätte er sein Alter mit den Stadtkleidern abgestreift. Wenn die Sonne tief steht, spazieren wir über den Strand. „Ich glaube, ich sollte dich öfters in Mexiko besuchen", meint mein Vater, „so gut ist es mir schon lange nicht mehr gegangen." „Das trifft sich, ich habe vor hier zu bleiben", sage ich. Stimmt. Er geht leichter, schaut blendend aus und - er ist glücklich.

Wer hat die Hosen an?

Tula 62. Meine Eltern waren begeistert, obwohl ich das kleine Haus nur mit Worten eingerichtet habe. Noch steht es völlig leer. Die beiden sind inzwischen abgereist und ich genieße allein durch die Räume zu gehen. Ich schaue mir an, wie das Licht einfällt, und grüble, ob die Aussicht zur Absicht passt. Die Farben, die Stoffe, die Bilder. Ich weiß schon genau, wo das Sofa stehen muss, wo der Esstisch hinsoll und wie man aus den „Waschräumen" akzeptable Bäder macht.

Die Küche ist ein Thema für sich. Was das betrifft, erfinde ich den Raum gleich neu. Schließlich ist das mein Reich. Es ist mir egal, ob mich diese Feststellung ansatzlos in die Rolle der klassischen Frau zwängt und wenn - soll sein. Ich koche und will nicht bekocht werden. Schon gar nicht von kochenden Männern, die - da sie sich nicht für ein Gewürz entscheiden können - einfach quer durch den Kräutergarten würzen. Nach dem Motto eine Prise von allem. Als ob es nicht schon schlimm genug wäre, das Resultat essen zu müssen, sollte frau es dann auch noch loben. Nicht einmal ich kann so gut lügen und das als

Journalistin. Ich muss sagen, alles was ich über kochende Männer gesagt habe, gilt nicht für Frank. Was er bislang auf den Tisch gebracht hat, war einwandfrei. Aber ich glaube, wir sind am Ende seines Repertoires angelangt. Pluspunkt: Er fühlt sich nicht berufen, Jamie Oliver Konkurrenz zu machen. Er will sich nicht einbringen und überlässt mir kampflos das Terrain, die Küche. Daher richte ich sie auch ein.

Zuvor sind aber andere bauliche Probleme zu lösen. Ein Dienstmädchen habe ich schon, nicht aber die dafür erforderlichen Räumlichkeiten. Es gibt zwar ein Zimmer, aber kein Bad. Petra hat sich in den Jeep gesetzt, um mir bei diesem und anderen architektonischen Problemen zu helfen. Wir teilen die gleiche Leidenschaft und ich muss zugeben, sie ist verdammt gut mit genialen Lösungen. Zum Problem zusätzliches Bad, kommen wir beide zum selben Schluss: Der Hof ist der einzige Ort für Dienstmädchenbad und Waschküche in einem.

„Na, wie geht´s den Damen?" Frank ist gerade aufgetaucht. „Bestens, mein Lieber", sagt Petra. „Also das Bad für das Mädchen kommt hierher." Sie zeigt auf eine ungenützte Ecke im Patio „der Hof muss umgebaut werden!" Ich schließe an „für die Küche gibt es auch schon einen Bauplan und einen akzeptablen Kostenvoranschlag für Holzboden im ganzen Haus." Sein „Werde ich auch gefragt?", klingt leicht gereizt. Nein, eigentlich nicht leicht, sondern ziemlich gereizt.

Oh Mann! Habe ich Carlas Gebrauchsanweisung für Machos gänzlich vergessen? Ich hätte Petras Worte mit einem „für eine endgültige Entscheidung haben wir ja noch Zeit" abschwächen sollen. Dann später, bei einem Glas Wein, wäre der passende Zeitpunkt, um über den Umbau zu reden. Dabei, frei nach Carla, hätte ich meinen

Geliebten geschickt davon überzeugt, dass alles was ich längst geplant habe, ursprünglich seine Idee war. Zu spät. Stattdessen sage ich „Entschuldige, ich habe gedacht, ich kümmere mich um den Umbau." Petra dreht sich um und geht ins Wohnzimmer ab. Sie hat offensichtlich keine Lust auf Beziehungskrisen. „Und ich würde gerne mitbestimmen", sagt er eisig. „Also gut, wohin kommt das Bad für die Maid?", frage ich schnippisch. Völlig unfair, keine Frage. „Das weiß ich jetzt noch nicht, aber ich werde es mir überlegen."

Kurz später steigt Petra ins Auto, Zeit für den Rückzug. Frank und ich gehen durch unser leeres Haus. Im ersten Stock finden wir die Worte wieder. „Es tut mir leid", sage ich. „Mir auch, aber ich hatte den Eindruck, Petras Meinung ist wichtiger als meine." „Warum…. Nein, ich habe sie nur um Rat gebeten" und das waren meine letzten Worte, denn ich falle mit lautem Poltern die gesamte Stiege bis zum Erdgeschoss hinunter. Unten komme ich zum Sitzen, ohne Luft aber mit einem stark schmerzenden Knöchel. „Liebling, bist du Okay?" Franks Tonfall ist plötzlich ein anderer. „Ich glaube schon. Für heute reicht es mir. Lass uns was essen gehen." „Antrag angenommen", lacht mein verwandelter Prinz, offensichtlich genauso erleichtert wie ich, dass wir den Streit nicht weiterführen müssen. Er zieht mich hoch. „Pass auf dich auf, meine Kleine!"

Vermeiden wir Konflikte? Es scheint, als wollten wir beide nicht aus der rosaroten Wolke fallen. Nur nicht zurück in die Wirklichkeit, in das reale Leben, dort wo Paare sich anschreien und auseinandergehen. Nur keine Konflikte. Davon hatten wir mit unseren Ex-Partnern in unseren Ex-Beziehungen in unseren Ex-Leben genug. Aber genau diese Methode des Vermeidens bereitet den idealen Boden für die Krise. Die Beziehungskrise. Ich nehme mir vor in Zukunft zu streiten, wenn es was zu streiten gibt. Nur heute noch nicht. Ich umarme den Mann vor mir und vergesse den guten Vorsatz im gleichen Augenblick.

Der Kaiser von Mexiko

Maximilian war ein großer Mann. Nicht nur, weil tatsächlich mit körperlicher Größe gesegnet, auch nicht, weil er als erster in der mexikanischen Geschichte, Gesetze auf Nahuatl (die Sprache der indianischen Bevölkerung) übersetzen ließ, oder weil er einen Gesundheitspass für Prostituierte einführte. Und schon gar nicht, weil er die Galauniform der Charros am Wiener Opernball salonfähig machte. Nein. Ein großer Mann war er, weil es ihm gelungen ist, die Herzen der Mexikaner zu erobern. Natürlich gilt das nicht für alle Herzen, das seines Widersachers Benito Juarez blieb ihm verschlossen, aber er eroberte die Herzen vieler anderer, deren Enkel und Urenkel noch heute vom Kaiser erzählen. Der Habsburger hat geschafft, in nur drei Jahren, im Gedächtnis der Menschen zu bleiben und so hört man sie immer wieder, die Geschichte von Maximilian mit dem traurigen Ende. Soweit das Ende tatsächlich so traurig war, wie in Geschichtsbücher nachzulesen ist. Zweifel ist angesagt, glaubt man, was in der Zeitung steht.

Ich sitze gerade in meinem neuen Bett, im neuen Schlafzimmer, im neuen Haus und lese die Reforma. Ein konservatives Blatt, in dem ein Historiker mit dem Namen Juan Manuel Villalpando über den famosen

Habsburger schreibt. Diese Geschichte legt nahe, dass der Max nie hingerichtet worden sei. An seiner Stelle hätte man 1867 ein unschuldiges Double erschossen. Der Kaiser hingegen sei still und leise aus dem Land geschafft worden. Max hätte danach in San Salvador als Bürgerlicher, unter anderem Namen, ein bescheidenes, aber beschauliches Leben geführt. Mit über achtzig Jahren sei der Habsburger dann – ganz friedlich - aus dieser Welt geschieden.

Die Geschichte interessiert mich. Ich greife nach meinem Bademantel und tapse barfuß in mein Büro. In der Redaktion höre ich, dass der Autor hauptberuflich Anwalt sei und als Uniprofessor Recht unterrichte. An der Hochschule finde ich Villalpando schließlich, besser gesagt, ich finde seine Sekretärin. Sie verspricht, so bald wie möglich mit dem Herrn Professor zu sprechen. Hoffentlich komme ich zu einem Termin, bevor einer meiner schreibenden Korrespondentenkollegen die Geschichte übersetzt und als Eigenbau veröffentlicht. Titel: Der geflohene Habsburger.

Beschwingt schenke ich mir eine Tasse Tee ein und gehe in mein neues Badezimmer. Dieses Haus ist genauso geworden, wie ich es mir vorgestellt habe. Ich bin zufrieden mit meinem Werk und meiner neuen Strategie. Eine Methode, die man „Anleitung zum Glücklichsein" nennen könnte. Es geht um das Thema „Wie überzeuge ich meinen Mann von meinen Ideen" oder klarer „Wie bringe ich ihn dazu, dass zu wollen was ich will." Natürlich stütze ich mich auf die Erkenntnisse der Expertin Carla Soto.

Was den Umbau betrifft, war die Sache einfacher als ich dachte. Es ist hilfreich, dass mein Mann einen ähnlichen Geschmack hat. Höchst praktisch, dass er noch nicht viele Wohnungen oder Häuser umgebaut hat und letzlich sehr zuträglich, dass ich endlich begriffen habe, wie das Manual in Sachen Machos anzuwenden ist. Erstens: Ihn um seine Meinung fragen, nein, vielmehr ihn um Rat bitten. Wenn es unterschiedliche Anschauungen gibt, zu Schritt zwei übergehen. Der lautet: Den guten Mann mit geschickten Überzeugungstechniken (Monologtrick, Pros und Contras, etc.) in die gewünschte Richtung lenken. Drittens und zu guter Letzt: Ihm gratulieren. Für die gute Idee, für die Lösung des Problems, für seinen guten Geschmack. Tan Tan! Das würde eine Mexikanerin sagen und heißt so viel wie: Sache erledigt.

Tatsächlich werde ich mit jedem Tag mexikanischer, nicht nur, was den Umgang mit Machos betrifft. Ich habe bemerkt, dass ich Zeit habe. Mehr Zeit als je zuvor. Ich arbeite, verkaufe genauso viele Geschichten und produziere sie in der gleichen Zeit wie zuvor, aber ich habe mehr Zeit. Das mag daran liegen, dass es in diesem Land keine sichtbaren Uhren gibt. Die Menschen tragen sie am Arm und jeder hat eine digitale Uhr am Mobiltelefon, aber es gibt keine öffentlichen Uhren an Busstationen, Kirchtürmen, Schulen oder auf Hauptplätzen. Öffentliche Uhren, die ständig darauf hinweisen, dass die Zeit vergeht. Die einen pausenlos daran erinnern, was man zu tun hat, oder - besser gesagt - was man noch nicht getan hat. Uhren, die einen wissen lassen, dass die Zeit abläuft. In Mexiko sieht man die Uhrzeit nur, wenn man wirklich wissen will, wie spät es ist.

Noch etwas Seltsames passiert, etwas, das ich nie für möglich gehalten hätte. Ich habe gelernt zu warten. Nicht nur, weil einem in diesem Land nichts Anderes übrigbleibt, sondern weil man Warten tatsächlich auch genießen kann. Man muss nur darauf vorbereitet sein. Ein gutes Buch in der Tasche, ein Apfel, eine Flasche Wasser. Kein Problem, denn anstatt zu warten macht man einfach Pause und dagegen ist ja nichts einzuwenden. Das Leben wird langsamer. Man kann innehalten. Man kann nachdenken. In den ersten Monaten hier habe ich geglaubt, dass ich ununterbrochen Zeit verliere, inzwischen weiß ich, dass ich ununterbrochen Zeit gewinne.

Das Telefon läutet. Gut, dass ich schon aus der Wanne gestiegen bin und noch besser, dass Leonila, das Dienstmädchen abhebt. „Para Usted, Señora!" Für sie! „Bueno?" „Mision cumplida - mission accomplished", sagt eine freundliche Stimme am anderen Ende der Leitung. Die Sekretärin von Villalpando. Ob ich morgen Zeit hätte, so gegen 16 Uhr? „Perfekt. Sie sind ein wahres Genie!" Sie lacht.

Das wichtigste in meinem journalistischen Leben waren immer Sekretärinnen. Und ich lasse sie wissen, wie wichtig sie sind. Das sind sie auch. Sie sind die Gatekeeper. Ich habe viele Interviews und ebenso viele Drehgenehmigungen nur dank der jeweiligen Sekretärin bekommen. Nicht zuletzt verdanke ich so manchen Job den Damen im Vorzimmer, weil sie mich taktisch vor andere Bewerber gereiht haben.

Noch immer im Bademantel wähle ich die ORF-Nummer. Die Story Max in Mexiko verkauft sich problemlos. „Natürlich schicke ich den Kostenvoranschlag so schnell wie möglich. (Pause) Mir ist die Budgetsituation bewusst. (Pause) Keine Sorge, die Reportage ist für den flauen Fernsehsommer fertig. (Pause) Klar, mache ich Pressearbeit von hier aus. Alles Liebe nach Wien." Kurz: Das war ein sehr erfolgreicher

Morgen im neuen Zuhause. Eine Woche ist vergangen, seit wir in dem kleinen, blauweißen Haus unsere erste Nacht verbracht haben. Kartons mit Büchern stehen noch vor einem halb leeren Bücherregal und neben meinem Kasten liegt, wie in einem Hotelzimmer, noch immer der geöffnete, halb gepackte Koffer. In der Küche fehlt noch eine klare Ordnung der Dinge und die Liste könnte man noch lange fortsetzen.

Wie auch immer: Das hier ist unser Haus, ein richtiges Haus, mit allem was dazugehört. Aus zwei Wohnungen an entgegengesetzten Enden der Stadt ist eine Adresse geworden. Eins - und dieses Eins fühlt sich gut an. Eben Zuhause, ein sehr luxuriöses Zuhause. Schließlich gibt es Antiquitäten aus England, eine Bibliothek im ersten Stock und eine Maid. Auch wenn Leonila erst lernen muss ein Dienstmädchen zu sein, so wie ich erst lernen muss eines zu haben.

Das Dorf aus dem Leonila kommt, liegt weit von jeder Stadt entfernt. Das Haus ihrer Eltern ist eine Hütte. Es gibt keinen festen Boden, sie sagt „no hay piso firme nada mas tierra", nur gestampfte Erde. Das gesamte Haus ist ein Raum mit Feuerplatz, Geschirr an der Wand und zwei Betten für fünf. Unser Haus ist das erste Stadthaus, in dem sie leben wird. Eiskasten, Mikrowelle und Waschmaschine sind für sie unbekannte Größen. Das Leben in einer Stadt im Jahr 2000 ist für Leonila ein Abenteuer. Eine Woche lang haben wir gemeinsam Betten gemacht, Wäsche gewaschen, geputzt und gekocht. Ich mag sie. Und nachdem ich dazu neige, mich in das Leben anderer einzumischen, habe ich sie überredet die Grundschule fertig zu machen und bezahle das auch. Ab heute geht sie jeden Nachmittag zum Unterricht.

Was wäre wenn...

Ferdinand Maximilian Joseph Maria. Überall in dieser Stadt stößt man auf seine Spuren: Max in Mexiko. Die Bäcker backen heute noch „Kaiser" und das sind nichts Anderes als ganz gewöhnliche Semmeln. Sie sehen aus wie in Österreich und schmecken fast genauso. Die größte Hinterlassenschaft des Habsburgers ist aber sein Schloss. Was ein echter Kaiser sein will, muss auch ein Schloss haben, oder - falls keins vorhanden - eines bauen, beziehungsweise ein bestehendes Gebäude umbauen. Das hat Max getan. Sein Schloss ist das einzige in ganz Lateinamerika. Von dort aus überblickte der Kaiser vor 136 Jahren seine Stadt.

Max war ein Adliger vom alten Kontinent und wusste, was seinesgleichen gebührt. Daraus folgt: Wer ein Schloss hat, braucht auch eine Prachtstraße dorthin. Auch die hat er bauen lassen und sie *Paseo de la Emperatriz* genannt, die Promenade der Kaiserin. Inzwischen heißt sie Reforma und ist noch immer die kürzeste Verbindung vom Schloss zum Regierungspalast. Nur, dass das heute irrelevant ist, da im Schloss keiner mehr residiert.

Der kaiserliche Hausrat ist zur Museumsattraktion geworden und das Kaiserpaar lächelt nur noch von Postkarten: Max und Charlotte. Ein anderes Motiv, vom Volk noch beliebter: der gebürtige Österreicher zu Pferd, in echter Charro-Montur. Auf diesem Bild ist Max Mexikaner, im Herzen war er das wohl auch. Obwohl viele den importierten Herrscher nicht im Land haben wollten. Diese Tatsache musste er schließlich zur Kenntnis nehmen, spätestens am 19. Juni 1867, am Tag seiner Erschießung. Soweit, wie erwähnt, die Geschichte tatsächlich genauso ablief, wie sie heute erzählt wird.

Kurz vor vier Uhr nachmittags - wie immer zu pünktlich. Ich schaffe nicht einmal in dieser Stadt, zu spät zu kommen. Die Sekretärin des Herrn Professors lächelt mich an. Der Maestro sei schon am Weg, ich solle es mir inzwischen gemütlich machen. „Te gustaría un café?" Ein Kaffee? „Danke, sehr gerne." Wir sind schon per du und es macht mir gar nichts aus, dass sich der gute Mann verspätet. „Entschuldigung", keucht eben dieser, als er eine halbe Stunde später bei der Tür hereinstürmt. „Kein Problem. Danke, dass Sie sich so kurzfristig Zeit nehmen..." Kaum in seinem Büro kann ich es nicht länger aushalten „glauben Sie wirklich, dass Maximilian nicht hingerichtet wurde?" Pause, lange Pause. „Die Theorie erscheint mir durchaus plausibel." Das hört sich nicht sehr überzeugt an. Nun, diese Version der Geschichte, stellt der Professor klar und hüstelt, sei hierzulande nicht populär. Ein ausländischer Kaiser müsse standrechtlich hingerichtet werden und würde nicht einfach, nachdem die Monarchie gescheitert sei, mir nichts dir nichts nach Hause geschickt. „Auch Kaisern muss Recht geschehen, zumindest für die Öffentlichkeit", scherzt Villalpando.

„Schauen Sie, Maximilian war Freimaurer und Benito Juarez auch. In unseren historischen Archiven finden sich viele Briefe berühmter Freimaurer. Briefe, in denen diese Männer Juarez, als Bruder, persönlich um Gnade für Maximilian bitten, darunter Victor Hugo. Ein weiterer Hinweis: Es gibt zumindest drei unterschiedliche Fotos vom toten Kaiser. Mich persönlich überzeugt keines!" Der Professor ist sichtlich erregt „als der Leichnam in Österreich ankam", führt er aus, „war der Kommentar seiner Mutter Sofia ganz eindeutig: *Das ist nicht mein*

Sohn, gab sie unmissverständlich zur Kenntnis. All das sind natürlich keine Beweise. Leichen verwesen sicher zur Unkenntlichkeit während langer Schiffsreisen, und wenn die Volksseele nach Blut schreit, lassen sich wahrscheinlich auch Briefe von Freimaurerbrüdern zur Seite schieben. Aber diese Hinweise aus San Salvador... Dieser Rolando Deneke behauptet, er habe persönliche Habseligkeiten von Maximilian in seinem Besitz. Bekannte Stücke, die nach der Hinrichtung des Habsburgers verschwunden sind. Deneke insistiert, dass Maximilian ein guter Freund seiner Großmutter war. Der Fremde der 1867 nach Salvador kam, vertraute sich der alten Frau an. Die wiederum hätte, nach des Habsburgers Tod, dessen Habseligkeiten aufbewahrt und Deneke schließlich vererbt."

Villalpando seufzt. „Ich habe diesen Mann nie persönlich getroffen, noch seine Schätze gesehen. Aber die Stücke, die er angibt und bereits anderen Historikern zeigte, waren tatsächlich im Privatbesitz des Kaisers." Pause. „Warum besuchen Sie Denecke nicht selbst?", wundere ich mich. Rolando Deneke sei nicht zu weiteren Treffen bereit, nachdem ein spanischer Diplomat, ohne seine Zustimmung, des Habsburgers Geschichte als Roman veröffentlicht hat. Der Mann heißt Santiago Miralles und sein Buch *La Tierra Ligera* (6). Die beiden trafen einander, Ronaldo erzählte vom geflohenen Habsburger, nahm Santiago Miralles jedoch sein Wort ab, so Deneke, darüber Schweigen zu bewahren. Der aber brach es und veröffentlichte *La Tierra Ligera*. „Das ist zumindest Denekes Version der Geschichte und deshalb will er nichts mehr mit Autoren, Historikern oder Journalisten zu tun haben." Was ihn betrifft, er selbst würde jederzeit gerne ein Interview zum Thema geben

„será un placer", mit Vergnügen, sagt er noch. Wenn das wahr ist, denke ich beim Hinausgehen, wenn das wirklich wahr ist, ist das eine der besten Geschichten, die ich je gehört habe.

Da unterbricht mein Mobiltelefon meine Gedanken. Petra: „Weißt du, dass wir mit der Macho-Dokumentation im Rating-Himmel gelandet sind?" „Nein, weiß ich nicht." „Also, nach Zuschauerzahlen war das dein bester Schauplatz und meine Liebe: Der Generaldirektor gratuliert persönlich!"

Machos sind Blockbusters. Was lernen wir daraus? Männer und Frauen, Prinzen und Prinzessinnen, Liebschaften und Ehesachen, an solche Themen soll man sich halten, anstatt das Publikum mit so unerfreulichen Dingen wie Armut zu konfrontieren. Ein historischer Krimi mit blauem Blut, über Trug und Tragödie könnte auch funktionieren. „Wenn ich mich nicht irre, haben wir bald wieder eine gute Geschichte fürs Patschenkino..."

Mirror, Mirror on the wall, like my mother after all

Es ist Sonntag und wir sind alleine. Leonilla hat frei, trautes Heim Paar allein. Nicht ganz so traut, denn nicht getraut, wenn auch mittlerweile vertraut, heute aber vergrault. Im Klartext: Der Beziehungssegen hängt schief. Es ist immer das gleiche Spiel. Ich stehe auf, steige über seine Wäsche, und folge der Spur bis zur Küche, so als hätte er am Vorabend seine Route vorsichtshalber markiert. Dort angelangt, sehe ich ihn dann auch: ein Mann an der Arbeit. Genau jetzt sollte das Herz der liebenden Frau höherschlagen. Tut es aber nicht. Er macht Frühstück und das sieht man auch. Der Orangensaft tropft über die Kante der Bar und hat auf den Fliesen darunter einen kleinen orangefarbenen Teich hinterlassen. Die Barplatte – aus Holz – ist voller ausgepresster Hälften und alles was zuvor auf der Bar stand, klebt nun an ihr fest. Am anderen Ende der Küche ist die Kaffeemaschine übergegangen und all die Zutaten für ein ausgedehntes Sonntagsfrühstück nehmen ungeordnet den Rest der freien Fläche ein.

„Guten Morgen, Liebling", lächelt der Mann im Bademantel unter wirrer Frisur. „Guten Morgen", antworte ich, nach Liebling ist mir gerade nicht. Ich ergreife im Vorbeigehen den Bodenfetzen, um das stete Anwachsen des Sees am Boden einzudämmen. Mit der anderen Hand sammle ich die Orangenschalen ein, muss dann aber feststellen, dass in den Mistkübel beim besten Willen nichts mehr passt. Er sieht mein Dilemma und versucht zu besänftigen „Liebling, das machen wir später. Stress dich nicht." Stress dich nicht? Das klingt genauso wie jemanden zu bitten einfach spontan zu sein. Dass ich mich stresse, ist eine natürliche Reaktion auf die gegenwärtige Situation. Das ist eine Küche und keine Müllhalde, und ganz nebenbei ist es meine Küche. Das sage ich nicht – aber ich seufze hörbar und füge leise hinzu „ich kann ja schon mal anfangen das Chaos zu beseitigen."

Frank sagt nichts und schaut mich nur an. Genau jetzt erinnere ich ihn an seine Mutter. Kein Zweifel. Ich schiebe den Mistkübel mit neuem Müllsack vor seine Füße. „Könntest du bitte die Orangenschalen direkt in den Mist werfen. Orangensaft tut der Holzplatte wirklich nicht gut." „Genug", sagt Frank und legt eine noch nicht gepresste Orangenhälfte beiseite, ganz nebenbei, wieder auf die Holzplatte. „Ich habe keine Lust mich von dir herumkommandieren zu lassen." „Und ich habe keine Lust hinter dir herzuräumen." Er schenkt sich einen Kaffee ein, dreht sich zu mir um und fragt: „Weißt du eigentlich wie bossy du bist?" Ihm sei die Lust auf das Frühstück vergangen und er geht, mit der Kaffeetasse in der Hand, zur Tür hinaus. Ich höre seine Schritte auf der Stiege.

Ein gekränkter Mann ist auf dem Weg in den ersten Stock. Na fein. Da stehe ich also und schaue mich auf dem Schlachtfeld um. Schließlich staple ich das schmutzige Geschirr, verstaue Käse und Wurst im Eiskasten, wische alle Arbeitsflächen sauber und beginne, nach dem Abwasch, den Küchenboden aufzuwaschen. Ich bin wütend. So sehr, dass ich den Ärger in der Kehle spüre. Was mache ich da eigentlich? Es ist Sonntag und ich putze, ohne auch nur einen Kaffee getrunken zu haben. Warum ich? Warum steht hier nicht der, der all den Dreck hinterlassen hat? Resümee: Ich bin das Opfer. Der Mann ist Täter und die Frau Opfer. Woran erinnert mich das? An meine Mutter.

Tausende Male habe ich ihren verärgerten Monolog belauscht. Belauscht ist nicht der richtige Ausdruck, denn die gute Frau hat ihrem Ärger stets lautstark Luft gemacht. Ihr Text lautete in etwa so: warum ich? Warum muss ich immer hinter allen drein räumen? Warum lässt in dieser Familie jeder alles stehen oder liegen, wo es ihm aus der Hand gefallen ist? Warum kann mein lieber Mann nicht einmal, wenn auch nur ein einziges Mal, beim Aufräumen helfen? Oder Geschirrwaschen? Vielleicht sogar den Hund füttern? Nein, das er konnte nicht, oder besser gesagt wollte er nicht und die liebe Tochter genauso wenig. Diese Tochter, also ich, bemerkte dann nur stets trocken: „Warum tust du es dann? Warum räumst du hinter uns her? Lass doch einfach alles dort liegen, wo wir es fallen ließen. Es zwingt dich ja keiner aufzuräumen." Wenn dieser erste Teil meine arme Mutter nicht beeindruckt hatte, schloss ich mit „nerv mich nicht und leg die Opferrolle ab, auch wenn du dich darin anscheinend sehr wohlfühlst!"

Was um der Götter Willen ist passiert? Wann bin ich selbst in die Opferrolle geschlüpft? Aber vor allem warum? Unordnung stört mich. Ich will, für meine Seelenruhe, alles fein säuberlich an seinem Platz. Ich bin gut konditioniert, meiner Mutter und meinem Vater sei Dank. Frank hingegen stört weder Unordnung noch Schmutz. Kein Wort von seiner Seite, das ich aufräumen soll. Ich tue es freiwillig. Wenn mich hier einer zum Opfer macht, bin ich es selbst. Was will ich damit erreichen? Dass er sich auf meine pedantische Ordnung einstellt? Dass er ein anderer wird? Wo ich doch genau weiß, dass weder Männer noch Frauen sich ändern. Schon gar nicht in unserem Alter. You get what you see, sagt meine liebe Freundin Petra stets, wenn es zu diesem Thema kommt und sie hat recht.

Warum beschließe ich das Opfer zu spielen? Könnte sein, dass auch mir die Rolle gefällt? Ich setze mich mit einem Kaffee an die Bar. Eine ganze Stunde ist vergangen und das Geschirr sauber, die Küche blitzt und alles ist wieder fein säuberlich verstaut. Das Frühstück hat nicht stattgefunden und mein Mann ist verschwunden. Ich kann mir nicht helfen, ich fühle mich missbraucht, auch wenn mich das selbst am meisten ärgert. Wie kann ich den Teufelskreis unterbrechen? Soll ich einfach alles liegen und stehen lassen? Also, meinen eigenen Rat von vor 20 Jahren befolgen? Soll ich weiterhin als Ehedrache herumlaufen, ihm und mir die Sonntage zur Hölle machen? Oder darauf bestehen, dass wir beide gemeinsam aufräumen? Soll ich einfach den Mund halten und weiterhin allein putzen? Ich beschließe vorerst einmal zu duschen und dann weiter zu brüten. Da höre ich die Eingangstür ins Schloss fallen. Frank hat offensichtlich auch einen Beschluss gefasst, und zwar den - außer Haus - zu frühstücken.

Als er ein paar Stunden später heimkommt, sagt er: „Es tut mir leid." „Mir auch." Er schaut mir in die Augen. „Ich kann es einfach nicht ausstehen, wenn man mir sagt, was ich zu tun habe." „Verstehe ich, wir müssen einfach eine Lösung finden, wie wir Sonntagskrisen und Haushaltsthemen aus der Welt schaffen. Ich mag auch nicht meine Sonntage putzend in der Küche verbringen." Er nickt „einverstanden!" Lösung haben wir keine. Das Thema wird vertagt, wie schon gehabt.

An diesem Nachmittag sitze ich an meinem Schreibtisch und traure. Die rosarote Brille wird wieder im Etui verstaut, der erste Teil der Liebesgeschichte ist zu Ende. Diese Zeit, in der alles perfekt war: Keine Konflikte, keine Krisen, nichts konnte das Glücksgefühl trüben. Doch jetzt, keiner weiß, wie das kommen konnte, ist diese himmlische Zeit vorbei und der Alltag schleicht sich ein. Damit wird der Zauber zur Wirklichkeit und leise, ganz leise lässt sich wieder meine innere Stimme vernehmen. Zu Beginn noch undeutlich, doch bald schon ganz klar und verständlich: Meine Liebe, raunt sie, das ist der Anfang vom Ende. Ab jetzt ist nichts mehr, wie es war. Sind es nur noch ein paar Schritte bis zum Adieu?

Auf des Kaisers Spuren...

Avenida Mazatlan, Ecke Alfonso Reyes. Der Mann, der mir die Tür aufmacht, ist kleiner als ich und trägt einen Steireranzug. Mitten in Mexiko? Roman Castillo ist dünn, fast zu dünn, seine Stimme entspricht der zarten Gestalt. „Bienvenidas" er lächelt unsicher „pasen!" Petra erwidert sein Lächeln und tritt ein, alleine hätte ich mich nie über diese Schwelle getraut. Drinnen ist es düster, alle Fenster wurden mit Leintüchern verhängt. Es riecht nach Katzenstreu und alten Möbeln. „De aquí con mucho cuidado, me permiten que me adelanto?" Ab hier sollen wir sehr aufpassen, er ginge lieber vor. Eine enge Treppe in den Keller. Die Tür springt auf und ich stehe zwei Totenköpfen gegenüber. Gut, dass ich mich unter Kontrolle habe, sonst hätte ich womöglich laut aufgeschrien und wäre in Ohnmacht gefallen. Der Raum ist keine Folterkammer, sondern eine private Gedenkstätte für zwei Prominente. Max und Charlotte. Zwischen Blumen, Kerzen und tönernen Totenköpfen, ein Foto vom Kaiserpaar.

Eine delikate Sammlung. Andenken an das Imperium, an Mexiko des 19. Jahrhunderts. Die Kaffeetasse mit dem Habsburger hinter rotem Rauschebart, ein kaiserlicher Orden und der mexikanische Adler auf einem Marmorsockel. Zwei Buchstaben aus Messing: M und M: Maximilian von Mexiko. Ein Stoß kopierter Blätter liegt am Tischrand, darauf eine welke Rose. Unser Gastgeber bemerkt meinen interessierten Blick „das sind Gedichte des Kaisers. Die Poesie ist eines seiner vielen unbekannten Talente." Roman Castillo verehrt den Habsburger, für ihn wird Max wohl immer der Kaiser bleiben.

Er hätte eine ganz besondere Beziehung zu Max und Charlotte. Diese umfangreiche Ausstellung, unterstreicht Roman schüchtern, sei kein privates Museum, sondern ein Altar.

Leidenschaftlich erzählt er über die unbekannten Seiten Maximilians, seine künstlerische Seele und seine Empfindsamkeit. „Der arme Mann wurde mit der falschen Frau verheiratet, wissen Sie das? Max war wie Sissi ein Freigeist, ein Dichter und ein Reisender. Charlotte hingegen ähnelte seinem älteren Bruder Franz Joseph. Sie wäre die ideale Frau für einen österreichischen Kaiser gewesen. Hof-Etikette, Regierungsgeschäfte, repräsentative Aufgaben, das war ihr Metier. Der arme Max hingegen war ein Reformer. Mit Sissi, ja mit Sissi wäre unser Kaiser glücklich geworden." Deshalb dürfe das Bild der bayrischen Schönheit an diesem Ort auch nicht fehlen, ebenfalls mit Rosen bedacht.

Roman seufzt. Seine mexikanischen Landsleute hätten den Habsburger einfach nicht verstanden. Ganz zu schweigen von diesem Tölpel, diesem Benito Juarez. Wie konnte er nur? Ich erwähne nichts von der Theorie des entkommenen Kaisers und tauche in Romans Welt vom tragischen Leben und Sterben des Habsburgers. Zum Abschluss setzt er sich ans Klavier und spielt ein paar fertiggestellte Melodien aus der Operette, die er - aus Liebe zum Kaiser – selbst komponiert hat. Er hätte nur die Verse Maximilians vertont, erklärt er bescheiden. Diese Kulisse kann man sich nicht ausdenken. Ich bitte unseren Gastgeber um ein Interview in seinem Reich, dabei solle er seinen, den nicht öffentlichen Max von Habsburg vorstellen. Roman ist beglückt und sagt zum Abschied „Ich erwarte mit Freude Ihren Anruf!"

Menschen können aus Fehlern lernen, selbst Paare. Ein Sonntag später, ein neuer Ort, die gleichen Darsteller: Beide frisiert, guter Dinge, keine Wolke trübt den Beziehungshimmel. Frühstück im kleinen Restaurant um die Ecke. Vermeidung ist zwar keine Lösung für sonntägliche Krisen, aber ein Weg sie zu umgehen. Frank und ich proben Phase 2, sprich den Alltag im Zusammenleben. Phase 2 folgt direkt auf Phase 1: Die himmlische Verblendung. Ich muss zugeben, ich bin kein geduldiger Mensch, vor allem nicht vor dem Frühstück. Der Mann an meiner Seite weiß das und winkt dem Kellner, sobald wir über die Schwelle treten. Noch im Stehen bestellt Frank Kaffee und Kipferln. Er mahnt den Kellner „und das bitte rasch, wir wollen doch, dass die Señora bei Laune bleibt, oder?" Der Angesprochene nickt eifrig und geht im Laufschritt ab. Gibt es ein Manual im Umgang mit Frauen? Wenn ja, dann beherrscht Frank es zweifellos.

„Was hältst du davon, wenn wir uns in Wien treffen?" Frank muss dienstlich nach Deutschland und plant einen Abstecher nach Österreich „dann kann ich dich meiner Familie vorstellen..." „Ich muss dich warnen: Ich habe kein Talent in solchen Angelegenheiten. Ich meine, im Umgang mit Verwandten." „Keine Sorge, wir holen ja nicht ihre Zustimmung ein", lacht Frank,„sondern konfrontieren sie mit Tatsachen." Tatsachen? Das will mir gefallen. Warum nicht? Schließlich hat auch er dem prüfenden Blick meines Vaters standgehalten.

Wir werden in meiner alten Wohnung in Wien absteigen. Die habe ich immer noch, obwohl längst Zeit wäre, sie aufzulösen. Irgendetwas hat mich bis jetzt zurückgehalten. Habe ich mir noch eine Hintertür mit dem Schild *Notausgang* offengehalten? Wie auch immer, am Ende dieser Reise wird auch diese Tür geschlossen.

Ich werde nicht wieder zurückgehen. Über Spiegeleiern mit scharfer Soße machen wir Urlaubspläne. Wir wollen einander Orte zeigen, die unser vergangenes Leben erzählen und einander alte Freunde vorstellen. Warum nicht ein Treffen organisieren? Meine Freunde, deine Freunde, alle an einem Ort. Das wird spannend.

Kommt seine Ex-Frau, kommt mein Ex-Mann? „Meine Ex-Frau sicher nicht", stellt Frank sofort klar, „wir haben einander zum letzten Mal vor Gericht gesehen." „Mein Ex-Mann schon...", sage ich vorsichtig, „ich hoffe, das stört dich nicht. Harald und ich sind miteinander erwachsen geworden und ich fände es seltsam, wenn er, einer meiner besten Freunde, nicht dabei wäre." Ich versuche in Franks Gesicht zu lesen „denn das sind wir heute: wirklich gute Freunde. Wenn du ihn kennenlernst, ist er auch nicht mehr der mysteriöse Mann, bei dem sie 17 Jahre blieb." „Kein Problem", sagt Frank, „ich werde Olga einladen. Die habe ich zwar nicht geheiratet, aber sie noch heute eine gute Freundin von mir. Sie ist eigentlich meine Ex-Frau und nicht die, mit der ich irrtümlicherweise eine Ehe eingegangen bin." Den Namen Olga kenne ich. Sie war wichtig, ist wichtig, Zeit sie zu treffen. So haben unsere Geschichten danach ein paar Bilder mehr, und ein paar Geheimnisse weniger. Doch vor dieser habe ich noch eine andere Reise geplant: San Salvador.

Die letzten Tage seiner Hoheit

Es ist 7 Uhr und 15 Minuten morgens, der Flieger sollte eigentlich schon in der Luft sein. „Wir warten noch auf die Startgenehmigung", erklärt der Pilot in kaum verständlichem Englisch, die Ursache sei der dichte Flugverkehr über der Megacity. Neben mir sitzt eine dieser Damen, die so perfekt aussehen, dass ich mich ernsthaft frage, ob sie echt sind. Ein klassisches Cologne hüllt meine Sitznachbarin ein, ich würde auf Etienne Aigner tippen. Sie lächelt. Jedes silberne Haar auf seinem Platz, dezentes Make-up, tadellos gekleidet - vom Seidenhalstuch bis zu den polierten Schuhen. Abgesehen vom Halstuch, hoffe ich inniglich, dass ich mit über 70 genauso aussehe. Ein schwieriges Unterfangen, mit meinen 34 bin ich von jeglicher Perfektion meilenweit entfernt.

„Meine Liebe, sind Sie schon einmal mit der TACA geflogen?", unterbricht die Dame neben mir meine Selbstzweifel. „Ja", antworte ich knapp und denke nicht daran näher darauf einzugehen. Das war vor einem Jahr, der Flug nach Guatemala. Ein Abenteuer, das beinahe in einer Schlucht, statt auf der Landebahn geendet hätte. Noch immer lächelnd fährt die adrette Señora fort: „Wissen Sie, eine dieser TACAs ist mit einem Hügel kollidiert und dass nahe ihres heimatlichen Flughafens in San Salvador. Da sollte man doch meinen, dass der Pilot die Gegend kennen müsste..." Sie räuspert sich „das war offensichtlich nicht der Fall: alle Insassen tot. Darunter eine Mit-Besitzerin der Luftlinie, eine Dame in meinem Alter, können Sie sich das vorstellen?" Ich setze einen schockierten Gesichtsausdruck auf und suche angestrengt nach einem anderen Gesprächsthema. Doch meine Sitznachbarin will kein Gespräch führen, sondern Bedenken loswerden, bei wem auch immer. Da ich neben ihr zum Sitzen kam, bin ich dieser *wer auch immer* und sie fährt unbeirrt fort.

„Natürlich weiß auch ich, dass Autofahren viel gefährlicher ist. Mein Sohn sagt mir das pausenlos. Aber ich habe trotzdem Angst vorm Fliegen." Wenn die Gute neben mir nicht bald den Mund hält, sind wir zwei die sich fürchten. „Haben Sie von dem letzten, großen Absturz gehört, gar nicht lange her. 200 Tote, oder waren es mehr?" Da rattert unser Flieger los. Beim Ansteigen der Geschwindigkeit quietscht die Inneneinrichtung der nicht mehr ganz neuen Maschine. Ich seufze. Das ist der Punkt, an dem es tatsächlich kein zurück mehr gibt. „Man sollte sich beim Fliegen eben auf seine Intuition verlassen", sagt meine Sitznachbarin, als hätte sie meine Gedanken gehört. Es gäbe unzählige Beispiele von Menschen, die noch im letzten Moment ausgestiegen seien und das hätte ihr Leben gerettet. Jetzt lächle ich „Nun dafür ist es nun zu spät." Die Dame schaut mich befremdet an und wir heben von der Erde ab. Genau jetzt, in den ersten Flugminuten habe ich immer das Gefühl, als wäre noch nicht entschieden, ob sich der Flieger in der Luft hält, oder fällt. Da ist es, dieses Innehalten, diese Leere und man könnte meinen die Maschine sei, in eben jenem Hin und Her, ein paar Meter abgesackt. Ein schauriges Spiel: Weiter rauf, oder doch eher runter?

Das einzig Erlösende ist die Müdigkeit, die mich in diesen Minuten immer überfällt. Ich nutze diese Schwere und schlafe ein. Ein traumloser Schlaf bis zur herben Landung. Die Dame neben mir sagt nur „das wäre überstanden" und ich bin mir nicht sicher, ob sie den Flug meint, oder meine Gesellschaft. „Einen schönen Tag noch" wünscht sie mit schmalen Lippen und erhebt sich, sobald die Maschine ruckend zum Stehen kommt.

Ich kann mich beim besten Willen nicht mehr erinnern, wie der Kerl aussieht, den ich am Flughafen treffen soll. Hatte er einen Schnauzbart, oder nicht? War er groß, klein, dick? Keine Ahnung. Ein Kollege aus Salvador. Wir haben uns vor ein paar Jahren bei einem Kongress kennengelernt. Er hat sich angeboten einen Kontakt zu Rolando Deneke herzustellen – und das scheint ihm auch gelungen zu sein. Aber wie sah der Mann aus? Offensichtlich erinnert er sich an mich. Da kommt schon ein kleiner lockiger Mann auf mich zu gerannt und begrüßt mich. Das muss er sein, schließe ich und erwidere seine Frage „Wie geht es dir? mit „Y tu, como estas?" Und wie geht´s dir? Kein Mensch in diesem Erdteil erwartet tatsächlich eine Antwort. Man gibt die Frage einfach zurück und das war´s dann. Mir gefällt dieses Höflichkeits-Pingpong. Ich muss nicht lügen, falls es mir schlecht geht, oder - noch schlimmer - mein Gegenüber mit meinen Befindlichkeiten belästigen. Der Herr Kollege nimmt mir den Koffer ab, und marschiert Richtung Parkplatz. Fein, hierzulande erwartet kein Mann, dass ich „Lass nur, ich trag meinen Koffer selber" sage.

Sobald wir im Auto sitzen, sagt Luca ohne lange Vorrede „es tut mir leid, ich habe schlechte Nachrichten. Dieser Verrückte Deneke hat es sich anders überlegt und beschlossen, dass er uns doch nicht treffen will. Vor allem mich nicht." Ich muss schlucken. Heißt das: Außer Spesen nichts gewesen? Muss ich jetzt den nächsten Flieger zurücknehmen und dieses luftige Hin und Her aus der eigenen Tasche bezahlen? „Was?", frage ich um Zeit zu gewinnen. „Tja, ich wollte nur unser heutiges Treffen bestätigen und der gute Mann sagt einfach ab. Er hätte sich die Sache noch einmal durch den Kopf gehen lassen.

Dabei sei er zu dem Schluss gekommen, dass wir wahrscheinlich genauso wie alle anderen wären und bloß seine Geschichte stehlen wollten. „Hast du ein Mobiltelefon?", frage ich. „Ja", sagt der Herr Kollege zögernd. „Dann wähle bitte Denekes Nummer." Ich versuche ein Lächeln, bin mir aber nicht sicher, ob meine Grimasse nicht eher dem Zähnefletschen eines Raubtiers gleicht. „Aber..." „Bitte wähle seine Nummer", wiederhole ich leise. Er wählt und gibt mir den Hörer.

„Bueno", sagt eine leise Männerstimme am anderen Ende. „Entschuldigung, dass ich mich direkt bei Ihnen melde. Ich bin die Österreicherin, die gerade in Salvador gelandet ist, um Sie zu sehen. Mein Kollege sagt mir, dass Sie unseren Termin abgesagt haben. Was ist passiert?" „Ihr Kollege, wie Sie ihn nennen, ist ein unverschämter Kerl. Ich traue ihm nicht." Pause. „Er hat versucht, mich unter Druck zu setzen. Dieser Herr ist von der Sorte Journalisten, die für eine gute Story alles tun würden." Pause. „Verstehe", sage ich, „da ich jetzt aber schon mal hier bin, darf ich Ihnen etwas vorschlagen?" Seufzen am anderen Ende der Leitung. Ein gedehntes „Mal sehen" kommt zur Antwort. „Ich bin nicht wie andere Journalisten. Klar, das können Sie glauben, oder auch nicht. Doch eines kann ich Ihnen jedoch sagen, eine österreichische Fernsehjournalistin wie ich, kann mit dieser Geschichte, wie gut sie auch immer sein mag, ohne Sie als Hauptdarsteller nichts anfangen. Ich werde nichts berichten, wenn Sie nicht mitmachen. So einfach ist die Sache." Ich mache eine Pause. Deneke schweigt. „Mein Vorschlag: ein gemeinsames Abendessen in einem Restaurant Ihrer Wahl. Ich würde mich und mein Projekt gerne persönlich vorstellen. Danach liegt die Entscheidung allein bei Ihnen." Ich setze alles auf eine Karte.

Keine Antwort, noch hat er nicht aufgelegt. Ein Räuspern „Okay. Heute um 8 Uhr abends im Señor Gaucho." „Einverstanden. Ich heiße Renate Heilig und bin als einzige Österreicherin im Lokal sicher nicht zu verfehlen." „Da bin ich sicher", antwortet Deneke und ich glaube ein Schmunzeln zu hören. „Bis später!"

Ich krame nach Zigaretten in meiner Handtasche. „Alles, was der Typ über mich zu sagen hat, stimmt nicht", sagt Luca, ohne dass ich ihn gefragt hätte. „Das spielt keine Rolle." Endlich fündig geworden, zünde ich mir eine an und bitte das Häufchen Elend neben mir bei diesem *Señor Gaucho* vorbeizufahren. Dort bestelle ich einen Tisch für zwei unter meinem Namen. „H E I L I G. Renate. Wie Renata nur mit E am Ende. Und schreiben Sie bitte dazu", bitte ich den Oberkellner, „dass ich für das österreichische Fernsehen arbeite. Sie müssen mir helfen, das Treffen ist für mich sehr wichtig. Dieser Mann, wir haben einander noch nie gesehen, hat meinen Namen bis heute Abend wahrscheinlich wieder vergessen." Der Oberkellner kann sich das offensichtlich gut vorstellen, nickt und notiert dienstbeflissen. Ich wähle einen ruhigen Tisch in der Ecke, der von der Straße aus gut zu sehen ist.

Zufrieden gehe ich zum wartenden Wagen zurück. „Vielleicht kannst du mit mir morgen ein paar mögliche Drehorte abfahren, oder mir helfen, falls der Versuch scheitert, einen Rückflug zu bekommen?" Der Arme sieht elend aus und nickt. Ich habe keine Lust ihn zu trösten und lasse mich im Hotel abzusetzen. „Lo siento de verdad", sagt er noch einmal, als ich aussteige. „Es tut mir leid, wirklich!" „No te preocupes", antworte ich und schlage die Tür hinter mir zu.

Was auch immer Luca zu Ronaldo Deneke sagte, hat ihn verschreckt. Deneke ist, verständlicherweise, misstrauisch und mein Kollege hat mit Sicherheit Druck gemacht. Deneke wollte die Sache überdenken und Luca bestand auf ein klares Ja und das flott. Wie auch immer, es ist nicht mein Job junge Journalisten auszubilden, obwohl es manchem nicht schaden könnte.

Wie überzeugt man einen vernunftbegabten Menschen einem Reporter zu glauben? Schließlich leben wir mit dem Image von Journalisten und nicht mit dem von Medizinern. Uns braucht keiner, abgesehen von Politikern, Künstlern und eitlen Firmenbossen. Wir hingegen brauchen Interviewpartner. Die haben normalerweise rein gar nichts davon, wenn sie einem Journalisten ihre wertvolle Zeit schenken. Nicht wenige bereuen ihre Entscheidung im Nachhinein, unter anderem, weil ein Kollege das ihm geschenkte Vertrauen gebrochen hat. Künftige Publizisten und Kommunikationsexperten lernen so manches an der Universität, aber häufig nicht das, was sie im Job tatsächlich brauchen. Soziale Intelligenz ist kein Pflichtfach und ich habe bisher auch leider von keiner Lehrveranstaltung mit dem Titel *Wie frage ich richtig* gehört. Doch genau darum geht es. Luca ist Licenciado, studierter Kommunikationsfachmann, doch genau das, die Kommunikation, scheint nicht seine Stärke zu sein.

Die Dame an der Rezeption findet meinen Namen sofort, obwohl er falsch geschrieben ist. „Ich bin am Ende meiner Kräfte. Eine Frage: Sehen Sie eine Möglichkeit, dass ich ein Mittagessen auf mein Zimmer bekommen könnte?" Sie lächelt „natürlich Señora. Ich schicke Ihnen sofort einen Kellner mit der Speisekarte." Sehr fein, ich habe ein paar ruhige Stunden vor mir, bis zu meinem

Rendezvous. Vom Zimmer aus rufe ich Petra an, schockiere sie mit der Geschichte vom bedrängten und daher indignierten Deneke. Klar, beruhige ich sie, werde ich ihn von meiner Integrität zu überzeugen. Vielleicht fällt mir ein sogar guter Grund ein, warum eine TV-Dokumentation ihm Vorteile bringen könnte. Dazu müsste der gute Mann planen ein Buch zum Thema zu veröffentlichen. Mal sehen.

Es klopft an der Tür. Ich bestelle einen großen Salat mit Ziegenkäse danach Minestrone, der Kellner tritt ab. Auszeit. Himmlisch, ich ziehe die Schuhe aus und schalte BBC ein. Ich denke gar nicht daran, durch unbekannte Straßen zu schlendern, oder zu allem Überdruss mit Fremden zu plaudern. Ich bin gerne alleine, will keinen Kontakt zu anderen und kann auf Abenteuer gut verzichten. Ich erinnere mich an einen Kollegen aus der innenpolitischen Redaktion. Auf Dienstreisen ist er manchmal einfach nicht mehr aus seinem Zimmer gekommen. Trotz Klopfen, Rufen und Anrufen, irgendwann haben wir dann aufgegeben und neben unserer, auch seine Arbeit erledigt. Panikattacken waren Ursache und offizielle Diagnose für sein Abtauchen, oft therapiert, nie geheilt.

Ich frage mich, ob es auch bei mir einmal so weit kommen könnte. Die Angst ist da, irgendwo in mir, einfach da. Noch so unbedeutend, dass ich sie einfach nicht beachte. Nur selten, wenn sie sich vorübergehend aufbläst, hilft das hartnäckige Ignorieren nicht, dann muss ich zu effektiven Taktiken greifen. Dann brauche ich Gesellschaft und hole andere unter einem Vorwand zu Hilfe. So wie: *Könntest du mich begleiten? Wir könnten am Weg wieder einmal so richtig plaudern und danach gehen wir in aller Ruhe ins Kaffeehaus, was hältst du davon?* Sobald ein anderer anwesend ist, funktioniere ich. Wenn jemand zusieht, kann ich nicht kneifen. Dann bin ich mit *Gesichtwahren* beschäftigt und habe keine Zeit für meine Ängste. Aber was wäre, wenn ich keine Kraft mehr hätte dagegen anzukämpfen? Wenn ich der Angst einfach nachgäbe? Würde auch ich einmal nicht mehr die Tür öffnen? Möglich. Irgendwann. Heute aber ist nicht dieser Tag.

Pünktlich um halb acht steht das Taxi vor der Tür, ich bin mit dunkelblauem Sakko, hellblauer Bluse und Halstuch verkleidet. So weit gehe ich nur in ganz seltenen Fällen. Mein Spiegelbild erinnert eher an das einer Wirtschaftsanwältin, als einer Journalistin. Sehr gut. Statt dem großen Block in ebensolcher Mappe nehme ich nur eine dezente Handtasche mit.

Der Wagen hält 10 Minuten vor 8 Uhr am Eingang zum Restaurant. Perfekt, ich bin zuerst da, so muss er nach mir suchen und nicht umgekehrt.

Kaum sitze ich, begleitet der Kellner einen blassen, rothaarigen Herrn an meinen Tisch. So wie viele große Männer schiebt er seine Schultern vor, so als wolle er kleiner erscheinen. Ich vergesse meine europäische Erziehung und stehe auf „freut mich sehr, dass Sie gekommen sind." „Nun, Sie haben mir ja keine andere Chance gelassen", antwortet Deneke schüchtern, schaut mir flüchtig in die Augen und setzt sich. Luca hat ihn verschreckt, keine Frage. Ich merke, dass er mich mustert, und lächle. Vor so etwas wie mir in diesem Aufzug kann doch keiner Angst haben, oder? In Wien wäre ich als Vorstadt-Tussi durchgegangen, völlig harmlos eventuell sogar dämlich. „Ich komme aus Wien", sage ich, „kennen Sie meine Heimatstadt?" „Ja", antwortet Ronaldo eifrig, offensichtlich froh nicht gleich zum Thema zu kommen „sehr schöne Stadt, ein Platz zum Leben." „Irren Sie sich da nicht, es ist der langweiligste Ort der Welt", fast hätte ich mich verraten. Deneke aber lacht und erzählt mir von seiner Reise nach Österreich. Als der Kellner uns unterbricht, bitte ich mein Gegenüber für mich zu bestellen. Das funktioniert bei schüchternen Männern immer.

Er erzählt von seiner Familie, den Kindern und der Großmutter. „Und meine Oma ist dafür verantwortlich, dass Sie mir heute gegenüber sitzen", damit gibt er mir eine Chance, auf das eigentliche Thema unseres Treffens zu kommen. Ich frage nach, er erzählt. Seine Großmutter habe im Jahr 1868 einen gewissen Justo Armas kennengelernt. Sie wären einander nähergekommen, wie nahe sagt Deneke nicht. Keiner wusste, woher dieser Mann kam und warum er in San Salvador auftauchte. Justo Armas und seine Großmutter habe eine innige Freundschaft verbunden, die bis zum Tode des mysteriösen Ausländers andauerte. Ronaldos Großmutter erbte alles, was Armas besaß, es gab keine Angehörigen. Die alte Dame habe wenig über Justo Armas erzählt, nur, dass er nicht der gewesen sei, für den ihn alle hielten. Er hätte sich nach San Salvador zurückgezogen, nach einem Leben als große Persönlichkeit. Einmal sei sogar, erinnerte sich die Ronaldos Großmutter oft, eine Delegation aus Österreich angereist um Justo Armas persönlich zu treffen. Ich sehe Ronaldo fragend an. „Sie fragen sich, ob dieser Justo Armas tatsächlich Maximilian war, nicht wahr?" „Ja, das tue ich." „Ich kann das beweisen, wenn Sie morgen nachmittags in mein Büro kommen."

„Was die Dokumentation betrifft", beginne ich vorsichtig.... „Darüber machen Sie sich keine Sorgen", unterbricht mich Deneke, „ich vertraue Ihnen!" Ich fühle mich unwohl, womit verdiene ich sein Vertrauen? Vertrauen Sie keinem Journalisten, will ich schon sagen und kann mich gerade noch halten. „Schauen Sie", beginne ich noch einmal, „falls wir gemeinsam beschließen daraus eine Dokumentation zu machen, bestimmen Sie die Konditionen." Er lächelt „ich habe mir überlegt, ein Buch herauszugeben, obwohl dieser Spanier meine Geschichte gestohlen hat. Ich schreibe sowieso keinen Roman, sondern eine wissenschaftliche Arbeit. Mit Studien, Beweisen und Fotos der Stücke, die heute in meinem Besitz sind. Die persönlichen Habseligkeiten des Kaisers und meine Recherchen kann mir sowieso keiner wegnehmen." „Das will ich auch nicht. Ich hätte Sie gerne im Interview. Sie müssen die Geschichte erzählen und die Beweise Ihrer Version selbst vorbringen... Das Wann und Wo bestimmen Sie. Könnten Sie damit leben?" „Sehr gut sogar", meint Deneke. „Darf ich anderen von Ihren Recherchen erzählen?" „Dürfen Sie", sagt er und nimmt mir die Rechnung aus der Hand. „Ich muss zugeben, dass mir die Idee einer Dokumentation meiner Recherchen gefällt, ich brauche nur noch etwas Zeit um ein paar Dinge abzuschließen. Könnten Sie damit leben?" „Sehr gut sogar", gebe ich zurück. Damit haben wir einen Deal und Deneke fährt mich ins Hotel zurück. „Hasta mañana – Bis morgen!"

Es ist spät – trotzdem rufe ich Luca an. „Problem gelöst", sage ich und mir wird klar, wie bösartig das klingen muss. Nach einer kurzen Schilderung vereinbaren wir ein Treffen für morgen: Stadtrundfahrt mit Begehung möglicher Drehorte. Es noch später geworden, trotzdem wähle noch eine Nummer „Hallo Süßer, ich habe es geschafft! Morgen sehe ich Beweise dafür, dass

Maximilian nicht in Queretaro erschossen wurde." „Gut gemacht, meine Kleine", brummelt Frank, der scheinbar schon geschlafen hat, „ich liebe dich!" „Ich dich auch!"

Justo Armas oder der einzige Überlebende eines Schiffbruchs

San Salvador wirkt für den, der aus der mexikanischen Megacity kommt provinziell. Kein Hupen, keine kilometerlangen Staus, keine gestylten Wolkenkratzer. Es ist noch zeitig am Morgen und die Sonne taucht die Stadt in ein sanftes, rötliches Licht. Luca hat alles, was er zur Geschichte finden konnte, auf die Liste gesetzt und fährt mich durch das Zentrum. Häuserzeilen, die schon Ende des 19. Jahrhunderts hier gestanden haben, Straßen, die an diese Zeit erinnern. Wir schlendern durch den Bezirk, in dem Justo Armas gewohnt hat. Wir spazieren über den Friedhof, auf dem er angeblich begraben ist, aber nirgendwo finden wir einen Grabstein mit seinem Namen.

Luca verhört den Herrn von der Friedhofsverwaltung. „Lass es gut sein", sage ich schnell, „Deneke wird das sicher wissen." Lucas Gesichtsausdruck verrät, wie er sich fühlt. „Du hast mir sehr geholfen, Menschen wie Ronaldo sind eigen und nicht an den Kontakt mit Journalisten gewöhnt. Er vertraut keinem, nach allem, was ihm passiert ist. Also mach dir keine Vorwürfe..." Luca antwortet nicht. „Vielleicht tut sich Deneke mit Frauen leichter." Diese Erklärung scheint mein Gegenüber aufzuheitern. Ich lade ihn zum Mittagessen ein, bezahle seine Arbeitszeit und lasse ich mich danach vor Denekes Büro absetzen.

Der Herr Architekt, das ist Rolando hauptberuflich, öffnet mir persönlich die Tür. „Ich habe schon auf Sie gewartet", erklärt er und geht durch ein dunkles Büro mit schweren Möbeln voraus. Er öffnet eine schmale Tür hinter seinem Schreibtisch. Dieser geheime Eingang hat dieselbe Farbe wie die Wand rundherum und wäre mir nicht einmal aufgefallen.

Die Tür führt in einen Raum mit Vitrinen, einem Arbeitstisch und alten Schaukästen. „Halten Sie die Hand auf." Rolando gibt mir ein rotbraunes Schmuckstück, diese Camonfée hat Kaiser Max von Napoleon bekommen. Ein persönliches Geschenk." Deneke geht auf die andere Seite der Vitrine. „Das hier ist eines der Gedenkbildchen, die Charlotte nach dem Tod Maximilians anfertigen ließ. Eine Art Patenzettel. Sehen Sie, da ist eine Textstelle unterstrichen. Genau dort, wo es um die Hinrichtung Maximilians geht." Ronald zeigt mit dem Finger auf vier unterstrichene Worte *justo por las armas* steht da und bezieht sich auf die Hinrichtung (*durch Waffen gerichtet*). Justo Armas nannte sich der Mann, der im Jahr 1868 hier in Salvador auftauchte. Sehen Sie das kleine Bild über dem Text. Es zeigt Maximilian als Schiffsbrüchigen. Nun das Kaiserreich hat ja, sagen wir mal, Schiffsbruch erlitten. Meiner Großmutter erzählte Justo Armas, als er sie kennenlernte, er sei der einzige Überlebende eines Schiffsbruches."

Ronaldo Deneke geht voraus und kramt in alten Dokumenten, wissenschaftlichen Studien, ja sogar DNA-Proben zieht er heraus. Über deren Inhalt, bittet er mich, solle ich vorerst nichts erwähnen. Die Analysen seien noch nicht abgeschlossen. Mir fällt keine Frage ein, also höre ich den Ausführungen meines Gastgebers mit offenem Mund zu. Zu Letzt zeigt mir Deneke ein Foto. „Das ist er, Justo Armas, als alter Mann."

Ich sehe das Bild eines Weißhaarigen mit langem Bart in bürgerlichen Kleidern. Die Stirn und das Kinn... Der am Bild könnte genauso gut Franz Josef sein. Auf diesen Mann passt zweifellos die Beschreibung Hans Banklis (7) Autor des Buches *Die kranken Habsburger, Befunde und Befindlichkeiten einer Herrscherdynastie*. „Es gab intelligente und weniger gescheite Habsburger, tatkräftige politische Talente und weltfremde Träumer, hin und wieder auch einen Irren — in ihrem Aussehen aber waren sie einander alle ähnlich: Ein zu großer Unterkiefer stand vor, der Schädel war schlank und hoch, die lange Nase hatte oft einen Höcker. Durch die volle Unterlippe entstand ein charakteristischer Gesichtsausdruck mit vorgeschobenem Kinn und leicht geöffnetem Mund. Objektiv beurteilt waren es keine schönen Menschen, aber häufig Kaiser."

Ich setze mich. „Was halten Sie davon", fragt mich Deneke, „haben Sie Zweifel?" „Ja, an der offiziellen Geschichtsversion." Ronaldo und ich tauschen Telefonnummern aus und versprechen miteinander in Kontakt zu bleiben. In unserem Film soll all das, was hier in neuen Studien und alten Dokumenten zu lesen steht, veröffentlicht werden.

Am Weg zurück

„Ihr Gepäck ist bereits durchgecheckt. In Frankfurt haben Sie zwei Stunden Aufenthalt und Ihr Anschlussflug landet in Wien Schwechat um 18 Uhr und 25 Minuten. Guten Flug!" Wieder auf Reisen. Ein seltsames Gefühl:

Ich bin am Weg zurück, nach Hause, oder besser gesagt, dorthin was für mich einmal Zuhause war. Ich bin mir nicht sicher, ob diese Reise tatsächlich eine gute Idee ist. Irgendetwas sagt mir, dass mir nicht alles gefallen wird, was ich dort zu sehen bekomme. Zu manchem habe ich bereits zu viel Abstand, von anderem vielleicht noch nicht genug Distanz. Was soll schon passieren? Wovor habe ich Angst? Da ich darauf keine Antwort weiß, verdränge ich, das unangenehme Gefühl.

„Ich hole dich in 10 Tagen vom Flughafen in Wien ab", sage ich und umarme Frank. Bitte nicht loslassen, denke ich „könnten wir nicht doch gemeinsam fliegen?" „Zu spät", lacht der Mann in meinen Armen, „während der nächsten zehn Tage wirst du kaum Zeit haben, mich zu vermissen. Freunde, Familie, dazu jede Menge Grauburgunder, Schwarzbrot und Käse." „Stimmt, die ungebremste Einnahme von Delikatessen verkürzen das sehnsüchtige Warten..." Das glaube ich zwar selbst nicht, aber es klingt ganz nach meinem öffentlichen Ich. Der Abschiedskuss. Kuss ist mir recht, Abschied nicht. Ich habe keine Lust, ohne ihn zu reisen, keine Lust, ohne ihn einzuschlafen und aufzuwachen.

Mit diesen Gedanken mache ich mich zum Migrationsschalter auf, lasse meine Ausreise vermerken und falle in den nächsten Duty-free.

Shoppen als Seelenfutter. Fehlt dir etwas, ersetze es durch käufliches Wohlbefinden! Erstaunlicherweise fühlst du dich danach tatsächlich besser, wenn auch nur kurzfristig. Das Erlebnis ist teuer, flüchtig und macht obendrein süchtig. Was das betrifft, bin ich Expertin, virtuos mit Kreditkarten und pausenlos im Minus. Viele Frauen fallen in die Kosmetikfalle, so auch ich. Ein neuer Duft, eine Wimperntusche und - eine Antifaltencreme.

Was ich in dem Spiegel vor mir sehe, kann man kaum noch Fältchen nennen, das dort unter meinen Augen sind Falten. Mit 34, na fein! Die Verkäuferin wittert Verzweiflung und ortet die potentielle Kundin. Mühelos verkauft sie mir auch noch das passende Serum zur Creme. Eine Unterschrift und schon bin ich 100 US-Dollar leichter. Und das alles nur wegen eines stark vergrößernden Spiegels unter dem erbarmungslosen Lichtstrahl einer Neonröhre.

Diesmal reise ich im breiten Flugzeugbauch, ohne Klasse, genau dort, wo Otto Normalbürger seine Tasche schwitzend ins Gepäcksfach wuchtet. Ich atme auf, der Flieger ist nicht voll, drei Sitzplätze für mich allein. „Es is (ist) doch schäh (schön) wieda (wieder) ham (heim) kuma (kommen)." Die Stimme hinter mir gehört zu einem Herrn über 50 und die Person, an die seine Worte gerichtet sind, ist scheinbar seine Gattin, Schatzi genannt. Schatzi enthält sich einem Kommentar. Vielleicht geht es ihr wie mir. Wahre Vorfreude auf das graue, kalte, so perfekte Wien will einfach nicht aufkommen. Woher die beiden sind, lässt keinen Zweifel zu: Wien, Wien nur du allein....

Ich sage mir immer wieder denselben Satz vor: Ich komme nur auf Besuch und nicht um zu bleiben. Ich komme nur auf Besuch und nicht um zu bleiben. Ich komme nur auf Besuch und nicht um zu bleiben. Schatzi und Gatte bleiben genau neben mir stehen. Rasch ziehe ich meinen Kopf ein, nur keinen Vorwand für ein Gespräch aufkommen lassen. Ich vertiefe mich in die Zeitschrift der Fluglinie und studiere das Unterhaltungsprogramm. Das Filmangebot lässt mich kalt also ziehe ich das erste Buch der Trilogie Herr der Ringe heraus, Die Gefährten. Endlich Zeit in eine Geschichte einzutauchen,

Zeit für ein Buch, das ich nicht lesen muss, sondern lesen will. Eine Reise nach Phantasien. Ich tauche in eine phantastische Welt, in der Helden Heldenhaftes tun und Magier Magisches. Ich kann in diese geschriebene Welt hinübergleiten, die Bilder werden wirklich und ich Teil davon. Begleitet von Halblingen, Elfen und einem Zauberer versinke ich in die Geschichte, die Tolkien vor der kruden Realität des Zweiten Weltkrieges schrieb. Ein paar Stunden später, in meinen Träumen, bin ich immer noch am Weg durch Mittelerde. Plötzlich schrecke ich auf. Orks? Nein, nur Turbulenzen. „Ein gutes Buch", lächelt der Steward, „bitte anschnallen".

In Frankfurt gelandet, wasche ich mein Gesicht, gewöhne mich an das undurchsichtige Grau hinter den Scheiben und trinke Espresso. Auf einem Schild ist eine qualmende Zigarette dargestellt, dahinter ein gläserner Kubus, die in seinem Inneren gefangene Luft ist grau. Ein paar Herren mit grauen Gesichtern rauchen Kette. Aus ausdruckslosen Augen schauen sie auf die rauchfreie Welt jenseits der Scheibe, so als wären sie eine seltene Spezies in einem grauen Aquarium. Wer will schon zu denen gehören?

Der Flug nach Wien ist zu kurz um mein Buch auszulesen. Also schaue ich auf das Land unter mir, dort windet sich glitzernd die Donau und im Hintergrund rauchen die Schlote der Raffinerie Schwechat.

Kurz später stehe ich am selben Flughafen, von dem ich vor mehr als einem Jahr in ein neues Leben geflogen bin. Die Tür in die Ankunftshalle geht auf. Ich sehe meine Mutter. „Eo! Eo!", schreit sie unüberhörbar. Neben ihr erscheint die Stoppelglatze meines Freundes Andreas. Da drüben Angelika, Babsi mit Sohn Gusti und Gustav, der stolze Vater. Dahinter auf einer Bank - sitzt noch einer, mein Vater. Er grinst von einem Ohr zum anderen, eine Sektflasche im Arm. „Nachdem ich nicht gut zu Fuß bin, haben sie mich hier abgesetzt, damit sie die Flasche nicht herumschleppen müssen..." Ich falle ihm um den Hals, um dann genau dasselbe bei jedem der Anwesenden zu wiederholen. Sonia, meine Nichte taucht aus der Menge auf. Auch wenn sie bald 30 wird, für mich bleibt sie der Wichtel. So habe ich sie genannt, als sie mit fünf Jahren wie ein Klotz an meinem Bein hing. Damals war ich elf und hatte wenig Lust auf sie aufzupassen, vor allem aber war ich eifersüchtig. Sonia hat mir meinen Platz als Prinzessin der Familie mit ihrem süßen Lächeln streitig gemacht. Doch aus dem rotblonden Ärgernis von einst wurde meine wichtigste Verbündete. Die abwertende Bezeichnung Wichtel hat sich über die Jahre in ein liebevolles „Mein Wichtel" verwandelt. Auch Wichtels kleiner Bruder Martin, inzwischen zwei Meter groß, ist mit dabei. Wenn ich ihn sehe, fällt mir ein, dass er das erste Kind war, dass ich gewickelt habe. Solch tantiger Schwachsinn kommt mir glücklicherweise nicht über die Lippen.

Die Sektflasche geht knallend auf und alle halten ihre Plastikbecher unter. Da schaut noch einer über die Schulter der Umstehenden „Hallo". Mein Ex. „Hallo" mehr fällt mir im Moment nicht ein. Ich versuche in all dem Trubel zu überlegen, was in mir vorgeht. Ich mag ihn, sehr sogar. Aber ich habe aufgehört ihn zu lieben und das ist ein wundervolles Gefühl. Befreit küsse ich ihn auf die Wange und sage „schön, dass du gekommen bist", und dass meine ich ganz genauso. Ich habe mein halbes Leben mit diesem Mann verbracht, er ist Teil meiner Geschichte und wird immer einer meiner besten Freunde sein. Angelika drängt sich vor „wie geht´s dem Steirer?"

„Gut, du wirst ihn schon bald kennenlernen." Ich nehme den kleinen Gustav, Barbaras Sohn, in den Arm. Das erste Kind im engsten Freundeskreis. „Hallo du, ich bin die Tante aus Mexiko", der kleine Mann reißt die Augen auf und seine Mama lacht. Babsi sieht großartig aus, eine glückliche Mutter eben. Auch der Papa, Gustav, trägt den Stolz junger Väter vor sich her. „Ich freue mich euch alle wiederzusehen!" „Und", Andreas legt den Arm um meine Schulter, „bereust du den Schritt nach Mexiko gegangen zu sein? Weg aus dem grauen, wenn auch vertrauten Wien in das unerträglich sonnige Mexiko..." „Nein, mein Lieber, ganz und gar nicht." „Na, dann muss ich mir um dein Seelenwohl ja keine Sorgen machen." Eine leise Vorfreude steigt in mir auf, ich werde die Zeit genießen und vor allem in zwei Wochen wieder in meine neue Heimat fliegen.

Rubensgasse 13

Andreas sperrt die weiße Holztür auf. Eine Wiener Altbauwohnung im ersten Stock. Altes Kachelmosaik am Flur, hinter Flügeltüren hohe Räume und Parkettboden. Die Tür einen Halbstock höher geht einen Spalt breit auf und wird sofort wieder geschlossen. „Einen schönen Abend", rufe ich Richtung der unsichtbaren Nachbarn. Der Holzboden knarrt: meine Wohnung, genauso wie ich sie verlassen habe. Es hallt. Bis auf einen Holztisch, ein paar alte Sessel und das Hochbett stehen 55 Quadratmeter leer. Es riecht nach Orangenöl - hier wurde geputzt. Der einzige Raum, der nicht nach *ins Ausland verzogen* aussieht, ist die Küche. Dort gibt es keine freie Stelle mehr. Flaschen, Früchte, frisches Brot.

Der Überfluss setzt sich im Eiskasten fort. „Danke, meine Lieben!" „Keine Sorge, wir helfen dir auch beim Aufessen und beginnen schon mal mit dem Austrinken", lacht Harald. Ich habe das Gefühl nie fort gewesen zu sein. Die gleichen Gesichter, die gleichen Geschichten, die gleichen Zwischenrufe. So fühlt man sich, wenn man nach Hause kommt. Das hier ist zwar nicht mehr mein Zuhause, aber diese Menschen sind meine Freunde und meine Familie. Ich habe jeden einzelnen vermisst und ich werde sie wieder vermissen, wenn ich zurück nach Hause fliege.

Langsam wird es spät. Die ersten, die aufbrechen, sind meine Eltern. „Ich bin nicht mehr der Jüngste und die im Pensionisten-Wohnheim fragen sich sicher, wo die zwei alten Rumtreiber bleiben." Dann gehen Babsi und Gustav, den schlafenden Sohn im Wickeltuch. Angelika und Harald helfen abräumen, bevor auch sie losziehen. Martin bringt Sonia nach Hause und es bleiben, wie so oft am Ende der Rubensfeste, zwei über: Andreas und ich.

Er wohnt auf den 55 Quadratmetern einen Stock höher, denn vor 14 Jahren ist er in die damals leerstehende Wohnung über meine gezogen. Andreas ist mein bester Freund. Mit ihm kann ich über alles reden, jedes Abenteuer bestehen und trotzdem zwischen uns ist nie etwas geschehen. Wir haben oft an der Schulter des anderen geweint, uns durch schlimme Zeiten gestützt und halbe Nächte gelacht. Wir sind nebeneinander eingeschlafen – und nebeneinander aufgewacht. Es war nie mehr als Freundschaft. Warum soll Sex eigentlich *mehr* sein? Mehr als eine Freundschaft? Andreas klingt erleichtert „endlich habe ich dich für mich allein. Bild dir bloß nicht ein, dass du bald ins Bett fallen kannst..."

Er saust in seine Wohnung und kommt mit einer Flasche Vino Nobile zurück. „Guter Tropfen", sagt er anerkennend zur Flasche und entkorkt sie. „Wie geht es dir?", frage ich. „Die mit dem Lachen im Gesicht sind meist die traurigsten Menschen. Du weißt ja, ich bin ein lustiger Kerl und im richtigen Leben oft sehr unglücklich. Ein Clown-Schicksal eben." Er schaut mir in die Augen „es macht wenig Sinn meinen Text immer wieder aufs Neue aufzusagen. Wohl wissend, dass mir mein Gegenüber nichts Anderes entgegnen kann, als dass ich der einzige Mensch weltweit bin, der daran etwas ändern kann."

Das ist eine Antwort, die in Mexiko auf die simple Frage „Como estas?" keiner erwarten würde. Dort käme ein einfaches „Y tu?" also ein *„und wie geht´s dir?"* zurück. Kein Zweifel, ich bin in Wien.

„Für mich ist diese Antwort nicht gut genug. Ich nehme mir die Impertinenz heraus, mehr über den von mir geliebten, traurigen Clown wissen zu wollen." „Dann kannst du später auch nicht sagen, dass ich dich nicht gewarnt hätte..." Andreas schenkt zwei Gläser ein.

Er erzählt von seinem Leben, verlorener Liebe und elenden Jobs. Andreas ist der klügste Kopf unter meinen Freunden, wahrscheinlich zu klug für diese Welt, vor allem aber zu klug für sich selbst. Das Fehlen von Selbstzweifeln ist eine Gabe einfacher Geister, also nicht seine. Aber genau dieses uneingeschränkte Vertrauen in sich selbst braucht man um andere von sich zu überzeugen. Ginge es tatsächlich nur um brillante Ideen, oder um die Fähigkeit Dinge auf den Punkt zu bringen, lägen die Dinge anders. Andreas wäre zweifellos Inhaber einer erfolgreichen Agentur, mit genug Geld für alles, was Mann nicht braucht und mehreren Frauen zu seinen Füßen. Er kann alles verkaufen, nur nicht sich selbst. Er kann jede Marketingstrategie entwickeln, nur seine eigne nicht. Er kann aus ganzem Herzen lieben, nur nicht sich selbst. Er kann für andere die Sonne aufgehen lassen, für sich selbst aber nicht.

Ich unterbreche ihn „auch wenn dir das nicht weiterhilft: Ich habe dich verdammt lieb." „Nun, das tut es schon meine Liebe", sagt er, „auch wenn es Zeit wird, dass ich mich selbst in den Arsch trete, Verzeihung, besser ausgedrückt: Ändere, was zu ändern ist."

Wir reden bis in den frühen Morgen. Ich erzähle über Mexiko, Frank und meine Ängste. Nachdem uns abwechselnd und später gleichzeitig die Augen zufallen, beschließen wir ein paar Stunden später weiterzureden. Bei einem Frühstück einen Stock höher. Als ich endlich im Bett liege und die Decke über meine Ohren ziehe, kann ich nicht einschlafen. Es scheint so, als wäre das Unglück hier ein fixer Bestandteil im Leben. Wo sind die Erfolgsgeschichten und wo die Liebesgeschichten? Von Lebensfreude gar nicht zu träumen. Was läuft falsch? Gehört die Traurigkeit in dieser Stadt zum Dasein? Gibt dem Glück keiner eine Chance, oder brauchen alle zu viel zum Glücklichsein? Ist es wirklich nur das Grau, das die Lebensfreude schluckt?

Der Duft der Stadt

Ich weiß nicht, wo ich bin und was ich hier tue. Ich weiß nicht, wie spät es ist und noch weniger, ob das von Wichtigkeit ist. Eine farblose Welt umgibt mich. Drinnen weiß, draußen grau. Ich stehe auf und öffne das Fenster. Es riecht nach Herbst, Feuchtigkeit und frischgebackenen Semmeln. Die erste Kälte im Jahr prickelt in meiner Nase.

Langsam holt mich die Realität ein: ein Wiener Septembermorgen.

Zeit fürs Frühstück, ich ziehe mich wie für eine Nordpol-Expedition an, suche meinen Schlüssel und betrachte erstaunt die Euros in meiner Geldbörse. Keine Schillinge. Das soll nicht sentimental klingen, ich hänge nicht einmal an meiner Heimat, wie dann an einer Währung, aber ich fühle mich fremd, noch fremder als ich erwartet habe. Beim Bäcker kaufe ich Semmeln, Salzstangerln und Mohnweckerln.

Nach einem ausgedehnten Brunch mit Andreas und den fehlenden Kapiteln unserer nächtlichen Unterhaltung bin ich wieder auf dem Weg. Zu einer anderen Adresse, die einmal meine war. Schönbrunnerstrasse 10, Haralds Wohnung. Ich schaue auf das Türschild und schlucke. Da, hinter seinem Nachnamen steht noch der meine. Er hat das Schild nicht gewechselt, wohl aber die Frau. Was sagt die denn dazu? Und was mache ich hier eigentlich? Klar, Harald borgt mir sein Auto für die Zeit in Wien. Wo ist das Problem? Im Namensschild über der Klingel.

Ich läute. „Ja?" „Renate." „Komm doch rauf!" Ich hole Luft. Wenn unsere Geschichte wirklich abgeschlossen ist, gibt es nichts zu befürchten. Drei Stockwerke Zeit zum Nachdenken. Ich erinnere mich an die rauschenden Feste, die wir in diesem Haus gaben. Ich sehe uns die Wohnung gemeinsam ausmalen, Schiffsboden verlegen, das erste Mal in der neuen Küche kochen. Da waren gute Zeiten, aber es gab auch schlechte. Tage, an denen ich heimkam und die andere Frau noch da war, wenn auch nur auf meinem Platz in seinem Herzen. Ich höre unsere ernsten Gespräche wieder. Gespräche ist eigentlich der falsche Ausdruck. Ich habe gesprochen und er hat zugehört. Am Ende, als ich nichts mehr zu sagen gab, hat er geantwortet: „Ich kann dir nichts versprechen, es tut mir leid." Ich weiß noch genau, wie sich diese Worte angefühlt haben. Ich sehe mich meine Koffer packen und ausziehen. Irgendwann wieder einziehen und schließlich wieder packen. Ich weiß nicht, wie oft sich diese Szenen wiederholt haben. Sechs, acht, zehn Mal?

„Schon gelandet?", fragt Harald, er steht in der offenen Tür und lächelt. „Ja gerade", antworte ich. „Willst du einen Espresso?" „Das kann nicht schaden", er macht sich an die Arbeit und ich schaue mich um. Alles ist so wie an dem Tag, an dem ich zum allerletzten Mal ausgezogen bin. Es riecht nach Harald und sonst niemanden. Ich frage nicht nach, denn das geht mich schon lange nichts mehr an. „Kannst du zwei Mokkatassen rausnehmen?" Ich mache den richtigen Kasten auf. Es ist so, als sei nichts Neues dazugekommen und nichts Altes verschwunden. Wir beide sind Darsteller in einem skurrilen Film. Wir sitzen an der Bar, am Ort der ernsten Gespräche. Dieselben handelnden Personen diesmal in einer anderen Rolle.

Harald erzählt mir von seiner Firma, den Gesellschaftern und seiner Mutter. Kein Wort von einer Freundin. So ist er. Er bleibt scheinbar immer Junggeselle, auch wenn es eine Frau in seinem Leben gibt. Ein elendes Schicksal, für die Frau, die heute diesen Platz einnimmt. Kein öffentlicher Part, kein Bekenntnis, keine Ehe. Solange die Gefühle stark sind, ist sie da, später wird sie zum Schein und schließlich zur Vergangenheit. Ich schaue meinen alten Freund an. „Ja, ich weiß, aus den Krähenfüßen unter meinen Augen sind Adlerkrallen geworden!", scherzt er. „Ich werde auch nicht jünger." Ich erzähle von Mexiko und von Frank, er hört zu: „Bist du glücklich?" „Ja, das bin ich!" Mehr gibt es dazu nicht zu sagen.

Eine Stunde später fahre ich in Haralds altem BMW Richtung Hietzing, auf dem Weg zum Pensionistenwohnheim, in das meine Eltern letztes Jahr gezogen sind. Ein großer Neubau, hellbraun, rote Fenster- und Türrahmen. Seltsam, es sieht so aus, als wollte einer die eigentliche Nutzung des Gebäudes unter der Farbe verstecken. Kein Spital, keine Anstalt, kein Heim, sondern? Ich parke am Hintereingang.

Da steht sie schon, meine Mutter, sie hat auf mich gewartet. Damit muss man in dieser Familie rechnen, Zuspätkommen steht außer Frage. „Hallo Mama" ich küsse sie zärtlich „Haralds Auto?" „Wie du siehst..." Meine Mutter schaut mich prüfend von der Seite an. „dein Vater wartet schon!" Eine Schiebetür geht auf und es riecht nach Großküche, Desinfektionsmittel und Alter. Eine dickliche Krankenschwester im weißen Kleid und Gesundheitsschuhen saust vorbei. „Grüß Gott!" In Österreich ist „Guten Tag" heute noch kein gängiger Gruß. Das hat nichts mit christlicher Erziehung, oder gar mit Glauben zu tun. Das „Grüß Gott" ist eine Gewohnheit, über deren Bedeutung keiner nachdenkt. Ein forsches „Guten Tag" hingegen könnte man als politisches Bekenntnis werten. Und wer will das schon? Schließlich hat man damit schlechte Erfahrungen gemacht. Also, was soll´s: Grüß Gott!

„Wie geht´s dir hier eigentlich?" im Aufzug will ich unsere Zweisamkeit noch rasch nützen. Sie seufzt. „Ich werde mich schon daran gewöhnen." Pause. „Weißt du, es ist alles so praktisch hier", versucht sie mich, oder sich selbst zu überzeugen „ich muss nicht mehr kochen, einkaufen, oder putzen. Hier machen sie einem alles.

Wirklich alles!" Verstanden. Sie hasst das Pensionistenwohnheim und genau das hat sie gesagt, ohne es auszusprechen.

So ist meine Mutter. Sie steigt aus dem Lift und geht raschen Schrittes vor mir her. Meine Mutter ist keinen Tag älter geworden, und wenn ich mir die anderen Herrschaften auf den Gängen hier anschaue, frage auch ich mich wirklich, was sie hier tut.

„Erster Stock, zweite Tür links." Sie sperrt auf. Mein Vater sitzt in seinem Ohrensessel und liest Zeitung. „Alles Schund", sagt er und hebt den Kopf. „Schön, dass du da bist!" Beim dritten Kaffee an diesem Tag erzähle ich von meinem Leben. Meine Mutter will mehr über Frank wissen und mein Vater mehr über meine Arbeit. Um uns herum die Wohnung meiner Eltern. Es sieht so aus als wären 150 Quadratmeter auf 50 geschrumpft. Die Möbel stehen zu dicht beieinander, es gibt keine Zwischenräume. Neben dem Essplatz der Schreibtisch.

Mein Vater schiebt eine Mappe über den Tisch. Zeitungsartikel, die er gesammelt hat, jeder fein säuberlich in seiner eigenen Plastikhülle. Es beginnt mit dem aufregenden Titel „Ich verlasse Österreich" in Täglich Alles, Mai 1999. Renate Heilig in Jeans und Leinensakko. Ich blättere weiter. „Ihr ständiger Schauplatz ist jetzt Lateinamerika..." steht auf einem anderen Blatt. Im Kurier ein Artikel zu einer Dokumentation aus Mexiko. Leben am Vulkan. In der nächsten Klarsichthülle ein Artikel von mir über das letzte Beben. Danach eine doppelseitige Reportage „Tatort für Realos" die Kollegen Christian Schüller und Peter Resetarits lächeln in Farbe. Am Gruppenfoto auch Renate Heilig, heute in Mexiko. Ein paar Seiten weiter eine ORF-Weltkarte und südlich vom Korrespondenten in Washington, Renate Heilig - Mexiko City. Ich klappe die Mappe zu.

„Zeit zum Mittagessen", ermahnt meine Mutter, „ich habe dafür gesorgt, dass du mit uns im Speisesaal essen darfst." Also machen wir uns auf, immer der Nase nach. Am Weg zum Essen-Fassen grüßen uns Damen und Herren. Mein Vater wiederholt stets lächelnd: „Das ist meine kleine Tochter aus Mexiko, sie ist auf Besuch! Das, Schatz, ist Herr Sowieso und das Frau Ebenso." Auch mein Text bleibt immer derselbe „Sehr erfreut!" Endlich beim Speisesaal angekommen, steht ein Mann am Eingang, der die Namen der Ankommenden in einer Liste notiert. „Hier wird festgehalten, ob du auftauchst", sagt mein Vater leise, „kann ja sein, dass es einer der Belegschaft nicht mehr zum heutigen Essen schafft." „Artur!", sagt meine Mutter streng. „Stimmt doch", sagt mein Vater trotzig, „ein paar sind doch schon eher jenseits als ..."

Buffet. Ich begleite meinen Vater und serviere alles, was ihm schmeckt. „Das ist zwar nicht der Brunch im Hilton", sagt er, „aber auch nicht übel." Meine Eltern genießen die Zeit mit mir, sie lachen, scherzen und stellen mich weiterhin jedem Anwesenden vor. Trotzdem ist sie da, die tiefe Traurigkeit, die zur Farbe des Himmels passt. Ich würde die beiden so gerne einpacken und von hier wegbringen, bevor sie in die Altersdepression abrutschen.

Nach dem Essen geht es wieder zurück auf die 50m2-Insel meiner Eltern, es klopft an der Tür. Ich mache auf. Eine Krankenschwester steckt neugierig den Kopf herein und versucht an mir vorbeizuschauen „brauchen wir heute noch etwas?" Ich atme tief durch „wenn Sie mit WIR meine Eltern meinen, glaube ich, dass es im

Augenblick nichts gibt, was Sie für die beiden tun könnten."

Als ich wieder in meiner alten Stadtwohnung lande, rufe ich Frank an. Es ist mir egal, was es kostet. Ich erzähle ihm vom Pensionistenwohnheim, meinen Eltern und vom Wiener Grau. „Na, da freu ich mich ja schon", scherzt mein Mann „im Ernst: Kopf hoch, es ist nicht dein Leben und auch nicht mehr deine Stadt. Ich liebe dich und errette dich schon bald aus dem grauen Wien!" Ich muss lachen „Ich vermisse dich!" „Ich dich auch und beim nächsten Mal fliegen wir gemeinsam." Beim Auflegen fühle ich mich noch einsamer als zuvor. Draußen ist es dunkel. Ich beschließe die Jacke nicht auszuziehen und mir noch eine Kanne heißen Kaffees zu kochen.

Meine Freunde, deine Freunde

Frank ist vor zwei Stunden gelandet und wir sind am Weg unsere Freunde zu treffen, meine und seine. Kein einfaches Unterfangen, schließlich haben Herrschaften in unserem Alter volle Terminkalender. Ich weiß wirklich nicht, wie wir auf eine so dumme Idee kommen konnten. Seine Freunde kennen meine nicht und umgekehrt. Das allein wäre nicht weiter schlimm, wären sie nicht alle Wiener oder Wahlwiener und blieben ergo lieber unter sich. Der simple Tatbestand, dass wir zwei zusammen sind, bedeutet ja nicht, dass meine Freunde und seine Freunde zusammenkommen wollen.

Als Frank und ich im Lokal an der Wiener Ringtrasse landen, warten schon ein paar auf uns, das heißt auf Frank beziehungsweise auf mich. Meine Gäste sitzen auf dem einen Ende des langen Tisches, seine auf dem anderen. Nach einer kurzen Begrüßung und gegenseitigem Vorstellen sitzt jeder von uns bei seinen Freunden, bemüht sie zu unterhalten, ohne Aussicht darauf, dass sie das selbst tun und die Herrschaften beider Tischhälften sich mischen.

Plötzlich steht Frank auf. Eine sehr große, dunkelhaarige Frau kommt herein. „Olga, schön, dass du da bist!" Sie lächelt, er umarmt sie. Okay, das ist sie also: Olga. Frank stellt mich vor und wir sehen einander an. Da geht die Tür noch einmal auf. Harald: wie passend. Renate – Olga, Olga - Renate. Olga - Harald, Harald - Olga. Frank - Harald, Harald - Frank. Harald lacht, Frank auch. Jetzt gibt es Gesichter zu den Geschichten. Nach der kurzen Pause tun wieder alle das, was von ihnen erwartet wird. Die beiden Neuankömmlinge begrüßen den entsprechenden Freundeskreis. Meine Freunde bleiben auf ihrer Tischhälfte und Franks auf ihrer.

Ich gehe zur Bar bestelle einen Caipirinha. „Ist es so schlimm?" Ein Arm legt sich um meine Schulter. „Nein, ist es nicht, aber ich weiß nicht, warum wir dieses Theater inszeniert haben." Frank zieht mich an sich. „Keine Ahnung!" Wir schauen auf den geteilten Tisch. „Hat wohl nicht funktioniert, aber es ist auch nichts passiert", schließt Frank. Die einzigen Überschneidungen: Franz, Angelikas Mann, ist angetan vom zweiten Steirer in der Truppe und setzt sich auf ein Bier zu uns. Nun, das ist ja schon mal ein Anfang. Ich lehne mich an Franks Schulter. Das waren kleine Fische, morgen aber, morgen fahren wir nach Graz. Dort trifft sich seine Familie um mich kennenzulernen.

Ich bin seit 7 Uhr wach, geduscht und zum zweiten Mal umgezogen. Jeans, oder nicht? Jeans mit Sakko? Harrys Tweed - da kann nichts passieren. Die wilden

Locken sind kaum zu bändigen. Bluse oder Shirt? Was packe ich außer einer Unterhose ein, schließlich bleibe ich über Nacht. Frank wird zwei weitere Tage anhängen und dann mit dem Zug nach Wien zurückkommen. Ich beschließe meinen friedlich schlummernden Geliebten mit Meindl Kaffee und frischen Semmeln aus dem Bett zu locken. „Hallo du", flüstere ich, „Lust auf Kaffee?" „Eigentlich würde ich lieber im Bett bleiben." „Ich auch, aber wir sind schon so gut wie auf dem Weg nach Graz." „Wer hat uns diesen herben Terminkalender zusammengestellt?" „Wir beide." „Aha...", brummt er und zieht sich die Decke über den Kopf. Bei der ersten Tasse Kaffee nehmen wir uns vor, nach dem Abenteuer Graz frei zunehmen, keine Verpflichtungen, keine Pläne, nur er und ich.

Um 9 Uhr sitzen wir endlich im Auto. Frank fährt, ich bin nervös und krame in der Handtasche mit dem starken Gefühl irgendetwas vergessen zu haben. „Nervös?" „Nein, warum? Gibt es einen Grund dafür?", frage ich irritiert. „Nein und Ja: Meine Mutter ist etwas, ähm, unberechenbar..." Frank schaut mich an „Ja?" „Na ja, sie sagt, was sie denkt. Das hat sie schon bei meiner Ex-Frau nicht sehr beliebt gemacht." Er wartet offensichtlich darauf, dass ich nachfrage. Da ich das nicht tue, sagt er „hör einfach weg." Jetzt bin ich wirklich beunruhigt „das, mein Lieber, gehört nicht zu meinen Stärken." Frank seufzt „und das habe ich geahnt." Es wird still im Auto. Ich denke fieberhaft darüber nach, wie ich uns aus der Wortlosigkeit befreien kann. „Wer kommt denn aller?" „Mein Vater ist auch eingeladen. Du weißt ja, die beiden sind geschieden. Mein Herr Papa kommt mit seiner zweiten Ehefrau. Berta, blond und unkompliziert. Das ist er auch, zumindest bei solchen Anlässen." „Blond und unkompliziert?", frage ich nach. "Nein, weiß und unkompliziert." Ich muss lachen, also die beiden werden keine Probleme machen. "Dann ist da natürlich auch meine Schwester und deren Kinder, Zwillinge 18 Jahre alt. Schwester Andrea, Nichte Ursula, Neffe Philip. Der Freund meiner Schwester heißt Herbert, er ist nicht der Vater ihrer Kinder. Aber er ist bei Weitem das Beste, was meine Schwester je zum Thema Mann anzubieten hatte. Tja und zu guter Letzt Peter. Aber den kennst du ja schon."

Ich schaue aus dem Fenster. Felder, Strommasten, Saatkrähen. Niederösterreich im Herbst. Ich erinnere mich an die langen Autofahrten meiner Kindheit. Auf dem Weg in den Familienurlaub haben wir meist *Ich seh, ich seh, was du nicht siehst* gespielt. Ich seh, ich seh, was du nicht siehst - und das ist Grau.

Ich habe keine Lust auf das bevorstehende Ereignis, besonders, weil ich der Anlass für dieses familiäre Zusammentreffen bin. Und da gibt es noch einen anderen Grund: Ich bin nie erwachsen geworden, so beschreibt das meine Mutter. Wenn ich irgendwo guten Eindruck machen soll, passiert immer das Gegenteil. Ehrlich gesagt, passiert es nicht, sondern ich sorge selbst dafür. "Wird schon schiefgehen", bemerkt Frank unbefangen. Ganz genau. Ich beschließe den Mund zu halten. Denn nichts, was ich dazu sagen könnte, würde die Stimmung verbessern.

Als wir am Forstweg eintreffen, kommt uns Peter entgegen. "Hallo!" "Hallo Peter!" "Großes Komitee, gebt mir die Taschen, die Herrschaften warten schon!" Na fein, ich gehe hinter Frank durchs Haus bis in den Garten. Da stehen sie und schauen mich an. Ich versuche ein Lächeln. "Da ist meine Mutter!" stellt Frank vor. "Sehr erfreut." „Mein Vater, seine Frau Berta, meine Schwester, Nichte Ursula und Neffe Philip. Herbert, der Freund meiner Schwester." „Sehr erfreut." „Ein Glas Sekt?" Franks Vater versucht die Situation zu entspannen. Mein Text ändert sich leicht „sehr gerne." Franks Mutter hat die gleiche Nase wie ihr Sohn, ihre Augen sind streng und taxieren mich. „Wird ja auch Zeit, dass wir einander kennenlernen!" Ich habe keine Ahnung, was ich darauf sagen soll. Franks Schwester versucht ein Gespräch in Gang zu bringen. „Genießt Ihr zwei wieder in Österreich zu sein?" „Ich freu mich eigentlich auf zu Hause, das heißt auf Mexiko", sage ich schnell, ohne zu überlegen, „ich glaube, ich passe besser in die Stadt der Azteken, als in heimatliche Gefilde." Stille. Frank legt mir den Arm um die Schulter. Damit fällt die Nervosität langsam von mir ab. Herbert fragt nach meinem Job, ich erzähle von Traum und Wirklichkeit, vom Korrespondentenschicksal und über die Dreharbeiten in Tecun Uman.

Franks Mutter erwähnt, ganz beiläufig, dass sie noch immer nicht versteht, warum ihr Sohn seine vielversprechende Diplomatenkarriere aufgegeben hat. Ab dem Zeitpunkt dreht sich alles um Frank und sein neues Leben. Wieder spüre ich die Augen seiner Mutter auf mir ruhen. Sie lässt ein sprödes „na, wenn du glücklich bist..." von sich hören. Ihr Kommentar lässt keinen Zweifel aufkommen, dass sie das nicht ist. Ich höre zu, beobachte und halte mich aus allem heraus.

Eine seltsame Familie, keine Verbindlichkeiten, die Anwesenden könnten einander gerade in einem Zugabteil kennengelernt haben. Keine Berührungen, keine Umarmungen, keine ineinander ruhenden Hände. Nur Frank hält meine Hand in der seinen und das unter dem Tisch. Das Mahl ist von epischer Länge – auch wenn nur drei Gänge zu bewältigen sind. Typisch österreichisch mit langen Pausen zwischen den Gerichten, Vorspeise, Hauptspeise, Nachtisch. Hausmannskost, gut gekocht. Nach dem dritten Glas Sekt und einem Bier bin ich leicht beschwipst. Ich helfe Andrea das Geschirr in die Küche zu tragen und bleibe im Wohnzimmer vor einem Foto stehen, auf dem mein Geliebter wahrscheinlich sechs oder sieben Jahre alt war. „Er hat sich kaum verändert", lacht seine Schwester, „der Franky, Mutters Liebling!"

Nach dem Kaffee löst sich die Versammlung langsam auf. Franks Vater und dessen Frau stehen auf. Letztere hat, soweit ich mich erinnern kann, die ganze Zeit über kein Wort gesagt. Abschied, auch diesmal ist der Herr Papa am Wort: „Danke für die Einladung (zu Franks Mutter)!" „Sehr erfreut (zu mir)!" „Viel Glück (zu Frank)!" Kaum ist er aus dem Haus, passiert, was in allen Familien geschieht: Man redet über den Abwesenden. Ich höre aufmerksam zu. So herb

Franks Mutter wirken mag, so zynisch ihre Worte auch klingen: Eduard, oder liebevoll Edi genannt, ist ihr Schwachpunkt. Sie liebt ihn heute noch, 36 Jahre nach der Scheidung. Frauen ihrer Generation waren die ersten geschiedenen Mütter. Obwohl es keinen Grund dafür gibt, sind viele ihrer gescheiterten Liebe treu. Sie leben allein, erziehen allein und bleiben allein.

Der Kaffee geht fast ansatzlos in die kalte Platte über, bevor es dunkel wird, gehen wir ins Haus und kurz später zu Bett. Am nächsten Morgen breche ich früh auf. Frank bringt mich zum Auto. „War´s sehr schlimm?" „Nein, mein Süßer, weit schlimmer ist, dass ich dich hierlassen muss." „Ich komme morgen Abend nach und vergiss nicht: Gib uns zwei Tage frei, bevor die Besuchstournee bei deiner Familie beginnt."

Wieder daheim

Nach zwei Wochen Österreich sperre ich die Tür des kleinen Hauses in der Tula Nummer 62 auf. Kallas im Eingang, es riecht nach heißen Tortillas und polierten Holzböden. Leonila äugt um die Ecke. „Bienvenida Señora! ¿Como le fue?" - Willkommen, wie ist es gelaufen? Sie lächelt, die langen schwarzen Haare zu einem dicken Zopf geflochten. „Gut, aber ich bin froh wieder daheim zu sein."

Ende September, der Abend ist lau und im Patio blühen die Bugamvillas lila, rot und orange. Ein Wunder für den, der aus einer Welt kommt, in der der Winter unaufhaltsam näher rückt, die Farben verblassen und noch sechs Monate zum nächsten Frühling fehlen. In dieser Stadt ist jeden Morgen Frühling, an den meisten Tagen wird es gegen Mittag Sommer, während der Nachmittagsstunden Herbst und mit den Nächten zieht ein lauer Winter ein. Schon ein paar Stunden später wacht man wieder im Frühling auf.

Ich schenke mir einen Tequila ein und setze mich in ein unbewohntes Wohnzimmer. Frank fehlt mir. Die letzten Tage in Wien waren zugepflastert mit Terminen und Verpflichtungen. Wir hatten wenig Zeit miteinander und noch weniger füreinander. In Mexiko heißt wir: nur wir zwei. Jetzt ist er in Deutschland und ich bin sieben Tage allein.

Er fehlt mir wirklich, sage ich leise, als wäre das eine neue Erkenntnis. Ich krame im CD-Kasten nach Antolello

Venditti *Ci vorrebbe un amico*. Diesen italienischen Schlager singt Frank immer, wenn der Tag sanft beginnt, kein Termin einzuhalten ist und uns die ersten Sonnenstrahlen wecken. *Ci vorrebbe un amico*. Ich brauche einen Freund, heißt es im Text, um eine üble Liebesgeschichte zu vergessen. Was hat dieser Text mit mir zu tun? Ich brauche meinen Mann um meine Liebesgeschichte zu leben. Wenn ich jetzt noch einen von Franks Pullis aus dem Schrank hole, muss ich mich ernsthaft um meine seelische Gesundheit sorgen. Sieben Tage, eine Woche allein: Kurz vor dem Einschlafen, schaue ich auf die leere Seite des Bettes. Ich liebe diesen Mann. Wirklich. Es ist nicht die Angst vorm Alleinsein, er ist keine vorübergehende Schwäche, er ist nicht irgendeiner. Er ist der Mann, mit dem ich mein Leben verbringen will.

Am nächsten Morgen geht der ganz normale Alltag wieder los. Zeitig telefoniere ich mit Rolando Deneke – wie so oft in den letzten Wochen. Unser Verhältnis zueinander fühlt sich inzwischen wie Freundschaft an. Wie geht's? Was plant Ihr in den Weihnachtsferien? Was machen die Kinder? Über die geplante Dokumentation sprechen wir nicht. Wenn ich Justo Armas erwähne, schweigt er. Manchmal erzählt er von neuen Recherchen, wenn ich jedoch laut über mögliche Drehtermine nachdenke, wechselt er das Thema. Ich frage mich langsam, ob aus diesem Projekt jemals ein Film wird. Ich glaube, mein Freund in Salvador ist meilenweit davon entfernt seine Arbeit abzuschließen. Ich kann und will ihn zu nichts überreden. Da wir aber nicht einfach dasitzen und abwarten können, arbeiten Petra und ich an einer neuen Geschichte.

45 Minuten zum Thema *Mennoniten* mit dem Titel *So wie vor 500 Jahren*. Der Film ist schon verkauft, jetzt muss er nur noch gedreht werden. Es fehlt Ort, wie Darsteller und das ist der Haken bei der Geschichte. Zugegeben, ich habe mal wieder aus dem Reich der Fantasie geschöpft, als ich den Auftrag an Land gezogen habe. Das Umsetzen ist keine einfache Übung, vor allem, wenn man sich klar wird, dass in manchen Mennoniten-Siedlungen schon ein Auto Teufelswerk ist: ein Vehikel, das der Sünde Einzug gewährt. Wir sitzen jeden Tag ein paar Stunden am Telefon und lesen endlose Texte über die Jünger Mennons und ihre Flucht vor der modernen Welt. Mit jeden Stück Information wachsen meine Zweifel. Warum sollen streng gläubige Mennoniten sich von uns abfilmen und ausfragen lassen, wenn sie nicht einmal wissen wollen, was ein Fernsehgerät eigentlich ist?

Damit vergehen meine Tage. Die Abende verbringe ich auf meinem Sofa, höre Venditti und trinke Tequila. „Cuando viene el Señor?" Wann kommt Ihr Mann? fragt Leonila behutsam. „Am Wochenende..." „Ya es miercoles – Heute ist schon Mittwoch", lächelt sie im Vorbeigehen „falta poco – fehlt nur noch ein bisschen." Sie ist beunruhigt. Der Grund: Ich koche nicht (ein schlechtes Zeichen), esse (was sie zubereitet) und das auch nur dann, wenn mein Magen so laut knurrt, dass ich ihn nicht überhören kann.

Endlich Samstag, in ein paar Stunden landet Frank. In bester Laune schlüpfe ich in Jeans, T-Shirt und Stiefel. Ich fahre zum Markt, auf den *Mercado de Jamaica*. Es ist noch zeitig in der Früh, ich parke und gehe fröstelnd durch die Hallen. Im Morgengrauen werden hier frische Blumen bündelweise abgeladen. Die Feuchtigkeit lässt die Kälte eisig erscheinen. Der *Jamaica* ist der größte

Blumenmarkt der Stadt, unter der Woche kann man sich im morgendlichen Gedränge kaum fortbewegen, doch an Samstagen ist es ruhig in den Hallen. Wenige Käufer sind zwischen Paradiesblumen und Lilien unterwegs. Ich kaufe fünf duzend gelbrote Rosen „Confetti" erklärt mir der Verkäufer und gibt ihnen so einen Namen. Kallas für die große Vase am Eingang und Nardos, die stark duftende Blume der mexikanischen Hochzeiten, für die Bäder. Alles im Auto verstaut, ziehe ich die lange Einkaufsliste Leonilas heraus. Am Jamaica gibt es nicht nur Blumen und so hat sie alles notiert, was an Vorräten fehlt: Chiles, Zitronen, Tomaten, Papaya, Kochbananen, Salat und Fisch. Ich bummle zwischen den bunten Ständen und verschlinge am Weg eine reife Guayaba. Am Ende der Liste angelangt, kaufe ich blaue Tortillas und Frischkäse bei einer Bäuerin, die am Randstein sitzt.

Im Auto riecht es nach Blumen und Obst. Zwei Stunden, nachdem ich von daheim abgefahren bin, lande ich wieder, erschöpft, aber zufrieden. Nachdem alles an seinem Platz ist, es wieder frische Salsa (mehr als scharf) und Sangrita (für mindest einen Liter Tequila) gibt, packt Leonila ihre Tasche und geht ins wohlverdiente Wochenende. Die Tür fällt hinter ihr ins Schloss. Gut allein zu sein, da muss ich mir keine Gedanken machen, was andere über mich denken könnten. Denn ich benehme mich wie eine 15-Jährige, die mit ihrem Freund ausgeht.

Nach einer Tasse heißem Kaffee bin ich schon auf dem Weg zum Friseur, zu Fuß ein paar Blocks weiter. In dem kleinen Salon brüllt der Radio, nur eine Kundin in Arbeit. Der älteren Dame stehen in Stanniolpapier eingewickelte Haarbüschel steil vom Kopf ab, fast könnte man meinen, sie wäre ein gealterter Punk. Es riecht nach Ammoniak, denn die Señora lässt sich Strähnen färben. Friseur Chuy, die liebevolle Abkürzung für den in Mexiko häufigen Namen Jesus, begrüßt mich mit einem Küsschen auf jede Wange. „Querida! Con que te puedo consentir? Und womit, meine Liebe, kann ich dich verwöhnen?" „Das volle Programm" bestelle ich. Haare, Finger- und Fußnägel, das alles bei Kaffee und Tratsch über Nachbarn, Prominente und Politiker. „A sus ordenes! Zu ihren Diensten", sagt Chuy und legt mir einen rosaroten Plastik-Umhang um. Er schwebt wie eine Diva durch sein Reich.

Der Herr in Friseurschürze und Plastikschlapfen ist in Wirklichkeit ein betuchter Hausherr, der mehrere Mietwohnungen in der Condesa besitzt. Chuy, inzwischen 70, arbeitet aus Leidenschaft und spart genauso passioniert. Obwohl ihm klar sei, sagt er, dass seine Kinder, wenn es ihn einmal nicht mehr gäbe, alles verprassen würden. Das aber sei dann deren Problem und nicht mehr seines. Es vergeht die Zeit und Chuy schickt um Tacos an die nächste Straßenecke. Ich sterbe vor Hunger und verschlinge vier mit gebratenen Fleischstücken gefüllte Tortillas mit scharfer Soße. Endlich lässt mich Chuy mein Spiegelbild sehen. „Rita Hayworth, kein Zweifel", erklärt er stolz. Ich kann zwar keine Ähnlichkeit mit dem Hollywoodstar aus den 40ern entdecken, finde aber, dass Chuy seine Sache gut gemacht hat.

Ich sause heim, schlüpfe in eine saubere Jean, einen ärmellosen Pulli und schnappe im Vorbeigehen meine Handtasche. Nur noch 30 Minuten bis zur Ankunft der Maschine aus Frankfurt – schnell zum Flughafen. Ich lande genau 10 Minuten nach Frank. Zum Glück er ist noch in den Mühlen der Migration. Mein Herz klopft.

„Also wirklich", ermahne ich mich, er kommt weder nach einer jahrelangen Haftstrafe aus dem Gefängnis, noch kehrt er von einer lebensgefährlichen Antarktisexpedition zurück.

Da geht die gläserne Schiebetür auf. Ein dicker Deutscher im Hawaihemd schiebt sich durch die Absperrung, dahinter ein hageres Pärchen mit Hakennasen und Birkenstockschlapfen. Dann Frank, müde, aber strahlend. „Bin ich froh, dass du wieder da bist!", gestehe ich und küsse ihn. „Und ich bin glücklich, dass ich dich wieder für mich alleine habe!" Am Heimweg erzählt er von Deutschland, den Kollegen und dem Treffen. Die Privatwirtschaft ist noch immer ein Abenteuer für den gelernten Diplomaten.

Wieder daheim, schenke ich uns Tequila ein und lasse mich aufs Sofa fallen. Frank räumt herum, öffnet die Tür zum Patio und rückt einen Sessel zurecht. Seltsam. Er wirkt leicht angespannt. Ich will gerade „Was ist mit dir los?" fragen, da geht er auf mich zu und - kniet sich nieder. „Willst du meine Frau werden?" Mein Herz schlägt heftig. Genau das ist der Moment, auf den ich immer gewartet habe, verzückt stehe ich neben mir. Wach auf, schreit meine innere Stimme. Ich versuche mich zu fangen, damit der Augenblick nicht entschwindet. „Ja. Ja! Ja!!! Ich will!" und falle ihm um den Hals. Um keinen Zweifel aufkommen zu lassen, wiederhole ich: „Ja, ich will, ich liebe dich!" Nach einem langen Kuss bekennt er erleichtert „gut, dass du diesmal nicht mit - Lass mich erst überlegen – oder etwa – Nun, das könnte ich mir schon vorstellen - geantwortet hast. So wie damals, als ich dich fragte, ob wir zusammenziehen…" Kein Wort, sagt meine innere Stimme ganz deutlich, sag kein Wort, das diesen Moment zerstören könnte. Also schweige ich. Mein zukünftiger Mann steckt mir den Verlobungsring an den Finger. „Wie lange hast du den schon?" „Eine ganze lange Weile..."

Heiratssachen

Ich bin verlobt. Ein Umstand der, mit an Sicherheit grenzender Wahrscheinlichkeit, zur Ehe führt. Doch am Anfang steht der Tag. Die Betonung liegt auf DER. Von diesem Tag, dem Hochzeitstag nämlich habe ich als kleines Mädchen geträumt, als Teenager über dieses romantische Theater öffentlich darüber gelacht und trotzdem heimlich weitergeträumt. Doch schon ein paar Jahre später habe ich zum Thema Hochzeit stets geschwiegen, da ich wusste, dass der Mann den ich liebte, niemals heiraten würde. Zumindest nicht mich. Das war auch der Grund, warum ich ihn schließlich verlassen habe. Nach 16 gemeinsamen Jahren war sogar mir klar, dass er, sofern er nicht stolpert, nie vor mir auf die Knie fallen würde. Mag sein, dass er aus ideologischen Gründen nicht heiraten wollte, oder sich für einen solchen Schritt noch nicht reif genug fühlte. Wie auch immer, für mich hingegen war die Sache klar. Die Ehe ist ein öffentliches Bekenntnis zu einem anderen Menschen. Er wollte sich nicht zu mir bekennen, denn er war sich nicht sicher. Ich liebe sie, ich liebe sie nicht, ich liebe sie, ich liebe sie nicht. Also besser nicht. Mein Bekenntnis hingegen: Ich will auf meine Hoch-Zeit nicht verzichten. Eine gute Entscheidung, denn ich habe ihn schließlich doch gefunden, den richtigen Mann zum Heiraten.

Eines der genialsten Bücher zum Thema trägt den Titel *Commited* von Elizabeth Gilbert (8). Warum Heiraten? fragt sich die Autorin, deren erste Ehe gescheiterte. Eine der von ihr interviewten Frauen, bringt die Sache auf den Punkt „es geht darum, den anderen – und auch mir selbst - zu beweisen, dass ich so einzigartig bin, dass ein Mann mich auserwählt hat, um ausgerechnet mit mir sein ganzes Leben zu verbringen." Voll erwischt! Das gilt auch für mich. Ich gehöre zweifelsfrei zu den Frauen, die dieses Gefühl haben wollen.

Mir ist ganz klar, was jetzt jedem, der das liest, durch den Kopf gehen muss. Denke schleunigst über dein Selbstwertgefühl nach! Tue ich und bekenne, dass es möglicherweise nicht dem einer modernen Frau entspricht, die sich schließlich selbst genügen sollte. Das mag daherkommen, dass wir Frauen auf Selbstkritik und nicht auf Selbstliebe konditioniert wurden. Möglicherweise geben wir Männern auch heute noch einen Platz in unserem Leben, der ihnen eigentlich nicht zusteht. Wo auch immer diese Sehnsucht nach Ehe ihre Wurzeln hat, es gibt sie. Mich selbst beunruhigt mein Bekenntnis nicht, schließlich sollte sich auch jeder Mann, der ein Ja zur Antwort erhalten hat, glücklich schätzen auserwählt zu sein, oder? Doch ich sehe ein, dass ein Bekenntnis zum „Schönsten Tag im Leben" nicht gerade Image bildend ist. Ehrlich: Es ist mir völlig gleich: Ich will. Trotzdem. Trotz alledem. Trifft sich gut, dass der Mann, den ich liebe, genau dasselbe will.

Auch wenn ich nicht wirklich dabei bin, bin ich gerade dabei meine Koffer zu packen. Morgen geht es Richtung Norden, nach Chihuahua. Eine Zeitreise in die Welt der Mennoniten. 14 Tage Recherche und Dreharbeiten. Trotz

Packliste, guten Absichten und ausdauerndem Hin- und Herlaufen, geht nichts weiter. Mein Koffer ist immer noch leer. Ich weiß nicht, ob ich schon erwähnt habe: Ich werde heiraten. Petra kann über diesen Scherz nicht mehr lachen. Ergo plane ich still und leise meine Hochzeit und lege nebenbei gedankenverloren T-Shirts zusammen.

Petra sitzt an meinem Schreibtisch und druckt die letzten Recherchen zum Thema aus. Auf meiner Packliste steht: langer Rock und Kopftuch. Ich habe weder das eine, noch das andere. Im Kasten hängt ein Abendkleid, aber das werde ich wohl kaum in die Steppe ausführen. Für die Prediger der Mennoniten ist es höchst bedenklich, dass ich eine Reporterin bin. Wenn schon Frau, dann aber bitte sittlich! Wie ähnlich sich Fundamentalisten sind, egal aus welcher Ecke... Wie wir wissen, stecken manche Weiber mit dem Teufel unter einer Decke. Um bei diesem Bild zu bleiben, Satan ist männlich, oder? Schluss der Debatte, will ich die Story in den Kasten bekommen und es hat wenig Sinn zu trotzen! Rock und Kopftuch, meine sittliche Dienstkleidung, werde ich am Weg kaufen. Ich packe weiter. Unterwäsche, Socken, Jeans...

Die Gedanken kehren zu meinem Hochzeitstag zurück. Inzwischen gibt es ein Datum: 21. März. Frühlingsbeginn und in Mexiko ein Feiertag, da Benito Juarez (Präsident, Staatsmann und Reformer zwischen 1858-1872) an diesem Tag Geburtstag feierte. Wie könnte es besser kommen? Zwei Österreicher heiraten genau an dem Tag, an dem man den Mann feiert, der einen anderen Österreicher, Maximilian von Habsburg, standrechtlich hinrichten ließ, zumindest laut offizieller Geschichtsschreibung. Zur Eheschließung wird die

Familie anreisen. In meinem Fall beschränkt sich das auf zwei Personen, meine Eltern. Was Frank betrifft, kommt die Frau Mama, sein Herr Papa mit zweiter Ehefrau und Bruder Peter. Nachdem glücklicherweise nicht alle in unser Haus passen, wird die Gruppe samt und sonders ins Hotel verfrachtet. Wenn ich aus Chihuahua zurückkomme, werden wir entscheiden, wo wir zueinander Ja sagen werden. Ich seufze verträumt und mache den Koffer zu.

Von Teufelswerk und Sittenverfall

Es ist ein langer Weg bis Casas Grandes, der letzten großen Stadt auf dem Weg in den entlegenen Ort, wo Dorfvorsteher und Prediger bereit sind, uns zu treffen. Der Ort heißt Chapulin und ist eine konservative Mennonitensiedlung – trotzdem ist man dort Willens mit uns zu sprechen. Mit Vorbehalt, denn die Herren ließen offen, ob wir nach dem Gespräch bleiben dürfen, oder gleich wieder in die Wüste geschickt werden, denn eine solche umgibt tatsächlich den Ort. Gute Aussichten.

Vor uns im Dunst liegen die blauen Berge, eine gerade staubige Straße und kein Anzeichen auf eine bäuerliche Siedlung. Hier lebten und kämpften einst die Apachen, unter ihnen der sagenumwobene Geronimo und seine Leute. Ein widerspenstiges Volk.

So wie die Mennoniten, wenn auch auf eine andere Art und Weise. Im 16ten Jahrhundert haben die Jünger Mennos Mitteleuropa verlassen. Die lutheranische Kirche der Reformationszeit war ihnen nicht streng genug. So zogen die Mennoniten über Russland nach Kanada und weiter bis nach Mexiko. Wegen ihres

Glaubens werden sie schon lange nicht mehr verfolgt, heute sind sie nur noch auf der Flucht vor der Moderne, dem Sittenverfall und der Zügellosigkeit. In den Augen streng konservativer Mennoniten kommt die Zivilisation inzwischen gefährlich nahe, selbst hier in der Steppe Chihuahuas. So haben sich in den letzten Jahren einige traditionelle Familien auf den Weg nach Südamerika aufgemacht, den Fortschritt dicht auf den Fersen.

Da taucht ein Ort vor uns auf, in dem scheinbar auch mehrere Häuser leer stehen. Chapulin ist ein farbloses Dorf in einem weiten Tal. Ordentliche Holzhäuser an staubigen Straßen hinter ordentlichen Gartenzäunen, dazwischen Felder und Kuhherden. Kein Mensch ist zu sehen, außer einem kleinen Jungen in Latzhose. Er starrt verwundert auf unseren roten Jeep. Es gibt keine leuchtenden Farben in dieser Welt, keine bunten Plakate, keine Tienda und es herrscht Stille. Ergo kann das nicht Mexiko sein. Keine Musik aus dem Autoradio, kein Sportreporter schreit Goooooooooooool, um ein geschossenes Tor entsprechend zu feiern, kein Lachen. Wo sind die Bewohner dieser Stadt?

Ein paar Häuser weiter liegt die Gemeindekäserei. Petra hält an, ich steige aus. Ganz genau: in langem Rock mit Kopftuch. Ich frage, auf Spanisch, nach Johannes Kornfeld, einem der Dorfvorsteher. Keine Antwort. Ich frage wieder, diesmal auf Deutsch. Ein verwunderter Blick und der Mann mir gegenüber zeigt wortlos auf ein Haus an der Dorfausfahrt. „Dankeschön". Keine Antwort. Kein Lächeln. Ich klettere wieder ins Auto und verfluche, selbstverständlich wortlos, den langen Rock, in dem ich mich verheddere. Das Kopftuch rutscht nach hinten. Petra grinst „Übung macht den Meister! Du erinnerst mich an einen Wolf im Schafspelz."

Wir fahren auf das betreffende Haus zu und tatsächlich, die Geste des wortlosen Mannes hat uns zur Familie Kornfeld gebracht. Diesmal steigt auch Petra aus: Ebenfalls in langem Rock und Kopftuch versteht sich. Nach der knappen Begrüßung erklären wir noch einmal, wer wir sind, für wen wir arbeiten und was wir hier eigentlich wollen. Kein Kommentar, keine Frage, keine Geste verrät, was der Mann in Latzhose und Hut denkt. Eine Frau in geblümtem Kleid und Kopftuch mustert uns streng, während sie den Vorraum durchquert. „Grüß Gott", sage ich als gelernte Österreicherin, sie nickt gnädig.

„Für uns ist es eine Reise in die Geschichte, in unsere eigene Geschichte", erkläre ich Herrn Kornfeld in einem ungelenken Versuch ein Gespräch zu beginnen. Dieses Dorf erinnere an ein Europa von anno dazumal und sei zugleich aus einer anderen Welt. „Die letzten 500 Jahre haben ihre Spuren hinterlassen. Vieles hat sich verändert, ich weiß nicht, ob zum Guten, oder zum Bösen..." Kornfeld zeigt unbeeindruckt auf ein paar Sessel an der Wand „warten Sie hier!" Dann dreht er sich um und verschwindet hinter einer der Türen in das Innere des Hauses. 4 Stühle, zwei bleiben leer.

Wir schauen in die Luft. An der Wand neben der Tür, durch die Johannes Kornfeld verschwunden ist, hängt eine Uhr. Sie tickt schwerfällig, so als würde auch sie gegen den Lauf der Zeit ankämpfen. Vor dem Fenster liegt ein abgeerntetes Feld voller schwarzer Krähen. Das Bild erinnert mich an den Wiener Zentralfriedhof im Herbst. Da sitzen wir jetzt, wortlos, eine Stunde und 37 Minuten. Im Raum dahinter sind leise Stimmen zu vernehmen, einmal wird ein Stuhl zurückgeschoben. „Was machen die da drinnen?", frage ich mich laut,

„warum darf ich den Herren nicht selbst erklären, was wir hier wollen?" Petra zuckt mit den Schultern. Nur nicht unterbrechen.

Endlich geht die Tür auf. Im Hintergrund sehe ich Männer im dunklen Anzug mit Hut. „Grüß Gott", sage ich wieder, da mir nichts Besseres einfällt. Johannes räuspert sich. „Wir sind übereingekommen, dass Sie hier arbeiten können, ich meine -filmen- können. Das heißt: überall außer in der Kirche." Ich nicke. „Also machen Sie Ihre, wie nennt sich das rasch, ... ah ja: Reportage. Eines noch: Religiöse Debatten sind unerwünscht." Er räuspert sich noch einmal „so steht ihrem Auftrag nichts mehr im Wege, vorausgesetzt wir finden einen wackeren Bürger, der da mitspielen und mit Ihnen reden will." Gut, das ist ein Anfang. Wir sollten morgen wiederkommen. „Danke" und „Auf Wiedersehen".

Das war es wohl für heute, also fahren wir nach Casas Grandes zurück. Auf Deutsch heißt Casas Grandes übrigens große Häuser und jetzt - nach unserem Ausflug in die Mennonitensiedlung - wirken die dreistöckigen Häuser der mexikanischen Kleinstadt tatsächlich groß. Die Leuchtbuchstaben erinnern an eine US-Metropole und aus dem Pick-up neben uns dröhnen mexikanische Schlager.

Wir quartieren uns in einem der wenigen Hotels ein, die nicht ausschließlich stundenweise Zimmer vermieten. Petra und ich tauschen Rock und Kopftuch gegen Jeans und T-Shirts, Zeit für kaltes Bier in der „Hotelbar". Morgen landet das Kamerateam, Jochen und Gabriel. Letzterer, inzwischen verheiratet, freut sich auf Auszeit, schließlich ist er inzwischen Vater und Schwiegersohn, Letzteres eine Tatsache, an die er im Haus des Schwiegervaters stets erinnert wird. Jochen, neu im

Team, er ist Deutscher und ein wahrlich hübscher Junge. Blond, groß und ergo nicht mein Typ. Aber ein wirklich begabter Kameramann und obendrein ein lieber Kerl, den ich sofort ins Herz geschlossen habe. Morgen geht es ans Werk, heute haben wir frei.

Am anderen Ende der Bar sitzen ein paar Herren mit Hut und Latzhosen bei ein paar kalten Colas. Mennoniten, offensichtlich der dörflichen Idylle entkommen. Der Barmann beugt sich zu uns „die Typen trinken keinen Alkohol, sie kommen nur zum Fernschauen her. Denn nicht einmal das dürfen die armen Kerle daheim."

Die Neufelds

Cornelius Neufeld hat ein Auto. Damit ist er einer von fünf Männern im Dorf, die nur mehr an Sonntagen mit dem Pferdewagen ausfahren. Trotzdem sei der Mann ein guter Mennonit, versichert mir Dorfvorsteher Kornfeld. Er lebe nach Gesetz und Regeln des Glaubens und sei bereit uns zu treffen. Also machen wir uns zum Hof der Neufelds auf. Vor dem Haus flüchtet eine Schar gackernder Hühner, als wir den Jeep abstellen. Cornelius kommt uns entgegen „Hola, como están?" Er spricht perfekt spanisch mit deutschem Akzent. „Schließlich kann man in Mexiko Geschäfte nicht auf Plattdeutsch machen" lacht er und bittet uns in sein Haus.

Seine Frau Anita sitzt an der Nähmaschine. Bei uns wäre das gute Stück schon längst im Heimatmuseum gelandet. Die schwere Apparatur wird durch ein Pedal betrieben. Ich setze mich daneben. Anita näht alle Kleider selber, für fünf Töchter und drei Söhne. Sie spricht nur Plattdeutsch. Petra lässt sich von Cornelius selbst gemachte Käselaibe zeigen und ich versuche mich mit der Frau des Hauses zu unterhalten. Anita versteht, antwortet aber auf Platt. Ich errate was sie sagen will. 500 Jahre altes Deutsch ist tatsächlich eine Herausforderung. Außerdem haben die Mennoniten aus allen Ländern, die sie durchwanderten, einzelne Worte in ihre Sprache aufgenommen, russische, englische und schließlich auch spanische.

Anita erzählt von ihren Kindern, der Hausarbeit und dem Leben im Dorf. Ob sie schon einmal in Casas Grandes gewesen sei? Sie schaut mich groß an. „Ich kann das nicht!" „Was?", frage ich nach. „Mich in der Stadt bewegen, das kann ich nicht! Ich weiß nicht, wie man das macht. Ich habe Angst vor der Welt da draußen." Dazu fällt sogar mir nichts mehr ein, also tue ich, worin ich am schlechtesten bin: Ich schweige. Sie näht weiter. Ich schaue auf ihre Hände, raue, zerfurchte Finger, die Fingerknöchel angeschwollen. Diese Hände sehen nach harter Arbeit aus: acht Kinder, die Wäsche einer zehnköpfigen Familie ohne Maschine, daneben die Arbeit in Haus und am Hof. Diese Frau hat kein leichtes Leben.

Der vierjährige Sohn zupft sie am Ärmel und flüstert ihr etwas ins Ohr. Sie seufzt: „Gut, ein Keks kannst du haben, geh in die Küche und hol die Dose, aber ..." Sie droht ihm mit erhobenem Finger. „Teile mit deinen Geschwistern!" Der Kleine hüpft beglückt von dannen, ob die Sache mit dem Teilen durchgedrungen ist, lässt sich nicht sagen. Anita schaut auf „haben Sie Kinder?" „Noch nicht. Ich heirate im März." „Gut", sagt sie, „spät", fügt sie hinzu „so wie ich! Auch ich habe nicht meinen ersten Schatz geheiratet, denn der hat mich sitzen lassen.

War besser so.... Denn dann nahm Cornelius seinen ganzen Mut zusammen und hat um meine Hand angehalten!" Sie fädelt einen neuen Faden ein. „Er ist ein guter Mann", sagt sie und näht still weiter.

Zwei Stunden später, das Dorf hinter uns, nehmen Petra und ich die Kopftücher ab und holen die Zigaretten aus dem Handschuhfach. Ich wähle Franks Mobiltelefon. „Du hättest dich erst hier umschauen sollen, bevor du um meine Hand angehalten hast." „Ja?", fragt der Ehemann in spe interessiert. „Die Frauen hier verlassen nie den Ort. Sie schuften den ganzen Tag und haben offensichtlich keine übersteigerten Erwartungen an ihre Gatten oder an das Leben im Generellen. Brave Ehefrauen, die gar keine Zeit für dumme Ideen haben." „Klingt gut, aber ich glaube du bist mir trotzdem lieber." Nach einer kurzen Denkpause sagt er noch „aber vielleicht kannst du ja die Zeit nutzen, um von den Damen Vorort Gefügigkeit zu erlernen." „Ganz bestimmt, mein Schatz!"

Wenn er nicht bei mir ist, fehlt er mir. Das erste gemeinsame Jahr liegt hinter uns und trotzdem fehlt er mir. Ein gutes Zeichen. Menschen, besonders Frauen, neigen zu einem Phänomen, das sich gemeinhin Verblendung nennt. Am Anfang sehen sie ein Trugbild und nicht den wahren Mann an ihrer Seite. Sie lieben nicht selten einen Menschen, den es gar nicht gibt. Die Zeit der Verblendung nennt Gilbert in ihrem Buch (8) *Sanity Free Zone*, dieser Ausdruck beschreibt genau den Zustand perfekt. Vernunft - freie – Zone. Doch dann (wie lange dauert das wohl?) kehrt er wieder, der Verstand. Die Trennlinie zwischen Traum und Wirklichkeit wird sichtbar. Und plötzlich versteht frau, warum andere ihre anfängliche Begeisterung nicht teilen konnten.

Mein Fall liegt anders. Jeder scheint Frank zu mögen, sogar mein eigener Vater. Mehr noch, mein Herr Papa freut sich auf die Hochzeit. Vielleicht ist er auch nur erleichtert, dass seine jüngste Tochter endlich unter die Haube kommt. Eigentlich aber zweifle ich eher an mir, als an der Urteilsfähigkeit meines Vaters. Beim letzten Mal konnte ich die *Sanity Free Zone* auf mehrere Jahre ausdehnen. Vielleicht bin ich ein Phänomen in Sachen Verblendung. Aber der Mann, den ich heiraten werde, ist nicht derselbe wie der, den ich hartnäckig davon überzeugen wollte, mich zu heiraten. Diesmal ist es anders, sage ich mir, diesmal wird mein Traum Wirklichkeit.

Im Hotel treffen wir das Kamerateam, die beiden sitzen vor ihrem ersten Bier. „Schön, dass Ihr da seid!" Gabriel starrt mich an „Lust auf eine Zeitreise?" Endlich findet er Worte. „Du schaust leicht verändert aus. Ähm... ich habe dich noch nie in einem Rock gesehen..." „Warte mein Lieber, bis du mich mit Kopftuch siehst", unterbreche ich und binde mir das dunkelgraue Teil um. Da können sich die zwei kaum noch halten. „Ich hoffe, du machst einen Stand-up in diesem Aufzug. Das muss man gesehen haben!"

Die Dreharbeiten beginnen und es kommt - wie immer - anders als geplant. Diesmal in Form einer angenehmen Überraschung. Die Leute, die uns erlauben ihren Alltag zu filmen, haben Geduld und viel, sehr viel Zeit. Ich glaube sogar, Anita und Cornelius amüsieren sich köstlich, vor allem ihre Kinder, ob groß oder klein, sind fasziniert von den Fremden mit den seltsamen Apparaten. Nach ein paar Stunden schaffen wir selbst am ersten Drehtag normales Leben zu filmen, ohne dass einer in die Kamera starrt, oder befangen kichert.

Am Nachmittag kommt einer der Nachbarn vorbei, auf einem Buggy, einem Pferdekarren. Peter Blumenkron fragt schüchtern, ob wir nicht eine Runde mitfahren wollen. „Gerne, sehr gerne sogar" und schon haben wir einen weiteren Darsteller. „Den Cornelius", erzählt er, während wir im Trab durchs Dorf zuckeln, „mag ich wirklich gerne." Obwohl der so übertrieben modern sei. „Mich bringt keiner in so ein Ding, in so ein Auto." „Warum nicht?" „Im Dorf sind ein paar, die solche Dinger gefahren sind, vom rechten Weg abgekommen" und in der Welt draußen zu Teufelswerk verführt worden. Ich schaue fragend. „Na Alkohol und solche Sachen..." hilft er mir auf die Sprünge, was *solche Sachen* sind, führt er nicht aus.

Die Blumenkrons wohnen in einem kleinen Haus – Peter, Erika und ihre fünf Töchter. Es gibt nicht so viel Platz, dass jeder sein eigenes Zimmer hätte. So kam dem Familienvater ein praktischer Gedanke, den er sogleich umsetzte: Er machte mit Vorhängen als Raumtrennung aus zwei Schlafzimmern sechs. „Das gibt es nur in meinem Haus – jeder hat einen eigenen Platz, ganz für sich allein" lächelt er stolz. Was die Landwirtschaft betrifft, neigt Peter Blumenkron nicht zu praktischen Lösungen. Da er einer der Armen in Chapulin ist, besitzt er wenige Felder und obendrein die, die nicht besonders fruchtbar sind. Das aber ist nicht das eigentliche Problem. Es ist sein Traktor, denn der hat eiserne Räder. Dort wo sich normalerweise schwarze Gummireifen winden, ist hier Metall mit Greifklötzen. Ein vierköpfiges Team starrt sprachlos auf das seltsame Gefährt. „Das machen wir hier selbst", sagt Herr Blumenkron stolz und klopft auf die walzenartigen Räder, „damit kann man unmöglich bis nach Cassa Grandes kommen. Zu langsam, zu schwer, zu viel Diesel", erklärt er mit vielsagendem Blick. „Aber ist dieses Ding brauchbar für die Arbeit am Feld?", fragt Jochen „das muss ja Unsummen an Treibstoff verfressen..." „Das schon", meint Peter nachdenklich „aber die Versuchung..." Ein gottesfürchtiger Mennonit will eben kein Risiko eingehen, koste es, was es wolle. Soll sich ein Mann auf seine Willensstärke verlassen, wenn das Fleisch doch schwach ist? „Man kann eben nicht alles haben", seufzt er erleichtert, da ihm doch noch eine Antwort eingefallen ist.

Man kann nicht alles haben? Das bezweifle ich schon seit meiner Kindheit. Warum eigentlich nicht? Warum sollte man nicht alles haben können? Später habe ich begonnen zu verstehen: Man kann nicht alles haben, damit die anderen zufrieden sind. Die Neidgesellschaft hat Spielregeln. Wenn niemand alles hat, sind alle zufrieden, weil es keinem besser geht. „Auf Wiedersehen und Dankeschön, Herr Blumenkron." „Nein, ich danke für den Besuch, wir haben nie Gäste", sagt er Blumenkron erschöpft und tupft sich die Stirn mit einem Stofftaschentuch trocken.

Wozu heiraten?

Mit einer Geschiedenen und einem frustrierten Gatten sollte man nicht über Ehe diskutieren. Petra und Gabriel hinterfragen das, ihrer Meinung nach, veraltete Modell der Ehe. Wem bringt ein Trauschein noch Vorteile? „Was Männer betrifft, mehr als man denkt" belehre ich die beiden und ziehe Gilberts Buch heraus. „Für die Herren der Schöpfung ist heiraten eine äußerst kluge Entscheidung. Studie um Studie belegen, dass ihnen die Ehe gut bekommt." Verheiratete Männer leben länger und gesünder als Singles. Ihre Karrieren entwickeln sich deutlich besser, als die ihrer unverheirateten Kollegen. Sie trinken im Schnitt weniger, sind generell nicht so anfällig für Drogen und leiden seltener an Depressionen. Ungebundene Herren haben erstaunlicherweise, liest man bei Gilbert, eine weit höhere Chance ermordet zu werden als Ehemänner. Also auf zum Standesamt, meine Herren!

Was die Damen betrifft, kann man von dem Schritt zur Ehe tatsächlich nur abraten. Verheiratete Frauen leben deutlich kürzer als Single-Frauen und bringen es nicht so leicht zu Wohlstand wie ihre unverheirateten Pendants. Sie leiden häufiger unter Depressionen und haben nebenbei bessere Chancen einem gewaltsamen Tod zum Opfer zu fallen. Man kann davon ausgehen, dass der Gatte der gefährlichste Mann im Leben einer Frau ist. Na fein. Petra prustet los „das sind ja Aussichten." An diesem Tisch versteht nun wirklich keiner mehr, warum ich unbedingt heiraten will.

Also gut, wenn nicht heiraten, was ist die Alternative? Ewiges Single-Dasein? Alleinbleiben als Rezept für wahres Glück? Oder ein Lebensabschnittspartner nach dem anderen, glücklich, bis der Tod sie scheidet, wen auch immer, je nach Abschnitt. Ehrlich, dieses Modell kann ich mir nicht vorstellen. Anscheinend habe ich solche Abschnitte nicht. Ich, für meinen Teil, bevorzuge fließende Übergänge. In welchem ehelosen Modell hat man Kinder, Familie, oder hat man das auch nicht mehr? Darauf hat keiner hier eine Antwort.

„Schau mal Petra, dir ist doch bewusst, dass Rauchen krankmacht, oder?" Sie nickt. Endlich habe ich ein brauchbares Argument. „Du weißt das und tust es trotzdem. Dann musst du Folgendes ja nachvollziehen können: Obwohl ich weiß, was in Ehen passiert und das viele im Desaster enden, tue ich es trotzdem." „Dein Punkt", gibt sie zu, „tu, was du nicht lassen kannst!" Darauf trinken wir und ich beschließe das Thema Hochzeit ist ab diesem Moment nicht mehr aufkommen zu lassen. Ich will schließlich niemanden von der Ehe überzeugen. Jedem das seine. Was mich betrifft, will ich einfach ungestört glücklich sein.

Am nächsten Tag gehen wir zur Schule. Es hat lange gedauert, bis die einzige Lehrerin im Ort zustimmte, dass Fremde ihr Schulhaus betreten dürfen. Mein Text war stets der gleiche: Ich will weder mit den Kindern über Religion sprechen, noch stören. Nach fünf Drehtagen und der im Dorf stetig wachsenden Meinung, dass wir - wider Erwarten - keine Abgesandten des Teufels sind, gab die Frau Lehrerin klein bei.

A B C D E F G H....singen die Schüler vor sich hin. I J K L M N O P Q. Eine monotone Litanei. Kleine Latzhosen, blonde Haarschöpfe, rotbäckige Mädchengesichter unter Kopftüchern. Sie dürfen gemeinsam in die Schule gehen aber nicht zusammensitzen, Mädchen auf einer Seite des Klassenzimmers, Buben auf der anderen. R S T U V W. Das Alphabet ist zu einem Lied geworden. Kein fröhliches Lied, hier gibt es scheinbar nicht viel zu lachen. X Y Z. Die Lehrerin stellt eine Frage auf Plattdeutsch. Ein kleiner Bub steht auf und antwortet ängstlich, kaum hörbar, die Augen auf starr auf sein Buch gerichtet. „Ich habe nichts verstanden", herrscht ihn die schwarz gewandete Dame an. Er wiederholt unsicher seine Worte. Ich weiß nicht, ob die Antwort falsch, oder richtig war. Der kleine Bub setzt sich wieder. Ich schaue zur

Lehrerin auf, offensichtlich war die Antwort genehm, sie nickt. Wieder beginnt der Singsang. A B C D E F G H….

In der Pause, frage ich die Lehrerin, ob die Kinder hier immer so folgsam seien. „Immer. Das ist kein Kunststück. Ungehorsamkeit muss einfach korrigiert werden." Kein Schreien, kein Lachen, kein Gerenne. Pause und die Schüler sitzen still auf ihren Plätzen. Die strengen Augen der Lehrerin lassen mich jede weitere Frage vergessen. Sie nickt kurz, zupft sich ihr schwarzes Kopftuch zurecht und geht ab.

Der Tag des Herrn

7 Uhr 15 Minuten, wir stehen vor dem Haus der Neufelds. Die Tür geht auf und heraus kommt Cornelius im Sonntagsanzug mit dem Rest der Familie, alle in ihren besten Kleidern. Mädchen und Frauen unter dunklen Kopftüchern, Männer mit Hut. Heute bleibt der glänzende Pick-up stehen. Eine Pferdekutsche steht schon breit, dahinter wird die zweite eingespannt, kurz später geht es los. Im Morgennebel sieht man ein Gespann nach dem anderen Richtung Kirche traben. Außer Pferdehufe und knirschendem Kies ist kein Laut zu hören.

Heute ist es noch stiller als an anderen Tagen. Erst vor der Kirche sind Stimmen zu vernehmen: Guten Morgen! Guten Morgen! Guten Morgen! Etwas abseits steht eine Gruppe ernst dreinblickender Männer, sie reden leise miteinander, kein Wort dringt bis zu uns. „Das sind die Dorfvorsteher und Prediger", flüstert Cornelius und hebt grüßend seinen Hut, „diese Männer sind das Gesetz." „Was heißt das?", frage ich mit wachsendem Unbehagen. „Nun, sie entscheiden über das Schicksal der anderen." Pause. „Wenn einer die Regeln bricht, wird er ausgeschlossen." „Wird er und seine Familie dann aus dem Dorf vertrieben?" „Vertreiben können sie keinen, aber die Ausgeschlossenen gehen freiwillig weg." „Warum?" „Nun, keiner macht Geschäfte mit Ausgeschlossenen, hilft ihnen, oder richtet auch nur das Wort an sie. Sie sind nicht mehr Teil der Gemeinschaft und der Zutritt zur Kirche ist ihnen versagt."

Die Besprechung der Dorfvorsteher und Prediger scheint für heute beendet, wortlos nehmen die Männer ihre Hüte ab und gehen, einer nach dem anderen, in die Kirche. Alle die, die noch bei ihren Pferden standen, beeilen sich jetzt auch in das graue Gebäude mit schlichtem Holzkreuz. Das Geräusch von schleifendem Holz auf steinernem Boden dringt auf den leeren Kirchplatz. Die Gemeinde erhebt sich von ihren Bänken. Ich habe beschlossen hier draußen zu bleiben, trotz der Erlaubnis ohne Kamera an der Messe teilzunehmen. Durch eines der Fenster sieht man die schmucklose Kirche. Alle Köpfe gesenkt. Monoton wiederholen die Gläubigen ihre Psalme, Musik gibt es in mennonitischen Kirchen nicht.

Nach der Messe sind wir zum sonntäglichen Mittagessen eingeladen. 22 Gäste setzen sich an dem langen Tisch im Wohnzimmer der Neufelds. Zwei Enkel und drei Schwiegersöhne sind auch dabei, so wie das Kamerateam, das sich hier offensichtlich schon sehr zuhause fühlt. Tischgebet. Ich senke den Kopf und hoffe inständig, dass keiner den Blick hebt. Es ist eine Schande, ich weiß nicht, einmal wie man sich bekreuzigt. Es geht nicht darum, Religiosität zu heucheln, sondern Respekt zu zeigen. Zum Glück bemerkt keiner mein Dilemma.

Danach servieren Anita und ihre großen Töchter selbst gemachte Hamburger mit Erdäpfelpüree und Krautsalat, zum Nachtisch deftigen Apfelkuchen. Dieses Mahl ist unser letztes in Capulin. Zeit für die Abschiedsgeschenke. Petra und ich waren am Vortag einkaufen. Ein Hut für Cornelius, für die Hausfrau ein Ballen geblümter Stoff, für die Kinder gibt es eine große Schachtel Schokolade. Anita wischt sich verlegen ein paar Tränen aus den Augen. „Schön, dass Ihr bei uns gewesen seid." Dann ziehen sie und ihre Töchter eine selbst genähte Latzhose heraus. Für Jochen. Unser schöner Junge an der Kamera hat zweifellos Eindruck auf die Damen des Hauses gemacht. Er muss das gute Stück sofort anprobieren, darauf besteht Anita. Siehe da, sie passt wie angegossen. Was für ein Augenmaß diese Frauen haben...

„Ihr könnt ihn gleich dalassen", sagt sie leise zu mir und lächelt, „der wäre was für eine meiner unverheirateten Töchter." Ich antworte genauso leise. „Ich fürchte dieser blonde Bursche ist schon vergeben, aber, wenn ich einem anderen Exemplar derselben Sorte begegne, schicke ich ihn vorbei!" Sie kichert und legt mir ein Paket für Petra und mich in die Arme. Kopftücher und lange Röcke für jede von uns. Damit komme ich, bei meinem Bedarf, bis ins hohe Alter aus. Wir versprechen uns zu melden und einander wiederzusehen. „Manchmal", sagt Cornelius, „muss ich geschäftlich in die Hauptstadt und das nächste Mal nehme ich meine Familie auf das Abenteuer mit!" „Dann seid Ihr unsere Gäste", sage ich und versuche mir die Neufelds in der mexikanischen Mega-City vorzustellen. „Passt auf Euch auf!", ermahnt Cornelius. „Viel Glück mit deinem Schatz", flüstert Anita und zwinkert mir zu.

Es weihnachtet sehr

Hinter dem Türschild Tula 62 liegt der beste Platz der Welt, für mich zumindest. Freitagabend und ich bin endlich wieder daheim. Mein zukünftiger Mann umarmt mich und hinter seinem Rücken entdecke ich eine Vase roter Rosen. „Bekomme ich die ab jetzt immer, wenn ich von Dienstreisen heimkomme?" „Kommt darauf an" er legt den Kopf schief „wenn das dazu führt, dass du öfter unterwegs bist, sicher nicht!" Das habe ich nicht vor. Wenn es nach mir ginge, würde ich mehr Stunden drinnen als draußen verbringen. Täte ich das, würde ich Gefahr laufen am draußen gänzlich den Gefallen zu verlieren, und das kann ich nicht riskieren.

Frank öffnet eine Flasche Rotwein, ich versinke erleichtert im Sofa und schaue ihm beim Einschenken zu. Eins ist klar: Ich tauge nicht zum Single-Dasein und habe keine Lust in einer leeren Wohnung zu landen. Das ist wohl ein gutes Argument mehr...

Heute ist der 18. Dezember, die Sonne scheint und sehr wahrscheinlich sitzen wir in ein paar Stunden bei 25 Grad mit kurzen Ärmeln in der Sonne. Doch bis dahin bleibt noch viel zu tun. Denn es weihnachtet... und das einzige handfeste Zeichen dafür ist im Tiefkühlschrank verstaut. Die kleine gefrorene Ente ist alles zum Thema Weihnacht in diesem Haus und dabei kann es nicht bleiben. Wir ziehen zeitig los, um einen Baum zu kaufen. Das ist der erste Streich, und der zweite: Schmuck und die Kerzen für das Prachtstück besorgen. In einem Markt mitten im Stadtzentrum soll es jede Menge Kugeln, Girlanden und Lichterketten geben. Der Verkehr steht nahezu still, rund um den *Mercado de Sonora* haben weihnachtliche Stände die Parkplätze belegt. Schließlich schaffen wir es doch den Golf, mit der kanadischen Tanne am Dach, abzustellen.

In mexikanischen Märkten braucht man eine besondere Technik. Beherrscht man sie nicht, wird man im Menschengewühl mitgerissen und treibt wie ein Papierschiffchen ziellos herum. Man muss im Strom schwimmen lernen und darf gleichzeitig nie die Orientierung verlieren. Wir kaufen Glaskugeln in allen Größen und Farben, scheitern an Kerzen und Haltern. Also elektrische Lichterketten. „Es mas seguro, Señora", das sei ja auch sicherer, belehrt mich der Verkäufer. Mich überzeugt das nicht, aber wir kaufen trotzdem den neuzeitlichen Baumschmuck. Nach einer langen nerven-aufreibenden Suche entdecken wir endlich Lichter-ketten, die nicht in bunten Farben blinken, oder gar – als Draufgabe – auch noch Weihnachtslieder absondern.

Es riecht nach Reisig und Räucherwerk. „A Peso, a Pesooo", schreit ein Verkäufer mit 50 Zentimeter langen Sprühkerzen im Arm. Guter Preis, warum auch nicht. Inzwischen brennt die Sonne auf die weihnachtliche Szene. Erschöpft lassen wir uns vom Menschenstrom zum Gebäude treiben und tauchen in die düsteren, kühlen Gänge des Marktes.

Hier gibt es eine Hexenabteilung: Räucherwaren, Heilkräuter und magische Lotionen. Nicht zu vergessen die Amulette und unentbehrliche Utensilien für Rituale, so wie tote Fledermäuse, Schlangenhaut und die Figur der Santisima Muerte. Ein Skelett in Umhang und Kapuze mit einer Sense in der Rechten.

Copalrauch durchflutet die Gänge und unzählige Glücksbringer glitzern im elektrischen Licht. Mich fasziniert dieser Markt. Eine Welt fern derer draußen, in der es viel zu entdecken gibt. Vor einem Stand reiht sich eine lange Schlange Wartender. Hier werden Reinigungsrituale angeboten. Je nach Bedarf mit Hühnereiern, frischen Kräutern oder Quarzen. Gleich gegenüber legt eine alte Dame Tarot und liest aus den Händen ihrer Kundschaft. Nebenan gibt ein streng blickender Mann Nummern aus: Der Andrang ist beachtlich. Im Hinterzimmer hält eine famose Hexe aus dem veracruzanischen Ort Catemaco Sprechstunde. Catemaco gilt als das mexikanische Zentrum der Hexerei, für weiße, aber auch für schwarze. An diesem Stand ist das Angebot breit: Rituale, die andere magisch anziehen oder fernhalten, Schutz vor schwarzem Zauber, bei Bedarf auch ein Fluch auf Bestellung. Der Türsteher erklärt einer Frau, die sich schon ihren Platz in der Reihe gesichert hat, wo es lebende Hühner für Rituale zu kaufen gibt. „Animales para sacrificar, más adelante, todo derecho "- Opfertiere immer geradeaus.

Frank und ich gehen weiter. Der Geruch ändert sich, statt Weihrauch Extremente von Tieren, Vögel schreien. Tauben, Hähne, Enten. Opfertiere sind aber nur ein unbedeutendes Segment im Angebot. Hier werden vor allem Haustiere verkauft – gängige und exotische. Wellensittiche gegenüber Schlangen. Rassehunde, Siamkatzen, Meerschweinchen. Ein Verkäufer beugt sich zu Frank und senkt die Stimme „Wir können alles besorgen: auch Affen, Krokodile und große Papageien." „Danke", entgegnet Frank höflich, „vielleicht ein anderes Mal." An einem kleinen Stand beim Ausgang werden schwarze Hähne verkauft. „Für Rituale", erklärt der alte Mann, der davor auf einem Hocker sitzt. Unter einem Käfig voller Hähne starren mich zwei bernsteinfarbene Augen an. „Ist das ein Wolf?", frage ich. „Nein, das ist ein Akita, drei Monate alt, billig zu haben! Für 300 Pesos gehört er Ihnen." Der alte Mann macht den Käfig auf und keiner kommt raus. „Mach schon", knurrt er und zieht den kleinen Hund an einer Pfote aus dem Käfig. Der hinterlässt vor Schreck eine Lacke, setzt sich selbst hinein und schaut uns mit großen Augen an. Ich schaue zu Frank, er zu mir. Eine halbe Stunde später sind wir auf dem Heimweg, mit Baum, Weihnachts-Schmuck und Hund. Max hat inzwischen auch auf meine Jeans gepinkelt, scheint aber sonst durchaus erfreut dem Käfig, dem alten Mann und den Hähnen über seinem Kopf entkommen zu sein.

Die Erde bebt

15. Jänner, ich packe wieder meine Koffer, diesmal unter Zeitdruck. In zwei Stunden gibt es ein übereiltes Produktionstreffen und, wenn alles nach Plan läuft, sitze ich im Morgengrauen in einem Flugzeug nach El Salvador. Vor zwei Tagen hat es dort gebebt, scheinbar viel heftiger als anfänglich angenommen. CNN berichtet von mindestens 1000 Toten, mehr als 6000 Verletzten und 100 000 zerstörten Häusern. Verschüttete, Obdachlose, Versorgungsprobleme bei pausenlosem Nachbeben. Das ist eine Katastrophe, ich bin Korrespondentin und somit habe ich einen Auftrag.

In neun Stunden werde ich mit derselben Maschine fliegen, die mich vor vier Monaten zu Rolando Deneke befördert hat. Seit den ersten Nachrichten vom Beben habe ich versucht, ihn zu erreichen, doch die Leitung ist nach wie vor tot. Mit Luca, dem Kollegen Vorort bin ich seit ein paar Stunden wieder in Kontakt. Er hat inzwischen ein Auto gemietet und ist für mich auf Recherche. Dabei kann er kaum etwas falsch machen. Petra jedoch will sich nicht mehr auf diesen Herrn verlassen und ist direkt in Kontakt mit den Behörden und anderen Fernsehanstalten. Aus Budgetgründen reisen wir als Zweimann-Team, genauer gesagt ein Mann und eine Frau, der Eurovisions-Kameramann Roberto und ich. In El Salvador ist man auf Krise und Medientrubel vorbereitet, stehende Übertragungsleitungen, mietbare Schnittplätze und Büros im größten Hotel der Stadt.

Es bebt wieder. Ich versuche aktuelle Zahlen zu recherchieren. Keiner weiß genaueres. Der Pressemann vom mexikanischen Roten Kreuz ist tief betroffen. "Das hier übersteigt unsere wildesten Erwartungen", seufzt er, "Schlammlawinen haben ganze Stadtteile unter sich begraben. Allein in Santa Tecla sind es jetzt schon 600 Tote. Sicher sind noch 1000e verschüttet, wir haben weder das Personal, noch die Ausrüstung um dieser Katastrophe zu begegnen." Die Mexikaner waren die ersten ausländischen Hilfstruppen Vorort.

Ich werfe Jeans, Regenjacke und ORF Mikrofon-Würfel in den Koffer. Da winselt es empört. Max hat sich selbst eingepackt und wurde von einem fliegenden Objekt getroffen. „Hallo du, " ich hebe ihn hoch „du kannst nicht mitfliegen: Einer muss dableiben und aufs Herrl aufpassen." Max sieht mich mit großen Augen an, so als wolle er sagen, „das Herrl soll auf sich selbst aufpassen und du auf mich, wie gehabt!"

Mit diesem Tier bin ich gescheitert, meine Vorsätze zum Thema Hundehaltung sind Vorsätze geblieben. Das heißt: Max schläft nicht im Hof. Bei dem einzigen gewagten Versuch ihn vom "Draußenschlafen" zu überzeugen, heulte er so ohrenbetäubend, dass keiner ein Auge zutun konnte, auch unsere Nachbarn nicht. Erstaunlich, wie viel Lärm so ein kleines Tier machen kann. Die Variante Hof war somit gestrichen. Hund Max schläft aber auch nicht vor der Schlafzimmertür, sondern dahinter, also im Zimmer. Bei dem Versuch diese, unsere letzte Festung, zu halten haben wir aus purer Verzweiflung nach zwei Nächten Schlafentzug schließlich eingelenkt. Max hat selbst den Ort für sein Platzerl gewählt. Er ruht neben meinem Bett und knabbert an meiner Hand. Nach der er, wenn sie ärgerlicherweise nicht in seiner Reichweite ist, erbost bellt. Er läuft ständig hinter mir her und er begleitet mich auf all meinen Wegen. Wenn ich es wage, ohne ihn das Haus zu verlassen, wird dieses Vergehen bestraft. Sein Repertoire reicht vom Pflanzen-Fressen, übers Schuh-Zerbeissen, bis zum Verspeisen teurer Kosmetika.

Ich setze Max neben den Koffer und versuche weiterzupacken. Er aber, um seinen Unwillen kundzutun, macht genau dorthin ein Lackerl. Zu allem Überdruss läutet in diesem Moment das Telefon. Nein, Petra kann nicht später wieder anrufen, also gut. "Ich habe dein Ticket in Händen", berichtet sie, „ein paar nützliche Schreiben, Kontaktadressen und eine Bestätigung der bestellten LIVE-Übertragungen. Morgen um 4 Uhr 30 holt dich der Chauffeur ab." „Danke meine Liebe", seufze ich. "Viel Glück und melde dich bitte, sobald du gelandet bist", erinnert sie mich. „Das ist nicht meine erste Katastrophe und das gilt auch für Roberto. Soweit ich weiß, sind Desaster sein Geschäft. Mach dir also keine Sorgen…" Ich mache mir schon genug Sorgen für uns beide, doch das behalte ich besser für mich. Bin ich dem Job gewachsen? Kann ich dem Zeitdruck standhalten? Was, wenn die Live-Überspielungen nicht funktionieren? Keine Chance auf einen Rückzieher. In weniger als einem Tag haben wir verdammt viel Geld für ein Medientheater ausgegeben, dessen Erfolg niemand garantieren kann. Es ist fast neun Uhr abends, ich muss zu meinem Treffen.

Zwei Stunden Flug, keine Minute geschlafen. Noch immer starre ich verständnislos auf den Stoß ausgedruckter Seiten. 16 000 Erdrutsche... Dieses Land ist winzig, wo sind all diese Schlammlawinen abgegangen? Auf den Flugaufnahmen sehe ich Orte, aus denen Teile - enormen Tortenstücken gleich - fehlen. Auf diesen Leerstellen steht kein einziges Haus mehr, nur brauner Schlamm. Es sieht fast so aus, als seien ganze Bezirke gelöscht worden.

"Aussteigen", sagt Roberto schläfrig. Das ist nach "Guten Morgen" heute sein drittes Wort. Er nimmt die Kamera und geht, ich packe rasch meinen Kram in die Tasche, schnappe das Mikro und versuche mitzuhalten. Die anderen Fluggäste sind Rotes Kreuz - Mitarbeiter in ihren Arbeitsjacken. Niemand spricht.

Das perfekte Medientheater

Am Flughafen wartet Luca, diesmal mit einem "Ich habe die Sache im Griff" Lächeln und im Katastrophen-Outfit. 100 Pocket Jackett, Kakihose mit ebenso vielen Taschen, gutes Schuhwerk und Sonnenbrille am praktischen Hängeriemen. Ich gähne und ziehe mir fröstelnd die Jacke zu. "Ich weiß schon, wo wir anfangen, " sagt Luca. "Fein, " antworte ich und registriere, dass er mir jetzt schon auf die Nerven fällt. Sein Redeschwall fließt ununterbrochen weiter. Die beste Location sei Santa Tecla, auch Nuevo Salvador genannt. Dort gäbe es unzählige Verschüttete, deren Zeit aber liefe ab „dass jetzt noch Lebende geborgen werden, ist unwahrscheinlich. Das weiß ich vom Chef der Rettungsmannschaften vor Ort. Ich kenne schon jeden, auch die Typen, die die Leichen auf Lastwagen verladen. Ihr könnt Euch nicht vorstellen…" Luca hält inne. So wie alle am Flughafen. Der feste Untergrund beginnt zu schwingen. Während die Erde sich bewegt, scheint das Leben auf ihr für ein paar Sekunden still zu stehen. Ein Nachbeben. Die Lampen an der Decke wiegen sich, die stählerne Struktur der Halle knarrt, eine Frau kreischt. Bevor ich Zeit finde panisch zu werden, ist alles vorbei. „In den letzten Tagen hat es sicher 500 Mal gebebt", kommentiert unser Producer betont gelassen, „man gewöhnt sich dran." Ich seufze tief und sehe Roberto den Mund verziehen. Entnervt blickt er gen Himmel. Jedenfalls einer der in meinem Team bei Sinnen ist.

Auf dem Weg nach Santa Tecla fahren wir an zerstörten Häusern vorbei, dazwischen Rettungswägen, Polizeieinheiten und ein Feldlazarett. Ich fühle mich unwohl, etwas in meiner Kehle lässt mich nicht frei atmen. Ein großer Schluck aus der Wasserflasche, ich muss mich auf die erste Geschichte konzentrieren. Im Text eine Zusammenfassung, was bisher geschah, über Szenen der Zerstörung. Danach Erdrutsche in Wort und Bild, abschließend ein oder zwei kurze Interviews mit Betroffenen. Gesamtzeit zwei Minuten 15 Sekunden für die ZIB 1. Überspielung 12 Uhr 30 vom Hotel aus. "Luca bitte berechne, dass wir aus Santa Tecla rechtzeitig wegfahren müssen, damit wir noch scheiden, vertonen und die Überspielung nicht versäumen." „Klar, aber ich fürchte, der Ort gibt so viel her, dass ich Euch mit Gewalt wegschleifen muss." Ich beschließe den Mund zu halten, Roberto anscheinend auch. Zumindest was das betrifft. "Du heißt Luca, nicht wahr? Ich brauchte möglicherweise einen Ton-Assistenten für ein paar aufwendigere Szenen, kannst du mit Mikrofon und Rekorder umgehen?" "Kein Problem", antwortet unser Producer selbstsicher und hält bei einer Polizeisperre an der Ortseinfahrt. Der Polizist erkennt ihn und winkt uns – ohne die Miene zu verziehen – einfach durch. Kaum ausgestiegen stellt Roberto die Kamera auf das Stativ. „Du wolltest ein paar generelle Shots, nicht wahr?" „Ja, danke, ich schau mich inzwischen um, und überlege, wie wir danach weitermachen können."

Am Rande der Straße liegen schwarze Säcke, eine lange, sehr lange Reihe. Es sind nicht die ersten Leichensäcke, die ich sehe, trotzdem werden meine Knie weich. Ein paar Meter weiter arbeitet ein Rettungsteam am Ausläufer der Schlammlawine. „Keine Ahnung wie viele noch da unten sind, bisher haben wir nur Leichen gefunden..." Inzwischen steht Roberto mit der Kamera hinter mir. Ein junger Mann versucht den Männern klarzumachen, dass genau hier sein Haus stand. Da unten müsse noch seine Mutter sein. Er zeigt auf eine Stelle im Schlamm „genau hier, an dieser Stelle!" Ein Rettungsmann versucht ihn damit zu vertrösten, dass sie ohnehin ihr Bestes täten... Der Mann lässt sich auf den Boden fallen und weint.

Wir gehen weiter. An einer Stelle bricht die Schlammschicht jäh ab. „Sag mal können wir nicht gleich hier deinen Stand-up machen? Das Licht ist gut und man hat von hier aus einen Überblick ..." "Warum nicht", antworte ich obwohl mir gar nicht danach ist, auch nur ein Wort zu dem zu sagen, was hier zu sehen ist. Tonprobe. Hinter mir machen sich eine Gruppe private Retter ans Werk. Sie graben mit Gegenständen, die sie - wie es scheint – irgendwo gefunden haben. Eimer, Kehrschaufeln, nur einer hat einen richtigen Spaten. Den beiden Frauen in der Gruppe rinnen Tränen übers Gesicht.

Ich setze mich auf eine kaputte Plastikkiste und schreibe die Daten zusammen, die Luca mir diktiert. Ich schaue mich um und mir wird klar, womit der Aufsager beginnen muss. „Als Reporter Vorort muss man sich eigentlich fragen, was man hier tut. Statt in die Kamera zu lächeln, wäre es angebracht, eine Schaufel zur Hand zu nehmen und zu helfen. Drei Tage sind seit dem Beben vergangen und noch immer liegen Hunderte unter Schlammlawinen begraben und trotzdem: Die Menschen geben nicht auf. Sie suchen verzweifelt nach ihren Freunden, Eltern und Kindern …" Ich rede weiter, obwohl ich im Kopf nicht mehr bei der Sache bin. „Noch einmal bitte", sagt Roberto mit engelsgleicher Geduld, obwohl ich mich schon zum dritten Mal verheddert habe.

Hinter mir stochert eine Frau verzweifelt mit einer Stange in dem Boden. "Da unten sind meine Töchter. Ich weiß es. Die Leute vom Roten Kreuz sagen, dass die Schlammschicht zu dick sei. Es gäbe keine Chance, dass sie noch lebten. Aber ich kann doch nicht einfach aufgeben..." Sie schluchzt und hält erschöpft inne. Dann schaut sie mich verwundert an und fragt: "Was wollen Sie eigentlich von mir?" „Ich weiß es nicht, es tut mir so leid", sage ich, drehe mich rasch um und gehe weiter. "Magst du sie nicht noch etwas fragen, dann hätten wir genug

Material für die erste Story?" Ich schüttle den Kopf. Nein, will ich nicht, ich will weg von hier.

Plötzlich kommt Bewegung in die Szene. Ein Mann schreit etwas, ich verstehe nichts, Luca rennt los. Er winkt mit beiden Armen „die haben jemanden gefunden, hierher, sie haben jemanden gefunden!" Ein Körper löst sich aus dem Schlamm. Die Retter heben die leblose Gestalt auf eine Trage „der ist schon tot" sagt eine Stimme neben mir. Und da ist er wieder. Dieser Geruch, den ich von anderen Katastrophen kenne, der Geruch der Verwesung. Mir wird schwindlig. Ich weiß wie Tote riechen, ich bin ein routinierter Zaungast bei Tragödien. Ein Geruch, den ein normaler Mensch mit einem normalen Leben nicht kennt. Was um Himmels Willen tue ich hier? Ich filme die schlimmsten Momente im Leben anderer und stelle Fragen, die sie zum Weinen bringen.

Um Punkt 12 Uhr 30 geht der erste Beitrag nach Wien. Das Medientheater funktioniert wie am Schnürchen. Eine Perfektion, die in Krisengebieten pervers anmutet. Da gibt es Menschen, deren Versorgung nicht gesichert ist, andere, die kein Trinkwasser haben und solche, für die alle Hilfe zu spät kommt. Hauptsache aber das Medientheater funktioniert. Hübsch geschnittene Bilder, nett getextet. Die Reporter gekampelt, adrett, die Nasen gepudert. Ist die Story pünktlich auf Sendung, folgt die wohlverdiente Mittagspause im Hotelrestaurant.

Roberto und ich schlurfen müde durch das volle Restaurant. Manche der Kollegen diskutieren die Lage, verschweigen einander die spannendsten Neuigkeiten und aber betrinken sich gemeinsam. Vom Tisch in der Ecke winkt ein Mann. Der hat mir noch gefehlt. Ein Kollege vom deutschen Fernsehen sitzt hinter italienischen Vorspeisen. Wenn es Krise gibt, ist er zur Stelle. Zur Stelle heißt: im besten Hotel Vorort. Die Bilder und Szenen draußen sammelt seine Frau. Das nennt sich Arbeitsteilung. Was die Lorbeeren betrifft, ist es mit dem Teilen nicht weit her. Das Ergebnis am Sender trägt nur einen Namen, nämlich seinen. Ich mag ihn nicht, doch jetzt ist es zu spät, um abzutauchen. "Wie geht´s?", frage ich höflich "Danke und selbst?" antwortet der Kollege lächelnd, "ich habe einen brauchbaren Wein auf der Karte entdeckt, darf ich dich auf ein Glas einladen?" "Tut mir leid, Magenverstimmung, ich bestell mir nur rasch einen Tee. Muss sowieso gleich aufs Dach zum Live-Einstieg." „Dort sehen wir uns sicher, tschüss!"

Wir nehmen einen Tisch in einer ruhigen Ecke. Mein Kameramann schaut mich besorgt an, wahrscheinlich, weil seit der Abfahrt aus Santa Tecla kaum ein Wort gesprochen habe. "Ich weiß, ich bin eine Zumutung, es tut mir leid." Roberto schiebt meinen Tee über den Tisch und hört zu. "Ich kann diesen elenden Job nicht länger machen." Endlich wird mir klar. „Ich ertrage den Zynismus nicht mehr." Er sagt kein Wort. „Und weißt du was: Ich hasse mich dafür!" Keine Plattheiten, keine beruhigenden Worte, und kein *Morgen schaut die Welt wieder anders aus*. Nach ein paar Minuten räuspert sich Roberto „mir geht es manchmal genauso. Aber das ist genau das, wovon Fernsehmenschen auf diesem Fleck der Erde leben: Katastrophen. Etwas Anderes will keiner sehen..." Er schüttelt resigniert den Kopf. „Du hast recht, aber mir graut es bei dem Gedanken an meine Arbeit. Vielleicht ist es eine Alterserscheinung und ich bin nicht mehr eitel genug, um den Ekel, den schalen Nachgeschmack, hinunterzuwürgen..."

Am Dach stehen die Reporter Schlange. Der erste direkt vor der Kamera, sein Assistent frisiert ihn, und er tupft sich rasch den Schweiß von der Stirn. "3 2 1 corre..." Der Mann ist auf Sendung. Nach knapp drei Minuten rückt der nächste nach. Da taucht Luca auf, mit den letzten Zahlen und dem nützlichen Hinweis, dass der salvadorianische Präsident Franzisco Flores 3000 Särge im Ausland bestellt hat. „Wie wäre es mit einem Spiegel?", fragt mich mein Producer vorsichtig. „Wieso? Sehe ich so schrecklich aus?" "Na ja, sagen wir du hast schon besser ..." „Sag´s lieber nicht, borg mir eine Bürste und gib mir bitte meine Tasche." Im Spiegel der Puderdose wird klar, was Luca meint. Ich repariere, was zu reparieren ist und bin kurz später selbst an der Reihe.

"Australia?", fragt der Sendeleiter erstaunt. "Nein, AUSTRIA!" Er lächelt verwirrt ..."Pues si, claro! Klar.... Selbstverständlich." Sprechprobe. Diesmal kann ich den Kollegen in Wien einwandfrei hören. Zwei Minuten vor dem Live-Einstieg. „Hallo Robert?" „Hallo wie geht´s?", kommt es fröhlich zurück. „Frag mich das bloß nicht auf Sendung ..." Ich räuspere mich „was willst du hören, sobald wir dran sind?" „Ein kurzer Lagebericht und ein paar persönliche Eindrücke..." „Geht klar!" Und das tut es auch. Hier am Hoteldach kann ich mit mehr Abstand berichten, was ich ein paar Stunden zuvor selbst gesehen habe. „Danke Renate, alles Gute nach San Salvador", dann kracht es in der Leitung. Das Theater ist zu Ende. Der Sendeleiter hält am Ende routinemäßig beide Daumen in die Höhe. "Der nächste bitte!" Erschöpft mache ich mich auf den Weg in mein Zimmer.

Kaum habe ich die Tür aufgesperrt, bebt es schon wieder. Alles scheint zu schwingen. Ein lautes Krachen kommt aus dem Badezimmer, gefolgt von einer mir bekannten Stimme „bist du okay?" Ich öffne vorsichtig die Tür und schaue in Robertos Augen, das oberste Drittel seines Gesichtes erscheint über dem zerbrochenen Badezimmerspiegel. „Ab jetzt teilen wir ein Badezimmer, das fehlende Stück liegt, glaube ich, auf deiner Seite." Ich schaue hinunter zu meinen Füßen. „Das tut es…" „Ich hoffe, es stört dich nicht…ich meine…es gibt keine freien Zimmer mehr…", erklärt er. Da muss ich lachen „das, mein Lieber, ist mein geringstes Problem, bei dir alles okay?" „Klar, wir sehen uns in einer Stunde zum Schnitt." Kaum ist sein Kopf wieder verschwunden, setze ich mich auf die kalten Badezimmerkacheln.

Das ist der 14. Stock und ich bin mir nicht sicher, ob es schon wieder bebt, das Gebäude nachschwingt, oder mein Kreislauf, genauso wie ich, am Boden ist. Ich fische die Zigaretten aus meiner Jackentasche und zünde mir eine an. Was mache ich hier? Was, verdammt, mache ich hier? Tränen rinnen über mein Gesicht. Kein Schluchzen, kein einziger Ton, nur Tränen. Es tut so unendlich gut, sie nicht länger verstecken zu müssen. Irgendwann sind alle Tränen geweint und ich weiß, dass ich etwas ändern muss. Ich werde einen anderen Job suchen. Schließlich muss ich der Frau, die mir aus dem Spiegel entgegensieht, auch weiterhin jeden Tag in die Augen schauen.

48 Stunden später ist der Albtraum zu Ende. Max schläft zu meinen Füßen und Frank hat den Arm um mich gelegt. „Ich halte den Zynismus nicht mehr aus." Er hört zu - ich erzähle. Von der Mutter, die erfolglos versuchte ihre Kinder zu bergen. Anstatt zu helfen, hielt ich ihr ein Mikrofon unter die Nase. Vom Gestank verwesender Körper und lautlos weinenden Männern, von verzweifelten Suchmannschaften und Nachbeben. Ich beschreibe die intakte Medienwelt inmitten der Krise, das

elegante Hotel, die logistische Perfektion und die tadellosen Überspielungen. Ich erzähle von Kollegen, die mit genau so viel Ehrgeiz trinken, wie sie sich mit Katastrophen ihr Geld verdienen und dabei ihre Eitelkeit befriedigen. Die meisten sind Ende 40 und nur mit ihrem Alkoholproblem verheiratet. "Ich will nicht so enden! Ich will eine Familie, ein Leben und einen Job, in dem ich mich auch in Krisen wie ein Mensch verhalten kann!" Mein zukünftiger Mann nimmt mich in die Arme „sehr gut, denn das will ich auch: eine Familie und ein Leben mit dir!" Ich schaue ihm in die Augen „wie wäre es mit einem eigenen, kleinen Restaurant?" Er legt den Kopf schief und sagt „warum nicht?" Eine unbeschreibliche Leichtigkeit an Veränderungen heranzugehen. Warum nicht? Ein kleines, österreichisches Lokal inmitten der mexikanischen Megacity. „Darauf trinken wir", nickt er und füllt die Gläser „Salud!"

Lizenz zur Ehe

"Wir sind nicht schwanger", erkläre ich und fuchtle Frank mit dem Befund vor der Nase herum. „Ganz nebenbei, der Arzt ist meiner Meinung: Es ist eine bodenlose Frechheit einen Test zu verlangen. Wenn ich nun schwanger wäre, könnte ich dich dann nicht heiraten?" Ich koche vor Wut und Frank versucht mich zu beruhigen. „Andere Länder andere Sitten", seufzt er, „wenn wir hier heiraten wollen, müssen wir uns an die Spielregeln halten." Man könnte auch daran arbeiten, eben diese Regeln zu ändern, denke aber sage ich nicht. Schließlich kann ich Frank nicht für die bürokratischen

Absurditäten der mexikanischen Behörden verantwortlich machen.

Wir sind auf dem Weg zur Standesbeamtin. Vor uns liegen zwei Stunden heiße Autofahrt, da wir uns in den Kopf gesetzt haben in einer alten Hacienda im Bundesstaat Morelos zu heiraten und wer dort seine Ehe schließen will, muss auch dort amtshandeln. In der Aktenmappe am Rücksitz sind alle erforderlichen Papiere in dreifacher Kopie abgelegt. Seit heute früh haben wir auch noch das letzte Stück, das in der Sammlung bislang fehlte, den Schwangerschaftstest. Wer ist auf die Idee gekommen einen negativen Befund als Voraussetzung zur Eheschließung vorzuschreiben? Was steckt dahinter? Wahrscheinlich soll dieser Test, die armen, künftigen Gatten vor untergeschobenen Kindern schützen. Warum verlangen diese Herrschaften nicht auch einen Befund für die intakte Jungfräulichkeit, so kann Mann sich wirklich sicher sein.

Nach der Stadt Cuernavaca lichtet sich das Verkehrschaos, die Autobahn hat die Wochenendurlauber im nahen Paradies ausgespuckt. Wir fahren weiter. Es ist Trockenzeit und danach sieht es auch aus. Von der Sonne versenkte Büsche, Kakteen und Felsen. All die Kilometer, nur, weil wir unbedingt in der Hacienda Las Palmas heiraten müssen. Ein genialer Ort keine Frage, aber inzwischen zweifle ich ernsthaft, dass die Idee eine gute war.

Um genau 12 Uhr landen wir am Standesamt in Amacuzac. Ein Dorf mitten im Nichts und das ist bei Weitem das Beste, was mir zu dieser Idylle einfällt.

Die Licenciada erwarte uns schon, lächelt ein dicklicher Amtsdiener und da ist sie auch: La Licenciada, lange dunkelrote Fingernägel, ein Dekolleté bis zum Nabel und ein Outfit in Kanariengelb. Sehr dezent. Ich sage "Buen Día!" Frank hingegen versucht es mit freundlichem Geplauder. „Die Papiere?", fragt die Beamtin, ohne sich davon beirren zu lassen. „Alles dabei" Frank zieht die Mappe heraus „Geburtsurkunden, Pässe, Migrationspapiere, meine Scheidungsdokumente. Alle österreichischen Papiere, wie Sie sehen, übersetzt und beglaubigt – jeweils drei Kopien. Und hier die letzte Hürde: der Schwangerschaftstest." Die Beamtin starrt Frank verständnislos an: „Schwangerschaftstest?" „Na ja, die Prueba Nupcial, um die Sie mich geben haben..." Die Lippen der Licenciada werden schmal „eine Prueba Nupcial ist kein Schwangerschaftstest Herr Zeller, es ist ein Bluttest beider Heiratskandidaten, um festzustellen, ob - im Falle einer Schwangerschaft - Probleme zu erwarten sind." Ich kann mich nicht mehr zurückhalten und lache laut los. Die Beamtin schaut mich befremdet an. "Darf ich festhalten", frage ich nach, „dass man auch hier nicht nachweisen muss, dass man kein Kind erwartet, wenn man heiraten will?" Die Beamtin schüttelt entnervt den Kopf „Nein das muss man natürlich nicht. Ich habe Ihren zukünftigen Mann um eine Prueba Nupcial gebeten, wie oft soll ich das noch sagen? Eine Blutprobe. Von beiden. Um unangenehme Überraschungen im Falle der Schwangerschaft zu vermeiden." Frank räuspert sich verlegen. "Ich habe da offensichtlich etwas falsch verstanden." „Offensichtlich", wiederholt die Beamtin gedehnt "kommen Sie nächste Woche wieder!"

Was ist eigentlich das Problem? Ich meine: Warum kann ein Mann, dem etwas unklar ist, nicht einfach nachfragen? Nur zur Sicherheit. Keiner zweifelt am

Geisteszustand des Fragers und außerdem kostet es nichts – oder doch? Liegt der Grund dafür in der Natur des Mannes? Hat es gar etwas mit Stolz zu tun? Ist das auch die Ursache für das seltsame Verhalten von Herren am Steuer? Die, wenn sie ihr Ziel nicht finden, lieber stundenlang im Auto umherirren, als einfach anzuhalten und jemanden am Straßenrand nach der Adresse zu fragen?

Was unsere Ehe betrifft, oder genauer gesagt die behördliche Genehmigung zu unserer Eheschließung, spielen wir Mensch ärgere dich nicht! Und dieser Zug heißt: Zurück an den Start. Die Heiratskandidaten büßen die vorgerückten Felder ein, da sie die Aufgabe missverstanden haben. Auf zu einem Laboratorium, das Pruebas Nupciales in weniger als einer Woche zustande bringt. Sind wir chemisch kompatibel, das heißt eignen uns zur Fortpflanzung, nehmen wir auch diese Hürde. Dann brauchen wir nur einen neuen Termin bei der Licenciada und, wie die Frau Standesbeamtin schon in Aussicht stellte, eine weitere Reise nach Amacuzac. „Tut mir leid", sagt Frank, als wir wieder auf der Straße stehen. „Keine Sorge, ich heirate dich trotzdem", scherze ich, sofern wir den Papierkram rechtzeitig abschließen.

Der Tag

Noch ist es dunkel draußen, viel zu früh um aufzustehen. Ich stecke den Kopf unter eines der weißen Kissen und kann trotzdem nicht wieder einschlafen. Das ist der Moment, in dem sich immer eine Vorahnung dessen einschleicht, was mir an diesem Tag bevorsteht. Die Nacht war nur eine Unterbrechung, eine Pause, ich war für ein paar Stunden nicht traurig, nicht ängstlich, die nächste Prüfung war vergessen. Doch beim Aufwachen kehrt alles wieder: die Traurigkeit, die Angst, die Anspannung. Vorsichtig fühle ich nach. Diesmal ist da nur ein gutes Gefühl, ohne jeden schalen Beigeschmack. Genau, das ist er: DER Tag.

Über mir ein Himmelbett, davor ein großer Kamin und rechts davon ein kleiner, blätterüberwucherter Balkon. Das höchste Zimmer im höchsten Turm: das Zimmer der Prinzessin. Es fehlen nur ein paar Stunden bis zu dem Part, der mir in Märchen am besten gefällt. Ich meine den Teil der Geschichte, auf den stets dieselbe Textstelle folgt: Und so lebten sie glücklich bis an ihr Lebensende. Richtig geraten: die Hochzeit.

Diesmal wird das Märchen wahr, denn heute ist mein Hochzeitstag. Mein Mann ist zwar kein Prinz, sondern ein PR-Fachmann aus der Steiermark, ich bin keine Prinzessin, sondern noch immer eine ORF-Reporterin aus Wien und das ist leider nicht unser Schloss, sondern ein gemietetes Zimmer zwei Autostunden von Mexiko-Stadt entfernt. Im Schrankraum hängt mein rotes Brautkleid. Um acht Uhr kommt der Friseur und um zehn der Mann, dem ich mein Ja-Wort geben werde. Die letzte Nacht habe ich allein verbracht, schließlich habe ich in 35 Lebensjahren genug gepoltert und wollte Ruhe von der inzwischen angereisten Familie und dem Trubel um das große Ereignis.

Ich schlüpfe aus dem Bett und bestelle ein Frühstück aufs Zimmer. Ich kann Menschen nicht verstehen, die lieber in Speisesälen essen, oder sich bei Buffets anstellen. Warum sollte ich beim ersten Kaffee Fremden gegenübersitzen wollen?

Es klopft an der Tür: der Kellner. Die Sonne geht auf und ich bin rundherum glücklich. Es klopft wieder: Sebastian, der Friseur. Welch köstlicher Luxus – Pediküre, Maniküre und Hochzeitsfrisur, ohne das Turmzimmer verlassen zu müssen. Zwei Stunden später habe ich gerade mein Kleid zu gezippt und steige in die hochhakigen roten Pumps. Da klopft es noch einmal und er steht vor mir, hinter einem Strauß weißer Callas. "Mein Prinz", schmunzle ich… "Meine Dame", lächelt er. Wir gehen die Treppe gemeinsam hinunter und ich? Ich bin nervös, ich bin tatsächlich nervös. Was soll schon passieren, meinem Wissen nach muss ich nur unterschreiben und das habe ich dank meiner Kreditkarten ausreichend geübt.

In der Halle warten schon die Hochzeitsgäste. Mein Vater lächelt stolz, meine Mutter zupft meine Haare im Vorbeigehen zurecht. Don Manuel grinst schelmisch „schade, dass ich ein paar Jahre zu alt war…" Petra scherzt unter einem großen, rosafarbenen Hut. „Du kannst immer noch davonlaufen…" Enrique nickt ernst und Franks Mama verzieht keine Miene, weder zu einem Lächeln noch zu einem Knurren. Ein paar Schritte weiter Peter mit Freundin Maria, Gabriel, Charles, Javier und Julio. Zuletzt Franks Vater. „Mein Glückwunsch", sagt der Herr Papa, neben ihm seine Gattin die Zweite „Hallo!"

Wir gehen am Brunnen vorbei bis zu einem Platz unter hohen Palmen. Die Standesbeamtin ist schon da. Die ewig roten Fingernägel, heute steckt sie aber in einem türkisen Minirock und auf hohen Absätzen im gleichen Ton. Diesmal lächelt sie, wahrscheinlich, weil sie weiß, dass sie uns nach diesem Akt nie wiedersehen muss. Die Herren, vor allem des älteren Semesters, sind angesichts des amtlichen Röckchens höchst angetan.

Ab dann geht alles schnell. Zu schnell. Eigentlich würde ich gerne „Halt!" rufen: „Einen Moment bitte! Ich muss diesen Augenblick genießen, schließlich habe ich lange genug darauf gewartet." Aber die Dinge nehmen ungebremst ihren Lauf. Eine kurze Rede, keine Einwände, vier Zeugen, sechs Unterschriften. Keiner fordert meinen Mann auf, mich zu küssen. Er tut es trotzdem.

Ein paar Minuten später sitzen alle unter einem großen Baum. Ein *Pirul*, rosa Pfeffer, auch wenn seine Früchte keine Schoten sind. Unter seinem Schirm riecht es nach Piment und Limetten. Mein Vater ist am Wort. Ich muss zugeben, der Mann ist ein wahrer Experte im Redenschreiben. Vor allem solcher Ansprachen, die das lauschende Publikum zu Tränen rühren.

Seit 57 Jahren sei er nun verheiratet „und das glücklich...Ihr sollt wissen, die Ehe ist weder eine schwierige Übung, noch eine langweilige Angelegenheit." Petra übersetzt seine Worte ins Spanische. „Wir waren nicht immer einer Meinung, meine Frau und ich, das könnt Ihr mir glauben. Aber um Krisen zu überstehen, muss man nur zwei Künste beherrschen. Die, zu verzeihen und die sich zu versöhnen!" Meine Mutter nickt zustimmend. „Die Momente des Versöhnens bleiben in der Erinnerung haften. Vorausgesetzt, dass man die Kunst tatsächlich beherrscht, die richtigen Instrumente kennt, seine Vorstellungsgabe und Phantasie benutzt." Mein Vater lächelt schelmisch „verzeiht einem alten, erfahrenen Ehemann." Das Publikum klatscht. Don Manuel nickt zur Bestätigung „Bravo Arturo!" Und was ist das? Petra räuspert sich, sie ist doch nicht etwa gerührt?

Franks Mutter weint, ihr Sohn legt den Arm um sie. Die strenge, aufrechte Frau neben Frank sieht plötzlich klein und zerbrechlich aus. Ich schaue zum Nebentisch, Franks Vater schaut weg. Du drückst dich also! Darin warst du wohl immer schon Meister, denke ich und lasse den armen Mann nicht aus den Augen, mein Blick ruht ein paar Zentimeter über seinem Krawattenknoten und unter seinem Kinn. Er räuspert sich und lächelt verlegen in meine Richtung. Habe ich dich.

Bei nächster Gelegenheit verschwinden Frank und ich unbemerkt im Garten der Hacienda. Pflanzen wuchern, exotischste Blumen zieren den Weg, Paradiesvögel, Bromelien, duftende Gardenien. Das alte Aquädukt, das einst die Zucker-Plantagen bewässerte, funktioniert noch heute. An seinem Ende stürzt ein Wasserfall in ein steinernes Becken. Dort bleiben wir stehen. Frank zieht eine kleine Schachtel mit zwei silbernen Ringen aus dem Frack, unsere Eheringe. „Ich liebe dich", sagt er und steckt mir meinen Ring an den Finger, „und ich dich", antworte ich und tue das gleiche.

Luftschlösser

Ich bin Ehefrau. Aus Renate Heilig ist *la Señora Zeller-Heilig* geworden. Fühlt sich gut an. Wenn ich meinen Mann im Büro anrufe, frage ich nun nach meinem „esposo". Die Sekretärin antwortet „Señora, que gusto, welch Vergnügen, einen Moment bitte!" Natürlich heißt das hier: „Un momentito por favor!" Sie verständigt Frank umgehend von diesem Anruf, der keinen Aufschub duldet. In Mexiko ist die Ehefrau schließlich eine Instanz, la Señora eben. Da Mann im Regelfall nur eine hat, das heißt, um genau zu sein: nur eine geheiratet hat, ist klar, wer *la Señora* ist. Die Señora ist eine fixe Konstante. Eben keine *Movida*, das ist hierzulande eine Bezeichnung für die Geliebte. Das Wort *Movida* kommt von mover: bewegen, sich bewegen, oder verschieben. Das hat wohl auch damit zu tun, dass man diese Damen nach Lust und Laune austauscht, nicht aber die *Señora*.

Unsere Hochzeitsreise hat vier Tage gedauert, vier herrliche Tage am Meer, vier Tage zu zweit. Währenddessen sind Familie, Freunde und Verwandte abgereist und wir haben unser altes Leben wieder. Eigentlich stimmt das nicht, denn es hat sich etwas verändert. Ich weiß, alle passionierten Gegner der Ehe behaupten das Gegenteil, aber für mich hat der Trauschein tatsächlich etwas verändert: Wir gehören zusammen, ein Bekenntnis ohne Ablaufdatum. Natürlich ist Scheidung eine Realität, aber Menschen fahren trotzdem weiterhin Autos, obwohl es Unfälle gibt. Kein zulässiges Beispiel? Kann sein, aber man kann doch etwas nicht von vornherein ausschließen, nur, weil es möglicherweise schiefgehen könnte.

Ehe ist nicht nur der aktuelle Stand der Dinge, wie eine Beziehung. Die Ehe ist eine Absichtserklärung. Wir sind mutig, oder auch einfältig, genug eine gemeinsame Zukunft zu planen. So haben wir, el Señor y la Señora, in ihrem Honeymoon einen Beschluss gefasst. Wir wollen nicht länger warten. Es ist Zeit Kinder zu bekommen. Er will – ich will, worauf warten wir also. Schließlich tickt die Uhr, präzise gesagt meine, nicht seine. Glücklicherweise aber will Frank nicht erst im biblischen Alter Vater werden. Also ist heute, nachdem ich die letzte Pille der Packung geschluckt habe, die leere Schachtel im Mistkübel gelandet und damit auch alle Vorsicht. Verdammt aufregend, was wäre wenn? Aber was wird aus meinem beruflichen Neustart. Baby oder Beisl? Oder beides?

Inzwischen muss Geld ins Haus. Also habe ich, kaum gelandet, eine Serie über archäologische Stätten in Mexiko verkauft und das verschafft mir Zeit. Ich recherchiere, Petra besorgt die Drehgenehmigungen und versucht einen Zeitplan zu erstellen. In meinen Tagträumen aber bin ich längst in meinem kleinen Restaurant inmitten der mexikanischen Millionenstadt. Dort in einem alten, schönbrunnergelben Haus werden österreichisch-ungarische Spezialitäten serviert. Was sonst? Damit bleibe ich in der Megacity konkurrenzlos. In meinem Beisl wird man auf eine kulinarische Zeitreise ins Imperium gehen. Sinnliche Genüsse nach K&K Rezepten, Slow-Food im passenden Rahmen, Bankette wie zu Kaisers Zeiten. Ich öffne ein neues Dokument im Computer und beginne zu schreiben, den Klappentext für die Speisekarten.

Un Viaje al pasado imperial – Eine Reise in Kaisers Zeiten - Lassen Sie sich in das 19. Jahrhundert entführen: nach Wien, damals das Herz des Österreichisch-Ungarischen Imperiums der Habsburger. In den Kaffeehäusern der Stadt saßen elegante Damen und Herren, nippten an ihren Einspännern und kleinen Schwarzen, lasen Zeitungen, oder diskutierten Politik, Kunst und Kultur. Dazu wurden Apfelstrudel, Gugelhupf und Sachertorte gereicht. Über die Ringstraße trabten Zweispänner, die Kastanienbäume blühten und die Damen führen ihre neuen Hüte aus. In den Gasthäusern der kaiserlichen Hauptstadt konnte man alle deliziösen Gerichte der Epoche verkosten, vom Gulasch, über den Tafelspitz, bis hin zum gebratenen Wild.

Neben der Tastatur liegt eine Liste mit all den Gerichten, die ich kochen und wiederkochen will: Grießnockerlsuppe, Kalbsgulasch mit Spätzle, Wildschweinragout, gefüllte Forellen, Mohr im Hemd und Kaiserschmarrn. Daneben eine Einkaufsliste für den Markt. An Freitagen sind unsere Freunde nun zum Verkosten und Genießen eingeladen. Was das künftige Restaurant angeht, bringt mich das nicht wirklich weiter: Wie mache ich aus zehn Portionen 50, die genauso gut schmecken? Wie lange kann ich ein Gericht aufbewahren? Was muss ich täglich frisch zubereiten? Wie viele Speisen dürfen auf der Karte stehen?

Ich wähle Javiers Nummer. „Bueno?", sagt er streng. „Hallo mein Lieber, bitte gib mir die erste Klasse in Sachen Gastronomie. Es wird ernst. Ich lade dich zum Essen ein, wann kannst du kommen?" „Wie wäre es mit übermorgen?" „Übermorgen klingt großartig." Javier hat mir angeboten zu helfen, vorausgesetzt ich bleibe tatsächlich bei diesem, wie er es nennt, irrwitzigen Plan. Schließlich kennt er das Geschäft und eigentlich wäre er es, der ein eigenes Lokal eröffnen sollte. Ich, gelernte Reporterin, professionelle Schaumschlägerin und passionierte Freizeit-Köchin, habe keine Ahnung, nicht die geringste. Dieses Detail am Rande kann mich nicht aufhalten, aber, wenn ich das öffentlich zugebe, muss ich mir, von jedem, der so etwas Verrücktes nie wagen würde, mitleidiges Kopfschütteln gefallen lassen. So erfand ich eine professionelle Vorgeschichte, von der Tante mit Restaurant in Wien, stetem Ferienjob im Gastgewerbe und einer langen Liste geerbter Rezepte. Letztere gibt es tatsächlich, doch diese Rezepte sind ausschließlich an Familiensonntagen erprobt und nicht für industrielle Küchen erdacht.

Mit meinem Traum, meiner erfundenen Geschichte und voller Neugier gehe ich durch die Stadt. So habe ich Christina kennengelernt, sie hat eine kleine Pizzeria in der Condesa. Mit Engelsgeduld erklärt sie mir, was ich wissen will, beantwortet die dümmsten meiner Fragen und stellt mich einem jungen Architekten vor, Carlos. Er ist fasziniert vom kaiserlichen Projekt, voller genialer Ideen und schwul. Schlicht eine gute Kombination. Wir treffen einander nun täglich zum Tee und erfinden das kleine österreichische Restaurant. Gestern hat Carlos ein dickes Buch über Biedermeierstoffe, Möbel und Dekorationen dagelassen. Gestreifte Sessel, runde Tische, zweidrittelwandhohe Tapeten. Ich schaue auf die Uhr, fast fünf? Du liebe Güte, wo ist der Tag geblieben?

Ich habe wieder nichts zum Thema *Teotihuacan* recherchiert und dabei soll sich die erste Folge meiner Archäologie-Serie um diese vor fast 2000 Jahre größte Stadt Amerikas drehen. Morgen in aller Frühe setze ich mich ins Auto und fahre zu den Pyramiden. Schließlich muss ich auch arbeiten und kann nicht nur Luftschlösser bauen.

Der Ort, an dem aus Menschen Götter wurden

Wir fahren im Nordosten über die Stadtgrenze. Keine Felder, keine Bäume, keine Büsche, stattdessen wuchern Beton-Bauten die Hügel hinauf. Sie erinnern an Schachteln, die sich ohne sichtbare Ordnung aneinanderreihen. Viele dieser Häuser haben als Zimmer begonnen und sind mit den Ersparnissen ihrer Bewohner zu größeren Gebilden herangewachsen. Untertags ist

Ecatepec, so heißt dieser Vorort, eine Geisterstadt. Spät abends füllt sie sich mit Leben. Ihre Bewohner sind täglich mehrere Stunden unterwegs, um in die Metropole zu kommen, oder der Megacity – am Ende des Tages – wieder zu entrinnen. Es ist acht Uhr morgens und auf der Gegenfahrbahn bewegt sich eine endlose Schlange Autos, Busse und Sammelkombis Richtung Distrito Federal.

Mexiko-Stadt wächst mit den Träumen derer, die sich am Stadtrand ansiedeln. Sie alle träumen von einem besseren Leben. Doch nur für wenige wird dieser Traum auch wahr. Nach 15 Autominuten haben wir die Ausläufer der betongrauen Wogen erreicht, und Stadt verwandelt sich schließlich doch in Land. Kakteen wachsen am Straßenrand, das Grün der Bäume leuchtet im Sonnenlicht, auf den Wiesen grasen Schafe.

Ein paar Kilometer weiter kündigt ein Schild die Ausfahrt *Teotihuacan* an. Eine Kurve und dann sieht man sie vor sich. Noch könnte man meinen, es wäre ein kahler Hügel inmitten einer flachen Landschaft, doch im Näherkommen sind die Merkmale eines Bauwerkes von bemerkenswerter Größe klar auszumachen: die Sonnenpyramide. Teotihuacan war einst die größte Stadt Amerikas. Im Jahr 200 unserer Zeitrechnung lebten hier in und um die Stadt 200.000 Menschen mit moderner Kanalisation, Wasserreservoirs, Palästen und atemberaubenden Pyramiden.

Am Parkplatz gelandet, wählt Petra eine Mobiltelefon-nummer um uns anzukündigen. Kurz später hastet ein kleiner, grauhaariger Herr auf unseren Wagen zu. „Der Leiter der archäologischen Ausgrabungen!" stellt mir Petra den Mann vor, dessen Augen neugierig hinter runden Brillengläsern hervorschauen. „Kommen Sie mit!", sagt er ohne sich mit langen Vorreden aufzuhalten „beginnen wir mit unseren jüngsten Funden unter der Mondpyramide..." Großen Schritts geht er auf das Bauwerk zu, um in einem niedrigen Eingang auf einer Seite der Pyramide zu verschwinden. Ich beeile mich ihn einzuholen. Im Inneren ist es kühl und dunkel. Eine Glühbirne, die an einem Kabel baumelt, erleuchtet den schmalen Gang. „Wir befinden uns hier zwischen zwei Baustufen", erklärt unser Führer. „Alle 52 Jahre ist diese Pyramide gewachsen. Über das bestehende wurde ein neues Gebäude gebaut. Sieben Pyramiden stehen hier, so wie russische Puppen, übereinander."

Der Tunnel erinnert an die in aufgelassenen Minen. Petra und ich sind ständig damit beschäftigt unsere Köpfe einzuziehen. Der Leiter der Ausgrabung eilt uns voraus und erzählt von Gräbern, die sein Team entdeckt hat. „Genau hier war eines..." Er bleibt ruckartig stehen und ich laufe weiter. „Entschuldigung!" Der Archäologe winkt ungeduldig ab und versucht seinen Schlüssel in das Schloss der Holztür zu stecken. „Unsere Pyramiden sind keine Grabstätten, so wie die in Ägypten, sondern Gotteshäuser. Die Toten, die wir hier ausgegraben haben, sind sehr wahrscheinlich Opfer an die Pyramide selbst." Er rüttelt an dem Schloss, ich versuche meine Hilfe anzubieten, komme jedoch nicht zu Wort „Da haben wir sie gefunden, die Gebeine von Kriegern. Das heißt, die eines Kriegers und die einer Kriegerin." „Eine Frau?", frage ich ungläubig. „Ja, ja eine Kriegerin, kein Zweifel." Das Schloss hat noch immer nicht nachgegeben. „Das ist es eben", unterstreicht der Archäologe, „diese 2000 Jahre alte Stadt ist einzigartig. Wir haben keine Niederschriften und müssen uns aus den Funden einen Reim machen." Er schüttelt den Kopf. „In Teotihuacan gab es beispielsweise keinen einzelnen Herrscher, zumindest gibt es keine einzige Darstellung, die das belegen würde. Es war anscheinend eine Gruppe von Personen, die über das Schicksal der Stadt und seiner Bewohner entschied." Er hüstelt „und es gab weibliche Krieger...... einzigartig", wiederholt er.

„Dieser Ort war heilig, lange vor der Blüte dieser Stadt und lange danach. Wissen Sie, dass schon die Azteken nach Teotihuacan gepilgert sind?" „Nein, wusste ich nicht." Die hätten der Stadt auch ihren heutigen Namen gegeben. Teotihuacan: der Ort, an dem aus Menschen Götter wurden. „Sie glaubten in dieser Stadt wären ihre Götter einst geboren worden. Die Azteken waren es auch, die der Sonnen- und Mondpyramiden ihre Namen gaben." Doch hier habe man weder der Sonne, noch dem Mond gehuldigt, berichtigt der Archäologe.

Endlich hat das Schloss zur Tür hinter ihm nachgegeben und ist mit einem leisen Knacken aufgesprungen. Der Lichtstrahl der eilig herausgezogenen Taschenlampe streift irgendetwas am Boden. „Das sind die Gebeine der Krieger. Die kleineren Knochen rundherum gehören zu Tieropfern. Vögel, Raubkatzen und so weiter. Außerdem haben wir auch Jadefiguren gefunden."

Ich habe das Gefühl die Luft hier drinnen ist zum Atmen zu dünn. „Sind diese Krieger im Kampf gestorben?" Der Archäologe schüttelt den Kopf. „Das möchte ich stark bezweifeln", erklärt er am Rückweg zum Ausgang, „sie waren Opfer an die Pyramide, sehr wahrscheinlich freiwillige Opfer." Freiwillige Opfer? Ich kann mir nicht vorstellen, dass einer die Hand hebt und „Hier!" schrie, wenn die Priester nach Freiwilligen suchten. Die Sonne blendet, als wir wieder ins Freie klettern. An den beiden menschlichen Skeletten seien keine Spuren von Gewalt zu erkennen, die Opfer wären lebendig begraben worden. „Eindeutig", betont der Experte, „schließlich haben wir bei den Gebeinen Exkremente gefunden. Klar?" Ich nicke. Wer kann da noch zweifeln.

„Haben Sie Lust auf noch eine Expedition?", fragt der Archäologe. „Keine Frage", antworte ich und so marschiert er Richtung Sonnenpyramide. Eine geschlossene Reihe amerikanischer Touristen zwingt uns auszuweichen. Shorts und Tennisschuhe auf dem Weg durch Teotihuacan. Seltsam die US-Touristen unterhalten sich nicht, sie schreien einander an, die schiere Lautstärke soll anscheinend keinen Raum für Missverständnisse lassen. Man muss zuhören, ob man nun will oder nicht. „Too much culture for my taste…" „What´s about some good food and a couple of cold beers?" „Excellent idea!" Und die Horde zieht weiter.

„Einst war dieser Platz ein heiliger Ort", der Archäologe nickt mir zu, „und für viele ist er das noch heute. Nicht aber für unsere Gäste aus dem Norden…" Die nackte Haut der US-Touristen leuchtet trotz morgendlicher Stunden verdächtig rosa. „Die Strafe der Götter", sage ich. Unser Führer lacht und öffnet eine andere geheimnisvolle Tür, diesmal am Fuße der Sonnenpyramide.

Dahinter führt eine Treppe abwärts. Wir sind auf dem Weg unter das gigantische Bauwerk. Den Stiegen folgt ein geschwungener Weg und plötzlich stehen wir, tief unter der großen, vor einer kleinen Pyramide. „Das war die erste Pyramide an diesem Platz. Als sie errichtet wurde, gab es noch keine Stadt Teotihuacan. Erst viel später haben Menschen die Sonnenpyramide über uns erschaffen, wissend, dass sich hier ein altes Heiligtum befindet."

An dieser Stelle sollen einst Götter um ein Feuer zusammengesessen sein, erzählt der Leiter der Ausgrabung. Zwei von ihnen traf das Los sich in die Flammen zu stürzen. Einer war arm, der andere reich. Der Arme warf sich furchtlos in die Flammen und stieg als Sonne zum Himmel auf. Der Reiche zögerte, beschämt vom Mut des Armen sprang er doch noch ins Feuer und verwandelte sich schließlich in den Mond am Himmelszelt.

Am Ende dieser Geschichte stehen wir wieder vor dem Eingang. Der Archäologe entschuldigt sich „ich muss leider zu einem Treffen in die Stadt, wenn Sie noch bleiben wollen...?" „Ich würde gerne noch auf die Sonnenpyramide klettern", sage ich, „vielen Dank für die Zeitreise!" „Con gusto! Ich freue mich auf die Zusammenarbeit, " und schon ist der gute Mann verschwunden.

Petra stellt klar, dass sie nicht im Entferntesten daran denkt, mich beim Aufstieg zu begleiten. „Ich warte dort drüben auf dich", sie zeigt auf ein paar Steintreppen im Schatten eines Pfeffer-Baumes. Ich ziehe eine Wasserflasche aus meinem Rucksack und marschiere los. Nach dem halben Aufstieg spüre ich die ungewohnte Anstrengung in den Beinen, doch ich denke nicht daran aufzugeben.

Auf den letzten Stufen läutet mein Mobil-Telefon. „Ich bin es, Ricardo", sagt eine fröhliche Stimme am anderen Ende. Ricardo, unser Vermieter. „Ich radle gerade durch die Condesa und glaube, dass ich dein Restaurant gefunden habe..." „Was?" „Einen Block vom Park entfernt steht ein Haus leer. Das hier war offensichtlich früher mal ein Gasthaus. Eine alte Hütte, etwas heruntergekommen, aber du wirst es lieben." Atemlos setze ich mich auf die oberste Stufe. Bin ich bereit? Bin ich bereit für mein kleines Restaurant in der wahrscheinlich größten Stadt der Welt?

Citlaltepetl Nummer 9

Drei Stockwerke, breite Fensterbögen, ein Balkon. Weiß lackiertes Schmiedeeisen, zartgelbe Hauswände, davor ein alter Baum, eine knorrige Jacaranda. Einst war es wohl ein herrschaftliches Wohnhaus, später ein Restaurant und dann wurde es geschlossen. Ein schmutziges Schild baumelt hinter der Glastür: *Traspaso, Uso de suelo* – Weitergabe, Lokal mit kommerzieller Widmung. Daneben eine Telefonnummer. Der Verkäufer gibt mit dem Restaurant die Lizenz weiter. In diesem Land ist es nicht die abgeschlossene Ausbildung, Eignung, oder Erfahrung eines Restaurantiers, die ihn amtlich ermächtigen, ein Gasthaus zu eröffnen. Nein, hier hat nicht der Mensch, sondern das Haus die Lizenz. Man mietet ein Lokal und kommt ins Geschäft.

Die Scheiben sind schmutzig und im Inneren ist nicht viel auszumachen: dunkles Holz, ein breiter Stiegenaufgang... „sieht gut aus, was sagst du?" Frank versucht durch ein anderes Fenster mehr zu erkennen „nun, von außen ist die Hütte ganz passabel..." Wir starren hinein und ich habe das Gefühl, das Haus starrt misstrauisch zurück. Da taucht ein schlanker Herr in seinen 60ern auf, dunkelblauer Blazer, weißes Haar. „Renata?" lächelt er charmant. „Encantada, sehr erfreut! Das ist mein Mann: Frank Zeller." „Jacobo. Encantado!" Jacobo zieht den

Schlüssel aus der Tasche „ich muss vorausschicken, dass das Lokal ein wenig heruntergekommen ist."

Was der gute Mann damit meint, wird beim Eintreten klar: Der Verputz fällt von den Wänden, durch die Dachkuppel sieht man verdächtigerweise einen Ast, der sich fröhlich ins oberste Stockwerk rankt und in jeder Ecke türmt sich Gerümpel. Es riecht modrig. Jacobo geht voraus, wir hinterdrein.

„Da ist die Küche..." Er knipst das Licht an. Alles scheint genau an dem Platz zu sein, wo es zum Zeitpunkt der Schließung war. Mehr noch, es ist so, als wäre das Personal von einem Moment zum nächsten verschwunden. Irgendetwas, das an verkohlte Pommes erinnert, schwimmt in schwarzem Öl. Die Wände tragen dieselbe Farbe, alles scheint von einer zähen Fettschicht überzogen. Jacobo bemerkt meinen Blick. „Dieses Desaster haben wir genauso übernommen, wie Sie es jetzt vor sich sehen. Wir waren eine Gruppe von vier Gesellschaftern und...wie soll ich sagen?" Er räuspert sich. „Nun, das Projekt ist gescheitert. Das heißt: Wir vier konnten nicht miteinander. Meine einstigen Partner haben sich abgesetzt und seither versuche ich die Lizenz und das Lokal weiterzugeben." Ich schaue mich um. Er selbst hätte schon ein Restaurant und wolle kein zweites. Jacobo dreht sich um und geht voraus in den zweiten Stock.

Das Haus ist prächtig, besser gesagt: Es war einst wohl prächtig und hat alle Anlagen für ein gutbürgerliches Restaurant zu ebener Erde und im ersten Stock. Es gibt ein elegantes Extrazimmer mit Balkon, Parkettböden, große Fenster. Nischen, Stuck und alte Stiegengeländer. Sonnenlicht glitzert durch das kreisrunde Dachfenster.

Einen Stock höher befinden sich die privaten Räumlichkeiten, Platz für eine weitläufige Wohnung. Die Treppe endet in einem 50 Quadratmeter großen Wohnzimmer, in Höhe der Baumwipfel vor den Fenstern. Da löst sich auch das Rätsel vom Ast, der durch die Glaskuppel zu sehen war. Das Haus ist nicht nur von Bäumen umgeben, sondern, auf dem Dach wächst sogar einer. Klein, aber trotzdem ein Baum. Selbst ein Laie muss sich fragen, ob das ein gutes Zeichen ist. Hier, im zweiten Stock, ist der Holzboden in einem elenden Zustand, die Türen schließen nicht, oder fehlen gänzlich. „Renovierungsbedürftig", fasst Jacobo zusammen. „Ein wahres Wort", unterstreicht Frank, der bisher noch nicht viel gesagt hat.

Die beiden erörtern den baulichen Zustand des Hauses, also lasse ich sie stehen und spaziere allein weiter. Im obersten Stock gibt es zwei Patios, eine Küche, ein Dienstmädchenzimmer. Einen Stock darunter liegt noch ein kleiner Teil Privathaus, den man vom Restaurant aus nicht sehen konnte: zwei Schlafzimmer, jeweils mit Bad. Eines ist nur über die Außentreppe zu erreichen. Genau das ist das Problem. Die Treppe, eine rostige Metallstiege lädt nicht wirklich dazu ein, auf ihr herumzuklettern. Ich tue es trotzdem und das Ding beginnt bedrohlich zu schwingen. Ohne weiter zu insistieren, klettere ich zurück auf festen Boden. Unter der schwingenden Stiege liegt der Hinterhof: Erde, kein Beton, kein Garten, einfach ein trister Patio zwischen hohen baufälligen Mauern.

„Kann ich mit unserem Architekten in den nächsten Tagen vorbeischauen?", frage ich, als ich bemerke, dass die beiden Männer wieder hinter mir stehen. „Geben Sie einfach Bescheid", antwortet Jacobo. „Wie groß mag dieses Haus sein?", fragt Frank gedankenverloren. „Rund 400 Quadratmeter, soweit ich weiß", schließt der jetzige Inhaber vage.

Langsam steige ich die breite Treppe hinunter. Das altmodische Foyer trennt eine zweite Türe aus geschliffenem Glas vom eigentlichen Eingang. Ich mag dieses Haus. Sehr sogar. Zu sehr. Bin ich von allen guten Geistern verlassen? Die Bude ist völlig heruntergekommen. Aber wundervoll. 140.000 Pesos (etwa 8.000 US Dollar) ist günstig für eine Restaurant-Lizenz in der Condesa, der sogenannten Fondesa. Die Höhe der Miete hingegen, 25.000 Pesos pro Monat, flößt sogar mir Respekt ein. Schließlich müssen diese rund 1500 USD erst einmal verdient werden.

Ich gehe durch die beiden Garäume zu ebener Erde. Meine Schritte hallen durch die leeren Säle. Bin ich mir eigentlich wirklich bewusst, worauf ich mich einlasse? Wenn ich lange darüber nachdenke, tue ich´s bestimmt nicht. Warum also nicht die alte, bewährte Methode: Einfach ins kalte Wasser springen, ohne lange zu überlegen.

Ein paar Minuten später schlendern Frank und ich durch den Park. „Das Haus gefällt mir genauso gut wie dir, aber warum will dieser Typ es zu jedem Preis loswerden?", seufzt Frank nachdenklich „ich habe keine Ahnung, was die Renovierung kosten kann..." „Warten wir ab, was Carlos dazu sagt", sage ich leise. Frank legt den Arm um mich, „wir brauchen einen Experten, der die Papiere einsieht!" Nachdenklich bleibe ich stehen „sag, können wir noch einmal vorbeigehen?" Als wir wieder vor dem Haus in der Citlaltepetl Nummer 9 stehen, sind alle meine Zweifel verschwunden: Ich will es, ich will dieses Haus.

Carlos ist begeistert. Sein Urteil: machbar, selbst mit einem kleinen Budget „aber das bedeutet viel und harte Arbeit. Hast du die Nerven so was durchzustehen?" Er checkt Strom, Abflüsse und Gasleitungen und will morgen seine Experten vorbeischicken. „Wie gut bist du eigentlich selbst mit Pinsel und Farbe?" Javier hingegen fragt mich, ob ich noch bei Sinnen bin. Das sei kein kleines Beisl, sondern eine verdammt große Hütte. Petra mag das Haus, aber: „Sei dir bewusst, was du dir da wünscht, denn Wünsche gehen in Erfüllung." Enrique spart sich die Warnungen und gibt dem Projekt einen Namen: *Los Caprichos del Emperador,* seine Übersetzung für Kaiserschmarrn, seine liebste Nachspeise.

Mein Mann und Sozius wirkt völlig entspannt. Jeden Abend sitzen wir über unseren Notizen und versuchen mit vorhandenen Zahlen Kostenvoranschläge zu zimmern. Was kostet der Spaß und ab wann können wir tatsächlich Geld verdienen? Wann, falls überhaupt, würden die Caprichos eröffnen? Wie lange müssten wir durchhalten, wie lange von Reserven leben? Viele unbekannte Größen und genauso viele offene Fragen, dafür aber wenige Antworten. Ich schaue Frank von der Seite an. Er beugt sich über die Zahlen. Keine harten Fakten, sondern grobe Schätzung. Endlich schaut er auf und stellt fest „wird schon schiefgehen..." Ich beneide ihn um seine Ruhe.

Ich, für meinen Teil, schlafe schlecht. Sollen wir, sollen wir nicht? Was ist, wenn wir scheitern? Was wird dann aus uns? Das Grundkapital können wir zusammenstoppeln, Polster jedoch haben wir keinen. Einfach springen – ganz ohne Fallschirm?

Ich wähle die Nummer meines Vaters. „Heilig." „Hallo Papa, ich muss eine Entscheidung treffen..." „Und ich freue mich, dass du meine Meinung hören willst." Von Gastronomie hätte er keinen Tau und auch nicht davon, ob man im mexikanischen Großstadtdschungel Kaiserschmarrn essen wolle „aber eins bin ich mir sicher: Wenn du dir etwas in den Kopf setzt, kann die Sache kaum schiefgehen. Und falls doch, musstest du das ohnehin selbst herausfinden." Er macht eine Pause. „Wenn du auf die Nase fällst, wirst du wieder aufstehen. Tu mir bitte nur einen Gefallen und lass dir die Türen in den heimischen Rundfunk offen!" Er lacht ins Telefon. „Du bist stark, stur und gibst nicht auf – ich mache mir keine Sorgen." Verstanden Papa. Du kennst mich wirklich: deine Tochter hätte ein *Tu das bloß nicht* sowieso nicht akzeptiert.

Frank mixt drei Cuba Libre, mit viel Eis und frischen Pfefferminzblättern. Jacobo lacht entspannt. Mein Herz klopft vor Aufregung. Wir sind uns einig, das heißt das Lokal in der Calle Citlaltepetl Nummer 9 wechselt den Pächter. „Komm doch nächste Woche mal vorbei" lädt mich Jacobo in sein Restaurant ein, inzwischen sind wir per du. Ich könne doch sicher ein paar gute Tipps brauchen, schließlich hätte jedes Land seine Eigenheiten, besonders was das Gastgewerbe betrifft.

Auch Jacobo, wie viele andere, glaubt, dass ich vom Fach bin. Kein Wunder: Ich lüge, dass sich die Balken biegen und keiner scheint es zu bemerken. Aus einer Geschichte entsteht die nächste und selbst meine frei erfundenen Anekdoten reihen sich mühelos aneinander. Ich nehme mir vor, alles aufzuschreiben, damit ich nichts vergesse und mein Lebenslauf immer derselbe bleibt. Selbst Frank meint, wenn er nicht mit absoluter Sicherheit wüsste, dass ich vom Gastgewerbe keinen Schimmer hätte, würde er glatt auf meine Geschichten hereinfallen.

Die Frage ist nur, ob ich mich damit durch den Alltag schwindeln kann. Während der Darbietung meiner frei erfundenen Anekdoten versuche ich von den Reaktionen anderer zu lernen. Nach jedem Treffen notiere ich mit pedantischer Genauigkeit alles, was mir die Menschen aus dem Gewerbe erzählten. Die Files im Computer füllen sich. Fremde Erfahrungen müssen meine eigenen ersetzen und mir helfen, mich in der Welt der Restaurantiers, Köche und Kellner zurechtzufinden.

„Salud", sagt Frank und hebt sein Glas. „Suerte con el negocio! – Viel Glück im Geschäft!", erwidert Jacobo – und „Así sea, so sei es!", antworte ich. Kaum ist Jacobo draußen, beginnt Frank im Wohnzimmer auf - und abzugehen. Wie ein Tiger hinter Gitter. „Beunruhigt dich irgendetwas?" „Nun, das ist kein Gebrauchtwagen, den wir gerade gekauft haben..., sondern ein Restaurant. Unter uns gesagt: ein Geschäft, von dem wir beide keinen Tau haben." Ich will schon etwas entgegnen, doch dann wird mir klar, dass ich meinem Mann gegenüberstehe, dem Menschen, der die Wahrheit kennt. Ich seufze, er hat recht. Mir ist klar, dass ich mit meiner Methode *Nur nicht nachdenken* ausschließlich den Moment hinauszögere, den Moment, in dem mir das Herz in die Hose fällt.

Schon am nächsten Morgen beginnt das alte Spiel. Es gibt so viel zu tun, dass keine Zeit bleibt, sich Gedanken zu machen. Ich habe einen Trupp Arbeiter gefunden, der meine Konditionen akzeptiert und für wenig Geld im Orchester spielt, das Carlos dirigieren soll. Vorarbeiterin bin ich, Carlos betreut ein anderes Projekt zur gleichen Zeit. Leider habe ich nicht genug Geld, ihn für meine Caprichos zu reservieren. Also mache ich mich jeden Tag um sieben Uhr auf, Max an der Leine, um die Baustelle aufzusperren. Während die Herren verputzen und malen, wasche ich alte Fettschichten von den Küchenwänden, schrubbe den Ofen, oder wühle mich durch Berge von Gerümpel, um Brauchbares von Müll zu trennen.

Zwei Stunden später lege ich mit dem Job die Kleider ab und steige im Sakko mit Aktenmappe ins Auto. Meine zweite Tätigkeit: Amtshandeln auf der Delegation, der Bezirksbehörde. Alle Lizenzen und Papiere müssen auf die Caprichos umgeschrieben und die entsprechenden Gebühren bezahlt werden. Abgesehen von Bewilligungen, die neu tramitiert werden müssen.

Der hübsche Begriff *tramitieren* steht für amtshandeln, und wenn man in Mexiko ein eigenes Unternehmen gründet, lernt man sehr schnell die Bedeutung dieses Wortes kennen. Alles braucht seinen Tramite und der wiederum braucht seine Zeit. Die wichtigste Eigenschaft für den Tramitierenden ist Geduld und der unerschütterliche Glaube, dass alles irgendwann zu einem erfolgreichen Ende kommt. Ich übe mich im Warten, mache automatisch fünf Kopien von jedem Dokument und finde mittlerweile im Schlaf zur nächsten Bank um entsprechende Gebühren einzuzahlen. Beim Tramitieren wächst man als Person. Ich für meinen Teil habe in wenigen Wochen gelernt, so oft nachzufragen, bis ich wirklich verstehe. Wenn Beamte trotzig ihren Schimmel reiten, übe ich mich im Ärger – Hinunterwürgen. Ich kann inzwischen sogar warten, denn alles geht viel langsamer als ich in meinen kühnsten Träumen angenommen hätte. Für eine wahre Österreicherin eine machbare Übung, doch heute muss ich entdecken, dass es abgesehen von alledem eine echte Hürde gibt: die Alkohollizenz.

Dank ererbter Rechte kann unser künftiges Restaurant in Mexiko Wein und Bier verkaufen, aber nur bis Jahresende. Dann hängt alles davon ab, ob die Behörde den Caprichos eine neue Lizenz zugesteht. Mit dieser offiziellen Erlaubnis geht dann ausnahmslos alles über die Schenke, auch Hochprozentiges. Doch es gibt keine Garantie, dass wir diese Genehmigung auch bekommen. Wenn nicht, dürfen wir ab nächstem Jahr nur noch Limonade verkaufen.

Die Beamtin schaut mich über den Rand ihrer schmalen Brille prüfend an. Wahrscheinlich fragt sie sich, ob diese schwerfällige Ausländerin, die pausenlos nachfragt, endlich kapiert hat. Ich hingegen sehe mich bereits vor einem Gast stehen und lächelnd fragen: Wollen sie Ihr Gulasch lieber mit einem Obi gespritzt, oder doch mit einem stillen Mineralwasser? Die Beamtin räuspert sich ungeduldig „noch was?" „Von wem hängt es ab, ob wir die Alkohol-Lizenz bekommen?" „Von der Entscheidung der Behörde." „Und diese Entscheidung, wovon hängt die ab?" „Von der Unterstützung der Nachbarn." „Und wovon noch?" „Ob ihr Etablissement allen gesetzlichen Anforderungen entspricht." „Die wären?" „Da haben Sie´s schriftlich: Punkt für Punkt" sagt die Dame am Schalter und schiebt mir eine Liste zu. Dann winkt sie ungeduldig den nächsten heran, ohne eine weitere Frage abzuwarten.

Mit einer Gesetzesänderung habe ich nicht gerechnet. Ich war mir sicher, dass wir mit unserer Restaurant-Lizenz automatisch Alkohol verkaufen könnten. Dem ist also nicht so. Da liegt der Hund begraben. Wer kommt schon in ein Lokal, in dem es zur gebratenen Gans nur Limonade gibt? Ich atme tief durch und versuche mich auf die Liste in meinen Händen zu konzentrieren.

Voraussetzungen für die Bewilligung der Lizenz:
- *Schriftliche Einverständniserklärungen von zumindest 15 Nachbarn*
- *eigener Parkplatz und/oder Parkservice*
- *ein ziviltechnisches Sicherheitszertifikat*
- *Personal mit abgeschlossenem Erste-Hilfe-Kurs*
- *Bezahlte Rechte (in unserem Fall 40.000 Pesos). Entsprechende Gebühren sind alle drei Jahre zu entrichten, die Rate macht dann nur mehr 50% der ersten Zahlung aus.*

An dem Zeitungsstand vor dem Amt kaufe ich für einen Peso eine Marlboro. In Mexiko kann man noch heute Zigaretten einzeln erstehen. Der Verkäufer gibt mir Feuer, ich setze mich auf den Randstein und rauche, mehr fällt mir gerade nicht ein. Frank anrufen? Schlechte Idee. Javier? Damit er mich daran erinnert, dass er vor diesem Abenteuer gewarnt hat? Wohl kaum. Petra? Damit ich sie bei der Arbeit störe, wo sie ohnehin schon meinen Anteil übernimmt? Sicher nicht! Ich blase kleine Rauchringe. Wusste Jacobo von dieser Gesetzesänderung? Hat er deshalb verkauft? War ihm klar, dass er ein neues Restaurant bei den Nachbarn nicht durchbringen würde? Die große Hürde sind zweifellos die Anrainer. Keiner, der in der Condesa wohnt, will mehr Lokale, mehr Lärm, mehr Autos, mehr Müll. Na fein.

Ein Herr in dunkelgrauem Anzug mit schmalem Schnauzbart mustert mich befremdet. Adrett gekleidete

Dame sitzt öffentlich rauchend am Straßenrand. Er schüttelt den Kopf und trottet weiter. Ich schaue auf die Zigarette in meiner Hand: Zeit aufzuhören. Es ist nicht die Angst vor Entzugserscheinungen. Ich habe bloß keine Idee, wie ich mich ohne Zigarette entspannen soll. Mit Rauch macht das Leben Pause. Zeit zum Nachdenken, Zeit zum Nichtstun, Auszeit. Eine Zigarettenlänge lang.

Vor ein paar Tagen habe ich eine bemerkenswerte Frau kennengelernt. Sie ist eine Hexe. Ich weiß, wie das klingen muss, aber wer sie einmal getroffen hat, zweifelt nicht daran. Lilian, kurz Lili genannt ist alt, wie alt, kann man nicht sagen. Lange, schwarz gefärbte Haare bis zu den Hüften, große durchdringende Augen und ein unverschämtes Mundwerk, so würde meine Mutter sie wohl beschreiben. Diese Hexe sagt hemmungslos alles, was sie denkt. Lilian hat mich auf einen Ausflug in die Zukunft eingeladen, präzise in meine Zukunft, per Tarot.

Nachdem ich gerade keinen besseren Plan habe, wähle ich ihre Nummer. „Lili? Ich bin es, Renate. Könnte ich heute vorbeikommen? Ich brauche dringend jemanden, der mir die Karten oder die Leviten liest." „Komm um drei Uhr vorbei. Aber ich warne dich: Nicht alles, was in den Karten steht, wird dir gefallen." „Verstanden." „Gib mir inzwischen die genaue Adresse von deinem Restaurant... dann kann ich schon anfangen. Numer-ologie, du weißt schon…" „Woher weißt du, dass es nicht um meine Ehe geht?" „Der Mann an deiner Seite sieht nicht danach aus, als würde er Probleme machen."

Es steht alles in den Karten

Lili, die Hexe, wohnt nur ein paar Häuser von der Baustelle entfernt, im zweiten Stock eines 60er Jahre - Wohnhauses. Sie hat weder eine funktionierende Klingel noch eine Gegensprechanlage. An der vereinbarten Uhrzeit drückt sie auf den elektrischen Türöffner und das ist die einzige Chance für ihre Besucher hineinzukommen. Eine Minute zu spät und das Tor bleibt zu, auch wenn man ein Mobiltelefon dabeihat, sie anruft und um Verzeihung bittet. Diese Hexe besteht auf Pünktlichkeit. Nachdem sie mir das klargemacht hat, stehe ich fünf Minuten zu früh vor dem Eingang. Tatsächlich, um Punkt drei Uhr brummt der elektrische Öffner.

Ich eile die Stiegen hinauf und da steht sie in einem schwarzen Kleid, in einem schwarzen Schal und ihr schwarzes Haar gehüllt. „Schön, dass du da bist!" „Danke, dass du mich empfängst." Diese Wohnung sei viel zu groß für sie, erklärt Lili, während unsere Schritte durch den langen Gang hallen, daher bewohne sie nur zwei der Zimmer, die umliegenden Räume stünden leer.

Wir setzen uns an den Küchentisch. „Die schlechten Neuigkeiten zuerst..." ich schaue sie fragend an. „Numerologisch gesehen ist die Adresse fatal. Ich glaube, das ist auch der Grund, warum sich dort kein Restaurant lange gehalten hat..." Das ist mir neu. „Aber befragen wir die Karten, mische diesen Stoß!" sie deutet auf den am Tisch vor mir. Dabei solle ich daran denken, was ich wissen wolle. Also teile ich den Stoß in zwei Teile und lasse die Karten verschränkt ineinander fallen. War die Sache mit dem Restaurant eine Schnapsidee? Ist der Ort tatsächlich das Problem? Werden die Caprichos jemals eröffnen? Wenn ja, lässt sich damit wirklich Geld machen?

Lili nickt, lässt mich abheben und legt sie mit ihren langen, beringten Fingern die Karten auf. „Du willst also wissen, wie deine Chancen stehen...?" Sie wartet keine Antwort ab. „Ja, du wirst dieses Restaurant eröffnen. Ein herber Job, aber du schaffst es. Und noch einmal Ja, das Lokal wird ein Geschäft. Siehst du, das bist du, und hier erntest du die Früchte deiner Arbeit." Ich starre auf die Karte, eine lockige Figur sammelt goldene Taler ein. Beim nächsten Blatt bleibt mir das Herz stehen. Ein Skelett hängt, kopfüber, am Galgen. „Diese Karte, meine Liebe, hat nichts mit dem Tod zu tun, der Gehängte sagt bloß Veränderungen voraus. Aber: dein Weg ist nicht einfach, das ist dir hoffentlich bewusst."

Sie räuspert sich „noch was, versuche dieses charmanten Mann immer an deiner Seite zu halten. Miteinander seid Ihr unschlagbar, gegeneinander jedoch... sehe ich Zerstörung." Sie deckt die letzte Karte auf „und ich glaube da kommt noch etwas auf dich zu..." Ich schaue auf „habt ihr schon mal über Kinder nachgedacht?" „Jaaaa...?" „Gut, sehr gut, denn ihr werdet Zwillinge bekommen." „Was?" „Zwei Kinder auf einmal." „Ich weiß, was Zwillinge sind, aber warum gleich zwei auf einmal?" Das falle nicht in ihr Fach, betont sie, ich solle mich einfach mit der Tatsache abfinden.

Eine Stunde später stehe ich wieder vor dem Haus in der Citlaltepetl Nummer 9. Die Arbeiter sitzen entspannt auf der Stiege zum ersten Stock. „Was ist los?", frage ich befremdet. „Nun Señora, es ist kein Gips mehr im Haus und auch keine hellgelbe Farbe für die Wände. Also konnten wir nicht weitermachen." Und jetzt ist es zu spät, um diesen Arbeitstag noch zu retten. Ich seufze resigniert und verabschiede die Herren für heute.

Kaum sind Max und ich zuhause angelangt, läutet das Telefon. „Bueno?" „Andreas spricht! Wie geht´s meine Liebe?" „Andi? Um die Zeit? Bei dir muss es schon weit nach Mitternacht sein!" „Und wie weit... aber das hat mich noch nie abgehalten..." Er lacht. „Wie geht´s mit der Hütte, wann sperrst du auf?" Erschöpft lasse ich mich ins Sofa fallen „sagen wir mal: Es ist nicht ganz so einfach, wie ich dachte..." „Das ist es nie, meine Liebe. Kannst du Hilfe gebrauchen?" „Immer!" „Ich bin gerade in einer Art Produktionspause und habe genug Geld für den Flug. Wenn ich bei dir wohnen und essen kann, hast du für ein paar Monate einen Koch, Grafiker und Mann für alle Fälle." „Mit Schulter zum Ausweinen?" „Zweifellos!" „Wie kann ich so ein Angebot ablehnen?"

Eine heiße Dusche später kommt mein Mann nach Hause. „Hey Süßer, was möchtest du zuerst hören, eine schlechte oder drei gute Nachrichten?" „Die schlechte zuerst." Ich schenke uns Tequila ein und erzähle von der Lizenz. „Klingt nicht so, als wäre die Schlacht schon verloren", sagt Frank ruhig. „Die guten Nachrichten?" „Mein Freund Andi kommt, und wird uns helfen, er ist ein genialer Koch und ein kluger Kopf." „Das weiß ich, aber ob das gut geht?" Ich sehe Zweifel in seinem Gesicht. „Mach dir keine Sorgen, Andi ist pflegeleicht." „Ich mache mir Sorgen um uns und nicht um ihn", seufzt Frank, „gibt es dann noch Zeit für Zweisamkeit?" „Dafür werde ich sorgen", verspreche ich, obwohl mir jetzt erst klar wird, was ein Dritter im Bunde bedeutet. „Fehlen noch zwei Nachrichten?" „Wir bekommen Zwillinge und trotz aller Hürden werden wir die Caprichos del Emperador eröffnen." Frank schaut mich groß an. „Das steht in meinen Karten, laut Lili der Hexe." „Klingt gut, hoffentlich behält sie recht...", meint mein Mann und zieht mich in seine Arme.

Residente

Neun Buchstaben, ein kleines aber ein sehr bedeutendes Wort: *Residente*. Läuft alles wie geplant, bin ich ab heute ansässig in diesem Land. Ansässig, ein seltsamer Ausdruck. *Sitzen bleiben* ist ja an und für sich nichts Erfreuliches, sich niederlassen aber schon. Genau das habe ich vor, mich hier niederzulassen. Der Status *Residente* macht mich nicht zur Mexikanerin, aber ich bekomme einen mexikanischen Personalausweis und mein Wohnsitz ist – amtlich und hochoffiziell – Mexiko. Ich kann hier arbeiten, genieße alle Bürgerrechte, außer dem zu Wählen und das werde ich ohne seelischen Schaden überstehen. Ich habe mich schließlich daran gewöhnt am politischen Geschehen nicht mehr aktiv teilzunehmen. In Österreich könnte ich wählen, wüsste aber nicht warum und auch nicht wen. In meiner neuen Heimat darf ich nicht, ergo werde ich mich damit begnügen, über eine Regierung zu schimpfen, die ich nicht gewählt habe.

Das Wichtigste an meinem neuen Migrationsstatus ist aber: Ich muss nie mehr wieder um eine Aufenthaltsbewilligung ansuchen. Nie wieder Anstehen, Formulare ausfüllen und nie wieder *tramitieren*, zumindest nicht in dieser Angelegenheit. Keine unwirschen Beamten, keine amtlichen Verständigungen, keine Gebühren mehr. Mehr noch. Wenn heute alles gut geht, ist dieser Tag mein letzter am Migrationsamt.

Zielsicher, nach fünf Jahren längst Profi, passiere ich die Eingangskontrolle und stelle mich um einen Besucher-Ausweis an. Liste A: Uhrzeit, Name, Begehr. Im Austausch gegen meinen Führerschein schiebt mir eine Dame in Uniform einen Ausweis mit VISITANTE über den Schalter. „Bitte sichtbar tragen", sagt sie, schließlich soll jeder gleich erkennen, wer hier ansucht und wer genehmigt. Hinter mir warten drei US-Journalisten, offensichtlich ihr erstes Mal. Auch für sie gibt es Visitante-Etiketten zum Umhängen.

US-Amerikaner, wie auch viele Europäer, sind großköpfig. Ich meine, sie haben große Köpfe und die Bänder an den mexikanischen Ausweisen sind für so viel Schädel einfach zu kurz. Alle drei Herren kämpfen mit demselben Problem, der Kopf passt nicht durch die Schlinge. Was tun? Die drei sind ratlos. Ein Franzose, selbe Situation selbe Problematik, findet eine Lösung. Er befestigt das Band am Reißverschluss seiner Jacke und so baumelt die Visitante-Etikette ordnungsgemäß am zugehörigen Besucher. Der Groschen fällt, alternative Orte zum Anbinden der Ausweise werden gesucht: auf zur nächsten Hürde.

Eine lange Reihe Wartender steht vor dem Lift in den ersten Stock. Die drei Amerikaner schütteln abschätzig die Köpfe und marschieren zielsicher Richtung Stiegenhaus. Keiner hält sie auf, auch ich nicht. Lange, nachdem wir alle im ersten Stock in den entsprechenden Warteschlangen vor den betreffenden Schaltern erneut angestellt sind, erscheinen die drei Herren, schwitzend mit roten Köpfen. Ich kann ein Schmunzeln nicht unterdrücken.

Die Jungs haben wahrscheinlich aus der Zeitschrift *Mens Health*, oder ähnlichen Quellen gelernt, man solle stets die Stiegen statt den Aufzug nehmen. Schließlich will Mann ungewollte Kilos abbauen. Fettpolster, die vorher durch hartnäckiges Zusichnehmen von Fastfood mühsam erworben wurden und sich jetzt unschön um die Körpermitte gruppieren. Also, warum nicht das Unumgängliche mit Nützlichem verbinden? Obendrein bekommt Mann vom Stiegensteigen angeblich mehr Wade und, mit viel Glück, auch mehr Po.

Doch in diesem Gebäude liegt zwischen ebener Erde und erstem Stock nicht nur ein einzelnes Stockwerk, sondern das gesamte Beamten-Parkhaus. So wird aus dem guten Vorsatz eine sportliche Herausforderung. Klar: Mann kann nicht aufgeben, vor allem wenn zwei andere Herren mit von der Partie sind. Nächstes Jahr aber, und davon kann man mit an Sicherheit grenzender Wahrscheinlichkeit ausgehen, werden sich die drei brav vor dem Lift anstellen. Möglicherweise gehen dann andere Herren mit sportlichen Ambitionen kopfschüttelnd an ihnen vorbei...

Ich werde von der Beamtin am Auskunftsschalter in den fünften Stock geschickt. Dorthin kommt kein gewöhnlicher Antragsteller. Dieses Stockwerk ist denen vorbehalten, die schon unzählige Amtskilometer hinter sich haben und wagen, um die permanente Aufenthaltsbewilligung anzusuchen. Ich kann eine leise Anwandlung von Stolz nicht unterdrücken, als ich an den gewöhnlichen Amtshandelnden vorbei, zum Lift schreite.

Im fünften Stock landen tatsächlich nicht viele, hier sitzen nur zwei Wartende einander plaudernd gegenüber. Kaum lasse ich mich auf einen der Stühle fallen, tritt ein dienstbeflissener Herr mit Brille auf den Gang. „Hilft Ihnen schon jemand weiter?" Jetzt bin ich wirklich verwirrt, solch Fürsorglichkeit ist mir neu... „Wie bitte?"

„Kümmert man sich schon um Sie?" Der gute Mann geht davon aus, dass ich nicht verstehe, und spricht daher sehr, sehr langsam. Ich schüttle den Kopf und halte ihm mein Formular unter die Nase. „Ahhh", sagt er anerkennend „Residente, ahhh" und verschwindet wieder in sein Zimmer.

Kurz später wird eine Señora Sescher aufgerufen, nachdem keine andere Señora zugegen ist, trete ich zögernd vor. „Jetzt fehlt nur noch Ihre Unterschrift und dann ist die Sache erledigt..." „De verdad? Wirklich?", frage ich ungläubig. Da lächelt der Herr „De verdad!" Genau fünf Minuten später verlässt eine frischgebackene Residente das Amtsgebäude. Schmunzelnd drehe ich den kreditkartengroßen Ausweis zwischen meinen Fingern. *Residente de los Estados Unidos de México*. ¡Eso si me gusta! Das will mir wohl gefallen!

Si la vida te da limones, haz limonada

Ich habe gewusst, dass Leonila nicht mehr das kleine schüchterne Mädchen ist, das vor einem Jahr bei uns eingezogen ist. Ihr Leben hat sich verändert, mit Schule, Job und eigenem Geld. Damit hat auch sie sich verändert. Warum wundert es mich also, dass sie eigene Entscheidungen trifft „Señora, ich habe beschlossen, dass ich nicht mit in Ihr Restaurant übersiedeln werde. Ich will ein eigenes Zuhause und vielleicht einmal eine eigene Familie." Dagegen ist nichts zu sagen, außer: „Viel Glück!" In genau einer Woche ziehen wir in den zweiten Stock über die Baustelle. Doch auch dieser zweite Stock ist noch im Umbau und jetzt habe ich obendrein niemanden, der mir hilft daraus eine Wohnung zu machen.

Si la vida te da limones haz limonada, sagt ein mexikanisches Sprichwort. Das heißt so viel wie: Wenn dir das Leben Zitronen auftischt, mach einfach Limonade draus. Also nicht sauer werden, sondern stets das Gute der Situation im Auge behalten. Ich kann beim besten Willen keinen Vorteil in Leos Abgang sehen, außer vielleicht, dass ich sie dann nicht mehr bezahlen muss und so manche der unvorhergesehenen Ausgaben abdecken kann.

Budgetäre Überraschungen, sogenannte *imprevistos*, sind wahrlich ein Thema. Ich habe eine ganze Liste solcher Ausgaben vor mir liegen und scheitere beständig dabei, sie im Budget unterzubringen. Trotzdem greife ich zum Telefon, rufe Bekannte und Freunde an und frage, ob sie nichts von einem Dienstmädchen auf Jobsuche gehört hätten. Ich kann nicht auch noch Haushalt führen und für die Übersiedlung packen.

Meine Jobpalette übersteigt sowieso schon meine Kräfte: Amtswege, Probekochen, am Bau die Peitsche schwingen und Materialien heranschaffen. Gestern war ich gezählte vier Mal im Geschäft für Baumaterial. Wer plant hier schon seinen Arbeitstag im Voraus? Mein Versuch, gemeinsam mit meinen Arbeitern zu planen scheitert beständig. Drohungen, dass ich kein weiteres Mal loszöge, werden zwar zur Kenntnis genommen, aber zwei Stunden später schreit einer der Herren „Señoraaa!!!" und mir ist klar, dass ich in 10 Minuten wieder im Auto sitze. Falls nicht, steht die Arbeit an der Baustelle still.

Leonila hat ihre Koffer gepackt. „Es tut mir leid, Señora!" „Mir auch." Kurz später erreiche ich die Baustelle mit hängender Zunge und Max im Schlepptau. Der gute Hund sieht nicht ein, warum wir nicht gemütlich durch den Park spazieren, schließlich scheint die Sonne und alle seine Kollegen hecheln dort schwanzwedelnd umher. An Farbkübeln, Kabelrollen und Plastikrohren kann man doch nicht ernsthaft Gefallen finden, oder?

„Señora der Installateur ist schon da", ruft mir der Malermeister zu. Schon? Ausgemacht war, dass der gute Mann seit einer Woche hier arbeitet. Ich trete in den Hof und da bietet sich mir ein seltsamer Anblick. In der Mauer, ungefähr auf der Höhe meines privaten Badezimmers, sind zwei neue Löcher zu sehen. Vom Dach aus bewegt sich ein langes Kupferrohr langsam in deren Richtung. Am Ende hat das Rohr einen Knick und scheint die ehrgeizige Absicht zu verfolgen, in eines dieser Löcher einzutauchen. An dem anderen Ende des Rohres erscheint, über dem Dachrand, ein schwarz behaarter Kopf. Das muss er sein, der Plomero, der Installateur. „Buenos Dïas!", rufe ich in Richtung des Kopfes.

Mit einem lauten Krachen fällt das vier Meter lange Rohr in den Hof. „No queria asustarle – ich wollte Sie nicht erschrecken...", rufe ich schuldbewusst. „Ah, Señora...", er lächelt mich unter seinem Schnauzbart an, „wir haben da ein kleines, ein klitzekleines Problem. Das Badezimmer der Señores, also Ihres" präzisiert der gute Mann „hat zwar Wasser, aber kein heißes." „Ah", sage ich in Erwartung, dass er mir gleich erklärt, was er diesbezüglich zu tun gedenkt. „Nun, aus diesem Grund muss eine Extra-Heißwasserleitung in das Bad." So genau will ich es zwar nicht wissen, aber bitte. Mit gespieltem Interesse wiederhole ich „Aha!" „Aber: *No se preocupe*.

Machen Sie sich keine Sorgen!" Warum auch, frage ich mich. Nächstes Wochenende ziehe ich ein und kann mich möglicherweise nur mit kaltem Wasser waschen. Er solle mich verständigen, wenn das Problem gelöst sei, sage ich entnervt und verziehe mich in die Küche. Ein schwerer Fehler, wie ich später bemerken sollte. Man bezahlt Arbeiter schließlich nicht dafür, dass sie Probleme lösen. Das war mir nur zu dem Zeitpunkt noch nicht klar.

Heute will ich, nur von dieser einen fixen Idee beseelt, meinen ersten Strudel machen. 200 Gramm Mehl, eine Brise Salz, ein Ei, ein Esslöffel Öl, lauwarmes Wasser nach Bedarf. Langsam beginne ich die Zutaten zu mischen. Zu trocken - das schaut viel zu trocken aus. Vorsichtig leere ich Wasser dazu, und tatsächlich erinnert die Masse langsam, wenn auch entfernt, an Teig.

„Señoraaaaaaaaaaa!", schreit ein Bauarbeiter. Ich seufze und gehe mit mehligen Händen dem Schrei nach, der aus einem der Gästebäder im Erdgeschoss kam. Da steht der gute Mann und rauft sich die Haare. Das Waschbecken hätte sich verstopft, ein Wahnsinniger habe Gips hineingeleert. Sein entrüsteter Gesichtsausdruck soll mir offensichtlich sagen, dass er nichts damit zu tun hatte. „Und was könnte ich Ihrer Meinung nach zur Lösung dieses Problems beitragen? Am Dach balanciert ein Klempner, holen Sie den zur Hilfe!" schnaube ich wütend „und ganz nebenbei: Ab jetzt sind die Gäste-Toiletten für die Arbeiter gesperrt. Es gibt schließlich ein WC für Angestellte und im Hof einen Schlauch, um Werkzeuge zu reinigen." Der Bauarbeiter schaut mich indigniert an und geht ab.

Hund Max, der selbst sehen will, was der Anlass für den Aufruhr war, stößt vor der Klotür einen Farbkübel um. Alle beginnen aufgeregt zu wischen, inklusive mir.

Schließlich brauche ich am Steinboden im Empfangsbereich keine Farbflecke, den gelb gesprenkelten Hund sperre ich ansatzlos in den Hof. Als ich endlich in die Küche zurückkomme, ist der Teigbrocken unknetbar und landet im Mistkübel. Klappe die Zweite. Diesmal bringe ich es bis zum fertigen Teigballen und decke ihn mit einem feuchten Tuch zu... er muss eine halbe Stunde rasten. Gut, sehr gut, dann kann ich inzwischen in aller Ruhe die Äpfel schneiden.

Plötzlich höre ich ein lautes Plätschern aus dem Hof und dazu Max wütend bellen. Panisch reiße ich die Küchentür auf. Ein Wasserfall stürzt vom Dach. „Perdón, Verzeihung!", ruft der Plomero, wer könne damit rechnen, dass der Wasser-Container am Dach gefüllt sei und beim Anschließen des Rohres..." Ich tippe Carlos Telefonnummer. „Wo bist du?", frage ich kläglich, als er sich meldet. „Zwei Häuserblocks von dir entfernt, was gibt´s?" „Bitte komm!" Tatsächlich ist er in weniger als fünf Minuten hier und übernimmt vorübergehend das Kommando.

Eine halbe Stunde später taucht Carlos, mein Retter in der Küche auf „ich muss dir eine Kurzeinschulung in Sachen *mexikanische Baustelle* geben. Setzt dich. Erstens: du bezahlst diese Leute nicht dafür, dass sie Probleme lösen. Zweitens: du zahlst auch nicht für eigenständiges Denken. Drittens: du denkst selbst. Viertens: Die Herrschaften haben nur auszuführen, was du anordnest. Fünftens: Falls du etwas nicht weißt, rufst du mich an. Sechstens: Die meisten Probleme wirst du mit bloßem Hausverstand lösen können. Siebtens: Für mexikanische Verhältnisse geht hier tatsächlich etwas weiter. Achtens: Bleib ruhig. Neuntens: du schaffst es. Zehntens und das ist mein letzter Punkt: No pasa nada.

Nichts ist geschehen. Zumindest nichts Ernstes!" Ich umarme ihn. „Meine Liebe, du hast heute frei – ich bin Bauleiter und kaufe auch den Kram, der den Jungs fehlt..." Er lacht. „Auf Baustellen plant keiner im Voraus und das ist ganz normal."

Nachdem Carlos wieder gegangen ist, versuche ich den Strudel auszuziehen. Nur lässt er sich nicht und reißt. Wahrscheinlich hat er zu lange gerastet und die Lust am Dehnen und Strecken verloren. Also landet auch dieser Teig im Mistkübel. Dritter Versuch und diesmal klappt´s, eine Stunde später backen zwei Strudel friedlich im Rohr. Ich trinke eine große Tasse Kaffee und schreibe eine Liste mit all dem, was ich für die heutige Nacht besorgen muss: Weißes Seidenpapier, weiße Kerzen, Räucherwaren (vorzugsweise Copal), Streichhölzer, Kohle und einen Reisigbesen. Denn was ist schon eine Hexe ohne Besen? Heute Nacht wird dieses Lokal eingeweiht: unter Ausschluss der Öffentlichkeit, dafür aber in Anwesenheit aller guten Geister. Regie: Lili. Darsteller: Frank und Renate.

Es ist eine kalte Sommernacht. Am Dach spürt man den Wind, der durch die Baumwipfel streicht. Von der Condesa klingen die nächtlichen Geräusche herauf. Musikfetzen, das Zuwerfen von Wagentüren und immer wieder unterbricht ein lautes Hupen dieses Lied. Wie drei reglose Geister stehen wir über dem Nachtleben des Bezirks. In weißen Gewändern vom Hemd bis zu den Schuhen. Lili schlägt mit einem Holzstock ihre tibetanische Glocke. Das Ritual beginnt, sanft streicht sie über den unteren Rand des Instruments und ein hoher lang gezogener Ton begleitet unseren Weg. Wir vertreiben böse Geister, düstere Erinnerungen, traurige Momente. Lili verteilt die Rollen: Ich kehre und Frank wischt mit weißem Seidenpapier graue Schatten der Vergangenheit fort. Mit ernstem Gesicht hört er den Worten der Hexe zu. Ich habe keine Ahnung, was in seinem Kopf vorgeht. Aber hier steht er, an meiner Seite, kein „bist du noch von Sinnen?" und auch nicht „haben wir tatsächlich nichts Besseres zu tun?" Ich liebe ihn.

Dann sind meine Gedanken beim Besen und dem, was wegzukehren ist. Ich spüre die Anstrengung in meinen Armen. „Alles raus", fordere ich, „raus mit Euch!" Damit meine ich auch die drei kleinen Geister, die auf meiner Schulter sitzen. Da ist der, der immer *Du schaffst das nie* sagt und der andere, der immer *Wie willst gerade du ein Restaurant eröffnen?* wiederholt. Gleich daneben hockt der, der stets höhnisch feixt *Das wird ein Reinfall, der sich sehen lassen kann!* „Alle raus!", befehle ich. Die Hexe geht mit ihrer Glocke hinter mir her. Der pfeifende Ton zieht durch die Räume. Während wir uns von Stock zu Stock nach unten arbeiten, stelle ich mir dieses Haus voller Gäste vor, höre das Klingen prostender Gläser und das Klappern des Bestecks auf Tellern. Dort drüben Stimmengewirr und Lachen. So soll es sein! Así sea, genau so soll es sein!

Um Mitternacht stehen wir in der Küche, mit einem Lächeln im Gesicht. Unsere Kleider nicht längst mehr weiß und der Schweiß steht uns auf der Stirn. Ich lehne meinen Besen neben den Ofen und schaue auf meine Handflächen, ich kann mich nicht erinnern, wann ich zum letzten Mal Blasen an Fingern und Handballen hatte. „Es ist Zeit", sagt Lili, reicht mir ein harziges Holzstück und eine Schachtel Streichhölzer. „Mach Feuer!" Der große Gasofen entzündet sich mit einem lauten Plopp. „Sie ist die Frau im Haus und daher die Hüterin der Flammen", erklärt Lili meinem Mann. Danach füllt sie drei Räucherschalen mit Kohle, entzündet sie und wartet, bis die Kohle orangefarben glüht, nun streut sie Copal darüber. Der duftende Rauch erfüllt die Küche. Wir gehen noch einmal durch das Haus, diesmal von unten nach oben, bis zum Dach. Mit dem Rauch, sagt die Hexe, rufen wir alle guten Geister. „Seid gegrüßt!" Das Haus hat sich tatsächlich verändert, es ist als würde es jetzt anders klingen, ja so als würde es lächeln. Nun, was immer ich mir einbilden mag, der Ort scheint ein anderer geworden zu sein. Oder bin das ich? Bin ich eine andere geworden?

Magie gehört zum mexikanischen Alltag, selbst für brave Katholiken heiligt der Zweck alle verfügbaren Mittel. Politiker konsultieren ihre Hexen und Hexer vor wichtigen Entscheidungen, Verliebte bitten Experten um magischen Beistand und für das traute Heim kauft man zum Schutz einen verhexten Talisman. Hier ist es ganz normal, dass man Lokale von den Geistern der Vergangenheit befreit und die Magie für gute Geschäfte einsetzt. „Nicht für zwei gelernte Österreicher", lächelt unsere Hexe, aber wir wären schließlich keine gewöhnlichen Ausländer, „im Herzen seid Ihr beide längst Mexikaner."

Ein Zirkus zwei Direktoren

Es ist sechs Uhr morgens und ich gehe mit einem schwarzen Marker durch enge Gassen zwischen Umzugsschachteln. Auf jede Schachtel kommt der Bestimmungsort. Erdgeschoss, erster Stock, zweiter Stock – anbei der entsprechende Raum Küche, Bar, Wohnzimmer, Schlafzimmer und so weiter. Ich überlege, welche Kartons in den ersten Transport kommen. „Schatz...", höre ich eine verzweifelte Stimme aus der Küche „wo ist die Kaffeemaschine?" „Verpackt, aber auf der Bar stehen zwei Tassen, am Herd ein Wassertopf und daneben löslicher Kaffee." „Na fein", höre ich ihn brummen. „Und wo ist der Zucker?" Ich seufze. Das ist tatsächlich ein bemerkenswertes Phänomen. Die Herren der Schöpfung sehen nichts, selbst wenn sie direkt davorstehen. Wenn der Tag noch jung ist, beginnen fast alle ihrer Sätze mit dem Wort *Wo,* und ich schätze, dass Frauen, Geliebte und Mütter auf aller Welt versucht sind mit *Mach doch einfach die Augen auf!* zu antworten. Warum tun sie es nicht, ich meine die Augen öffnen? Täten sie es, hätten sie die Chance sich diese Fähigkeit, nämlich die des Selbst-Findens, anzueignen.

Ich merke, wie sich ein leiser Anflug von Ärger breitmacht. Ich bin seit fünf Uhr wach, versuche den Umzug zu organisieren und alles in beschrifteten Schachteln abfahrtsbereit zu haben. Ich sage nicht, was ich denke, aber ich denke: du, mein Liebster, bist gerade aus dem Bett gekrochen und quälst mich mit nichtigen Bedürfnissen, obwohl Kaffee, Tassen, Topf, Löffel und Zucker direkt vor deiner Nase stehen. All das schlucke ich hinunter, gehe in die Küche, wachle mit dem Zucker im wieder verschließbaren Plastikbeutel vor Franks Nase und verlasse wortlos den Raum. „Auch guten Morgen!", sagt Frank und verschwindet in den ersten Stock.

„Na fein, wir haben glänzende Laune...", sage ich leise und beschrifte weiter. Stimmt, wir beide sind grantig, das ist die beste Voraussetzung für einen reibungslosen Umzug. Um acht Uhr läutet es an der Tür, die Herren vom Übersiedlungsunternehmen. Frank taucht auf, frischgebadet mit einem breiten Lächeln. „Los geht´s...." Ich beeile mich einzuwerfen „Diese Kisten kommen zuerst, dann die und zuletzt die dort drüben. Am Ende Möbel und Bougainvilleas." „Schauen wir mal, wie sich die Sache am einfachsten machen lässt", sagt mein Mann und ich spüre leisen Widerstand in seiner Antwort. „Lass uns jetzt bitte nicht *Wer bestimmt* spielen. Ich habe alles vorbereitet, weiß, was wohin kommt und genau das steht auch auf den Kisten." Keine Ahnung, ob er meinen Hinweis zur Kenntnis genommen hat. Jedenfalls dirigiert er. Die Herren und ein paar Kisten der Phase 2 bewegen sich Richtung Lastwagen. „Wie auch immer", fauche ich und beschließe bei der dritten Tour mitzufahren, um Vorort nach dem Rechten zu sehen.

Kaum stehe ich im Foyer der Caprichos entdecke ich Kisten vom zweiten Stock im Erdgeschoss, die vom ersten Stock im zweiten und so weiter. Ich bremse die nächsten beiden Herren, die an mir vorbeischlüpfen wollen. „Diese Kisten kommen hinauf und dort oben stehen die, die hierhergehören." Frank geht beladen an mir vorbei. „Genau das habe ich erwartet", sage ich bissig, „nichts ist dort, wo es hingehört..." „Wenn nicht alles nach deinem Kopf geht...", sagt Frank und geht weiter. „Bleiben die Pflanzen hier unten?", brüllt einer der Herren in unsere Richtung. Mein *Nein* und Franks *Ja* kommen gleichzeitig, der Mann bleibt mit geschulterter Pflanze und verwirrtem Gesichtsausdruck stehen. Ich atme durch und versuche es noch einmal „Bitte nach oben in den Patio, damit ich sie am Montag nicht selbst hinauftragen muss, danke!" Frank schüttelt den Kopf und geht weiter. Irgendwann, etwa fünf Stunden später, ist der Albtraum zu Ende. Nahezu jede Kiste steht im entsprechenden Stock und ich bin am verzweifelten Versuch zwischen und aus all diesen Kisten eine Wohnung entstehen zu lassen.

Es ist inzwischen 11 Uhr nachts. Frank versucht im Schlafzimmer unser Ehebett zusammenzubauen. Ich höre ihn fluchen. Seit unserem kurzen Wortwechsel am Nachmittag haben wir kein Wort mehr zueinander gesprochen. Das Problem ist offensichtlich: wer bestimmt, was zu tun ist. Keiner von beiden erträgt, dass der andere anschafft. Also haben wir zwei Kapitäne, die einander Kommandos zubrüllen, zwei Häuptlinge und keine Indianer. Ich seufze, so geht das nicht weiter und schon gar nicht in der Situation, in der wir stecken oder, genauer gesagt, in die ich uns gebracht habe. Da kommt Frank mit einer Flasche und zwei Gläsern in unser zukünftiges Wohnzimmer. „Ich glaube, wir müssen reden!" „Stimmt!" Wir setzen uns jeder auf eine andere Schachtel. „Wir sind zwei Kapitäne auf ein und demselben Schiff", sage ich „wir müssen uns ausmachen, wer wann das Kommando übernimmt..." „Im Zweifelsfall ich" scherzt Frank, bemerkt jedoch meinen Gesichtsausdruck und lenkt ein „du hast recht. Wenn wir gegeneinander arbeiten, fahren wir den Karren an die Wand. Zusammen sind wir unschlagbar, hat das nicht auch schon unsere Hexe gesagt?" „Ja hat sie..." „Mal dirigierst du – mal ich!" Er schenkt uns beiden ein und reicht mir ein Glas. „Auf unser neues Haus!" „Auf unser neues Leben!"

Am nächsten Tag gleicht unsere Wohnung immer noch einem Lagerhaus. Nur in einem Zimmer gibt es ein frisch überzogenes Bett und keine einzige Schachtel. Ich lege zwei frische Handtücher ins Bad. „Wir müssen los", ruft Frank aus dem untersten Stock, „sonst muss der Andi selbst schauen, wie er vom Flughafen in die Condesa kommt." In weniger als einer halben Stunde landet mein guter alter Freund, wenigstens ist sein Zimmer so weit fertig. „Wir sollten einander etwas versprechen", sage ich im Auto zu Frank, „wir müssen immer sofort darüber reden, wenn es etwas gibt, was einem von uns beiden nicht passt. Besonders jetzt, da wir kurzfristig Familienzuwachs bekommen." „Klingt gut", sagt Frank „mach dir keine Sorgen..." Mach ich mir aber trotzdem.

Es ist viele Jahre her, da ist Andreas schon einmal in meine Wohnung eingezogen. Keine Frage, eine andere Geschichte mit anderen Darstellern, aber mit einem bitteren Nachgeschmack. Damals war Harald die meiste Zeit in meiner Wohnung. Offiziell wohnten wir nicht zusammen. Der gute Mann wachte also nur rein zufällig täglich bei mir auf. Zusammenwohnen wäre – vor den Augen aller - zu verbindlich gewesen, also nannten wir es nicht so, obwohl dem eigentlich so war. Wie auch immer, plötzlich waren wir nicht mehr zu zweit, sondern zu dritt in einer Wohnung, in meiner. Es kam, wie es kommen musste. Harald krachte mit Andreas zusammen, dann ich mit ihm und zuletzt ich mit Andreas. Als sich unsere Wege trennten und jeder wieder in der eigenen Wohnung saß, sind wir nur knapp davongekommen. Fast wäre eine Freundschaft zerbrochen und eine Beziehung gescheitert. Eine Beziehung, die zwar sowieso nicht zu retten war, doch das hatte nichts mit Andreas zu tun. Fazit: Die Situation brachte uns alle drei an Grenzen, vor allem aber jeden an seine eigenen.

Kaum sind wir in der Ankunftshalle gelandet, sehe ich einen kahl geschorenen Kopf zwischen all den dicht und schwarz behaarten herausstechen. „Andi!" ein müder Andreas schaut mir durch gestylte Brillengläser entgegen. „Hallo du! Hallo Frank! Das war tatsächlich kein Katzensprung." Trotzdem lacht er. Sein Gepäck: ein einziger Koffer. „Ist das alles?" „Alles, was mir dazu eingefallen ist", erklärt er und wechselt zu dem Thema, das ihn tatsächlich interessiert. „Wann sperren wir auf?" Ich ziehe die Schultern hoch. „Wenn wir eine Alkohol-Lizenz haben...," schlage ich vor. „Wenn wir tatsächlich bereit sind", wirft Frank ein. „Ich würde sagen: Rasch - bevor Euch das Geld ausgeht", schließt Andi.

Gäste wie er machen einem das Leben leicht. Nichts ist ein Problem, alles ist spannend. Er mag die Stadt, trotz Verkehr und Chaos. Wir parken vor dem inzwischen tatsächlich schönbrunnergelben Haus, Citlaltepetl Nummer 9. „Ist das die Hütte?", fragt Andi mit weit aufgerissenen Augen. „Das ist sie" ich sperre die Tür auf „Bienvenido a Los Caprichos del Emperador!" „Das Ding ist absolut genial, besser gesagt imperial. Nur vielleicht ein bisschen ...groß? War nicht ein kleines Restaurant inmitten der Megacity geplant?" Andi staunt, von der ebenen Erde bis zum Dach. Durch seine Augen sehe ich erst, wie viel Arbeit schon hinter uns liegt und dass der Weg bis zu Eröffnung kürzer ist als der, den wir schon gegangen sind. „Ich bin ehrlich beeindruckt", schließt er, nachdem er den Koffer in seinem Zimmer abgestellt hat.

Darf´s noch was sein?

Dunkler Anzug, weißes Hemd, dezente Krawatte „Sergio Andrade, sehr erfreut!" Der Mann bewirbt sich um die Stelle des Oberkellners. Alles scheint perfekt: mehrere Empfehlungsschreiben, zwei Jahre in jedem im Curriculum aufgelisteten Restaurant, professionelles Auftreten. Irgendetwas beunruhigt mich, wahrscheinlich die Tatsache, dass nur wir reden und er nicht. Unser Projekt, unser Stil, unser Erwartungen an ihn. Er nickt, kommentiert aber nicht. Also fahren wir fort. Es wären vorerst keine großen Gehälter zu erwarten, keine Extras für Angestellte. Er nickt erneut und verzieht keine Miene. Schließlich müsse sich dieses Restaurant erst einen Namen machen. Er nickt wieder. „Wenn Sie Ihre Entscheidung getroffen haben, geben Sie mir bitte Bescheid", sagt Sergio Andrade am Ende doch und zieht sich zurück. „Seltsamer Kerl", rätsle ich. „Passt aber zweifellos besser in die Caprichos als der Herr vor ihm. Der gehört in eine Kantine", bemerkt Frank treffend.

Der nächste Kandidat ist sehr parfümiert, eine vergoldete Krawattennadel ziert das bunte Stück, und wenn ich mich nicht sehr irre, glänzt er, das heißt, sein Anzug ist nicht grau, sondern silbern. „Franzisco Morales" verbeugt sich vornehm. Hier stoßen wir rasch auf ein Problem: Unsere Vorstellungen in Sachen Gehalt entsprechen nicht den seinen. Er schlägt vor, dass wir unser Angebot noch einmal überdenken. Schließlich sei die Position des *Capitáns* eine verantwortungsvolle und solle daher auch entsprechend entlohnt werden. Er arbeite außerdem nur an fünf Tagen pro Woche die - in der Gastronomie üblichen zehn Stunden - am sechsten nur halbtags. Nebenbei bestehe er auf Prozente beim Verkauf jeder Weinflasche. Darf es sonst noch was sein? „Verstehe", lächle ich reserviert, „momentan können wir Ihren Vorstellungen leider nicht entsprechen."

Nachdem uns Franzisco Morales verlassen hat, ziehen wir Bilanz. Von allen Kellnern, die tatsächlich zum vereinbarten Termin erschienen sind, hat uns bisher nur einer gefallen. Gerardo, Mittvierziger, im - an den Ärmeln - abgenützten Sakko, nicht neuen aber geputzten Schuhen, seit einem halben Jahr arbeitslos. Geschieden, eine Tochter, erzählte viel von sich und war rasch mit allem einverstanden. Zu rasch. „Looser, aber ehrlich".

Was die Herrn Oberkellner betrifft, ist die Sache nicht so einfach. Bei nur zwei Herren im Service fragt man sich, wozu brauchen wir überhaupt einen Oberkellner? Doch alle, Javier eingeschlossen, haben uns erklärt, was hierzulande ein wahres Restaurant sein will, braucht auch einen Kapitän. Gut. Vielleicht Andrade? Dann hätten wir bereits einen Kellner, einen Oberkellner und Ex-Chauffeur Daniel als Barmann zu gleich Kassier in einer Person. Bisher gibt es noch keinen Koch. Keinen, dem ich Strudel, Kaiserschmarrn und Ente zutraue, oder falls doch, auch bezahlen könnte. Vor allem keinen, mit dem ich in einer Küche stehen will. „Du hast ja mich", sind Andis tröstende Worte, der gerade mit ein paar Entwürfen aus dem Büro auftaucht. „Ja, habe ich, aber nur für ein paar Monate."

Andreas hat den Caprichos inzwischen ein Gesicht gegeben. Ein Logo. Ein eleganter, altgoldener Schriftzug *Los Caprichos del Emperador – Delicias Austro Húngaras*, ziert den dunkelroten Einband der Speisekarte. „Was sagt Ihr?" „Edel mein Lieber..." Innen begegnet man auf zartgelbem Papier dem Kaiser und der Geschichte über seinen Schmarrn. „Wir sind ein gutes Team", lächle ich Andreas an, „ich Text - du die Verpackung." Der Kreative im Team hat sogar schon eine Nachspeisenkarte und selbst eine Weinkarte entworfen. Da liegen sie, die hübschen Hüllen, fehlt bloß der Inhalt. Leise, ganz leise spüre ich, wie sich ein altes vertrautes Gespenst anschleicht. Es nennt sich Angst und schaut mir aus den leeren Blättern entgegen. Die Hülle allein lässt sich wohl kaum verkaufen, flüstert es stirnrunzelnd. Verschwinde, sage ich lautlos und seufze „ab morgen kochen wir!"

„Genau das werden wir tun", antwortet Andi fröhlich. „Zeit wird´s!"

Für unsere Wohnung, die tatsächlich täglich mehr einer Wohnung gleicht, ist nun Señora Maria zuständig. Sie hat während der vergangenen Jahre die Häuser österreichischer Diplomaten geputzt. Ihr letzter Arbeitgeber ist nach Wien abberufen worden, sie war ohne fixen Job und ich habe vorübergehend eine Putzfrau. Sie ist in Ordnung und hat akzeptiert, dass dieses Stück Österreich fern der diplomatischen Welt liegt. Was Lohn und Arbeit betrifft, herrschen hier andere Verhältnisse. Doch sie hat sich nicht nur angepasst, mir scheint sogar, Maria genießt das Abenteuer. Ich habe Kaffee gekocht und biete ihr eine Tasse an. „Maria, kennen Sie nicht jemanden, der in einem Restaurant arbeiten will? In der Küche, als Abwäscher oder als Putzfrau?" „Na ja, ich habe eine Cousine, die einen Job sucht. Aber sie hat einen … sagen wir … starken Charakter…" Pause. „Ich auch." Maria schmunzelt und sagt „Nun, um genau zu sein: Sie ist etwas aufbrausend." Meine Antwort bleibt dieselbe „ich auch." „Gut, wenn Sie wollen, rufe ich sie heute noch an."

Die Cousine heißt Patricia, ist klein und rund. „Maria hat Sie sicher vorgewarnt?", fragt sie bei unserem ersten Treffen. „Ja, hat sie." „Dachte ich mir und deshalb zur Erklärung: Ich bin nicht so schwierig, wie alle von mir sagen." „Klingt gut!" Sie würde auch abwaschen, am liebsten jedoch in der Küche mitarbeiten. Aber, ehrlich gesagt, hätte sie keine Ahnung von Gastronomie. „Kein Problem!", sage ich und denke *Wie viel wir doch gemeinsam haben*… Sie hätte nichts dagegen gleich zu bleiben. „Gut, in ein paar Stunden haben wir Gäste. Unsere Nachbarn. Wir müssen sie davon überzeugen, dass die Caprichos kein Ärgernis für brave Bürger darstellen werden." „No se preocupe", sagt Patricia. Sie schnappt Kübel, Besen & Co und macht sich an die Arbeit. Ich auch. Schließlich muss ich mich verkleiden. Vorstadt-Tussi? Sakko, Bluse und Halstuch? Genau, ganz genau.

Kurz vor sieben Uhr abends. Mein Mann sieht genauso aus, wie man sich einen Kavalier der alten Schule vorstellt. Von Kopf bis Fuß. „Wenn die meisten der Nachbarn Damen sind, haben wir die Lizenz schon in der Tasche" stelle ich fest. Auf der Bar stehen polierte Weingläser wie kleine Soldaten in Doppelreihe. Patricia hat sich selbst übertroffen, alles ist blitzblank. Die alten Holztische und Stühle glänzen, es riecht nach Orangenöl, kein Staubkorn ist zu sehen. In der Vase am Eingang steht ein großer Strauß gelbroter Rosen.

Punkt sieben und es läutet. Lili – unsere Hexe – in Zivil. Schwarzes Samtsakko, edler Silberschmuck, ein feines Lächeln. „Ich habe ein paar Damen aus der Nachbarschaft mitgebracht." Sie wendet sich an die drei Señoras an ihrer Seite. „Wie ich schon sagte, Ihr müsst meine österreichischen Freunde unbedingt kennenlernen." Frank verbeugt sich und zaubert ein Lächeln auf die neugierigen Gesichter der Damen. Heute hat er das Kommando. Öffentlichkeitsarbeit ist sein Geschäft, Charme seine Stärke.

Kurz später klopft die nächste Gruppe interessierte Nachbarn und um halb acht kommen noch zwei Pärchen aus dem Haus gegenüber. Bei Riesling aus der Wachau entführe ich unsere Gäste in das Wien des 19ten Jahrhunderts. Ich erzähle vom Konzept der kulinarischen Zeitreise, von Sachertorte, Entenbraten und Heringssalat. Frank erkundigt sich nach den Bedenken der Nachbarn. Das Thema: der Lärm. Also fährt mein Mann höchst diplomatisch fort: „Waren Sie schon einmal in Wien? Wenn ja, wissen Sie es ja selbst. Keiner kommt dort auf die Idee bei lauter Musik zu speisen. Die einzigen Klänge, die zu den Speisen aus Kaisers Zeiten passen, sind die von Besteck, Gläsern und Tellern." Er lächelt charmant „in sehr wilden Momenten, hier sprechen wir freilich von seltenen Ausnahmen, könnte ich mir Walzerklänge vorstellen." Die Damen lachen, Frank macht eine kurze Pause und schließt mit „wir möchten Sie bitten, uns zu unterstützen." Ich lege den bereits vorbereiteten Brief an die Behörde vor und die Nachbarn unterschreiben. Zum Abschluss lädt Frank alle Anwesenden zur formellen Eröffnung durch den österreichischen Botschafter ein. „Sobald wir einen Termin haben, geben wir Bescheid. Ich hoffe, Sie geben uns dann wieder die Ehre..."

Er ist zu gut. Die Nachbarn sind angetan, um der Wahrheit die Ehre zu geben: nicht nur die Damen. Mein Mann verteilt seine neuen Visitenkarten als Eigentümer der Caprichos und erinnert, dass wir allen Anliegen der Anrainer selbstverständlich persönlich nachkommen. Dann geht die Tür hinter einem scherzenden und leicht beschwipsten Grüppchen wieder zu.

„Nun, ich hoffe, dass die hinreißenden Nachbarinnen nicht tatsächlich davon ausgehen, dass du allen Ihren Anliegen persönlich nachkommst." Er nimmt mich in die Arme und ich küsse meinen Charmeur „du warst einmalig!" Da bleibt nur offen „was sind wilde Momente bei Walzerklängen?" „Meine Spezialität", erklärt Frank.

Mi rey

Verdammt, das ist das dritte Mal, dass ich den Andreas im Markt verliere. Ich versuche gegen die Nachdrängenden anzukämpfen. Ein dicker Herr schimpft vor sich hin, während er mich aus seinem Weg bugsiert. Dort drüben: ein kahler Kopf! Da ist er, bei der alten Frau, die Pilze verkauft. „Wo um Himmels Willen bleibst du?" „Ich verkoste Pilze..." „Na fein, du wirst es noch schaffen im ersten Monat ernsthaft krank zu werden. Und wenn wir nicht bald heimkommen, ist es zum Kochen zu spät!" Andi seufzt. Beim Weitergehen wiederholt er immer wieder „Steinpilze für 40 Pesos das Kilo, ich kann´s nicht glauben, das sind weniger als vier US-Dollar. So billig waren die in Wien nicht mal zu Zeiten Tschernobyls... Mädel, weißt du, was das heißt?" „So ungefähr: Die Steinpilzsuppe kostet uns einen Spott?" Er nickt begeistert. „Ich habe bloß keine Ahnung, ob unsere mexikanischen Kunden diese Köstlichkeit zu schätzen wissen. Wie auch immer und zu deiner Beruhigung: Wir haben schon fünf Kilo davon im Wagen."

Ich steure auf die Fleischhalle zu. Ganze Schinken, kurze Knochen, Schweineköpfe. Andi glotzt einem toten Tier ins Gesicht. „Blaue Augen, die haben tatsächlich blaue Augen..." „Que le puedo ofrecer, mi rey?", fragt die Verkäuferin an dem Schweinekopf vorbei. Andi schaut verwirrt. „Sie will wissen, was sie dir anbieten darf und sie nennt dich: mein König." Andi lacht. „Das will meiner einer gefallen."

In mexikanischen Märkten ist der Kunde König. Noch ein Wort fällt hier oft: Güero, das steht für hellhäutig, oder blond. Da das alles verbale Blumen sind, die der

Verkäufer den Kunden werbewirksam streut, müssen sie freilich nicht der Wahrheit entsprechen. Das „Mi Guerita" zu der Dame neben mir (ganz nebenbei: Sie hat dunkelbraune Haut und eine rabenschwarze Haarmähne) sollte eigentlich, wegen mangelnder Glaubhaftigkeit, sein Ziel verfehlen. Aber nein, die Kundin lacht und bestellt. Wenn es dem Zweck dient, darf man auch lügen, was das Zeug hält.

Wir kaufen Schnitzeln, rohen Schweineschinken und wechseln auf die andere Seite, zum Rindfleisch. Ich nehme an, dass hier keiner ein vorderes, beziehungsweise hinteres Scherzl kennt und erkläre dem Verkäufer was wir kochen wollen: einen Eintopf mit dem klingenden Namen Gulasch. Er antwortet ohne zu zögern „Espaldilla!" und klopft dabei seinem Kollegen zur Erklärung auf dessen fleischigen Rücken. „Wird zart, aber zerkocht sich nicht, selbst bei drei bis vier Stunden am Feuer." „Den nehmen wir, " sage ich und verbessere mich, als der Fleischer mich verwundert ansieht „ich meine das nehmen wir: 5 Kilo Espaldilla." Der Mann heißt Gerardo und gibt mir seine Karte. Was immer wir brauchen..."Estoy a sus ordenes – Zu Ihren Diensten!" „Gracias." „Ich glaube wir haben alles..." „Nein", sagt Andi bestimmt „Chiles fehlen." „Chiles?" „Klar", erklärt mein Freund bestimmt, „ich liebe scharfe Sachen und in Mexiko kann ich endlich mit einer bedeutenden Auswahl von Chiles experimentieren." Wir haben noch nicht einmal alle Gerichte unserer Speisekarte gekocht, denke ich schlecht gelaunt, wann will der gute Mann denn experimentieren?

Eine Stunde später und um ein paar Säcke schwerer, sind wir endlich am Heimweg. Das Auto riecht nach Zwiebeln und rohen Pilzen. Auf der Fahrt planen wir den heutigen Kochtag. Gulasch, Spätzle, Steinpilzsuppe, Sachertorte und Zwetschkenknödel. Nebenbei müssen die restlichen Pilze schnitten und getrocknet werden. Irgendetwas war da noch: Ah ja - der kalte Schweinebraten mit Kernöl und Zwiebel für die Vorspeisenkarte. Als wir vor den Caprichos halten, kommt uns Patricia schon entgegengelaufen. Sie freut sich auf ihren ersten Kochtag und es kümmert sie kein bisschen, dass wir eine Stunde zu spät kommen. „Esas cosas pasan... Das kommt vor" – „Bei mir normalerweise nicht", entgegne ich grimmig und versuche ergebnislos mit sechs Säcken in jeder Hand durch die Tür zu kommen.

Da taucht der Installateur auf „Señora wir haben ein Problem." Ich schaue ihn mit gespielter Verwunderung an. Ein Problem? Das wäre schließlich nicht das erste Mal. „Wir kommen mit dem Budget nicht aus – Sie wissen ja - imprevistos..." „Mein guter Mann, wir haben uns auf einen Kostenvoranschlag geeinigt und ich muss darauf bestehen, dass Sie sich daran halten. Unser Budget ist nicht dehnbar!" „Aber Señora..." „Ich bin beschäftigt, Sie können mir aber gerne am Abend Ihre Sicht der Dinge nahelegen!" Die letzten Worte sage ich sehr leise, um mich zu beruhigen und um nicht Gefahr zu laufen mein Gegenüber anzubrüllen. Der Mann schaut mich groß an, dreht sich um und verschwindet in den ersten Stock.

An die Töpfe

Andreas kommt mit zwei Tassen Kaffee in die Küche „Paty putzt und schneidet Steinpilze. Alles, was neben dem halben Kilo für ein Süppchen übrigbleibt, legt sie zum Trocknen auf. Ich koche Gulasch und Spätzle.

Kümmerst du dich um die Sachertorte und schiebst das Schwein ins Rohr?" „Geht klar." Ich bin ehrlich froh, dass ein anderer das Ruder übernimmt. „Zu guter Letzt können wir uns dann ja gemeinsam an die Zwetschgenknödel machen." Wir ziehen alte T-Shirts über, formellen Kochjacken gibt es noch nicht, und machen uns an die Arbeit.

Fünf Kilo Zwiebel brauchen wahre Ewigkeiten zum Rösten, da bleibt wenigstens Zeit zum Tränentrocknen. Mein Kochkompagnon putzt sich die Brille. Die Spätzle hingegen sind rasch gemacht. Ich schiebe die Torte in den kleinen Backofen, das Schwein brät schon im anderen. Andreas und ich setzen uns mit zwei großen Gläsern Wasser auf eine stählerne Arbeitsplatte, da merke ich erst, wie müde ich bin. „Manchmal zweifle ich ernsthaft, ob ich das alles schaffe..." Andreas legt den Arm um mich. „Das wirst du!", lächelt mein alter Freund „das sind die letzten Meter..." „Kilometer", verbessere ich ihn.

Weiter geht´s, ich mache den Topfenteig und Andi entkernt die Zwetschgen. Kurz später setzen wir die Dinger behutsam ins siedende Wasser. Nach 15 Minuten machen die Knödel ernsthaft den Eindruck, als wollten sie auseinanderfallen. Wir schneiden einen an und er ist innen roh. Noch länger Kochen? Das tun wir schließlich und so fallen er, wie auch seine Kumpane auseinander. „Verdammt: Die Höhe", sagt Andi „die Knödel müssen auf 2300 Meter länger kochen, aber der Teig hält das nicht aus..." Gut, so gibt es vorläufig keine Knödel auf der Speisekarte, bis wir dafür eine Lösung finden.

Frank schaut zur Tür herein. „Herr Direktor", lacht Andi, „wir bitten zum Verkosten!" Frank findet das Gulasch grenzgenial, die Spätzle ebenso. Der Schweinebraten ist perfekt und auch die Sachertorte, abgesehen von dem kleinen Schönheitsproblem. Sie sieht so aus als wäre ein Fußball auf ihr gelandet. Soweit so gut, ich notiere meine Beobachtungen unter den Rezepten.

Da taucht der Installateur auf. „Krisensitzung", sage ich zu Frank und wir treten ab. Andi arbeitet beherzt weiter, schließlich fehlt die Steinpilzsuppe.

Kaum geht die Bürotür hinter uns zu, sieht der schnauzbärtige Installateur so aus, als könnten ihm im nächsten Augenblick dicke Tränen über die Wange kullern. Bei mir löst der bedauernswerte Ausdruck des Plomeros nicht den erwünschten Mitleidseffekt aus, ich spüre leise Wut in mir hochsteigen. Er aber seufzt tief. Nun, bei so vielen unvorhersehbaren Problemen könne er tatsächlich nicht mit dem Budget auskommen. Es fehlten mindestens 10 000 Pesos. (Wir reden hier von nahezu 600 USD) „Mit welchen unangenehmen Überraschungen sahen Sie sich denn konfrontiert?" frage ich mit einem Anflug von Zynismus, den der gute Mann überhört. Nun, da sei die Sache mit der fehlenden Warmwasserzuleitung in unserem Bad, abgesehen davon wäre der Boiler in einem weit schlechteren Zustand, als er erwartet hätte. Gar nicht zu reden von den Abwasserrohren, die professionell geputzt werden müssten - das konnte ja keiner ahnen. Mit leiser Stimme frage ich „Haben wir Sie nicht gebeten vor Beginn der Arbeiten und vor dem Erstellen eines Kostenvoranschlages die bestehenden Installationen und deren Zustand genau zu prüfen?" „Schon aber..." „Aber?" „Aber mit solchen Problemen konnte ich wirklich rechnen." „Guter Mann, Sie sind Installateur, das ist Ihr Fach. Nach eingehender Prüfung mussten Sie doch wissen, wie viel das kosten wird." Der Installateur denkt schweigend nach, schließlich kann er nicht eingestehen, dass er kein Experte ist. Also geht er von den Problemen zu unvorhersehbaren Vorfällen über. Es sei bei den Arbeiten ein Kupferrohr gebrochen, ein Wasserhahn plötzlich defekt und der Container aus unerklärlichen Gründen undicht.

In Mexiko sagt man *se rompio* (übersetzt: etwas hat sich zerbrochen - also nicht: Etwas ist zerbrochen oder gar: Etwas ist mir zerbrochen. *Sich zerbrechen* ist rückbezüglich und das heißt wiederum es zerbrach aus eigener Kraft). Andere Beispiele: Se cayó (hat sich fallen lassen) se daño (ist selbst kaputt geworden) und so weiter. Hier zerbrechen die Dinge, fallen vom Dach, werden defekt, natürlich ganz ohne menschliches Zutun. Eine sozusagen willentliche Selbstzerstörung. Der Mensch, der dabei war, ist frei jeder Verantwortung. Klar, wenn das unvorsichtige Rohr auch vom Dach fällt, der Container beim falschen Anbohren durch den Klempner undicht wird, und der Wasserhahn wegen der Nichtigkeit eines unsachgemäßen Einbaus gleich den Geist aufgibt, kann der Fachmann ja nicht schuld sein, oder?

Ich setze ein engelsgleiches Lächeln auf „nun, Gegenstände hegen im Regelfall keinen dringenden Willen zur Selbstzerstörung und schon gar keine Selbstmordabsicht. Also muss für das Kaputtgehen wohl oder übel ein Mensch verantwortlich sein. Daher sollte die verantwortliche Person auch die Verantwortung übernehmen." Der Mann mir gegenüber schaut mich verwundert an. So, als hätte ich versehentlich deutsch mit ihm gesprochen. „Warum, glauben Sie", frage ich ihn weiter, „bitten Kunden, wie wir, um einen Kostenvoranschlag?" Noch immer keine Reaktion im Gesicht mir gegenüber. Also beantworte ich meine Frage selbst „damit sie ihre Ausgaben planen und dann auch bezahlen können." Frank übernimmt „und uns bleibt, so leid es uns für Sie auch tun mag, nicht mehr Geld für die Installationen über." Endlich kommt eine Regung in das Gesicht des Installateurs. „Aber ich habe schon viel mehr investiert und gearbeitet, als ich Ihnen verrechnet habe." „Warum haben Sie uns das nicht zu dem Zeitpunkt gesagt, an dem das Budget überschritten wurde?" Keine Antwort. „Wie gesagt, wir können und werden daher nicht mehr bezahlen. Hier vor uns liegt der Kostenvoranschlag, den Sie, wie auch wir, unterschrieben haben." Frank gibt dem erstaunten Mann ein Kuvert mit der letzten Zahlung „und da ist genau das drinnen, was wir Ihnen, nach dem Kostenvoranschlag, noch schulden." Der Installateur nimmt das Kuvert und tritt wortlos ab.

Frank sagt, was ich denke: „Den sehen wir nicht mehr wieder. Was ist noch an Arbeiten offen?" „Das Reinigen vom Fettfilter und das Montieren der Armaturen in unserm Bad, wobei einer der Wasserhähne leider nicht mehr funktioniert." „Nun, das werden wir von jemand anderen machen lassen müssen", sagt Frank ungerührt. Ich beiße mir auf die Lippen. Wahr ist: Unser Budget ist schon jetzt weit überschritten. Wie sollen wir das jemals schaffen? Ich verdiene seit der Archäologie-Serie keinen Groschen mehr und Franks Gehalt kann nicht alle Löcher füllen. Um mich abzulenken, gehe ich zu den Tischen, auf denen vermeintlich die Steinpilze trocknen. Da bewegt sich doch etwas.... „Verdammt!", schreie ich. Frank und Andi schauen verdutzt um die Ecke. „Die Pilze sind voller Maden" und landen im großen schwarzen Mülleimer der Küche. Viereinhalb Kilo Steinpilze im Mist. Der heutige Tag gehört nicht zu meinen besten.

Generalprobe

Seit zwei geschlagenen Stunden sitzt Javier mir gegenüber, seit zwei geschlagenen Stunden versuche ich zu verstehen. Wie funktioniert die Auszahlung der Trinkgelder und nach welchem Schlüssel werden sie unter den Angestellten verteilt? Wie macht man die Preise, wie oft muss ich also die Materialkosten multiplizieren, damit am Ende der Übung noch etwas übrigbleibt? Javier zieht die Augenbrauen hoch „deine Karte ist zwar nicht zu groß, aber zu aufwendig..." er seufzt „wie willst du bei vollem Laden so viele frisch gemachte Nachspeisen zubereiten? Mit welchem Personal?" „Javier: Ich habe das nie zuvor gemacht, woher soll ich das wissen..." Erschöpft stütze ich den Kopf in beide Hände „ich dachte, da der größte Teil der Karte vorgekocht ist, bleibt mir genug Zeit..." „du hast keine Ahnung, wie sehr dich das simple Servieren, das Enthäuten der Forellen und Herausbacken der Wienerschnitzel beschäftigen werden. Streich alles außer dem Kaiserschmarrn, den können wir ja schlecht aus der Karte nehmen." „Auch die Palatschinken?" „Das ist deine Verantwortung, mach, was du willst. Vergiss bloß nicht, dass ich dich gewarnt habe."

Javier hebt den Blick von der Karte „hast du schon deine Comandas?" „Was um alles in der Welt sind Comandas?" „Bestellblocks mit zwei Kopien?" Er schüttelt den Kopf „ich glaub´s nicht", und schaut mich fragend an, „soll der Kellner dir zurufen, was du servieren sollst?" Javier atmet tief ein „Okay. Die Frau, die dir alle Druckaufträge erledigt, verbinde mich bitte mit ihr." Wie eine gut organisierte Sekretärin zücke ich das Adressbuch, wähle und gebe an meinen „Gerente", meinen Geschäftsführer Javier, weiter. Und der bestellt. „Ja Comandas, mit fortlaufender Nummer und zwei Durchschlägen.... Ja, ... verschiedenfarbige Durchschläge. Wie bitte? Nein, nicht bis morgen, bis heute Nachmittag. Es tut mir leid, aber wir haben bereits heute ein Event." Javier dreht sich zu mir um „und jetzt zu dir: Der Kellner nimmt auf den Comandas die Bestellungen auf. Gegen einen rosa Durchschlag bekommt er die Getränke von der Bar, gegen den grünen die Gerichte aus der Küche. Das Original muss er an der Kasse abgeben, damit er eine Rechnung für diesen Tisch verlangen kann. Ohne Comanda geht nichts raus. Du musst am Ende des Tages alle Comandas nach fortlaufender Nummer vor dir haben. Sonst verkauft einer der Herren seinen eigenen Whisky..." Eine bedeutsame Pause. „Die Comandas sind deine Kontrolle. Traue keinem."

Javier schlägt Speisekarten und Weinkarte zu. „Und wenn wir schon beim Thema *Vertrauen* sind. Lass alle deine Angestellten ein weißes Blatt Papier unterschreiben." „Warum?" „Das, meine Liebe, ist ihre Kündigung." „Das ist doch gegen jedes Gesetz, mal abgesehen von Anstand und Fairness." „Und genau damit, ich meine mit Anstand und Fairness, kannst du bei diesen Herrschaften nicht rechnen!" Das sind höchst fragliche Methoden, die Javier mir da anrät. Ist mein alter Freund paranoid, oder, was weit schlimmer wäre, ist die Realität tatsächlich so, wie er sie beschreibt? In diesem Fall werden meine Kapriolen tatsächlich zu einem hirnrissigen Abenteuer, auf das ich weder vorbereitet bin, noch Lust habe.

„Dass dir, meiner europäischen Freundin, verzeih mir, mit ihren linken Ideen und ihrem überzogenen

Gerechtigkeitssinn meine Ratschläge nicht gefallen, weiß ich. Aber bitte, glaub mir! Ich mach das schon ein paar Jahre und mich überrascht nichts mehr." Jetzt ist es ihm gelungen: Ich bin wirklich beunruhigt. „Danke für deine Hilfe Javier..." Ich klopfe nervös eine Zigarette aus der Schachtel. „...vor dir kann ich es ja zugeben: Ich habe keinen Tau, worauf ich mich einlasse. Bitte hilf mir auch weiterhin, selbst wenn ich - aller Wahrscheinlichkeit nach - auf die Nase falle." Javier lächelt „keine Sorge. Obendrein werde ich alles tun, damit du genau das nicht tust. Ich meine: Auf die Nase fallen." Er nimmt mich in die Arme „viel Glück bei der Generalprobe. Ich komme vielleicht zu spät, dafür aber bestimmt."

Auf dem Weg in die Küche höre ich wildes Geschirrklappern, Andi fluchen und Paty mit schriller Stimme ständig die gleiche Frage stellen. „Dime en que le ayudo?" (Wobei kann ich Ihnen helfen?) Da er nichts versteht, bleibt sie ohne Antwort. Klingt nicht gut... und das nur ein paar Stunden vor der Generalprobe.

Heute um acht Uhr abends proben wir den Ernstfall. Zehn Tische mit 40 geladenen Kunden und ein kleines Menü zum Auswählen: zwei Vorspeisen, zwei Hauptspeisen, zwei Nachspeisen. Das ganze Team der Caprichos wird zum ersten Mal zusammenarbeiten. Küche, Kellner, Bar & Kasse. Zu dem bestehenden Personal sind noch zwei dazugekommen. Rodrigo der Abwäscher und die Putzfrau Gabriela. Daniel, mein ehemaliger Chauffeur, ab heute Kassier, wird vorläufig auch die Drinks mixen und den Barmann machen. Ein Probelauf. Es ist Mitte August und am ersten September sollen die Caprichos offiziell eröffnen.

Inzwischen stehe ich vor der Schwingtür zur Küche. „¿En que le ayudo?", kreischt Paty. Anscheinend wartet sie noch immer auf Antwort. „Sie will wissen, wobei sie dir helfen kann...", übersetze ich beim Eintreten. „Bloß nicht", knurrt Andi, „diese Frau macht mich wahnsinnig!" Ich schaue ihn fragend an. „Sie hält sich nicht an Rezepte", schnaubt er „zwei Möglichkeiten: A Sie kann nicht lesen, oder B sie meint, ein Rezept sei nur eine lose Empfehlung." „Nun", sage ich beschwichtigend, wir werden ihr eben erklären, dass sie sich genau an unsere Rezepte halten muss." Das hätte er schon versucht, knurrt mein alter Freund, während er wütend Tomaten zu Püree hackt. „In welcher Sprache?", frage ich. Andi verzieht das Gesicht.

Paty schaut mich verwirrt an und fragt: „Was habe ich falsch gemacht?" „Das weiß ich nicht", antworte ich ehrlich, „aber bitte, halten Sie sich genau an die Angaben in den Rezepten. Andi meint, das hätten Sie, sagen wir mal, nicht zu 100% getan." Trotzig schüttelt sie den Kopf „das ist nicht wahr – ich halte mich ganz genau an Ihre Rezepte!" „Wie auch immer, jetzt müssen wir wirklich weiterkochen", sage ich schnell und hoffe inständig, dass damit die Sache erledigt ist. Doch Paty bleibt regungslos mitten in der Küche stehen und schaut mich mit Tränen in den Augen an, „er mag mich nicht, er vertraut mir nicht, aber ich... ich... ich tue wirklich, was ich kann...", schnieft sie. Bitte kein Drama.

Ich atme tief durch „Paty, hören Sie mir zu: Wir sind heute alle unter Druck, auch Andreas. Nehmen Sie nicht jedes Wort als persönlichen Angriff. In solchen Situationen sagen Menschen Dinge, die sie nicht so meinen", lüge ich mit sanfter Stimme. Noch immer sind ihre Augen leicht gerötet. „Wir schaffen das, immer mit der Ruhe." Ob meine Worte glaubhaft geklungen haben? Paty, inzwischen nicht mehr den Tränen nahe, schaut nur noch beleidigt und ich habe eine leise Vorahnung, was ihre Cousine mit *starkem Charakter* gemeint haben könnte. Sicherheitshalber greife ich nach einer Schachtel Kleenex und reiche sie weiter. „Sag bloß du tröstest sie auch noch? Und das, obwohl sie dreimal so viel Majoran in das Gulasch gekippt hat, als hier steht." Er wachelt mit dem Rezept vor meinen Augen. Das ist freilich eine heftige Attacke auf den guten Geschmack „ist es noch essbar, oder bitter wie Galle?" Jetzt schmunzelt mein alter Freund wieder. „Den größten Teil konnte ich rausfischen, jetzt bin ich am Reparieren. Keine Sorge, du wirst das Gulasch lieben..."

Die Rindsuppe ist fertig, es fehlen die Grießnockerl und der kalte Schweinebraten. Die Hühner sind gerade gelandet: Zeit sie zu füllen. Außerdem muss ich noch Apfelstrudel machen und Teig wie Fülle für die Nuss-Palatschinken vorbereiten. Ich wasche mir die Hände und freue mich auf eine monotone Tätigkeit, ohne nachzudenken, ohne zu sprechen, vorsichtig schaue ich über die Schulter. Erleichtert stelle ich fest, dass scheinbar niemand Lust auf weitere Wortwechsel hat.

Drei Stunden später ist die Küche für den Showdown bereit. Paty – noch immer wortlos – putzt und Rodrigo bringt die Gläser auf Hochglanz. Andi und ich sind, wo wir immer sind, wenn der Alltag Pause macht, bei der Espressomaschine. Es läutet. Das Kellner-Team tritt auf. Beide federnden Schrittes, adrett und lächelnd. „Kann ich Ihnen das Aufdecken überlassen?", frage ich rein rhetorisch. „Selbstverständlich Señora!" „Dort drüben finden Sie Tischtücher, Servietten, Gläser und Besteck" ich zeige auf die Servicestation im ersten Stock. „Kein Problem, Señora!" „Und hier unten habe ich einen Beispielstisch gedeckt." Wortlos legt Sergio eine

Serviette von links nach rechts. „Nein", bemerke ich sanft aber bestimmt „sie gehören tatsächlich auf diese Seite" und lege die Serviette wieder auf ihren Platz zurück. Ich spüre den Blick meines Oberkellners in meinem Rücken. Ob er sich eine Meinung zur Dekoration erlauben dürfe, fragt er vorsichtig. „Adelante – ich bitte darum!" Die Zierkordel um jede Serviette und die Rosenblätter in der Tischmitte erschienen ihm, sagen wir mal, nicht praktisch. Aber natürlich, wenn ich darauf bestünde... „Das tue ich", lächle ich so charmant ich kann und trete ab. Sergio ruft mir nach: „Señora, die Comandas?" Danke Javier! Beiläufig drehe ich mich zu meinem Oberkellner um. „Liegen unten auf der Bar, sowie das kleine Menü des Tages, für jeden Gast eines – fünf Extras. Falls etwas unklar ist, stehe ich in ein paar Minuten gerne zu Ihrer Verfügung."

Zeit zum Umziehen. Noch immer habe ich weder Kochjacke - noch Hose, also ziehe ich ein weißes Hemd aus dem Kasten, darüber ein gestreiftes Gilet in creme und dunkelblau. Damit lassen sich, falls ich während der Arbeit aus der Küche muss, Flecken abdecken. Dazu eine dunkelblaue Hose und die weichsten Mokassins, die ich finden kann. Alle Haare hoch, Make-up und der Versuch eines Lächelns. Ich atme tief ein. „Gib zu", sage ich zu meinem Spiegelbild, „dass du nervös bist!" Als ich die Stiege hinuntergehe, ist Frank schon hinter der Bar beschäftigt. Ein großer Stoß CDs liegt vor ihm. „Suchst du wilde Walzerklänge?" „Nein mein Schatz, aber klassische Tischmusik." „Bereit?", frage ich ihn. „Zu allem. Aber du hast ja sowieso alles im Griff, oder?"

Sergio studiert Wein- und Bierkarte, Gerardo macht Brotkörbe und steht noch immer ohne Krawatte an der Bar. Sein Hemd ist drei Knöpfe zu weit offen und ein paar vereinzelte Brusthaare bahnen sich ihren Weg ans Licht. Ich versuche das Thema vorsichtig aufs Tapet zu bringen „ähm, ein paar unserer Gäste sind Europäer und überpünktlich. Ich glaube, es ist Zeit sich zu verkleiden!" Gerardo schaut mich fragend an, ich ziehe die Augenbrauen nachdrücklich hoch. Keine Reaktion. Da sagt Sergio, ohne den Blick von der Weinkarte zu heben „Vistate, pon tu corvata y tu saco, ahora mismo!" Zieh dich um, Krawatte und Sakko, und zwar jetzt gleich!" „Ah..." Gerardo verschwindet Richtung Personaltoilette. Sergio schaut auf „Sagen Sie einfach direkt was Sie wollen, das beschleunigt die Sache." Ich frage mich, ob er selbst auch Direktheit bevorzugt, oder ob diese, nicht sehr mexikanische Attitüde, nur bei Subalternen anzuwenden ist.

Schon erscheinen zwei vertraute Gesichter an der gläsernen Eingangstür: Petra und Enrique. „Schön Euch zu sehen" meine blonde Freundin lächelt aus bestöckelter Höhe auf mich herunter „das schaut tatsächlich wie ein richtiges Restaurant aus..." Sie gehört zu den Frauen, die mit ihren langen Beinen nur ein schwarzes Kleid und einen ausgefallenen Silberring brauchen, um als Grand Dame durchzugehen. Enrique hakt sich bei mir unter „Die Rolle der Wirtin steht dir gar nicht schlecht..." Langsam füllt sich das Lokal, die Gäste flanieren durch die Räume und stoßen mit Prosecco an. Nur Enrique ist es nicht peinlich auf koffeinfreies Leichtcola zu bestehen. Darauf war ich vorbereitet: nicht kalt, nur kühl, genauso wie es dem Herrn Licenciado mundet.

20 Uhr 30: Frank, ganz Gastgeber, bittet - ins obere Geschoss - zu Tisch. „Bienvenidos!", eröffne ich, „bereit zu einer kulinarischen Zeitreise in das Wien zu Kaiser-

zeiten?" 38 Gesichter wenden sich mir zu. „Als Amuse Gueule gibt es Heringssalat dazu Grünem Veltliner. Dann müssen Sie ihre Wahl treffen: zwischen Grießnockerlsuppe oder kaltem Schweinsbraten mit Kernöl." Die Sache beginnt mir Spaß zu machen. „Darf's als Hauptgang ein Klassiker sein? Gulasch mit Spätzle oder doch lieber ein zartes Brathühnchen mit Apfelfülle?" Ein Herr macht sich Notizen. „Hätten Sie danach Lust auf Nusspalatschinken? Vielleicht aber auch, zur Abwechslung, einen echten Apfelstrudel ganz ohne Vanilleeis?" Manche meiner Gäste schauen verwundert und ich erzähle die Anekdote von amerikanischen Touristen, die von einem empörten Kellner aus einem Wiener Kaffeehaus verwiesen wurden. Und das nur wegen eines einzigen Satzes: „May I have some Ice-cream with my Strudel?" Tatsächlich ein unverzeihlicher Fauxpas. Damit entschuldige ich mich und rase in die Küche.

Fein säuberlich stehen 40 kleine Heringshäppchen zum Abholen bereit. „du hast das tatsächlich das Zeug zum Küchenchef", lache ich Andi an. „Weiß ich", scherzt er, „ich bin eben ein vielseitiges Kerlchen." Ich koste die Rindssuppe und das Gulasch: perfekt, selbst mir fällt dazu nichts mehr ein.

Da höre ich Schritte hinter mir. „Trabaja", schreit Sergio und knallt fünf Comandas auf die Durchreiche. Trabaja - also so viel wie: an die Arbeit! Der Tonfall will mir nicht gefallen. Langsam lege ich die grünen Durchschläge nebeneinander auf, mein Herz klopft. Verdammt unleserliche Schrift, abgesehen von der freien Interpretation deutscher Worte. Ich versuche zusammenzuzählen. 1, 2, 6, 10, nein 14 Grießnockerl-suppen und 5 kalte Schweinsbraten, zwei Mal ohne Zwiebel. Einer isst gar keine Vorspeise.... „Paty, wir brauchen 14 heiße Suppenteller mit jeweils zwei Nockerl und Schnittlauch bitte, ich serviere die Rindsuppe. Andi, fünf Schweinsbraten, zwei ohne Zwiebel!" Ich lese weiter: zwölf Hühner, acht Gulasch. 14 Palatschinken, wie viele Strudel? Ich habe noch nicht fertig gezählt, taucht Sergio wieder auf „trabaja!" sechs weitere Comandas. Trabaja – an die Arbeit! Schon dabei, hätte ich ihm gerne entgegen geschrien, stattdessen verziehe ich mein Gesicht zu einem eisigen Lächeln „nehmen Sie bitte die Heringssalate mit, die erste Runde Vorspeisen sind gleich bereit", sage ich in der ruhigsten meiner verfügbaren Stimmlagen. Wieder versuche ich die Vorspeisen zu zählen. „Das Gulasch brennt an", schreit Andi, „welcher Idiot hat das größer gedreht?" „Ich", lüge ich und schiebe den riesigen Topf auf die kleine Flamme daneben.

Daniel steckt den Kopf zur Tür herein: „Wo ist der kalte Weißwein?" „Ich hoffe, wie besprochen, im Kühlschrank", fauche ich und gieße dabei dampfende Rindsuppe über meine Hand. Ruhig, ruhig, ruhig, sage ich zu mir, wir haben Zeit, das ist keine Fast Food Zeile. Langsam schenke ich die weiteren Suppen aus und beschließe, dass ich zuerst alle Vorspeisen serviere und dann den zweiten Gang in Angriff nehme.

„Heringssalat für die nächsten Comandas", schreie ich Sergio entgegen, bevor der noch den Mund zum „Trabaja!" öffnen kann. Die letzten Bestellungen landen in der Küche. Javier und Freund sind eingetroffen. Fein. Ein Schweinsbraten, eine Suppe, ein Gulasch, ein Huhn, zwei Palatschinken. „Andi, machst du die zwei letzten Vorspeisen? Ich will die Hühnerhälften auf heiße Teller kriegen – das Gulasch ist ja schnell serviert..." „Klar doch", antwortet mein alter Freund, er scheint den Tumult zu genießen. Ich zähle immer wieder nach. Frank schaut bei der Küche herein. „Oben läuft´s gut, wie geht's euch?" „Kann ich nicht sagen, frag mich nach den Desserts", sage ich, ohne von den halben Hendln aufzublicken.

Ich versuche das Blech mit den Äpfeln und dem Bratensaft aus dem Backrohr zu ziehen. Zisch: Das war mein Arm, keine Zeit darüber nachzudenken. Paty lässt beim Auflegen der heißen Teller einen fallen. Also ist sie mit den Scherben beschäftigt, während ich 20 weitere Hauptspeisen serviere. Gerardo drängt „Noch ein Gulasch bitte, ich kann ja nicht mit einem halb leeren Tablett hinaufgehen..."

Wie viele habe ich jetzt serviert, verdammt, ein Teller fehlt, sind 6 schon draußen oder erst 5? Fehlen 11? „Faltan 10 Señora", bemerkt Sergio, der meinen desperaten Blick offenbar richtig gedeutet hat. Nachdem die letzte Hauptspeise die Küche verlassen hat, stehen Andi und ich nebeneinander am Herd, Palatschinke um Palatschinke. Paty serviert Apfelstrudel. Jedes Mal, wenn ich sie frage, wie viele Palatschinken noch fehlen, nennt sie mir eine andere Zahl. „Verdammt wie viele sind es jetzt 22, 25 oder 18?", schreie ich. „No se, weiß ich nicht", schluchzt sie. Ich drehe mich um und nehme sie an den Schultern. „Entschuldigung, es tut mir leid." „Schon gut", lügt sie nicht sehr überzeugend. „Ich muss eben noch viel lernen..." „Ich auch", sage ich und kann mir ein Lachen nicht verkneifen.

„Entschuldigung, dass ich eure nette und motivierende Unterhaltung unterbreche. Ich weiß zwar immer noch nicht, wie viele Palatschinken noch fehlen, aber der Teig ist alle", bemerkt Andi trocken. „Okay. Ich mache rasch einen, kannst du inzwischen servieren was da ist?" Drei Eier, Obers, Mehl, Mineralwasser, eine Brise

Salz. „Etwas flotter, meine Liebe!", ruft Andi, „wir haben endlich eine gültige Zahl: Es fehlen noch acht Stück."

Dann plötzlich ist es vorbei – genauso schnell, wie es begonnen hat. In weniger als einer Stunde haben wir 40 Gäste abgespeist. Die Küche ist ein Schlachtfeld, Andi seufzt befriedigt „Yeah" und mir kleben die Haare auf der Stirn. Gerardo schaut in die Küche „Die da oben wollen Sie sehen..." Oh Mann. Ich wasche mir die Hände, wische mir Palatschinkenteig aus dem Gesicht und ziehe mein Gilet an. Kein Make-up, das würde sowieso nur am schweißnassen Gesicht herunterrinnen. Kaum bin ich die Stiege hinaufgelaufen, schaut mein Mann um die Ecke. „Da kommt sie schon!" und die Gäste klatschen, manche rufen Bravo und ich? Ich stehe einfach da. Außer dem Chaos in der Küche, Verstimmungen und dem ständigen Gefühl, dass das Essen für die Esser nicht ausreicht, habe ich nichts mitbekommen. War irgendetwas zu kalt, zu spät, oder gar ein Haar in der Suppe? Anscheinend nicht. Dem Publikum hat es gefallen, mir aber ist völlig bewusst, dass meine Küche dem Restaurantalltag noch nicht gewachsen ist.

Noch ein Achterl?

Am nächsten Morgen fühle ich mich hundeelend. Obwohl ich nichts getrunken habe, brummt mir der Schädel. Trotz weicher Mokassins habe ich Blasen an fast allen Zehen und die Hälfte meiner Fingernägel ist abgebrochen. Max sitzt neben mir, den Kopf auf meinen Knien. Er schaut mich traurig an, so als wolle er sagen: du hast nie Zeit für mich. Wenn du mich einmal nicht in den Hof sperrst, hängst du matt in den Seilen. Max ist der einzige Hund, der einem direkt in die Augen schauen kann – ohne je den Blick zu senken. „Okay, du hast gewonnen", sage ich „wir gehen in den Park, ich kaufe mir einen Cappuccino im Pappbecher und den wöchentlichen Schwangerschaftstest..." Der - trotz des Absetzens der Pille - bisher verlässlich negativ blieb. Bevor ich mich wieder frage, ob ich vielleicht schon zu alt und ergo unfruchtbar bin, steige ich rasch in die Dusche.

In Jogginghose, alten Tennisschuhen und einem von Franks T-Shirts, noch immer müde, marschiere ich los. Erste Sonnenstrahlen blinzeln durch die alten Bäume. Das schönste an der Condesa ist dieser Park, el Parque México. Es riecht nach feuchter Erde und Eukalyptus. Ein paar unsportlich aussehende Herren joggen schwer keuchend vorbei. Max ist beglückt und pinkelt alles an, was stillhält. Ein Schwarm Spatzen fliegt hoch.

Sobald ein anderer Hund in Sicht kommt, nehme ich meinen inzwischen 50 Kilo schweren Beschützer an die Leine. Max ist davon überzeugt, dass seine Artgenossen, speziell die Rüden, eine ernste Gefahr für sein Frauerl darstellen. Ergo will er sie totbeißen. Andere Hundebesitzer scheinen sensible Sensoren zu haben. Dackel, Pudel und Schnauzer werden sofort in luftige Höhen gehoben, sobald mein vierbeiniger Macho antrabt. Er knurrt nicht, bellt nie – greift aber sofort an. Mit diesem asozialen Hund erspare ich mir, Max sei Dank, den verbalen Austausch von Hundebesitzer zu Hundebesitzer und habe schon ein paar Minuten später meinen heißen Cappuccino in Händen.

Da läutet mein Mobiltelefon, daraus wird ein Jongleur-Akt mit Leine, Kaffee und Telefon. „Ich habe gute Nachrichten", sagt eine sehr beschwingte Stimme. „Frank?" „Wer sonst?" Pause. „Wir haben sie!" „Was?"

„Die Lizenz. Die zuständige Beamtin von der Delegation hat meine Nummer gewählt, weil sie dich nicht erreicht hat..." „Was?" „Wir können Wein, Bier, Schnaps, verkaufen. Aber es kostet mehr als wir ursprünglich dachten. In Summe 38.000 Pesos. Ich habe beide Konten geplündert und bin schon am Weg. Was sagst du dazu?" Ich sage nichts und lasse mich auf eine Parkbank fallen. „Liebling?", fragt Frank unsicher in die Stille. „Damit, mein Süßer, ziehen wir – im letzten Moment – den Kopf aus der Schlinge!"

Klar haben uns die Herrschaften von der Behörde mehr Quadratmeter verrechnet, als unser Restaurant eigentlich hat. Die zu entrichtende Gebühr richtet sich schließlich nach Größe der genützten Fläche. Klar, war den Beamten ihr „bedauerliches Versehen" bewusst. Und „selbstverständlich können Sie die versehentlich berechneten Quadratmeter beeinspruchen... nur dann wird die Sache länger dauern. Ein, zwei Monate vielleicht, wahrscheinlich nicht länger als ein halbes Jahr..." Was macht der Antragsteller, dem beim langen Warten die Luft, oder besser gesagt das Geld ausgeht? Er akzeptiert und bezahlt, so auch wir.

Positiv

Positiv? Können diese Dinger ablaufen? Ich starre auf den Schwangerschaftstest. Das kann doch gar nicht sein. Oder doch? Bin ich tatsächlich schwanger? Fühle ich mich anders als vor einer Woche? Keine Spur. Ich gehe im Badezimmer auf und ab. Positiv. Wann habe ich das letzte Mal die Regel gehabt? Bevor ich Frank etwas davon erzähle, muss ich sicher sein.

Es läutet. Carlos holt mich ab, wir wollen gemeinsam einen Teppich kaufen. Die alte Steinstiege ist mitgenommen, zu sehr um sie zu reparieren, also schlug mein kluger Architekt einen roten Läufer vor. „Kann ich dich um einen Gefallen bitten?", frage ich ihn leise, als er an der putzenden Gaby vorbeigegangen ist. „Komm darauf an...", entgegnet er. „Kannst du mich am Weg zu dem Teppichladen im Laboratorium vorbeibringen?" Carlos zieht die rechte Augenbraue hoch. „Ich muss einen Schwangerschaftstest machen..." „Dios – Gott", seufzt mein Freund, „perfektes Timing. Zwei Wochen vor der Eröffnung. Kann es einen besseren Zeitpunkt geben?" Da bemerkt er meinen Gesichtsausdruck und legt mir den Arm um die Schulter. „Klar, bring ich dich hin!"

„Ich bin gerade über einen roten Teppich gegangen, halte eine frischgedruckte Alkohollizenz in Händen und stehe vor einer sehr attraktiven und, wie wir seit gestern wissen, sehr erfolgreiche Chefköchin. Ist das nicht Anlass zu feiern?" Ich nicke „und wenn wir schon beim Feiern sind, glaube ich, es gibt noch einen Grund mehr" und halte dem verwunderten Ehemann den Laborbefund vor die Nase. Hier steht noch einmal, schwarz auf weiß: Positiv. „Was heißt das?" Frank schaut verwirrt auf. „Das heißt, dass ich schwanger bin." Da nimmt er mich in seine Arme und bemerkt treffend „Zeit wird´s!"

Was hat sich eigentlich verändert? Man sieht nichts, ich spüre nichts und trotzdem: Alles fühlt sich anders an. Ich werde Mutter. Dieser Zustand führt zu einer bemerkenswerten Erkenntnis: Ich bin tatsächlich eine Frau. Ich muss nicht länger der bessere Mann im Team sein, ich kann einfach Frau sein. Seltsam, musste ich erst schwanger werden, um zu begreifen, dass ich eine Frau bin?

Jetzt mal ehrlich: Was, abgesehen von Äußerlichkeiten, unterscheidet Frauen von den Männern? Gibt es noch Rollenbilder? Wohl eher Rollenspiele. Mir jedenfalls gefällt meine neue Rolle und mit ihr verschieben sich die Prioritäten im Leben. Denn in Anbetracht dieses - noch klitzekleinen - Umstandes verliert alles andere an Wichtigkeit. Es fehlen nur noch ein paar Tage zur Eröffnung, nichts läuft so, wie es sollte, unsere Konten sind leer und trotzdem bin ich entspannt. Ya no me preocupo, jetzt mache ich mir tatsächlich keine Sorgen mehr – zumindest nicht, was das Restaurant betrifft.

Heute habe ich die letzten Zigaretten entsorgt, statt Espresso Tee getrunken und einen großen Teller Obst gefrühstückt. Es ist fast neun und ich bin noch immer im Pyjama. Am liebsten würde ich meinem spannenden Leben Adieu sagen und irgendwo am Stadtrand Kräuter anbauen. Außerdem stünde auf dem Tagesplan: Bauch mit teueren Lotionen eincremen (Dehnungsstreifen vorbeugen) und bei klassischer Musik (gut fürs Kind) Bücher über Schwangerschaft lesen. Das hätte ich mir vorher überlegen müssen. In meinem wirklichen Leben läutet ständig das Telefon und es gibt kaum eine Stunde am Tag, die noch nicht verplant ist. In 30 Minuten kommt der Arbeitsrechtler, danach der Steuerberater und am Nachmittag zwei Weinlieferanten. Obendrein ist in der Küche der Fettfilter übergegangen und die Wasserpumpe funktioniert wiedermal nicht. Andi hat für die restlichen Drucksachen die ganze Nacht durchgearbeitet und ist in einem Koma-gleichen Tiefschlaf. Frank arbeitet in den USA. Also bleibt mir nichts Anderes über als mich anzuziehen und selbst meinen Mann zu stehen.

Da fällt mir etwas ein. Lili - das Tarot - Zwillinge. In neun Monaten sind wir möglicherweise gar nicht zu dritt, sondern zu viert. Doppelt so viel Kind. Haben wir Platz für zwei? Am Anfang können sie ja beide in einem Zimmer schlafen, aber später? Zwillinge. Wie soll ich, neben dem Restaurant, zwei Babys betreuen? Wann werde ich schlafen? Wie werde ich mit einem Kind an der Brust und dem anderen in der Wippe kochen? Wie am Markt einkaufen, oder Gäste begrüßen? Zwillinge. Werde ich zur gestressten Mutter, stets am Rande des Nervenzusammenbruchs? Läuft mir dann, wie meiner Schwester, der Ehemann weg? Nur nicht daran denken. Alles, worüber ich zu lange nachdenke, verwandelt sich wie der Irrwicht bei Harry Potter in meine schlimmsten Ängste. Nur nicht nachdenken. Irgendwie findet sich ein Weg. Nur nicht nachdenken. Ridikulus!

In der Nacht darauf träume ich, dass meine beiden Kinder schon zur Welt gekommen sind. Nur, dass die zwei nicht wie normale Babys aussehen, sondern wie zwei Maden, durchscheinend, gestaltlos, keinesfalls aber wie süße Neugeborene. Ich kann sie nicht einmal voneinander unterscheiden. Trotzdem sind es meine, trotzdem liebe und beschütze ich sie. In meinem Traum gehe ich mit den beiden Neugeborenen im Arm über die endlosen Gänge eines Amtsgebäudes. An beiden Seiten reihen sich idente Büros aneinander, in denen immer gleich aussehende Beamte sitzen. Ich bin auf Amtswegen, Mutter oder nicht, das Restaurant muss eröffnet werden. Grantige Amtsdiener hinter mechanischen Schreibmaschinen schicken mich weiter, von einer Tür zur nächsten, von einem Stock in den nächsten. Plötzlich fällt mir auf, dass ich irgendwo am Amtsweg meine Kinder abgelegt, und somit verlegt habe.

Ich laufe endlose Gänge zurück, in jedes Büro und schreie „haben Sie meine Kinder gesehen?" „Kinder?" erstaune Gesichter wenden sich mir zu, Schulterzucken, Kopfschütteln „Kinder?" „Ja, meine Kinder! Ich habe sie irgendwo verlegt…" Schweißgebadet wache ich auf. Es ist nichts passiert, es war nur ein Traum. Die beiden sind noch nicht einmal geboren, es ist nichts passiert.

Vorhang auf

Es ist ein guter Tag, ein wirklich guter Tag. Noch ist es dunkel draußen, aber für die Vögel vor unserem Haus ist das Fehlen von Sonnenlicht kein Grund zum Schnabelhalten. Ich liege schon lange wach und würde am liebsten aus dem Bett springen. Mach langsam, sage ich mir, es wird ein guter, aber auch ein langer Tag. Heute geht der Vorhang auf. Eine kurze Rede, der Botschafter probiert den ersten Kaiserschmarrn und dann wird auf das Ereignis getrunken, beziehungsweise gegessen. Vorsichtig schlage ich die Decke zurück. Frank murmelt etwas vor sich hin, dass sich wie „Schon halb sieben?" anhört. "Keine Sorge, du kannst weiterschlafen", flüstere ich, taste nach meinem Pulli und stolpere die Stiege hinunter. Dieses alte Haus ist ebenso kalt, wie schön. Die Tür vor mir trennt die Wirtwohnung von der Gaststube. Beim Öffnen knackst sie leise. Ich stehe am oberen Ende der Treppe und so auch des roten Teppichs. Max kommt schwanzwedelnd hinter mir her „Irrtum mein Lieber, wir gehen nicht spazieren, ich will nur in aller Ruhe Kaffee trinken."

Heute wird aus dem Traum Wirklichkeit: Unser Restaurant öffnet seine Tore. Die Straße vor dem Lokal ist ungewöhnlich still, nur die Kaffeemaschine brummt leise. Ich setze mich mit einem duftenden Espresso an die Bar, vor mir steht das Telefon. Ein guter Moment, denke ich und wähle die Nummer meiner Eltern. „Heilig", sagt die Stimme meines Vaters forsch. „Hier auch", sage ich schnell und verbessere mich mit, „auch wenn sich ein Zeller davorgesetzt hat." Mein Vater lacht. „Sag einmal, wie spät ist es bei dir? Solltest du nicht noch schlafen?" „Habe es versucht und bin gescheitert. Wir eröffnen heute." „Ich bin alt, ich weiß, aber noch nicht völlig verwirrt. Also wollte ich sowieso anrufen, um euch Glück zu wünschen!" „Danke Papa, aber das ist nicht der Grund, warum ich anrufe…" „Nein?" „Nein, ich wollte dir nur sagen, dass du wieder Großvater wirst…" "Du bist, du bist…?" „Schwanger, ja, und wenn alles nach Plan läuft, kommt unser erstes Baby in einem halben Jahr auf die Welt. " „Du weißt gar nicht, wie glücklich mich das macht. Warte - ich muss sofort deine Mutter holen." Ich höre, wie er das Telefon zur Seite legt, mehrmals „Anni!" ruft und, ob der ausbleibenden Antwort, davoneilt.

Eine Minute vergeht, nichts geschieht, noch eine, ich warte. Da endlich nimmt jemand den Hörer wieder auf. „Du wirst Mutter?" Ohne lange Vorrede, das ist typisch für sie. "Ja, Mama." „Alles, alles Gute, mein Kleines." Ich habe meine Mutter schon seit Jahren nicht so zärtlich mit mir sprechen hören. „Ich freu mich für euch."

Nach dieser Neuigkeit ist die unsere Lokaleröffnung vergessen, alles dreht sich nur noch um das Kind, das Enkelkind, das Eltern-Werden, das Großeltern-Sein. Ich erinnere mich, was meine Schwester Sylvia einmal sagte: "Sobald du Kinder hast, rückst du selbst in die zweite Reihe…" Auch recht, denke ich und freue mich über die Aufregung der alten Herrschaften. Meine Mutter besteht darauf, mich morgen früh anzurufen, um in aller Ruhe darüber zu sprechen, denn dann sei mein Vater beim Arzt und rede nicht ständig dazwischen. „Pass bloß auf dich und meinen Enkel auf", höre ich meinen Vater aus dem Hintergrund rufen. Nachdem ich aufgelegt habe, ist meine Tasse leer, Zeit für eine heiße Dusche.

Ein paar Stunden später herrscht Hochbetrieb. Bis auf die Kellner ist das gesamte Team angetreten. Andi rennt in und aus der Küche und ich mache Listen. An Tagen wie diesem brauche ich Listen. Solange ich mich an einem Stück Papier festhalten kann, fühle ich mich sicher. So muss ich einfach nur Punkt für Punkt abhaken. Liste 1 trägt den Titel Küche. Mehr als 200 Leute haben zugesagt, kein gesetztes Essen, ein Cocktail. Wir eröffnen ein Restaurant und keine Galerie. Ergo sollte das, was aus der Küche kommt, den Erwartungen entsprechen und kein Gast am Ende hungrig heimgehen. Da ist noch ein kleines Detail, Eröffnung heißt auch, dass danach das Lokal geöffnet ist. Ergo muss es ab morgen alles geben, was auf der Speisekarte steht. So gibt es für die Küche noch eine zweite Liste und die ist bei Weitem die längste. Titel: Vorkochen

Liste 3: Eröffnung – von den Blumen bis zu den Reden, alles, was außerhalb der Küche vorbereitet werden muss. Genau jetzt ruft die Botschaftssekretärin an. Ihr Chef würde, wie geplant, pünktlich um 19 Uhr eintreffen, ein paar Worte sagen und selbstverständlich mit dem Verspeisen des Kaiserschmarrns das Restaurant eröffnen. Aber er hätte eine Bitte: Wenn es möglich wäre, würde sich er sich gerne nach dem offiziellen Teil zurückziehen. Der arme Mann hätte eine anstrengende Woche mit täglichen Abendterminen hinter sich, erklärt die besorgte Sekretärin „ist es möglich, die Sache kurz zu halten?" „Ich werde mein Bestes tun, danke für Ihren Anruf!"

Es folgt der Versuch einen Zeitplan zu erstellen. 19.00h: Die Gäste trudeln ein, Begrüßungstrunk anschließend kurze Rede der Gastgeber (etwa 19.30h). 19.45h: Der Herr Botschafter isst den ersten Kaiserschmarrn und sagt ein paar Worte. 20.15h: Es werden Kostproben serviert, im Anschluss wird gefeiert. Ich seufze und stehe auf, das wird ein langer Tag.

Seitdem Zusammenstoß in der Küche ist einige Zeit vergangen, trotzdem spürt man die Distanz zwischen Koch und Köchin, beide sind zu freundlich miteinander, als dass es echt wirken würde. Ich sehe darüber hinweg und mache mich an die Arbeit. Nach drei Stunden heftigem Werken sind erst wenige Punkte auf den beiden Küchenlisten abgehakt. Wir legen an Geschwindigkeit zu, unser Mittagessen wird verschoben, und schließlich abgesagt. Alle acht Feuerstellen sind auf Hochbetrieb und ich schiebe parallel dazu Strudel und Torten in beide Backöfen.

Es läutet und ich rase zur Tür, „hoffentlich das Brot, hoffentlich das Brot, hoffentlich das Brot..." Doch es ist mein Mann mit einem großen Strauß roter Rosen. "Für die fesche Wirtin", sagt er und küsst mich zärtlich, „dass Wein und Bier in Strömen fließen!" „Danke Süßer!"

Da sehe ich hinter seinem Rücken einen kleinen, weißen Lieferwagen anhalten, der Bäcker. „Ich dachte schon Sie kämen gar nicht mehr", begrüße ich den großen, blassen Deutschen, der im Laufschritt auf uns zu kommt. „Einer meiner Fahrer ist nicht aufgetaucht, so musste ich auch die Bestellungen auf seiner Route selbst ausfahren." Er schnaubt wütend „tut mir leid!" Dann beugt er sich zu mir und senkt die Stimme, als ob jemand außer mir und Frank deutsch spräche „Sie werden ja noch selbst sehen, wie das mit mexikanischen Angestellten läuft." Ich erspare mir den Kommentar und höre gezielt weg, nur für den Fall, dass der Mann recht hätte. Zurück in die Küche. „Wir haben Schwarzbrot", rufe ich der Mannschaft triumphierend entgegen.

"Verdammter Mist", höre ich Andi sagen und sehe, wie er mit der linken Hand das Backrohr aufreißt und in der rechten ein Feuerzeug hält. Ich will gerade aufschreien, da macht es einen dumpfen Knall und eine Stichflamme schlägt durch die Küche. „Gas abdrehen!", brülle ich und Paty erreicht den Ofen schneller als ich. Andi flucht leise.

„Lass mich schauen!" Seine rechte Hand, von den Fingerspitzen bis zum Ellbogen, sieht so aus, als hätte er sie in Säure getaucht, rot, geschwollen, an manchen Stellen scheint sich die Haut abzulösen. Frank schaut ernst „er muss sofort ins Spital – das können wir nicht selbst verarzten." Ich nicke. „Schwachsinn, mit ein bisschen Brandsalbe…", widerspricht Andi. „Eilkar!", sagt Paty überzeugt, „Nein, um Gottes Willen!", wirft Rodrigo kopfschüttelnd ein „meine Mutter heilt Verbrennungen immer mit Speiseöl." „Wir machen hier keinen Salat", sage ich ärgerlich, „er muss ins Krankenhaus!" Es ist kurz nach vier Uhr, als Frank sich mit dem vor sich hin schimpfenden Andi auf den Weg macht. Werde ich das Restaurant alleine eröffnen?

Maria kommt die Treppe herunter. „Kann ich helfen?" „Oh ja, das können Sie. Mir fehlt ein Koch, ich habe keine Zeit Rosen auf Vasen zu verteilen und ich fürchte wir müssen noch mal in den Supermarkt…" „Ich gehe in die Küche", sagt Maria entschlossen, „Wenn ich mich beeile, kann ich den Supermarkt machen", meint Rodrigo achselzuckend. Ich kümmere mich um die Rosen", erklärt Gaby, „bin sowieso gleich fertig…" Ich habe das Gefühl, dass sich alle im Team dasselbe vorgenommen haben: Nur nicht aufgeben.

Der Botschafter, seine kurze Rede und ein Schmarrn…

Zwei Stunden später taucht Frank mit einem fachmännisch verbundenen Andreas wieder auf. Inzwischen ist alles für die Eröffnung fertig: Kraut-, Erdäpfel- und Spinatstrudel sind in mundgerechte Happen geschnitten, Liptauer und Heringsaufstrich stehen neben den zu bestreichenden Brotscheiben. Auf großen Backblechen kühlen Linzer- und Sacherwürfel aus. "Wie geht´s dir, mein Alter?", frage ich und lege den Arm um den Verletzten. „Schlecht, vor allem, weil ich selbst schuld bin." „…aber gut verarztet, mit Medikamenten vollgestopft und fast der Alte", ergänzt Frank. „Dann zieht euch zwei erst mal um", dränge ich, „bald geht´s los und ich fürchte mein guter alter Freund braucht Hilfe, um in Hemd und Sakko zu schlüpfen." Andi schimpft vor sich hin und Frank schiebt ihn, verständnisvoll nickend, die Stiege hinauf.

Wer lacht meine Angst weg? Wer denkt an all das, was ich vergessen habe? Wer sagt mir, dass nichts passieren kann? Petra. Normalerweise ist das ihr Job. Doch gerade jetzt ist sie in Deutschland. Das Beisl ist nicht ihr Projekt, warum sollte sie deshalb ihre Pläne ändern und trotzdem hätte ich sie gerne hier. Doch diesmal muss ich es wohl alleine schaffen. Ich mache den einzigen

Knopf am langen roten Samtsakko zu und wundere mich, dass nichts spannt. Scheinbar habe ich abgenommen, trotz Schwangerschaft. Die letzten Tage über habe ich viel gekocht und kaum gegessen.

Gleich sieben, Vorhang auf. Frank und ich treffen uns auf der Treppe, der noch immer übel gelaunte Andi hat sich in die Küche verzogen. Langsam tröpfeln die Gäste ein. Es riecht nach Strudel, Rosen und Parfum. Mein Mann steht neben mir am Eingang, wir begrüßen, schütteln Hände, klopfen Schultern und umarmen. Bei den meisten Gästen weiß ich weder wie sie heißen, noch woher ich sie kenne. Aber langsam dominiert das wahlmexikanische über das österreichische Ich. „Que gusto verte, de verdad!" Schön dich so sehen!

Sergio und Gerardo ziehen ihre Kreise, mit einer Hand am Rücken, in der anderen ein Silbertablett voller gefüllter Gläser.

Der Herr Botschafter tritt auf und Frank begrüßt in vertrautem Ton. "Herr Botschafter! Danke, dass du uns die Ehre gibst...!" Ich steige ein paar Stufen hinauf und mein Mann schlägt mit einer Gabel gegen sein Weinglas. „Das ist der Moment, auf den wir seit acht Monaten gewartet haben: Los Caprichos del Emperador, das österreichische Restaurant inmitten der mexikanischen Metropole öffnet seine Tore!" Das Publikum klatscht. „Manchmal, zwischen Farbtöpfen, Amtswegen und Kochproben, hat es nicht so ausgesehen, als würde aus dem Traum Wirklichkeit werden. Aber es wurde!"

Enrique ruft laut „Bravo!" „Und weil ich ihn hier gerade vor mir stehen sehe, möchte ich die Chance nicht verpassen, den Mann vorzustellen, der an allem schuld ist: Enrique." Der Genannte verbeugt sich. „Hätte er nicht bei jeder Gelegenheit auf Kaiserschmarrn bestanden und ihn *Caprichos del Emperador* getauft, hätte dieses Lokal keinen Namen und ich einen Grund weniger, mich auf ein gastronomisches Abenteuer einzulassen." Javier nickt mir zu. „Danke an alle, die mir geholfen haben, auch wenn sie berechtigte Zweifel hatten und sich ernsthaft um meinen Geisteszustand sorgten. Danke Javier. Danke Carlos." Brennen im Hals, ich bin gerührt. „Nun entschuldigt, ich muss in zehn Minuten Kaiserschmarrn servieren." Applaus, ich gehe ab und mein Mann übernimmt das Wort.

In der Küche treffe ich auf einen übel gelaunten Andreas. „Ich bin zu nichts gut", brummt er. „Doch, das bist du", sage ich bestimmt und umarme ihn heftig. „Ohne dich hätte ich das hier nie geschafft." Andi schüttelt verärgert den Kopf. „Das ist die Wahrheit", sage ich bestimmt, „du bist genial und zugleich liebenswert - eine seltene Mischung." Jetzt muss sogar Andi lächeln und ist sogar einverstanden, dass ich ihn dem Publikum vorstelle.

Die Gelegenheit ergibt zehn Minuten später. Andreas und ich servieren gemeinsam die ersten Caprichos. Meinem österreichischen Koch und Kreativen wird heftig applaudiert und selbst dem Schmarren wird Anerkennung gezollt. Er ist im Backrohr aufgegangen, mit Staubzucker angeschnitten und türmt sich wacker neben Zwetschkenröstern auf dem Teller. Der Botschafter lächelt und probiert. „Ein kleines Stück Österreich mitten der mexikanischen Megacity", nickt er anerkennend und hält im Anschluss eine kurze, amüsante Rede. Aus der Küche kommen die ersten Strudel und Brötchen.

Ich stehe auf dem oberen Treppenabsatz und schaue über das volle Restaurant. Durch das fröhliche Stimmengewirr rufen die Kellner der Bar Bestellungen zu. Die Gäste bedienen sich herzhaft von den überladenen Tabletts. Wir haben tatsächlich eröffnet! Ein Traum wird wahr; das heißt zwar noch lange nicht, dass daraus kein Albtraum wird, aber es beweist, dass sich selbst sehr mutige Pläne umsetzen lassen. Ich genieße diesen Moment aus vollen Zügen, gleich, was morgen kommt, gleich wie das Geschäft in einem halben Jahr dasteht und gleich, ob ich in zehn Jahren immer noch von diesem Projekt überzeugt bin: Dieser Moment ist mein Moment.

Der erste Sonntag

Am darauf folgenden Tag sperre ich zum ersten Mal alleine mein neues Restaurant auf. Samstag, Punkt 13 Uhr 30 Minuten. Die Tür ist offen, aber keiner tritt ein. Die Kellner gehen hallenden Schrittes durch leere Galerie gehen hallenden Schrittes durch leere Galerie gehen hallenden Schrittes durch leere Galerie gehen hallenden Schrittes durch leere Galerie gehen hallenden Schrittes durch leere Galerie gehen hallenden Schrittes durch leere Galerie gehen hallenden Schrittes durch leere Galerie gehen hallenden Schrittes durch leere Galerie gehen hallenden Schrittes durch leere Galerie gehen hallenden Schrittes durch leere Galerie gehen hallenden Schrittes durch leere Galerie gehen hallenden Schrittes durch leere Galerie gehen hallenden Schrittes durch leere Gasträume. Andi, die Hand in der Schlinge, steckt alle paar Minuten den Kopf aus der Küche, um zu sehen, ob es schon Kundschaft gibt. Und ich stehe in der Tür und warte. Da kommt ein Pärchen und - geht vorbei. Ein Mann – doch er führt bloß seinen Dackel aus. Dort eine Frau mit Kinderwagen - wohl eher nicht. Endlich taucht Javier mit Familie auf: Mutter, Schwester, Tante, Cousine. Er klopft mir ermunternd auf die Schulter „schau nicht so beunruhigt! Das hier ist Mexiko und nicht die Schweiz. Am Wochenende geht um die Zeit kein vernünftiger Mensch zum Essen. Nur ein paar Spinner..." und deutet auf seine Familie „wie die da, frühstücken so zeitig, dass sie jetzt schon wieder Hunger haben." Mariana, Javiers Mutter, umarmt mich herzlich „no te preocupes!" sagt sie überzeugend. Tatsächlich, so als hätte sie den Bann gebrochen, füllt sich das Lokal. Ich begrüße Gäste, empfehle und treffe mit den Comandas in der Küche ein.

Noch habe ich alles unter Kontrolle. Zwischen Töpfen und Pfannen herrscht konzentriertes Arbeiten: Andi mit einem Arm, Paty selbstbewusst und ich selbst übertreffen meine eigenen Erwartungen. 12 Tische, 42 Gäste und um sieben Uhr abends ist es vorbei. Wir haben es geschafft. Keiner musste außergewöhnlich lange auf sein Essen warten, nichts kam beanstandet zurück und alle bedankten sich beim Gehen für das kulinarische Abenteuer. Gut, sehr gut, wenn´s nur so weitergeht…

Sonntag, pünktlich um 13 Uhr 30 geht der Vorhang wieder auf, das Schild *abierto* (geöffnet) baumelt friedlich neben dem Eingang. Diesmal mache ich mir entspannt einen Espresso, doch als ich die Tasse zu Mund hebe, kommt schon die erste Kundschaft zur Tür herein. Bienvenidos! Es beginnt sanft, so bleibt genug Zeit die Speisen im richtigen Rhythmus zu servieren. Doch es kommen immer mehr Gäste… Ich spüre meine Beine und Andi zerrt wütend an seinem Verband „mit einer Hand kann man wirklich nicht arbeiten…"

Da schaut Frank zur Küche herein "seid Ihr bereit?" „Worauf?", frage ich verwirrt. "Wir sind voll!" „Was?" „Voll, bis auf den letzten Platz, außerdem warten Kunden im Foyer." Ich höre mein Herz klopfen. „Andi mach Amuse gueule, viele, sehr viele!" „Sehr wohl", antwortet mein alter Freund und wirft die Verbands-Schlinge in den Mistkorb. Das Adrenalin verdrängt auch bei mir die Trägheit der Glieder. Los geht´s. Sergio taucht auf, drei Comandas in der Hand. Ich zähle. "Neun Amuse Gueule Andi, neun. Paty, zwei Grießnockerlsuppen, zwei

Heringssalate und einmal Würstel mit Saft. Ich mache die Hauptspeisen!"

Während ich das erste Schnitzel paniere, kommen noch zwei Bestellungen herein. Andi verscheucht mich und liest laut. Kurz später noch mehr Comandas. Ich spüre leise Verzweiflung in mir aufsteigen, so wie damals zu Schulzeiten, als der Lehrer „Noch 10 Minuten!", sagte und mir klar wurde, dass ich gerade erst die Hälfte der Fragen beantwortet hatte. Noch mehr Comandas. Aus der leisen Verzweiflung wird Panik. Ich verliere die Übersicht und zähle nach: wie viele Suppen? Wie viele Vorspeisen? Wie viele Hauptspeisen? Keine Zeit für Listen, ich muss die Dinge im Kopf behalten. Zurück zum Herd. Fett spritzt, ich beiße auf meine Unterlippe. Nur die Ruhe, sage ich zu mir, nur die Ruhe.

„Trabaja!", schreit Gerardo und legt noch einen Stoß Bestellungen auf die Durchreiche. "Auf Tisch fünf fehlt noch ein Schnitzel." „Schon auf dem Weg", sage ich sanft und spüre genauso sanft Ärger in mir aufsteigen. „Caprichos!", brüllt Sergio, „für vier!" „Schon verstanden..." Ich drehe mich zu Andi um. „Mach bitte die Hauptspeisen weiter. Paty schafft die Vorspeisen und Suppen. Ich sage ihr an, was sie zu tun hat und lasse sie nicht selbst zählen." Andi sprintet Richtung Herd und ich konzentriere mich auf die Schmarren, während er Gulasch in heiße Teller schöpft und Schnitzel wendet. Verdammt, ich habe nur zwei geeignete Pfannen für Schmarren, also arbeite ich, damit so schnell ich kann. „Keine Grießnockerl mehr", berichtet Paty verzweifelt. „Sergio!", schreie ich, "die Grießnockerlsuppe ist aus!" „Die Spätzle sind auch gleich am Ende", brummt Andi, „ich habe keine Zeit mehr davon zu machen..." „Wir servieren Semmeln zum Gulasch. Frank, Frank!" Endlich schaut mein gehetzt wirkender Mann bei der Küche herein. "Bitte sag allen, die Gulasch bestellen, dass es mit Semmeln statt mit Nockerl serviert wird."

„Kannst du einen Moment kommen, da will dich jemand begrüßen?", fragt Frank statt zu antworten. "Kann ich nicht, außer du stellst dich an meiner Stelle in die Küche", antworte ich zornig. „Caprichos!", schreit Sergio wieder. Ich schiebe eine Pfanne ins Rohr und schnappe die nächsten drei Eier. Frank taucht wieder auf. "Kein Problem: Semmeln statt Spätzle. Und noch einen Kaiserschmarrn bitte..." "Das brauche ich schriftlich!", fauche ich. Sergio schreibt und legt die Bestellung auf die durchreiche. Da kommt Frank mit einer weiteren Comanda an. „Und noch ein Kaiserschmarrn bitte!" „AUS!", brülle ich, "das ist der letzte Schmarren, den ich mache. Wenn du, oder irgendjemand anderer in diesem Lokal eine weitere Bestellung aufnimmt, außer den 8, nein 9, schon bestellten Schmarren, kann er ihn selber machen!" Ein Eiklar fällt nicht in die Rührschüssel, sondern auf meine Füße. Ich atme durch und mein Mann verlässt wortlos die Küche.

Drei Stunden später ist der Albtraum vorbei. Die Kellner pfeifen entspannt, versuchen das Chaos zu beherrschen und polieren gewaschene Gläser für Dienstag. Rodrigo ist hinter einem Berg von schmutzigem Geschirr verschwunden und ich zähle was übrigblieb. Eigentlich - bis auf drei Portionen Pilzsuppe, ebenso vielen Tellern Gulasch und einem Stück Apfelstrudel wurde alles gegessen. Frank verabschiedet die letzten Gäste und bedankt sich für ihre Geduld. „Das war eben Ihr erster Sonntag", sagt der Kunde scherzend und, „wir kommen wieder, keine Sorge!"

Während sich mein Mann um Trinkgelder und Kassensturz kümmert, versorge ich meine Verbrennungen, Andi wäscht mit angespanntem Gesichts-ausdruck seinen Arm. „Das sieht nicht gut aus!" „Stimmt", gibt er zu, „kannst du mich verarzten?" Nach den schriftlichen Anweisungen des Arztes versuche ich mein Bestes und rufe Sergio zu „einen Tequila für den Koch!" Der Herr Ober nickt und meint im Vorbeigehen „wenn der Laden weiterhin so läuft, brauchen Sie dringend mehr Hände in dieser Küche!" „Wirklich?", frage ich mit gespielter Überraschung. Endlich ist der Druck vorbei. An diesem Abend sitzen wir noch lange zusammen, Beine am Tisch, Blasen in Sicht. Drei müde Gestalten reden über verlorene Selbst-Beherrschung, blanke Verzweiflung und Verbesserungsmöglichkeiten.

Von halben Suppen und einem Gulasch ohne Zwiebel

Wahrscheinlich sind Kunden überall auf Erden gleich. Sie teilen sich in zwei Gruppen: in angenehme und unangenehme. In dieser Stadt ist die Kundschaft verwöhnt, denn hier ist das Service perfekt und das Personal devot. Mexikaner haben wenig Geduld, denn sie waren nie gezwungen eben jene zu erlernen. Sofort ist hier auch sofort. In der mexikanischen Metropole gibt es keinen Kellner, der Gäste gekonnt übersieht. Kunden müssen nie mit beiden Armen winken (wie in so manchem Wiener Kaffeehaus). Nicht ein einziger Ober bemerkt trocken, dass ein alter Mann kein Schnellzug sei und die Antwort *Ich bin bei der Arbeit und nicht auf der Flucht* auf ist hierzulande gänzlich unbekannt.

In Mexiko ist die Welt des Kunden noch in bester Ordnung. Und genau da liegt die Herausforderung: im *nicht* leiderprobten Restaurantbesucher. Ein solcher erwartet neben der Geschwindigkeit im Service, die Großzügigkeit des Wirtes, so wie die grenzenlose Geduld der Köche. Damen, wie Herren neigen dazu, die Gerichte an ihre Vorlieben anzupassen, wenn auch nur, um damit klarzustellen, wer hier das Sagen hat.

„Señora", Sergio klingt verzweifelt, „die Dame im ersten Stock will alles anders zubereitet, als auf der Karte steht. Ich habe keine Ahnung, ob sich das machen lässt." „Verstehe, geben Sie mir Block und Kugelschreiber." Diese Kundin ist nicht die erste mit speziellen Wünschen, also habe ich eine leise Vorahnung, was auf mich zukommen könnte. Mit einem freundlichen, wenn auch nicht ganz natürlichen Lächeln trete ich an den Tisch.

"Ach wie gut meine Liebe, dass Sie persönlich vorbeischauen, ich habe das Gefühl dieser Mann dort", sie deutet mit einer abfälligen Handbewegung auf Sergio, „versteht rein gar nichts." Ich räuspere mich. Nein, ich werde der Frau keine Manieren beibringen, auch wenn sie das dringend nötig hätte. Also fährt sie fort „ich bin auf Zwiebel allergisch, müssen Sie wissen. Daher bleibt mir nichts übrig, als darauf zu bestehen, dass keine in mein Gulasch kommen!"

Ich kann das Lachen kaum unterdrücken „Sie wissen gar nicht, wie leid mir das tut, aber Zwiebel ist eine der drei Grundzutaten im Gulasch. Er kocht mit den anderen beiden viele Stunden lang, bedenkt man außerdem, dass dieser Eintopf dann auch noch mehrmals erwärmt wird, um seinen typischen Geschmack zu bekommen. Aber zurück zum Zwiebel: Nun, nach etwa vier Kochstunden ist er zu Brei zerfallen und lässt sich, beim besten Willen, nicht aus der Soße entfernen." Die Dame sieht mich groß an. Offensichtlich überlegt sie, ob meine Antwort als eine Frechheit, oder als Versuch einer Rechtfertigung zu werten ist. Bevor sie sich darüber klarwerden kann, empfehle ich Gefüllte Forelle, oder Huhn im Rohr, und warte schweigend auf die Bestellung. Dabei sehe ich, dass das Liptauer-Schälchen, das mit dem Brotkorb kam, leer ist. Das war eine Menge roher Zwiebel. Sollte ich das erwähnen? Nun, scheinbar erfreut sich die Dame bester Gesundheit und großen Appetits, die vier Schwarzbrotscheiben hat sie jedenfalls auch aufgegessen. Endlich hebt sie den Blick. „Wiener Schnitzel", sagt sie und sieht mich herausfordernd an. "Eine sehr gute Wahl", lobe ich und verschwinde so schnell ich kann Richtung Küche.

Zu ebener Erde will eine andere Dame eine halbe Suppe, eine ganze sei ihr einfach zu viel. "Ist die Kundin mit dem Auto gekommen?", frage ich Pancho, den Herrn vom Valet Parking. „Ja Señora, der Jeep Chevrolet dort gehört ihr." Gut. Wir verrechnen ganze Gerichte, egal wie viel Madame davon zu essen gedenkt. „Gerardo, richten Sie der Dame aus, dass wir leider keine halben Suppen servieren können, ihr den Rest aber gerne in einen Topper füllen, damit sie ihn später daheim genießen kann." Mit Seitenblick auf den Tisch sehe ich, dass auch der Brotkorb dieser Kundin traurig und leer am Tisch steht. Wie erwartet, das Problem ist nicht der mangelnde Appetit, sondern der Versuch die eigene Börse zu schonen.

Generell sind die Kunden während der Woche leichter zu bedienen, als die am Wochenende. Von Dienstag bis Freitag sind unsere Gäste mehrheitlich Herren in Anzügen die anderen Herren in Anzügen zum Mittagessen einladen. Geschäftsessen, die Höhe der Rechnung spielt dabei keine Rolle. Diese Kunden wollen verwöhnt und - wenn geht - bewundert werden. Letzteres von ihren Gästen, für die Wahl des Ortes, dass ihr Drink bereits am Tisch steht, bevor sie sich setzen und, dass man ihnen nur das Beste vom Besten serviert.

Also haben wir eine Taktik entwickelt. Kommt ein Gast, steckt Sergio den Kopf zur Küchentür herein „Geschäftsessen, Licenciado Soundso." Ich eile aus der Küche um ihn persönlich zu begrüßen. Inzwischen hat Daniel schon den bevorzugten Drink des Kunden zubereitet und serviert (ohne dass er ihn eigens bestellen musste). Ich empfehle die Spezialität des Tages. Keine Frage: Wir haben eine detaillierte Liste über die Vorlieben unserer Stammkunden. Selbstverständlich kann ich den Rotweinbraten auch mit Semmelknödel servieren und, keine Frage, selbst Gulasch mit Sauerkraut. Der Kunde ist König. Manche Herren lassen sich die Weine empfehlen, andere entscheiden selbst. Ich lächle anerkennend, auch wenn der gewählte delikate Tropfen, neben einem Gulasch endgültig verblasst. Am Ende des Mittagsschmauses, um etwa fünf Uhr nachmittags, kommt die Bestellung von Kaffee und mit ihr die Bitte um die Rechnung. Sergio zwinkert mir zu „und der vom Haus?"

Als ich das zum ersten Mal hörte, war ich verwirrt „was meinen Sie?" „Señora, die Runde vom Haus natürlich!" Nachdem ich immer noch nicht reagierte, legte er nach „die Herren wollen wissen, worauf Sie einladen." „Aha: Einladen... Tut man das denn als Wirtin denn?" „Ja, da bleibt Ihnen nichts Anderes übrig, vorausgesetzt Sie wollen, dass diese Gruppe wiederkommt", seufzte Sergio erleichtert, als ich scheinbar endlich verstand, „einverstanden. Worauf laden wir ein...

Grappa?" Da schüttelte er entschieden den Kopf „besser Brandy, Señora! Italienischen Schnaps halten die Herren möglicherweise für einen Affront."

An den Abenden unter der Woche ist kaum Bewegung im Restaurant, ein paar Nachbarn essen Würsteln mit Saft, kalten Schweinebraten, oder begleiten koffeinfreien Kaffee mit Sacher Torte. Im oberen Stock weilt heute ein Pärchen - allein. Mit Sicherheit ist die Señora nicht die Señora, das heißt nicht die Ehefrau. Seine Bemühungen wirken übertrieben, obendrein zieht er beim Ausziehen des Sakkos den Bauch ein. Sie ihrerseits hat ein bisschen zu viel Farbe im Gesicht, steht auf zu hohen Absätzen und lacht zu laut. Der Galan bestellt Wein. "Welcher ist der beste Tropfen in ihrem Keller?", fragt er mich herausfordernd. „Rot oder weiß?" „Rot natürlich, was sonst." Weiß eben... „nach meinem Geschmack wäre das ein Brunello di Montalcino aus dem Haus Tenuta Carpazo." „Italiener?" Ich nicke. „Nein, Nein, Nein: Italiener nicht. Sie haben Australier nicht wahr?" Also nicke ich wieder. „Dann bringen Sie mir bitte Ihre beste Flasche." Ich will den Mann nicht länger von seinem eigentlichen Interesse ablenken und ziehe mich schleunigst zurück. An der Bar angelangt, schicke einen mittelpreisigen Shiraz mit gutem Körper und berauschender Nase in den ersten Stock.

Fünf Minuten später kommt Sergio in die Küche gerast „Señora, der Kunde ist mit Ihrer Wahl nicht zufrieden." „Ist er nicht?", frage ich gedehnt, verziehe das Gesicht und marschiere wieder los.

„Meine Liebe, das ist natürlich nicht Ihre Schuld, aber dieser Wein korkt." Ich atme tief durch. Der „Korken" liegt neben der Flasche am Tisch, leuchtend gelb - aus Plastik, wie bei vielen australischen Weinen. "Er korkt also, das kann ich mir gar nicht vorstellen", sage ich leise und Sergio schenkt mir ein. Wie erwartet: Kein Korken, woher auch, schließlich kann Plastik beim besten Willen nicht korken.

Was aber sage ich dem guten Mann? Die Wahrheit? Schulmeistere ich ihn vor seiner Geliebten? Vor der Frau, die er beeindrucken will? Wohl nicht, also werde ich die Flasche mit einer teureren austauschen und den Inhalt dieser morgen per Glas verkaufen, oder selbst trinken. Unter größter Anstrengung gebe ich dem selbst ernannten Kenner recht „ich kann nur einen Hauch von Korken erahnen, aber selbstverständlich schicke ich Ihnen eine andere Flasche." Aber ich ändere die Strategie, um ähnlichen Vorfällen zuvorzukommen. „Ich empfehle einen Shiraz aus anderem Haus, da kann es kein Problem mit dem Korken geben, da der Önologe dort auf die neuen Hochqualitätskorken aus Kunststoff besteht." Der Kunde nickt, als würde er meinen Vorschlag als Experte gutheißen. "Danke, meine Liebe, ich weiß das zu schätzen...", lächelt der gute Mann und seine rechte Hand verschwindet wieder unter dem Tisch.

Am Wochenende sieht das Panorama anders aus. Für dieses Geschäft muss man gewappnet sein, ausgeschlafen, in bester Laune und obendrein mit Engelsgeduld gesegnet. Der Sonntag ist eine wahre Herausforderung für Wirte, Kellner und Köche. Am Tag des Herrn müssen die Señores ihre Señoras ausführen (diesmal tatsächlich die Ehefrauen), obendrein die Kinder mitnehmen und nicht selten sind, als Draufgabe, auch noch die Schwiegereltern mit von der Partie. Beim Eintreten kann man an den Gesichtern die Laune ablesen. Die beste Beschreibung dafür ist wohl: Die Herrschaften sehen aus, als hätten sie auf eine Zitronenscheibe gebissen. Sobald sie sitzen, beginnen sie sich zu beschweren. „Hier zieht es!" (Schwiegereltern), „Gibt es keine Kinderecke?" (Vater), „Was, Sie haben keine Leichtmenüs in der Karte? Ich bin auf Diät!" (Frau), „Mir ist fad" (Kind, bzw. Kinder im Chor).

Da hilft nur eins: Rasch etwas zu essen auf den Tisch und - wenn sie sich dazu überreden lassen - starke Getränke für die Erwachsenen.

Damit ist aber noch nicht ausgeschlossen, dass zumindest ein Gericht pro Familie zurückgeschickt wird, Kellner angeschnauzt werden, Geschirr zerbricht und die flüchtenden Kinder irgendwann in der Küche auftauchen. Mit einem Balg an der Hand marschiere ich dann gewöhnlich zurück zum betreffenden Tisch. „Ihr Sohn kam in die Küche, Señora…" Die angesprochene Dame dreht sich gereizt um. „Dem passiert schon nichts…" „Nun, da bin ich anderer Meinung: Bei sechs Feuerstellen, mit Messern bewaffneten Köchen und zwei Backrohren auf Hochbetrieb, kann ich seine Sicherheit dort nicht garantieren." Die Mutter verzieht das Gesicht, wendet sich dann aber doch an den kleinen Herrn und sagt mit zuckersüßer Stimme „Ahi, mi principe, POR FAVOR no hagas esto – Ach mein *Prinz* mach das BITTE nicht wieder…" Der Prinz aber ist in der Regel nicht gewillt den Anregungen der Frau Mama Folge zu leisten und so erscheint ein paar Minuten später Ihre Hoheit wieder da, wo ich ihn an der Hand nehmen muss. Einziger Unterschied „el principe" wird beim zweiten Mal von der Mamá mit einem leicht säuerlichen „mi amor" angeredet und beim dritten Mal vorwurfsvoll „Papi" genannt. Eine gängige Anrede für Söhne, höchst seltsam, doch in Mexiko ganz normal. Warum frau wohl für Vater und Sohn dieselbe Anrede verwendet? Könnte sein, dass zwischen Papa und Papi nicht mehr als nur ein paar gelebte Jahre liegen? Bevor ich mich darüber amüsiere, muss ich zugeben, dass hier auch Töchter nicht selten zärtlich „Mami" genannt werden.

Die Neidgesellschaft

Die Dame, die meinem alten Freund gegenübersitzt, hat ein bemerkenswertes Dekolleté. Das ist scheinbar auch Andreas nicht entgangen, er blickt abwechselnd ins Gesicht und dann wieder auf den atemberaubenden Brustumfang. Ich bin ihm wirklich dankbar, dass er sich mit der Sekretärin des legendären "Klub Austria" zusammensetzt, um das kommende Treffen zu besprechen. Mir geht es heute schlecht, wahrscheinlich habe ich in den letzten Tagen zu wenig geschlafen. Täglich nehme ich mir vor auszuruhen, und täglich breche ich diesen Vorsatz. Ich bin schwanger und nicht mehr 22 Jahre alt. Also sitze ich jetzt tatsächlich an der Bar, trinke Tee und esse einen großen Teller Salat.

Von hier aus beobachte ich Andreas bei seinen Bemühungen. Er setzt immer wieder an und wird wieder unterbrochen. Ich kann nicht verstehen, was sie besprechen, aber ein Klub-Treffen steht ins Haus, und dieses Haus soll dermal unseres sein. Das heißt 100 Auslandsösterreicher in den Caprichos.

Beunruhigt mache ich Andreas Zeichen, er ignoriert mich, bis ich aufstehe und an den Tisch trete. „Entschuldigen Sie die Unterbrechung!" an die Dame mit Dekolleté und zu Andreas „ich muss dich kurz sprechen." Ein paar Schritte entfernt flüstere ich ihm zu „lass dich bitte zu keinem Wahnsinn überreden.100 Leute, das

heißt: Als Vorspeise Suppe und danach eine unkomplizierte Hauptspeise. Nicht etwa 100 Forellen, die ich entgräten, füllen und beim Servieren noch häuten muss. Zur Nachspeise weder Palatschinken noch Schmarren."
„Lass mich nur machen", sagt mein Freund, doch irgendetwas an seinem Tonfall macht mich nervös.

Wieder auf meinem Platz an der Bar, höre ich aus dem Mund der Dame „gut, das wäre abgemacht; darauf trinken wir einen!" Andreas hebt folgsam den Arm und Sergio eilt dienstbeflissen herbei. Eine Stunde und etliche Gläser später taumelt mein guter alter Freund in die Küche. Er hat vor der Besprechung nichts gegessen und ist sichtlich angeschlagen. Bei diesem Mann überzieht nur Haut die Knochen. Kein Fettpolster, der dabei helfen könnte die Promille wegzustecken. Nach längerer Befragung bringe ich aus dem beschwipsten Andreas das vereinbarte Menü heraus. Grießnockerlsuppe. Gut. Wiener Schnitzel. WAS? „100 Schnitzel panieren und herausbacken? Bist du noch von allen guten Geistern?" „Aber meine Liebe", flötet Andreas „der Kunde ist König, besser gesagt: Die Kundin ist Königin und das wollte sie: Schnitzel…" Ich seufze tief. Nachspeise: Sachertorte. Kein Problem. Aber die verdammten Schnitzel… Ich habe sechs Kochstellen, auf einer steht die Rindssuppe (wenn nicht auf zweien, ob der Menge) und so bleiben möglicherweise nur vier für die Pfannen mit Fett. Wie brate ich darin 100 Schnitzel? Andreas begreift noch immer nicht. Vielleicht sollte er einmal etwas essen. Mit vollem Magen wird das Problem möglicherweise sichtbar, klar und deutlich.

Während mein angeschlagener Freund einen Teller heiße Pilzsuppe in sich hineinlöffelt, gehe ich an die Bar, widerstehe Tequila zu bestellen, oder gar eine Zigarette zu rauchen. Beides kommt nicht in Frage, also mache ich mir mehr Tee.

Da kommt ein seltsames Pärchen zur Tür herein. Sie blond, mit großen Augen und einem hinreißenden Lachen. Er groß, kahlgeschoren und attraktiv. Der junge Mann geht direkt auf mich zu. „Hola!" Er streckt mir die Hand entgegen, verwirrt tue ich es ihm gleich. „Soy Luciano – tu erses la dueña, verdad? Ich bin Luciano und du die Lokalbesitzerin, stimmt's?" „Ja", antworte ich erstaunt. „Ich bin Koch und auf Arbeitssuche", sagt mein hübsches Gegenüber, der argentinische Akzent ist kaum zu überhören. „Das ist Vicky, meine Frau!" „Hola Vicky!" Luciano scheint von mir keine Kommentare zu erwarten „brauchst du einen Koch?" Jetzt wird es spannend. „Warum gehen wir nicht in mein Büro", schlage ich vor. Der Kerl ist sympathisch, keine langen Vorreden und schaut mir direkt in die Augen. Also tue ich dasselbe. „Ja, ich brauche einen Koch. Habe aber nicht das Geld für ein gutes Gehalt und muss erst wissen, ob du eine Arbeitsgenehmigung hast?" „Habe ich nicht", sagt er sofort. Pause. „Aber ich habe mich erkundigt. Wenn dir gefällt wie ich arbeite, könnte ich eine Genehmigung bekommen. Das heißt, du müsstest mir dabei helfen…" Noch sage ich nichts. „Die Kosten wie Anwalt, Gebühren und so weiter, übernehme natürlich selbst." Ich mag ihn wirklich.

Luciano zieht einen Lebenslauf aus der Tasche, ich überfliege die Zeilen, während Vicky mir von den Zuständen in Argentinien erzählt. Sie hätten einfach keine Arbeit gefunden. „Verstehe." Da fällt mir etwas ein. „Sag mal Luciano, hast du am kommenden Samstag Zeit? Wir haben 100 Österreicher im Haus und brauchen dringend ein paar Hände mehr. So könnte ich dich arbeiten sehen und das sagt mehr als jedes Curriculum…" „Einverstanden", antwortet Luciano. „Danach können wir weiterschauen…" „Einverstanden. Y no te preocupes por la lana. Und mach dir keine Sorgen wegen der Knete," fügt er rasch hinzu „wenn dein Laden erst mal richtig läuft und du mit mir zufrieden bist, können wir ja neu verhandeln."

Samstag, acht Uhr morgens. Sogar Andreas, wenn auch verschlafen, ist schon in der Küche. Ich arbeite an 200 Grießnockerl und er an fünf Kilo Kartoffelsalat. Ein riesiger Topf Rindsuppe steht schon dampfend auf dem Herd. Auf dem Edelstahltisch reihen sich 5 Sachertorten. Es fehlen noch drei weitere, Glasur und Schlagobers, sowie ein großer Bottich Liptauer. Unser Lokal ist wegen der Großveranstaltung für normales Publikum gesperrt. Neben 100 Schnitzeln lässt sich nicht ein einziger Kaiserschmarrn, oder auch nur eine Palatschinke backen. Sergio, unser Ober, hat zwei zusätzliche Kellner aufgetrieben und in der Küche wird neben Luciano auch noch Maria mithelfen.

Neun Uhr, es läutet. Luciano, der argentinische Koch steht, breit grinsend, vor der Tür, dahinter Paty mit misstrauischem Blick und Maria, die fröstelnd ihre Jacke zuzieht. „Buenos días!" Ich versammle meine Mannschaft in der Küche. „Das ist Luciano, Koch. Er wird uns heute helfen. Eine Art Probetag. Wie ihr alle wisst, brauchen wir dringend Verstärkung an Töpfen und Pfannen", mehr will ich dazu noch nicht sagen. Meine Angestellten mustern den jungen Mann skeptisch. „Kann ich mich irgendwo umziehen?", will Luciano wissen. „Klar", sage ich verwirrt und zeige Richtung Personaltoilette im Hof. Kaum drehe ich mich um, steht der gute Mann schon *oben ohne* mitten im selben. Aufregende

Tätowierungen auf beeindruckendem Oberkörper mit Sixpack. Andreas räuspert sich. Alle Damen, mir eingeschlossen, wenden sich schnell wieder ihrer Arbeit zu und tun, als wäre vor dem Fenster nichts zu sehen. Paty beugt sich zu Maria „que biscocho…" Was für ein Leckerbissen, mit biscocho ist normalerweise ein süßes Brötchen gemeint. Maria grinst „más bien: un taco de ojo…" Ein Taco fürs Auge, also tatsächlich schön anzusehen. „Mal sehen, ob er auch kochen kann…".

Und das kann er. Ich beobachte den jungen Koch unauffällig. Da steht er, mit leicht gespreizten Beinen, entspannt, das Messer in der Hand. Er schneidet Zwiebel so virtuos, wie professionelle Köche das vor laufender Kamera tun, leise klappert das Messer auf dem Brett und ein paar Minuten später sind zwei Kilo Zwiebel feingehackt. „Gut so?" er dreht sich zu mir um. „Perfekt!" und das meine ich auch so. Nach einer kurzen Erklärung beginnt der Neuzugang zu panieren. Ein Schnitzel nach dem anderen. Er spricht nicht, arbeitet zügig und wäscht sich unaufgefordert die Hände. Sein Arbeitsplatz ist einwandfrei. Andi sagt im Vorbeigehen „da können wir noch etwas lernen, meine Liebe…"

A wie Austria

Österreicher neigen selbst fern der Heimat dazu, lieb gewonnene Gewohnheiten nicht abzulegen. Dazu gehören deftige Lieblingsgerichte und fixe Zeiten, zu denen man diese einnimmt. Um Punkt 12 Uhr und 45 Minuten läutet es an der Tür, ein Grüppchen Damen mittleren Alters späht neugierig ins Innere. Mein Ehemann öffnet mit einem Lächeln. „Herzlich willkommen, vielleicht erinnern Sie sich noch an mich?" "Natürlich. Sie sind von der Botschaft…" Bevor Frank etwas entgegnen kann, drängt sich ein pinkfarbenes Sakko vor. „Fesche Männer vergesse ich nie…"

Ich drehe mich am Absatz um, das ist meines Gatten Show und ich muss zurück in die Küche. Der fesche Kerl kümmert sich ja um die Damen, selbst wenn er inzwischen nicht mehr an der Botschaft werkt und schon vergeben ist. Das Essen ist für halb zwei anberaumt und so wie sich das anlässt, habe ich keine Zeit zu verlieren. Suppe fertig, Teller sind am Anwärmen, Andreas schmeckt den Kartoffelsalat ab und Luciano produziert unheimliche Mengen Schlagobers. Die beiden Damen wuseln putzend durch die Küche. Ich verdrücke mich durch den Hof in den ersten Stock: das ist meine Chance. Erstens Umziehen, zweitens eine Runde durchs Lokal drehen (immer schön lächeln) und schließlich in die Küche abgehen (die Schlacht kann beginnen).

Kaum mache ich die Tür zum Restaurant einen Spalt breit auf, habe ich das Gefühl, dass hier etwas nicht stimmt. „Na Hallo!" und „Grüß dich Gott!" Kein spanisches Wort. „Sag einmal, woher haben die denn das Geld für ein Restaurant?" „Ich hab ghört, Sie hat früher als Reporterin gearbeitet…" Die, die gerade am Wort war, stößt die andere mit dem Ellbogen an "Scht! Da kommt sie…"

Die Damen wenden sich zu mir „schön Sie auch einmal kennenzulernen…" Eine Hand schüttelt die meine. "Warum kommen Sie eigentlich nie zu unseren Veranstaltungen?" „Ich habe leider keine Zeit. Aber inzwischen kann ich meine Landsleute ja hier, in den Caprichos, treffen…" Mein Lächeln ist genauso wenig echt wie das der Damen mir gegenüber. So ergreife ich die Chance und entschuldige mich.

Keller laufen durch die Räume und servieren weiße Spritzer. 100 Plätze sind gedeckt, doch zur Verzweiflung des Oberkellners beginnen ein paar dickbäuchige Männer Tische zusammen zu schieben und dabei alles auf den Kopf zu stellen. Schon fällt das erste Weinglas zu Boden "Hoppla", sagt ein schnauzbärtiger Herr. Sergio wirft mir einen gequälten Blick zu. „Tut mir leid, so sind sie eben, die Österreicher…", flüstere ich entschuldigend, „was immer passiert, bitte wenden Sie sich an meinen Mann, er dirigiert heute das Orchester…" und verschwinde in die Küche. Hinter mir höre ich noch "Ich glaube, die ist älter als seine Ex-Frau, was meinst du?" Eine Stimme unterbricht das Rätselraten über mein Alter „hat die überhaupt eine Ahnung vom Kochen?" Diesmal antwortet ein anderer scherzhaft „das will ich hoffen, schließlich ist der Spaß ja nicht gerade billig."

Die Dame mit dem beeindruckenden Dekolleté steht neben dem Eingang zur Küche. Sie lächelt verständnisvoll. „Gut, dass ich im Vorhinein schon alles abkassiert hab, inklusive Trinkgeld. Die sind neben kritisch, auch noch knausrig - und, wenn Sie mich fragen, nicht mehr lange nüchtern." Ich glaube, ich mag diese Frau „gut, dass Sie die Sache unter Kontrolle haben, danke!" "Keine Ursache, Schatzi", entgegnet sie herzlich.

Die Küche wartet auf ein Zeichen. Draußen wird gelacht, eine Dame kreischt und die Kellner rufen Bestellung Richtung Bar. Endlich wird die Küchentür aufgeschlagen. Sergio wirkt gehetzt: "La sopa! Trabaja!" Auf geht´s: Wir servieren. Irgendwie erinnert das, was wir hier tun an Laufbandarbeit, Paty und Maria legen Nockerl und Gemüse in die Teller, ich gieße Schopflöffel dampfender Suppe darüber und versuche die Anzahl der Teller, die die Küche verlassen, im Kopf zu behalten. Andi und Luciano backen Schnitzel, die Luft ist voll von heißem Fett. 57, 58, 59. Maria schiebt die Suppe über die Durchreiche und streut zum Abschied Schnittlauch darüber. Kaum hat die letzte Suppe die durchreiche verlassen – folgen die ersten Schnitzel. 76 paniert... Andi schüttelt verbissen den Kopf "sag nichts, es geht so schnell, wie es eben geht." Vier Pfannen sind belegt, zwei außer Gefecht - Luciano gießt frisches Öl nach.

"Die Zitronen kommen nicht auf den Kartoffelsalat...", erinnere ich Paty zum zehnten Mal. „Ach ja, natürlich!", antwortet sie, ebenfalls zum zehnten Mal. Ich schaue über die Schwingtüre zur Bar – Frank schenkt mit Daniel Spritzer ein, Kellner laufen atemlos treppauf und treppab. Da segelt plötzlich ein Schnitzel vom ersten Stock zu ebener Erde, dicht verfolgt von einem der Kellner. Das Schnitzel landet sanft. Frank hebt den Kopf und schaut entsetzt zu, wie der Mann versucht den kleinen Ausreißer wieder auf den Teller zurückzulegen. "Ich hoffe, wir sind uns einig, dass man dieses Schnitzel nicht mehr servieren kann?" Der ertappte Kellner nickt und läuft Richtung Küche.

„Sind die restlichen Schnitzel endlich fertig...?", schreit Sergio, kaum durch die Schwingtür. „Wir geben Bescheid, sobald es so weit ist", sage ich betont leise „und es würde helfen, wenn es die schon servierten Schnitzel auch tatsächlich bis zu den Kunden schafften..." Der Herr mir gegenüber zieht die Augenbrauen hoch und geht ab. Ich male mit einem Spritzsack schokoladene Notenschlüssel auf 100 Dessertteller – darauf setzt Paty Sachertorten und Schlagobers. Maria, mit dem Sieb in der Hand, ist für den Hauch Staubzucker verantwortlich.

Als das letzte Schnitzel endlich auf dem Weg ist, habe ich schon alle Torten am Teller und schicke Maria als Verstärkung zu Frank, der sich mit 100 Kaffees abmüht. Erschöpft wasche ich mir die Hände und beobachte Luciano, der pfeifend die Küche putzt. Du hast den Job, denke ich und bitte ihn in 15 Minuten zu mir ins Büro zu kommen.

Ich nehme meine Schürze ab, setze ein tapferes Lächeln auf und mache mich auf den Weg. Frank sitzt an der Bar und wirkt geschafft. Im Vorbeigehen grüße ich ein paar Herren, die mich unverwandt anstarren. "Hat´s geschmeckt?" "Einwandfrei!", antwortet einer, ein anderer schaut fragend seine Ehefrau an, die es statt mit einer Antwort mit einem Schmunzeln probiert. „Ganz schön viel Stress in der Küche, nicht wahr?" Offensichtlich hat es ihr nicht geschmeckt. Von einem Tisch dahinter winkt mir jemand zu und ruft „Bravo!" Ich gehe in den ersten Stock. Hinter mir kann ich ganz deutlich hören „das ich hätte ich auch noch zusammengebracht!" Eine andere Stimme unterbricht „der Kartoffelsalat hat wirklich nicht viel g´heissen, was sagst du?" Ich atme tief durch und beschließe, dass nichts, rein gar nichts von all dem Gehörten persönlich nehmen werde. Die übliche Neidgesellschaft, nichts weiter.

Bevor ich in mein Büro verschwinden kann, fällt der Blick des Botschafters auf mich. Er steht auf und winkt mich heran. „Meine liebe Frau Zeller, das war ein wahres Fest, ich möchte Ihnen herzlich danken! Danke, dass Sie uns in Ihr Haus geladen und so köstlich bekocht haben." Hinter ihm sagt irgendeiner, dessen Gesicht ich nicht sehen kann, "Na eingeladen nicht wirklich, schließlich bezahlen wir ja ..." Eine Gruppe Herren fällt in sein Gelächter ein. Der Botschafter ignoriert den Einwurf und ich tue es ihm gleich „gern geschehen!" „Ich verabschiede mich gleich", er beugt sich über den Tisch und schüttelt meine Hand. "Ich muss wieder los!" Ich verstehe: Er will weg, bevor diese Herrschaften, mit ein paar Gläsern mehr Ihre Erziehung gänzlich ablegen. Ich habe genau dasselbe vor und ziehe rasch die Bürotür hinter mir zu. Kaum sitze ich, klopft es.

„Luciano, setz dich. Ich mach es kurz: du fängst am Dienstag an, natürlich nur, wenn es dir recht ist..." Luciano nickt. „2 Voraussetzungen: du bist mit dem mäßigen Gehalt noch eine Weile, das heißt etwa zwei Monate, zufrieden und bereit alle österreichischen Rezepte im Eiltempo zu lernen?" Luciano nickt wieder. „Dazu müsstest du in der ersten Zeit eine Stunde früher anfangen." „Einverstanden." „Ich werde dir helfen die Arbeitsgenehmigung zu beschaffen." „Danke! Um wieviel Uhr soll ich am Dienstag da sein?" „Um elf?" "Kein Problem." Und schon ist er wieder draußen. Der Junge ist das Beste, was mir an diesem Tag passiert ist. Muss ich mein Büro wirklich wieder verlassen? Ich muss wohl. Schließlich kann ich weder meinen Mann, noch die Angestellten unter diesen Umständen alleine lassen. Augen zu und durch.

Ein Herr wankt vor mir die Stiege abwärts. Sergio versucht mit einem vollen Tablett auf der Schulter unbehelligt an ihm vorbei zu kommen. „22 Gläser zerbrochen", berichtet er im Vorbeigehen, „und manche der Herrschaften, verzeihen Sie mir die Direktheit, haben keine Manieren." „Das ist mir völlig bewusst, Sergio", ein Blick auf die Uhr, „nur noch eine Stunde, dann bitten wir meinen Mann die Herrschaften hinauszukomplimentieren." „Einverstanden!", stöhnt mein Oberkellner versucht ein freundliches Gesicht aufzusetzen. Von einem Tisch hört man eindeutig zweideutige Witze, ein rotköpfiger Mann schreit nach dem Personal und eine Dame verliert vor der Bar das Gleichgewicht. Anerkennend nicke ich Daniel zu, der sie gerade noch vor einem Sturz bewahrt. Sie redet hartnäckig auf ihn ein, auf Deutsch natürlich. Es scheint sie aber nicht zu stören, dass der Mann, an dessen Arm sie gerade hängt, kein Wort versteht. „Que pena", wie peinlich, sage ich leise Richtung Daniel, „nicht alle Österreicher sind so..." „Das ist mir klar", lächelt mein Barmann und versucht die Dame, die sich an seinem Arm festkrallt, auf einen freien Sessel zu setzen. „Kann ich Ihnen etwas bringen?", fragt er mich zwinkernd, "...einen doppelten Espresso, in die Küche bitte! Denn ich habe nicht vor, sie demnächst wieder zu verlassen."

Gute Hoffnung, plötzliches Ende

Der Arzt legt die Stirn in Falten, zieht eine Augenbraue hoch und schiebt das Stethoskop von der einen zur anderen Seite meines Bauches. Er schüttelt den Kopf „ich kann beim besten Willen nichts hören." Seine Augen suchen die meinen „ich bin am Ende meiner technischen Möglichkeiten." Ich antworte nicht. „Wir brauchen einen Ultraschall, verstehen Sie?" Ich nicke, auch wenn ich nicht verstehe. Er lässt sich von seiner Assistentin mit dem Labor verbinden und bittet eine befreundete Ärztin um Unterstützung. Pause. Er könne keine Herzschläge wahrnehmen. Pause. Ja, die Patientin würde gleich vorbeikommen. Pause.

Langsam begreife ich. Mein Arzt kann das Herz meines Kindes nicht hören. Kann er ihn nur nicht hören, oder schlägt es nicht? Wenn es nicht schlägt... Ich ziehe mich an, nehme den Zettel mit der Adresse des Laboratoriums entgegen und stolpere auf die Straße. Während ich ein Taxi anhalte, wird mir klar, dass ich mich weder verabschiedet, noch bezahlt habe. In meinem Kopf haben nur vier Worte Platz. Ist mein Kind tot?

Der Taxifahrer fragt, ob ich wüsste, wo die Klinik mit der Adresse auf dem Zettel zu finden sei. Ich schüttle nur den Kopf und er nickt „no se preocupe". Endlich angekommen, schickt mich die Dame am Eingang direkt in den ersten Stock. Eine Ärztin erwartet mich. „Machen Sie bitte den Oberkörper frei", das Gel sei kalt, ich solle nicht erschrecken. Verwundert stelle ich fest, dass ich nichts fühle.

Auch sie sagt zuerst nichts und fährt immer wieder mit dem Sucher über meinen Bauch. Auch ihre Stirn legt sich in Falten. Dann seufzt sie, dreht sich zu mir und nimmt meine Hand. Ich verstehe und will meine Hand aus der ihren ziehen. Ich will kein Mitgefühl von einer Frau, die nicht einmal weiß, wie ich heiße. „Es tut mir leid", beginnt sie vorsichtig, "keine Herztätigkeit..." "Das heißt?", frage ich tonlos, obwohl ich die Antwort schon kenne. "Das heißt, dass der Fötus nicht mehr lebt", sagt sie schlicht.

Endlich habe ich meine Hand aus der ihren gezogen. "Sie müssen schleunigst operiert werden, ich verbinde Sie gleich mit Ihrem Arzt." Ich habe keine Zeit zu überlegen, da gibt sie mir schon ihr Mobiltelefon weiter. "Wie geht es Ihnen?", fragt mein Arzt und wartet keine Antwort ab, „Sie müssen morgen früh ins Spital, verstehen Sie?" Ich sage Ja, meine Nein und vereinbare einen Termin. Morgen, neun Uhr, Clinica Santa Teresa.

Plötzlich bin ich wieder draußen auf der Straße. Endlich allein. Tränen rinnen mir über die Wangen, doch kein Laut kommt über meine Lippen. Ich tue das Beste, was ich kann: Ich setze einen Schritt vor den anderen. Mein Kind ist tot. Ich gehe die Straße entlang. Tot, bevor es zur Welt kam. Ich gehe und weiß nicht wohin. Mein Kind ist tot. Irgendwann stehe ich am Rand einer breiten Straße, Avenida Insurgentes. An einer roten Ampel bleibe ich stehen und wähle Franks Nummer. Als er sich meldet, kann ich nur eines sagen: „Das Baby ist tot." „Wo bist du?", fragt er. „Am Weg nach Hause."

Als ich in unsere Gasse einbiege, steht Frank vor dem Haus. Er nimmt mich in die Arme, endlich höre ich mich schluchzen. Dann telefoniert er mit dem Arzt und plant mit ihm den morgigen Eingriff. Andi umarmt mich. Ich kann nicht aufhören zu schluchzen. Petra kommt. Alle versuchen mich zu beruhigen, alle sagen das Gleiche. So etwas passiere ständig, auch wenn keiner darüber spräche. „Du kannst wieder schwanger werden. Du wirst sehen, alles wird wieder gut..." Ich will nichts hören. Was soll gut werden? Es ist vorbei, mein Kind ist tot. Es wird Nacht und ich weine, es wird wieder Tag und ich weine noch immer, Frank bringt mich ins Spital und ich weine weiter. Er muss draußen warten.

Da öffnet sich leise die Tür, eine Nonne betritt den Raum. Sie lächelt verständnisvoll „Wollen wir gemeinsam beten?" „Zu wem?", frage ich zornig. "Wir glauben nicht an dieselben Götter. Außerdem ist es zum Beten zu spät: Mein Baby ist schon tot." Ohne ein weiteres Wort dreht sich die schwarz gekleidete Dame um und verschwindet.

Zwei Stunden später bringt mich Frank wieder nach Hause. Was auch passiert sein mag, ich spüre nichts. Ich kann nicht einmal mehr weinen. "Hast du unser Kind gesehen?", frage ich ihn. Er sagt eine ganze Weile lang nichts und dann ganz leise „Ja". Warum ich nicht, fragt eine Stimme in mir... „Ich dachte es wäre besser..." Er legt seine Hand auf meine. Nein, schreit es in mir. Nein, ist es nicht. Ich wollte mich verabschieden. Jetzt ist es zu spät. Wie soll ich je das Wort Ende unter diese Geschichte schreiben?

Ich habe keine Ahnung, was sich zwei Stockwerke unter mir abspielt, ich habe keine Lust aufzustehen und ich will nicht darüber reden. Jeder scheint davon überzeugt, man müsse reden, um zu vergessen. Ich will weder reden und noch vergessen. Plötzlich höre ich wie jemand leise die Tür hinter sich schließt. Ich drehe den Kopf. Eine große Frau kommt auf mich zu. Lili, die Hexe. Vor dem Bett bleibt sie stehen und streicht sich die langen schwarzen Haare aus dem Gesicht. Kein Wort, sie schaut mich nur an. Irgendwann sagt sie „das was du verloren hast, war nicht deins. Die Zwillinge werden noch zur Welt kommen, und zwar schon sehr bald." Ich senke den Blick. „Hör auf dich selbst zu bemitleiden. Du hast ein Leben, einen Mann, eine Verantwortung. Steh auf: Schließlich bist du eine Frau und kein Feigling. Stell dich dem Leben!" Sie legt einen großen Obsidian auf den Sessel neben meinem Bett und geht. Der Stein ist nicht schwarz, sondern dunkelgrün. Er schimmert im Licht der Sonne, so wie Samt, wenn man sanft mit der Hand darüberstreicht.

Bitte einzutreten...

Jeden Tag geht der Vorhang auf – jeden Tag dasselbe Theater. Wie bei jeder Inszenierung müssen alle Details passen: das Bühnenbild tadellos, das Theater vom Foyer bis in die Toiletten blitzblank, die Schauspieler frisch aus der Maske. Es sind Hürden zu nehmen, Probleme zu lösen und manchmal ist eine dicke Schicht Make-up von Nöten, aber immer geht um Punkt halb zwei die Türe von unserem Restaurant auf. *Abierto*.

In der Küche herrscht Vollbetrieb, an der Bar polieren die Kellner Gläser und ich sitze über den Büchern. Neben den Zahlen stehen ein Espresso und der Aschenbecher mit einer glimmenden Zigarette darin. Die täglichen Einnahmen sind nicht so schlecht: Acht, zehn, zwölftausend Pesos. Trotzdem geht sich die Übung am Monatsende nicht aus. Die laufenden Kosten sind erschreckend hoch und stets findet sich etwas für die Rubrik *Imprevistos*, Unvorhergesehenes. Reparaturen, neue Küchengeräte, halbherzige Werbekosten. Ich greife nach meiner Zigarette und rühre im Kaffee. Wofür all der Aufwand, wenn dieses Unternehmen ausschließlich sich selbst erhält. Wo ist der Haken? Was ist zu tun? Ein harter Sparkurs, oder muss noch mehr Geld in die Unternehmung? Ein Schritt, für den ich einen Kredit bräuchte. Ich ziehe an meiner Zigarette und schließe die Augen. Sechs Monate sind vergangen und ich kämpfe um jeden Peso, genauso wie am ersten Tag. Um ehrlich zu sein: genauso wie schon vor dem ersten Tag.

Frank hat gestern nüchtern festgestellt, dass der Laden nicht läuft. Danke für die Analyse, da wäre ich selbst nicht draufgekommen. Der Laden läuft nicht. Also warum sperren wir nicht einfach zu und sagen: Außer Spesen nichts gewesen? Wohl kaum, da schlicht unmöglich.

Auch wenn er es nicht direkt ausspricht *der Laden läuft nicht* ist eine Kritik an mir. An wem sonst? Ich bin es, die täglich 15 Stunden lang versucht – wenn auch erfolglos – den Laden zum Laufen zu bringen. Wer sonst sollte die Verantwortung für das Scheitern tragen?

Was tun? Ich fühle mich alleine und verlassen. Frank hat einen Job mit einem fixen Einkommen und Andreas ist gerade dabei seine Koffer zu packen, denn sein Gastspiel hier geht zu Ende. Mein guter alter Freund kehrt wieder zu seinem alten Leben und seinen alten Projekten zurück. Die Caprichos sind nicht der Erfolg, der ihn in Mexiko halten kann, oder besser gesagt ihn in Mexiko erhalten kann. Selbst ich sollte mir langsam eine Alternative überlegen. Oder nicht? Reichen sechs Monate, um festzustellen, dass mein Einfall ein Reinfall war? Oder braucht die Operation einfach mehr Zeit? Mehr Geld?

„Señora?" Sergio schreckt mich aus meinen Gedanken. „Was gibt´s?" „Unsere beiden Köche schreien einander an!" „Tun sie das? Ich habe gar nichts gehört." Sobald ich die Schwingtüre passiere, ist klar, dass hier keine Freundlichkeiten ausgetauscht werden. Nach vier Jahren in dieser Stadt ist mein Repertoire an Schimpfworten umfassend, auch wenn ich mir nichts anmerken lasse. Ich tue, als verstünde ich nicht recht. „Was gibt´s?", frage ich irritiert. Luciano deutet mit einer Kopfbewegung Richtung Patricia „die Gemüseeinlage für die Suppe ist verdorben und die da serviert sie trotzdem." Er schüttelt den Kopf „vielleicht kannst du ihr beibringen, verdorbene Lebensmittel zu erkennen und wegzuwerfen. Obendrein erinnere sie bitte daran, dass Vorspeisen ihr Job sind." Ich schaue zu Paty, sie ist blass vor Zorn. „Ich kann mich nicht um alles kümmern. Ich habe gestern das Backrohr geputzt und hatte keine Zeit für andere Dinge."

Ich atme tief durch und versuche ruhig zu klingen „Patricia, wenn Sie aus Zeitgründen Ihren Verantwortungen nicht nachkommen können, geben Sie Bescheid. Sagen Sie einfach, dass Sie Hilfe brauchen. Wir können uns keine Fehler erlauben und schon gar nicht, was die Qualität betrifft." Sie starrt mich trotzig an. Langsam werde ich wütend „es geht nicht nur darum, dass wir Kunden verlieren", angewidert zeige ich auf die schleimig-glänzenden, verdächtig riechenden Gemüsewürfel „wenn das hier einer isst, kann er ernsthaft krank werden!" Ich sollte sie zum Teufel jagen, das ist schließlich nicht das erste Mal, aber heute ist eindeutig der falsche Zeitpunkt. Andi sitzt in ein paar Stunden im Flieger nach Österreich und am nächsten Wochenende steht uns eine Veranstaltung ins Haus. Luciano tritt gegen den Mistkübel. Ich muss zugeben, er ist ein genialer Koch, aber er hat sein Temperament nicht im Griff. Ich kippe das glitschige Gemüse in den Mistkübel. Mit den Worten „wir servieren Rindssuppe heute ohne Gemüse..." verlasse ich die Küche.

Daniel fängt mich in der Tür ab. Die Verbindung zu American Express funktioniere nicht. Fein. „Ein Kunde hat keine andere Kreditkarte, und wenn wir Amex nicht zum Laufen bringen, kann er nicht bezahlen." Am Weg zur Kasse winkt mich Gerardo zu sich. „Da draußen ist einer Ihrer Nachbarn. Er behauptet, dass ihm der Typ vom Valetparking die Luft aus dem Reifen seines Wagens gelassen hätte. Und das, weil er in Ermangelung anderer Möglichkeiten, direkt vor dem Restaurant geparkt hätte." „Laden Sie den armen Mann auf einen Kaffee ein, und sagen Sie ihm, dass ich der Sache auf den Grund gehen werde." Ich wende mich an meinen Barmann. „Helfen Sie dem Herrn doch bitte beim Reifenwechseln!"

und kümmere mich erst einmal um American Express, da der Kunde schon verzweifelt auf seinen Voucher wartet. Das ganz normale Chaos. Nun, das hat auch etwas für sich: Mir bleibt keine Zeit für trübe Gedanken.

Der Krieg der Köche

Der grauhaarige Mann ganz in weiß sagt „es tut mir wirklich leid..." Ich träume immer noch von Ärzten, die mir schonend beibringen wollen, dass mein Baby nicht zur Welt kommen wird. Es ist immer das gleiche Bild. Ultraschall, eine Gestalt im Ärztemantel und ernstem Gesicht. Ein Kopfschütteln, ein Räuspern und dann „Es tut mir leid..." Ich weiß schon am Beginn der Szene, wie sie endet. Manchmal schreie ich „habe schon kapiert, dass mein Kind tot ist", bevor die Ärzte den Mund aufmachen können, „machen Sie kein Theater, Ihnen tut gar nichts leid. Warum soll es auch. Es ist schließlich nicht Ihre Schuld. Nicht Ihr Kind. Nicht Ihre Ehe. Nicht Ihr Leben!" Verschwitzt wache ich auf.

Nicht Ihre Ehe? Nicht Ihr Leben? Habe ich Angst Frank zu verlieren? Ist, wenn ich keine Kinder bekommen kann, mein Leben ohne Inhalt? Hat eine Ehe ohne Kinder einen Zweck? Mir rinnen Tränen übers Gesicht. Maxens Kopf erscheint neben dem meinen. „Schon gut", sage ich beruhigend zu ihm und spreche eigentlich zu mir. Es ist gerade erst fünf Uhr morgens. Trotzdem gehe ich besser gleich unter die Dusche, als mich noch zwei Stunden vergeblich im Bett zu wälzen. Heute ist Samstag. Ein Geburtstagsessen für 20 Personen und aller Voraussicht nach volle Hütte. Heißes Wasser rinnt über mein Gesicht, langsam verschwimmen die Traumbilder. Es ist fast so, als ließen sie sich abspülen und verschwänden zu guter Letzt doch noch im Abfluss.

Der Alltag funktioniert immer noch nach der Methode: Ich setze einen Fuß vor den anderen. Kochhose, leichte Arbeits-Schlapfen und ein altes T-Shirt. Fertig, rasch noch einen starken Kaffee und an die Arbeit. Als Lucianos Kopf in Küchentüre erscheint, sind bereits zwei Sachertorten gebacken und glasiert. Zwanzig gefüllte Wachteln drängen sich in eine Backform und ein Berg geschälter Süßkartoffeln dampft am Küchentisch. „Schlaflose Nacht?" Ich nicke. „Sieht ganz danach aus", sagt er und zieht seine Kochjacke über das T-Shirt. „Du bist blass..." „Die Farbe passt zu meiner Verfassung", antworte ich. Da reicht er mir seinen Becher mit Mate. „Trink, das tut jedem gut!" Ich ziehe heftig an dem metallenen Strohhalm und glühheiße, bittere Flüssigkeit rinnt meine Kehle hinunter. Der jähe Schmerz nimmt mir den Atem und ich huste den geschlürften Tee wieder heraus. „Immer schön langsam, nimm dir Zeit." Vorsichtig wenn auch widerwillig versuche ich es noch mal und schlucke auch. „Man muss sich daran gewöhnen", erklärt mein argentinischer Koch. Der nächste Schluck ist sanfter, aber ich bin mir noch nicht sicher, ob ich mich an Mate gewöhnen will.

Ein paar Stunden später ist das Restaurant bis auf den letzten Platz besetzt. Die Geburtstagsgesellschaft im ersten Stock löffelt ihre Suppe, während ich das Menü vorstelle und ein paar Geschichten vom K&K Koch Leopold erzähle. Da taucht Sergio auf und gibt mir unverständliche Zeichen. Bravo, jetzt hat er es geschafft, ich bin vollkommen aus dem Konzept. Der Schmäh von *Na geben Sie mir halt den Schmarrn!* geht daneben und drehe mich wütend zu meinem Oberkellner um „kann das nicht warten?" „Nein, ich fürchte das kann es nicht... unsere Köche prügeln sich." „Was?" Ich nehme zwei Treppen auf einmal und stehe ein paar Sekunden später in der Küche.

Patys Finger haben sich in Lucianos Kochjacke verkrallt, gleichzeitig tritt sie ihm mit aller Kraft gegen sein rechtes Schienbein. Er versucht ihrem Griff zu entkommen und flucht vor sich hin. Diesmal sprudelt tatsächlich eine Menge mir unbekannter Schimpfworte aus beiden Mündern. „Aus!", schreie ich, „auseinander!" Und als Paty Luciano endlich loslässt, hängt ihm das Kochhemd in Fetzen von seinen Schultern. Eine beachtliche Leistung, bedenkt man, dass sie nur ihre bloßen Hände zu Verfügung hatte.

„Seid Ihr zwei völlig verrückt?", frage ich. Ohne eine Antwort abzuwarten, zische ich „wir haben das Haus voller Kunden – es ist mir völlig egal, warum ihr euch so aufführt! Jetzt wird gekocht und serviert, bis der letzte Gast gegessen hat! Verstanden? Dann reden wir über dieses Schmierentheater." Wütend schnappe ich mir die, von den raufenden Köchen, unbeachteten Bestellungen und schreie mit zorniger Stimme „Patricia: zwei Grießnockerlsuppen, ein Heringssalat. Jetzt gleich! Luciano: zwei Gulasch ohne Rahm und zwar rasch!"

Vorsichtig schaue ich über die Schulter. Die beiden gehen auseinander und wenden sich tatsächlich Töpfen und Pfannen zu. Die Luft ist zum Schneiden, aber es wird zumindest wieder gearbeitet. Aus Sicherheitsgründen beschließe ich die Küche nicht mehr zu verlassen und mache mich an die ersten Nachspeisen.

Gerardo legt wortlos eine Comanda auf den Tisch und nach einem vorsichtigen Blick auf die beiden, vor Zorn weißen Köche, verdreht er die Augen. Es scheint als versuchten die beiden durch lautes Scheppern ihrer Wut Luft zu machen. Der erste Teller geht entzwei. Das ist zweifellos ein kleines Übel und verdient nicht meine Aufmerksamkeit. Patricia holt Besen und Schaufel.

Um sechs Uhr abends ist der letzte Gast gegangen und ich bitte die Kontrahenten um ein Gespräch. Luciano setzt sich auf den frisch polierten Arbeitstisch – Patricia auf einen Hocker in der entgegengesetzten Ecke der Küche. Keiner der beiden sagt ein Wort. Also bin wohl ich an der Reihe „keine Ahnung worum es in dieser, nennen wir es einmal - Auseinandersetzung - ging. Aber um die Sache klar zu stellen: Es steht außer Frage, dass Erwachsene einander an die Kehle gehen. So was akzeptiere ich nicht. Nicht in meinem Restaurant, nicht in meiner Küche." Luciano schaut mir in die Augen, Patricia senkt den Blick.

„Ist Euch beiden klar, dass nicht gerade wenige Kunden dieses Schauspiel als Hörspiel verfolgt haben?" Patricias Gesicht wird noch eine Spur weißer und mit einem Mal kullern ihr Tränen aus den Augen. Sie deutet in Richtung Luciano „der da hat mich provoziert – er hat mich Puta genannt." Das überrascht selbst mich, also wende ich den Kopf Richtung Luciano. „Habe ich nicht. Ich sagte nur, dass sie von dem Job keine Ahnung hat und - offensichtlich - auch nichts lernen will. Dann ist sie auf mich losgegangen..."

Patricia heult jetzt lauter „der taucht hier auf und bestimmt, wie die Sachen zu machen sind..." „Und die dort ist nicht im Stande ein Gericht einwandfrei zu servieren, oder nach Rezept zu kochen." Das habe ich schon einmal wo gehört. Ich muss zugeben, auch wenn ich das jetzt nicht sagen werde, der Angriff ist nicht aus der Luft gegriffen. „Ich war von Anfang an dabei, oder nicht?", schluchzt Patricia, „und jetzt kommt der da mit seinen 20 Jahren und macht sich wichtig." „Genau gesagt 24 Jahren und neun davon habe ich in industriellen Küchen verbracht" korrigiert Luciano.

Ich seufze. Schließlich will ich keinem, vor dem anderen, recht geben und beschließe die Sache auf zwei Einzelgespräche zu vertagen. „Jetzt einmal abgesehen vom Inhaltlichen kann ich nicht akzeptieren, dass sich meine Angestellten beschimpfen, oder - noch schlimmer - handgreiflich werden." Beide nicken. „Ich habe die da nicht angegriffen", stellt Luciano gleich klar. Das scheint offensichtlich, denn da sitzt ein Koch in zerfetzter Jacke gegenüber einer intakt gekleideten Köchin. Patricia sagt nichts. „Mit solchen Aktionen bringt Ihr das Unternehmen in Gefahr und das kann ich nicht riskieren. Ich will Euch beide - einzeln - am Dienstag in der Früh in meinem Büro sprechen. Patricia geht es bei Ihnen um zehn Uhr?" Sie nickt. „Luciano um elf?" Er nickt. „Gut, dann habe ich heute nichts mehr dazu zu sagen!" Ich gehe wortlos ab und lasse die Herrschaften gemeinsam den verbleibenden Saustall putzen. Beim Hinausgehen sehe ich wie Sergio Gerardo etwas zuflüstert. „Alles in Ordnung?", frage ich gereizt. „Klar doch", sagt Sergio etwas zu schnell.

Nur nicht das Handtuch werfen

Zwischen Frank und mir ist es stiller geworden. Keiner will sich auf einen Streit einlassen. Wir reden wenig miteinander, und wenn, bleiben wir geschickt an der Oberfläche. An den freien Abenden läuft der Fernseher, oder mein Mann verkriecht sich hinter der Zeitung und ich hinter einem Buch. Er macht sich Sorgen, genauso wie ich. Beide spüren wir, dass der andere am Ende seiner Kräfte ist. Nicht nur psychisch, sondern auch physisch. Ich weiß nicht, wann ich zum letzten Mal mehr als fünf Stunden geschlafen habe. Allein die Müdigkeit bringt mich an den Punkt, an dem sich ein normales Gespräch problemlos in eine herbe Diskussion verwandeln kann. Also schweigen wir, so als wollten wir vermeiden, dass all das ausbricht, was seit Wochen in uns kocht. Wir kennen beide das Spiel, bei dem Dinge gesagt werden, die man nicht wieder zurücknehmen kann. Wunden entstehen, die nie wieder heilen. Also reden wir nicht, auch wenn das die schlechteste aller Lösungen ist, nämlich gar keine. Der Streit ist aufgeschoben, aber nicht aufgehoben.

Wenn wir dasitzen und still vor uns hinbrüten, geht es um das Restaurant. Es geht immer um unser Restaurant, wobei ich inzwischen den Eindruck habe, dass nicht mehr unser, sondern nur noch mein Restaurant ist. Noch überleben die Caprichos. Manchmal frage ich mich aber, ob unsere Ehe die Caprichos überleben wird. Und abgesehen davon: War es das, was wir wollten? Überleben? Wer weiß, wie lange wir noch alle Rechnungen bezahlen können? Ich bekomme kein Gehalt ausbezahlt und was hereinkommt, ist schon längst wieder ausgegeben, bevor ich es zu Gesicht bekomme. Ich kann nicht damit umgehen, dass ich kein eigenes Geld mehr habe. Letzte Woche war meine Gesichtscreme endgültig am Ende. Ich kann nicht um Geld bitten, auch nicht meinen Mann. Also kaufe ich keine Cremes mehr.

Wenn Frank am Morgen in die Arbeit fährt, kommt bei mir das Gefühl auf, dass er sich verdrückt, mich in all dem Dilemma alleine lässt. Das ist nicht fair, so empfinde ich es aber. Bin ich wieder das Opfer, oder diesmal der Täter? Wahrscheinlich beides in einer Person. Auch wenn das nichts damit zu tun hat, manchmal denke ich, es wäre alles anders gekommen, wenn unser Kind überlebt hätte. Wäre das Eltern-Sein ein gemeinsames Projekt, das funktioniert hätte? Wer garantiert das? Oder hätte uns selbst ein Baby an die Grenze der Belastbarkeit gebracht? Wären wir schon gescheitert? Hält unsere Beziehung einfach keiner Belastung stand? Es fällt mir schwer, mich an meinen alten, unverwüstlichen Optimismus zu erinnern. Das bin ich doch, oder? Die, die immer das Positive im Leben sieht, für die das Glas halb voll, satt nahezu leer ist. Die, die meint, dass jedes Scheitern auch eine Chance beinhaltet. Scheitern? Warum denke ich an Scheitern? Wir sind nicht gescheitert. Ich bin nicht gescheitert. Das Restaurant läuft. Wir sind noch ein Ehepaar. Ich darf einfach nicht aufgeben: Nur nicht das Handtuch werfen!

Es klopft an der Bürotür. Zehn vor zehn. Patricia steckt den Kopf herein „Entschuldigung, ich bin zu früh dran!" „Schon gut, kommen Sie herein." So schiebe ich meine trüben Gedanken bei Seite und hole Luft, um das loszuwerden, was ich schon am Sonntag sagen wollte. „Darf ich anfangen?", fragt Patricia leise. „Gerne!", sage ich und meine das Gegenteil. „Also, ich habe mir die Sache überlegt. Es gibt eine Möglichkeit für mich in die USA zu gehen und dieses Angebot werde ich auch annehmen." Pause. Offensichtlich erwartet Patricia, dass ich sie unterbreche, doch das tue ich nicht. Nervös zupft sie an ihrer Bluse herum. „Ich bin wirklich keine Köchin, das stimmt, aber ich bin auch nicht bereit mich von einem dahergelaufenen Argentinier herumkommandieren zu lassen." Aha, daher weht der Wind. „Also werde ich kündigen und hoffe, Sie nehmen mir meine Entscheidung nicht übel." Tue ich überhaupt nicht. Ganz im Gegenteil: Das ist das Beste, was passieren konnte! So muss ich nicht den schwarzen Peter spielen und sie entlassen. Und – ganz nebenbei - die Sache kostet weniger, wenn sie freiwillig geht. Ich versuche mir meine Erleichterung nicht anmerken zu lassen. „Haben Sie sich das auch gut überlegt?", frage ich ruhig. „Habe ich!" Irgendwie scheint sie froh alles losgeworden zu sein.

„Dann lassen Sie uns den Papierkram erledigen", schließe ich und merke, wie ein enttäuschter Ausdruck über Patricias Gesicht zieht. Keine Frage, ich habe ihre Entscheidung zu schnell akzeptiert und nicht um ihr Bleiben gekämpft. Nun, ich will ja auch gar nicht, dass sie bleibt. War sie sich dessen nicht bewusst? War die Geschichte mit den USA nur ein Manöver? Dachte sie, dass ich sie bitte zu bleiben? Ich hole den Personalordner hervor. Sie unterschreibt ihre Kündigung und ich bezahle die Abfertigung. Als sie geht, atme ich erleichtert auf. Zeit für eine Zigarette, doch schon höre ich Luciano die Stiegen hinauflaufen.

Es klopft und der allmorgendliche Mate betritt mit Luca mein Büro. „Ich glaube es gibt einen Grund zu feiern", sagt er, „wir sind unsere Köchin los." „Sind wir, Luciano. Und ja, ich glaube auch, dass es das Beste ist, was diesem Restaurant passieren konnte. Aber...", ich schaue ihm fest in die Augen, „ich muss eines wissen: Hast du sie wirklich beschimpft?" „Ja", sagt er gleich und erwidert meinen Blick. „So etwas darf nicht wieder vorkommen!" Luciano nickt „ist mir klar!" „Ich kann mir vorstellen, dass du einmal diese Küche als Chefkoch übernimmst, dann musst du im auch Stande sein im Team zu arbeiten." „Verstehe." „Und noch was Luciano:

du bist Argentinier. Wenn du mit deinen mexikanischen Kollegen auf Kriegsfuß gehst, werden sie dich und mich bei der Migrationsbehörde anzeigen, ist dir das klar?" „Ist es!" „Und noch eins: Gleich heute gehen wir die Sache mit den Papieren an!" „Das ist ganz in meinem Sinn", grinst er und reicht mir den Mate.

Ich mag ihn wirklich diesen Kerl, ganz abgesehen davon, dass er ein guter Koch ist. Aber was sein Temperament betrifft, muss er sich beherrschen, sonst stecken wir tatsächlich in Schwierigkeiten. „Mach dir deshalb keine Sorgen", sagt er, als ob er meine Gedanken erraten hätte, „mir ist klar, dass ich mich falsch verhalten habe. Wird nicht wieder vorkommen." Im Büro zeige ich meinem, inzwischen einzigen, Koch was ich gestern ausgebrütet habe. Kaiserliche Gerichte zu Ehren Afrodites. Kulinarische Festwochen, für die ich mexikanische Gourmetjournalisten begeistern will. Titel: Aphrodisiaka zum Verkosten. Luciano gefällt die Idee und er liest meinen Entwurf.

Schon Sokrates hat die stimulierende Wirkung von kulinarischen Genüssen erkannt und Goethe brachte sie, will man den Gerüchten Glauben schenken, erfolgreich zum Einsatz...

Ich habe eine Menge Zutaten und Rezepte ausgegraben und daraus ein Menü gemacht. „Das klingt verdammt gut" Luciano nickt anerkennend. Ganz langsam macht sich ein beruhigendes Gefühl breit. Vielleicht schaffe ich es doch, vielleicht bin ich nicht so dumm, wie ich mich fühle. Diese Geschichte könnte doch noch eine Erfolgsgeschichte werden. Wenn ich tatsächlich schaffe, mehr Menschen in die Caprichos zu bekommen, muss ich ein anderes Problem angehen. Mehr Kundschaft bedeutet mehr Angestellte.

Die letzten Tage des Kapitäns

Sonntag ist der beste Tag der Woche, keine Frage, gleichzeitig aber auch jedes Mal eine Schlacht, aus der alle Beteiligten angeschlagen herauswanken. Verbrennungen, Schnittwunden und Blasen an den Füßen gehören längst zu einem ganz normalen Wochenende. Diesmal aber könnte es anders werden. Es gibt einen mehr der läuft. Der aktuelle Personalstand im Service: ein Barmann, zwei Ober und ab heute ein Hilfskellner. In der Küche: zwei Köche und ein Abwäscher. Die Truppe an den Töpfen ist um Andreas und Patricia geschrumpft, also bleiben nur zwei: Ich und Luciano, doch der zählt doppelt.

Sergio, der Oberkellner, ist mit der meiner Neueinstellung nicht einverstanden. Er bräuchte keine zusätzlichen Hände, vor allem nicht die eines Anfängers. „Das, Sergio, klingt nicht nach professioneller Meinung, sondern nach persönlichem Interesse", lächle ich gelassen. Nachdem das Trinkgeld nun zwischen mehr Kellnern aufgeteilt werden muss, bleibt weniger für einzelnen und genau das ist dem Herrn Capitán nicht genehm. Das ist sein Problem nicht meines. Ich habe es satt, immer den unbezahlten Hilfskellner zu machen, oder meinem Mann, neben seinem Job als Kassier, beim Jonglieren mit überladenen Tabletts zuzuschauen.

Sergio bemüht sich nicht seinen Zorn zu verbergen, beschließt aber über die Angelegenheit kein Wort mehr zu verlieren. Stattdessen lässt er seine Laune am Neuen aus. Der jedoch hat scheinbar den Vorsatz gefasst, sich nicht beirren zu lassen. Valentin lächelt, trotz allem. Und genau das scheint Sergio noch wütender zu machen. Doch die Gemütsverfassung meines Oberkellners ist heute kein Thema. Ein Sonntag kann uns problemlos an die Grenze der Belastbarkeit bringen. Doch heute ist kein normaler Sonntag. Neben der Karte und dem ganz normalen Wahnsinn servieren wir heute obendrein Aphrodisiaka aus dem 19. Jahrhundert.

Um auf die Attacke vorbereitet zu sein, bin ich seit acht Uhr in der Küche. Ich habe mir, zur Abwechslung, eine Liste gemacht und bin dabei Punkt für Punkt abzuhaken. Auf meiner Liste steht alles, was vorzubereiten ist, damit im Trubel keiner strauchelt. Vom gehackten Schnittlauch und zum Zwiebel, bis zur Extraportion Schokoladensoße und dem Liter Reserve-Schlagobers. Dekorationen sind vorbereitet, Torten vorgeschnitten, selbst die Zutaten für den Kaiser-schmarrn sind pro Portion abgewogen und griffbereit. „Fehlen nur noch die Feigen in Ingwer für die Lammkoteletts", murmle ich.

Luciano rauscht in seiner neuen, knallroten Kochjacke herein. Die alte war nicht mehr zu retten. Offensichtlich hat auch er beschlossen früher da zu sein. Ein grantiger Sergio grüßt ihn knapp und macht sich mit zwei Poliertüchern an die Gläser, Gerardo und Valentin decken Tische.

Ständig läutet das Telefon, im oberen Stockwerk sind schon alle Tische reserviert. 13.00 Uhr. Frank kommt mit Kaffeetasse, im blauen Sakko und heller Hose die Stiegen herunter. Er scheint höchst zufrieden. „Listo para la batalla – fertig für die Schlacht?", fragt er Sergio, der nur kurz nickt und kaum hörbar „Buenos Días" brummt. „Was hat er denn?", will mein Mann wissen. „Der ist sauer, weil ich nicht mehr unbezahlt für ihn arbeiten will und einen Kellner mehr eingestellt habe."

14.00 Uhr, das Restaurant füllt sich langsam. Alle halten Schritt, noch haben wir das Schiff unter Kontrolle. Ich fange an zu glauben, dass Sonntage mit der richtigen Vorbereitung ein Kinderspiel sind. Da kommt Gerardo in die Küche gerannt. „Señora, ich glaube, Sie sollten besser rasch kommen..." Sein Tonfall lässt mich keine Sekunde verlieren. Kaum aus der Küche kommt auch schon Frank auf mich zugelaufen. „Hast du den Kracher gehört?" „Nein?" „Der Typ vom Valetparking hat offensichtlich das Auto eines Kunden zu Schrott gefahren..." „Oh nein, bitte nicht!", leise bete ich weiter, „bitte nicht, bitte nicht!"

Kaum auf der Straße sehe ich einen goldfarbenen Mercedes, der - ähnlich eines Betrunkenen - einen Baum umarmt. Im Wagen sitzt ein schneeweißer Pancho, der Parker vom Dienst, der den Wagen offensichtlich mit Vollgas auf die Verkehrsinsel gefahren hat. „Sind Sie okay?", frage ich. Er nickt stumm. „Steigen Sie aus!" Er schüttelt den Kopf und bewegt sich nicht. Da kommt auch schon sein Chef aus dem Parkhaus angerannt. „Weiß der Kunde schon Bescheid?" „Nein, aber das überlassen Sie besser uns! Rufen Sie schon mal die Versicherung an", entgegnet Frank und schiebt mich wieder ins Restaurant.

Was verdammt sagen wir dem Eigentümer dieses güldenen Schrotthaufens? Mit jeder Stufe rutscht mein Herz tiefer. Der ahnungslose Mann, Doktor Gilberto Gonzales, sitzt im ersten Stock, zwischen Gattin und Tochter. „Ähm", ich versuche meine Stimme wieder zu finden, „Herr Doktor, wir haben da ein kleines Problem..." Freundlich schaut er mich über seine schmalen Brillengläser an. „Ein kleines Problem?" „Ja, mit Ihrem Wagen.... Der Fahrer vom Valetparking hatte einen Unfall..." „Unfall?", kreischt seine Frau. „Ja, es tut mir leid, Señora", sage ich mit leiser Stimme. „Unfall?", kreischt sie wieder. Diesmal noch schriller. Jetzt wissen es alle Gäste im ersten Stock.

Familie Gonzalez macht sich auf dem Weg zum Tatort und wir schleichen betreten hinterher. Kaum wird die Señora des ramponierten Mercedes ansichtig, bricht sie in Tränen aus. Also übernimmt ihre Tochter das Schreien und brüllt den Valetparker an, der noch immer blass und geschockt im Auto sitzt. „Idiot! Wie können Sie nur? Können Sie überhaupt Auto fahren?" Frank versucht einzugreifen. „Señorita, bitte, es war ein Unfall! Der Fahrer erklärte uns, dass das Gaspedal hängen geblieben sei." „Was interessiert mich, was dieser Typ zu sagen hat", schreit die Göre außer sich. Jetzt habe ich genug. „Immer mit der Ruhe, kein Mensch ist zu Schaden gekommen und was das Materielle betrifft: Die Versicherung ist schon am Weg." Diese Mamsell jedoch hat offensichtlich beschlossen dem Drama kein Ende zu setzen und so überrascht die adrett gekleidete 16-jährige das umstehende Publikum mit verbal deftigem Repertoire.

Der einzige, der bislang wortlos dasteht, ist der Besitzer des Autos. Er seufzt und es scheint, dass ihm die schreiende Tochter und die heulende Gattin mehr Sorgen macht, als der Zustand des güldenen Luxusschlittens.

Blaulicht, die Polizei, dicht gefolgt von einem motorisierten Radiojournalisten. Na fein. Die Tochter, die gar nicht daran denkt sich zu beruhigen, hat nun endlich jemanden gefunden, der ihr aufmerksam zuhört. Frank und ich versuchen zu verhindern, dass die Polizei den Valetparker abführt, doch wir scheitern schließlich. Es müsse auf der Behörde klargestellt werden, ob der

Fahrer zum Zeitpunkt des Unfalls nüchtern gewesen sei. Da tippt mir der Reporter auf die Schulter. „Sind Sie die Besitzerin von den Caprichos?" Ich nicke knapp. „Kann ich Ihnen ein paar Fragen stellen?" „Nein", sage ich bestimmt, „diesem Schmierentheater habe ich nichts hinzuzufügen." Im Hintergrund höre ich was Tochter und Gattin Gonzalez generell über Valetparker und deren geistige Fähigkeiten zu erzählen haben.

Endlich erscheint der Versicherungsbeamte und ich nütze die Chance unbemerkt ins Restaurant zu verschwinden. Frank ist noch den ganzen Nachmittag am Ort des Geschehens und schenkt dem armen Mann, dessen Sonntag tatsächlich im Eimer ist, eine Flasche Wein zum Abschluss. Sein kaputtes Auto, bin ich mir sicher, ist sein geringstes Problem. Die Damen treten indigniert und grußlos ab. Gonzalez selbst zuckt zum Abschied hilflos mit den Schultern. Leise sagt er noch, dass ihm das alles sehr leidtäte, und folgt den beiden in deutlichem Abstand.

Luciano hat ein wahres Meisterwerk hingelegt: Er hat es ohne mich geschafft allen Bestellungen nachzukommen, auch wenn es ein wenig länger gedauert hat. „Danke", sage ich anerkennend, „du bist wirklich gut!" „Weiß ich", entgegnet er bescheiden und wir machen uns Schulter an Schulter an Palatschinken & Kaiserschmarrn. Zwei Portionen von letzterem stehen nun schon ein paar Minuten auf der Durchreiche. Kein Kellner in Sicht. „Caprichos!" Nichts. „Muertos!", schreit Luciano mit voller Kraft. *Muertos* heißt so viel wie Tote – damit meint Luciano die Kellner, die, seiner Meinung nach, nicht ihrer Pflicht nachkommen. Ein zornweißer Sergio schlägt die Küchentür auf und faucht in Richtung Luciano „nimm dich in Acht! Ich lasse mich von einem

Argentinier ohne Arbeitsgenehmigung nicht anschreien." Dann dreht er sich zu mir „können Sie diesen Typen nicht unter Kontrolle halten?" Hinter ihm fällt krachend die Tür zu. Gut, dass er meine Antwort nicht abgewartet hat.

„Wir müssen aufpassen, dieser Kerl ist wirklich im Stande uns die Behörde auf den Hals zu jagen", mahne ich erschöpft. „Tut mir leid", sagt Luciano, „kommt nicht mehr vor. Niemals wieder nenne ich sie *Muertos*, auch wenn diese Herren Tote an Effizienz kaum überbieten…" Ich versuche mein Lachen zu verbergen und lese die letzten zwei Comandas: einmal Nusspalatschinken und zwei Apfelstrudel. Ein Kinderspiel und damit geht ein weiterer Sonntag zu Ende.

Schwangerschaft, die Zweite

Einen Tag später haben Luciano und ich einen Termin beim Rechtsanwalt. Dessen schniekes Büro in Polanko riecht nach Raumspray, der Kaffee schmeckt koffeinfrei und die Kekse light. Sergios Drohung noch in den Ohren ist mir eines klar: Wir dürfen keine Zeit verlieren. „Machen Sie sich keine Sorgen", er spricht neben diesen fünf noch ein paar weitere Worte deutsch. Der routinierte Licenciado hat schließlich jahrelang für die österreichische Botschaft amtsgehandelt. „Auch dieser Fall liegt bald erledigt bei den Akten. Dann kann Ihnen niemand mehr die Migrationsbehörde an den Hals hetzen, " damit erhebt er sich lächelnd, offenbar ist unsere Zeit um. „Ich hoffe, Sie behalten recht", sage ich und schüttle ihm die Hand. Die Sache wird zweifellos mehr kosten als ursprünglich angenommen. „Auf Wiedersehen", lächelt der Licenciado noch, „a sus ordenenes, zu Ihren Diensten." Insgeheim hoffe ich, dass ich diese Dienste nicht so schnell wieder beanspruchen muss.

Luciano will mich zu einem gemeinsamen Mate überreden, aber ich winke hundemüde ab. „Das ist mein Nachmittag im Bett, ein paar ruhige Stunden und keiner, der irgendetwas von mir will." „Verstehe", sagt Luciano, als er aus dem Auto steigt, „also bis morgen!" Ich sperre die montäglich geschlossenen Caprichos auf. Max bellt ohrenbetäubend. „Du bist wahrlich ein seltsamer Hund, Fremde würdigst du keines Lauts, aber, wenn ich komme, machst du ein Theater..."

Ein Nachmittag im Bett, mit einem Buch und Max zu meinen Füßen. Das ist meine einzige Chance mir nicht ständig über das Restaurant, die Angestellten und den Kontostand den Kopf zu zerbrechen. Irgendwann schlafe ich ein. Im Traum treffe ich meine Mutter. „Wird ja auch Zeit", sagt sie ungeduldig und bugsiert mich in den Laden. Babykleider, schick & teuer. „Du brauchst mindesten sechs Garnituren Unterwäsche und sagen wir mal - vier Strampelanzüge, zwei Hauben, eine Weste und einen Pulli. Ah ja, dort sind die Pyjamas..." Ich habe keine Ahnung was ich hier kaufen soll. „Mach schon!", sagt meine Mutter streng. „Das kostet ja ein Vermögen!" Endlich habe ich ein Preisschild entdeckt. „Ich bezahle!", sagt sie und schiebt den Einkaufswagen energisch vor sich her.

Verschwitzt wache ich auf. Was für ein Traum... Seit meinem Abort habe ich alle Gedanken an Schwangerschaft weggeschoben, so als wäre das Thema für mich gelaufen. Nur nicht erinnert werden, nur nicht wieder hoffen, nicht wieder wünschen, was dann doch nicht in Erfüllung geht. Das Telefon läutet. „Hallo Schatz, wie geht´s?" „Seltsam, ich habe von Strampelanzügen geträumt..." Am anderen Ende der Leitung bleibt es eine Zeit lang still. „Hast du in letzter Zeit einen Schwangerschaftstest gemacht?" „Nein, ich dachte..." „Was?" „Ich dachte nicht daran..." „Mach einen und ich hole dich um sieben Uhr ab. Wir gehen zum Essen aus. Heute ist unser freier Abend, oder?"

Schwangerschaftstest? Keine Ahnung, wann ich das letzte Mal meine Tage hatte. Ich sollte es wissen, aber eigentlich will nichts wissen. Ich mag keines der beiden möglichen Ergebnisse.

Negativ: Wieder nichts, wahrscheinlich kann ich gar nicht mehr schwanger werden. Zu gestresst, zu alt, Chance verpasst. Positiv: schwanger auf Probe, nicht noch einmal. Gute Hoffnung mit jähem Ende...

Ratlos gehe ich im Wohnzimmer auf und ab, draußen blühen die Jacarandas, die Sonne blinzelt durch die großen Fenster. Ein schöner Nachmittag. Soll ich mir den tatsächlich verderben? Vielleicht verkrieche ich mich doch besser im Bett, schließlich ist heute mein freier Tag. Andererseits lässt mich die Sache nicht mehr los. Was ist wenn?

Max wittert seine Chance, springt an mir hoch und bellt. Einverstanden. Also raus hier, auch für mich ist das besser. Schließlich wird es mit jeder Stunde unter der Decke schwerer wieder aus der sicheren, dunklen Höhle herauszukommen, aufzustehen und auszugehen. Es hat schon vor ein paar Wochen begonnen. Wenn es sich irgendwie einrichten lässt, versuche ich zwischenmenschliche Kontakte zu vermeiden und - im besten aller Fälle - im Bett zu bleiben. Seltsam, ein neues Land ein neuer Job aber ein altes Phänomen. Was die Wahl meiner Berufe betrifft, ignoriere ich mein Bedürfnis nach Rückzug hartnäckig. Mit einem Restaurant, wie auch als Journalistin, lässt sich der Kontakt zu anderen kaum umgehen. Während der Sperrzeiten schließe ich mich in mein Schlafzimmer ein und verstecke mich vor der Welt. Eine undurchdringliche, graue Hülle deckt alles zu und der Alltag macht Pause.

Raus aus der Depression: Ich schlüpfe in meine Schuhe nehme das Wolltuch vom Sessel und gehe aus dem Haus. Max zieht seine Kreise und ich halte nach anderen Hunden Ausschau. „Tu mir einen Gefallen Max und spar dir heute deine Attacken auf Artgenossen!" Mein Beschützer schaut mich verwundert an, so als ob er fragen würde „Ich? Aggressionen? Du musst mich mit einem anderen verwechseln!"

Ich merke, wie die Müdigkeit von mir abfällt. Eine alte Frau verkauft mit Kokos gefüllte Limonen, süß-scharfe Tamarindenbällchen und selbst gemachte Karamellen. Ich kaufe von jedem etwas. Immer wenn die Welt in stumpfem Grau zu versinken droht, sollte ich mir die Farben von draußen hereinzuholen. Deshalb bin ich doch hierhergekommen, in diese Stadt, in der das Grün grüner wirkt, der Himmel blauer strahlt und Farben wie rosa, orange und leuchtendes Rot zum Alltag gehören.

Nach zwei Stunden komme ich mit guter Laune und einem Schwangerschaftstest zurück. Ich hole eine rote Bluse und rote Schuhe aus meinem Kasten und lasse mir ein Vollbad ein. Orangenöl, zwei dicke rote Handtücher und mein Lieblingsbademantel. Zeit für den Test. Während ich auf das Ergebnis warte, spüre ich mein Herz klopfen. Was auch immer, ich werde es verkraften. Langsam ziehe ich die beiden Teile auseinander. Positiv. Ich setze mich auf dem Boden neben der Badewanne.

Schwanger. Wieder schwanger. Soll ich es Frank sagen, bevor ich sicher bin? Bevor ich in einem richtigen Labor war? Bevor ich die ersten vier Monate überstanden habe? Halt: Er ist Teil dieser Geschichte. Er ist der Vater. Er ist mein Mann. Ein Mann, an den man sich anlehnen kann. Einer, der nicht umfällt, oder gar davonläuft. Zumindest hat er das bislang nicht getan.

Ein paar Stunden später sitzt er mir gegenüber und hält meine Hand. „Mach dir keine Sorgen: Diesmal wird alles gut gehen!" Damit ist das Thema für ihn beendet. „Austern in ihrer Schale? Danach ein Prime Rip, medium rare, sagen wir 250 Gramm. Eine ordentliche Portion Eiweiß kann ja nicht schaden. Mit Spinat und Kren?" Ich lächle „du willst also, dass ich – sicher ist sicher – für zwei esse?" „Ja, genau das will ich. Denn, mein Liebling, du hast über die letzten Monate ein paar Kilos verloren, und wenn du mich frägst, das waren ein paar zu viel…" Bin ich froh, dass dieser Mann keiner der neuen Männer ist, die das Land angeblich braucht.

Das Labor hat bestätigt, was der Selbsttest ergeben hat. Und nichts von dem was ich befürchtet habe, ist wahr geworden. Ich bin nicht von der Angst beseelt, dass ich mein Kind wieder verlieren werde. Es fühlt sich alles richtig an. Soweit ich das beurteilen kann, sogar ganz genauso, wie es sich gehört. Ich habe zwei Gänge zurückgeschalten, was nicht in den Tag passt, wird einfach verschoben. Außerdem habe ich einen Küchengehilfen eingestellt, Amilcar. Er kocht aus Leidenschaft und hat vor ein paar Wochen eine Gastronomie-Schule begonnen. Außerdem lacht der Junge fast ununterbrochen und findet alles spannend. Luciano ist sein Vorbild und das Gemunkel der anderen interessiert ihn nicht.

Eigentlich kann man das nicht mehr Gemunkel reden, die Angestellten reden ständig übereinander. Immer gibt es, wie kann es auch anders sein, nur Schlechtes zu berichten. Die Kluft zwischen Küche und Service, zwischen drinnen und draußen, ist größer geworden. Die Distanz scheint kaum noch überbrückbar. Nur Kellner Valentin, der, trotz der Schikanen des Herrn Kapitäns, Steherqualitäten bewiesen hat, überschreitet die klar markierte Grenze. Er will alles lernen, auf beiden Seiten der Linie, innerhalb und außerhalb der Küche.

Luciano ruft die Kellner nicht mehr Muertos, sondern schreit die servierten Speisen durchs Haus. Jedes Gericht hat seine eigene Melodie, die Gäste horchen auf und die Kellner wissen, dass sich ab diesem Zeitpunkt eine Verzögerung nicht mehr auf die Küche schieben lässt. „Caprichooos!" „Schokoocrepaaas!" „Gulaaasch!"

Sergio spricht nicht mehr, genau gesagt: Er spricht nicht mehr mit mir. Er grüßt nicht, sondern nickt und das im besten Fall. Seine Zeit läuft ab, das ist mir klar. Inzwischen fällt mir auch kein Grund mehr ein, diese Tatsache zu bedauern. Er ist stets missmutig und bockig. Sagt man etwas zum ihm, tut er so, als hätte er nicht richtig verstanden. Wenn man die Stimme hebt, macht er schließlich wie geheißen, doch mit solchem Widerwillen, dass man seine körperliche Anstrengung dabei spürt. Javier sucht schon nach einem neuen Ober. Ich warte ab und ignoriere den missmutigen Kapitän so gut es geht.

Er, seinerseits, versucht alle gegen mich aufzubringen. Bislang ohne Erfolg. Selbst Gerardo kommt in mein Büro und fragt kleinlaut „kann ich bleiben, selbst wenn Sergio geht?" „Natürlich, wenn Sie das wollen..." Es ist höchste Zeit diesen Typen loszuwerden. Morgen habe ich ein Gespräch mit einem Arbeitsrechtsexperten. Wenn ich diese Schlacht gewinnen will, muss ich vorbereitet sein.

Es ist fast 8 Uhr abends, ich schließe das Büro und gehe langsam die Stiegen hinunter. Sergio hält eine Predigt. Das tut er immer, wenn er nicht gerade über mich herzieht. Unser Herr Oberkellner ist streng gläubiger Evangelist und beglückt alle anderen, mit oder gegen ihren Willen, mit der Wahrheit, das heißt, mit seiner Version der Wahrheit. Schon vor unserem Zerwürfnis habe ich stets versucht seine Predigten zu überhören. Meist leider ohne Erfolg.

Da holt Gottes unwürdiger Diener wieder Luft: „Weiche nie vom richtigen Weg ab! Und Obacht mit der Jugend. Als Erziehungsberechtigter muss man hart durchgreifen und die Kinder zur Disziplin, zur Ordnung bringen. Nur ein gottesfürchtiges Leben ist der richtige Weg. Auf diesen Weg müssen Eltern ihren Nachwuchs bringen, koste, was es wolle!" Der Zweck heilige die Mittel. Auf eine skeptische Zwischenfrage des Abwäschers erklärt er, ohne mit der Wimper zu zucken „Ja, manchmal muss man den Nachwuchs auf den rechten Pfad prügeln, es ist schließlich zu seinem Besten." Schon geht es weiter über Gottes Zorn, der den Sünder erreicht und... Was mich betrifft, kann ich auf einen Gott, vor dem ich mich fürchten muss, gerne verzichten. Wie gut, dass die Tür aufgeht und der Sermon jäh unterbrochen wird.

Unter lautem Hallo spazieren drei Österreicher herein. Wahrlich ein heiteres Kleeblatt: Landadel mit Schnauzbart, Vorstadtprinz mit Stoppelhaar und Dame im Dirndl. „Wir kennen uns vom Stammtisch, erinnern Sie sich?", fragt Letztere. „Selbstverständlich", antworte ich, wer kann 100 Österreicher, fliegende Schnitzel und bissige Bemerkungen vergessen. „Was darf ich anbieten?" Die Herrschaften bestellen eine Flasche Wein, Würsteln mit Saft, kalten Schweinsbraten in Essig & Öl und eine Sachertorte mit Schlag.

Ich drehe mich wieder zur Bar und muss feststellen, dass sich der Herr Oberkellner von der Kundschaft nicht unterbrechen lässt. „Es tut mir leid Ihre Predigt zu stören, aber wir haben Gäste im Haus..." Ich atme tief durch, gehe Richtung Küche ab und erspare mir den trotzigen Blick des Herrn Kapitäns, der inzwischen tatsächlich so tut, als würde er sich seiner Aufgabe besinnen.

Es ist ein ruhiger Abend im Restaurant, neben den Österreichern sitzt ein einsamer Esser vor dampfender Schwammerlsuppe und wie so oft turtelt ein romantisches Pärchen im ersten Stock. Gut, so komme ich doch noch früh ins Bett.... Und wirklich nach sechzig Minuten gehen alle ab, nur der Tisch der Österreicher trinkt beharrlich weiter. Inzwischen steht die dritte Weinflasche auf dem Tisch. „Alles in Ordnung?", frage ich, schließlich erwarten sich meine Landsleute eine bevorzugte Behandlung. „Bestens", grinst der Herr mit Kurzhaarschnitt. Da fällt mir auf, dass die Dame fehlt. Der Herr mit Schnauzer bemerkt meinen suchenden Blick und deutet unter den Tisch. „Die ist da unten, sie hat ihren rechten Schuh verloren." „Na dann", seufzt der andere, „helf ich ihr halt suchen..." und verschwindet ebenfalls unter der Tischdecke. Ich weiß nicht, was ich dazu sagen soll und ziehe mich unauffällig zurück.

Daniel, der Barmann, zieht die rechte Augenbraue hoch und Valentin kann sich das Lachen kaum noch verbeißen. Nach 30 Minuten ist die Mission Schuh erledigt und die Herrschaften bestellen noch eine Flasche. Eine weitere halbe Stunde später scheint der

Herr mit Schnauzbart endlich genug zu haben, genug von Wein und der Gesellschaft. Er geht ab, die beiden anderen trinken munter weiter. Nach einiger Zeit wankt die Dame, die inzwischen glücklicherweise wieder beide Schuhe anhat, Richtung Toilette. Sie kommt ins Straucheln, doch Gerardo eilt herbei und bugsiert sie elegant durch die richtige Tür. Es vergehen fünf Minuten, dann zehn, ja zwanzig. Der Herr unter dem Bürstenschnitt scheint langsam nervös zu werden. So wie ich. Es ist halb zwölf und höchste Zeit die Kellner nach Hause zu schicken.

Der alleingelassene Kunde ergreift in seiner Verzweiflung die Initiative und verschwindet ebenfalls im Damenkloset. Da die beiden mittlerweile die einzigen Gäste sind, erhebe ich keinen Einspruch und nutze die Gelegenheit alle - bis auf Valentin - nach Hause zu schicken. Plötzlich treten die Verschwundenen wieder auf. Die Dame schwer auf ihren Begleiter gestützt, blassgrün im Gesicht, im nassen Dirndlrock. „Ein Hoppla", lallt der Herr verlegen im Vorbeigehen. Ich rase in die Toilette und sehe das Hoppla über Boden und Wände verteilt. Schnell mache ich die Tür wieder zu. Trotz Schwangerschaft leide ich zwar nicht an morgendlicher Übelkeit, aber unter einer empfindlichen Nase. Rodrigo, der eigentlich gerade gehen wollte, schnappt Kübel wie Fetzen und marschiert mutig zum Tatort. „Danke", rufe ich erleichtert hinter ihm her.

„Señora", flüstert Valentin, „die Dame hat sich nass gemacht, Sie wissen schon..." „Ich weiß." „Aber sie hat sich leider – ich konnte es nicht verhindern - auf den stoffbezogenen Sessel im Foyer gesetzt..." „Was?" Er wirkt desoliert, die Dame hat es beim ersten Anlauf nicht zurück an ihren Tisch geschafft." Ich seufze. „Stellen Sie den Sessel in den Hof, wir waschen ihn morgen."

Es reicht, entscheide ich und schließe unaufgefordert die Rechnung des Duos. Pancho, der Parker, legt die Schlüssel der beiden verbleibenden Autos auf die Bar „möchten Sie, dass ich sie den Herrschaften persönlich aushändige? Es ist gleich 12 Uhr und ich muss leider los, sonst versäume ich die letzte U-Bahn." „Nein danke, ich kümmere mich um alles Weitere."

Da wird mir bewusst, dass ich einer Dame in dem Zustand wohl kaum Autoschlüssel aushändigen kann. Nun, strenggenommen, sollte auch der Vorstadtprinz nicht mehr fahren. „Pancho bitte stellen sie den Wagen der Señora ins Parkhaus. Ich denke, sie sollte ein Taxi nehmen." Der Valetparker schaut mich groß an, tut aber wie geheißen.

Ich lege Rechnung in ein adrettes Mäppchen und marschiere zu meinen Gästen. „Es tut mir leid, aber wir schließen. So habe ich mir erlaubt, Ihre Rechnung fertigzumachen" und übergebe das Mäppchen einem befremdet wirkenden Herrn. „Hier ist auch Ihr Autoschlüssel!" Dann wende ich mich an die Dame. „Ihr Wagen ist im Parkhaus sicher eingestellt. Die anfallenden Kosten gehen aufs Haus!" Der Blick der Dame übertrifft den ihres Begleiters, aber auch sie entgegnet kein Wort. Er zieht seine Kreditkarte und ich gehe ab.

Von der Kasse aus sehe ich, dass sich die beiden redlich bemühen auf die Beine zu kommen. Am Weg zur Tür unterschreibt der, inzwischen sehr müde wirkende Vorstadtprinz seinen Voucher. „Dankeschön und guten Heimweg!" Die beiden sind immer noch sprachlos. „Valentin, bitte begleiten Sie die Herrschaften zu Tür!"

Ich bin sicher, dass diese Geschichte, innerhalb der österreichischen Gemeinde, ihre Kreise ziehen wird. Kein Zweifel: Die erzählte Version der Vorfälle wird alles andere als geschäftsförderlich sein. Doch das ist mir recht. Mir sind mexikanische Machos lieber, die mir zum Abschied schlicht die Hand küssen und sich schon auf ihre nächste kulinarische Reise freuen.

Valentin schließt die Tür und schüttelt den Kopf. „Nun jetzt wissen Sie, warum ich nach Mexiko gegangen bin…" Er schaut mich verwirrt an. „Das war ein Scherz…" Er lacht, ich nicht. „Kann ich mit Ihnen reden?", fragt er so beiläufig, wie es ihm gelingt. „Der Kapitän zahlt mir nun schon die zweite Woche kein Trinkgeld mehr aus. Er sagt, ich verdiente keines, denn ich stünde mehr im Weg, als zu helfen…" Ich spüre einen gerechten Zorn gegen diesen gottesfürchtigen Halunken in mir aufsteigen. „Jetzt ist genug", sage ich, „kommen Sie mit!" Ich rechne rasch das Trinkgeld des heutigen Tages aus, teile es durch drei und übergebe einen Anteil Valentin, der mich groß anschaut. „Das haben Sie sich verdient, und eigentlich sogar mehr als das, denn Sie stehen noch immer vor mir." „Aber, aber…", stottert Valentin, „Sergio wird das nicht gefallen und Ihnen womöglich Schwierigkeiten machen." Das glaube ich auch. „Das ist nur möglich, sondern sogar sehr wahrscheinlich."

Der Kapitän tritt ab

Um Punkt 13 Uhr wird meine Bürotür aufgerissen, ich hebe erstaunt den Kopf. Sergio brüllt in meine Richtung „wo ist der Rest des Trinkgeldes? Ich habe abgerechnet und muss bemerken, dass 123 Pesos fehlen." „Guten

Tag", erwidere ich leise, „normalerweise klopft man an, bevor man ein Büro betritt." Gleich platzt er, also fahre ich besser fort „die fehlenden 123 Pesos habe ich an Valentin ausbezahlt. Das ist sein ehrlich verdienter Anteil am gestrigen Trinkgeld." In Sergio Gesicht lese ich unverhohlenen Hass und mir ist klar, falls ich noch etwas sagen will, sollte ich es jetzt tun. „Ich weiß, dass Sie der Meinung sind, dass die Verteilung des Trinkgeldes allein Ihrer Willkür unterliegt und sich ein Kellner erst Ihre Gunst verdienen muss, um seinen wohlverdienten Anteil zu erhalten. Doch diese Anschauung kann ich leider nicht teilen." „Wer hier wieviel Trinkgeld bekommt, entscheide ich", schreit mich der kleine Mann an. Ich ziehe nur die Brauen hoch. „Das wird Ihnen noch leidtun!" Langsam stehe ich auf und mache ein paar Schritte auf ihn zu. Er weicht zurück, schließlich ich bin ein gutes Stück größer. „Ich werde Sie klagen!", brüllt er. „Tun Sie das", sage ich ruhig und schließe die Tür.

Ein paar Minuten später habe ich bereits mit einem Rechtsanwalt gesprochen. Den Auftrag ein Protokoll vom Geschehen zu verfassen, bin ich nachgekommen und alle Anwesenden haben unterschrieben. Dank der Brüllerei konnte jeder im Lokal hören, was der Herr Kapitän zu sagen hatte. Nein, ich hätte tatsächlich nicht das Recht, das Trinkgeld zu verteilen, ermahnte mich der Experte in Arbeitsrecht. Als ich protestieren wollte, sagte er rasch „Aber, ich kann Sie beruhigen, deshalb wird Sie Ihr Oberkellner sicher nicht klagen. Ich tippe auf *Ungerechtfertigte Entlassung*!" „Aber ich habe ihn nicht entlassen, weder gerechtfertigt, noch ungerechtfertigt." Da entstand eine Pause am anderen Ende der Leitung. „Darum geht es nicht. Sie werden eines Vergehens angeklagt und müssen beweisen, dass Sie unschuldig sind. Und das, glauben Sie mir, ist vor einem mexikanischen Arbeitsgericht keine einfache Angelegenheit." „Ich muss meine Unschuld beweisen?" „Ja, das nennt sich nach Ihrem europäischen Rechts-verständnis wohl umgekehrte Beweislast. Das heißt: Sie sind schuldig, bis Sie das Gegenteil bewiesen haben. Dafür aber haben Sie mich. Also: No se preocupe. Rufen Sie mich sofort an, wenn die Klage eintrifft."

Umgekehrte Beweislast? Da kann ja jeder von mir behaupten, was er will und ich muss beweisen, dass ich es nicht war? Ich wähle Javiers Nummer und habe Glück. Mein viel beschäftigter Freund sitzt offensichtlich gerade in seinem Büro. Ich erzähle ihm die Geschichte und er schweigt. „Javier?" „Noch am Apparat", gefolgt von einem Seufzen. „Das sind schlechte Nachrichten, sehr schlechte." Ich schweige, obwohl mir das nicht leichtfällt. „Das Problem ist, dass du kein Geld hast und solche Klagen enden immer damit, dass man bezahlen muss." „Aber Javier, ich habe nichts Rechtswidriges getan, außer einem kleinen Kellner das Trinkgeld zu geben, das ihm zusteht." „Renate, bitte...", ermahnt mich mein Freund mit gequältem Unterton, „es geht nicht darum was du getan, oder nicht getan hast. Du bist nicht in Europa." Du bist nicht in Europa? Nein, bin ich nicht, aber wohl auch nicht in einer rechtsfreien Zone. Mexiko ist ein moderner Staat mit Gesetzen und funktionierenden Gerichten. Was soll schon passieren? „Verdammt, du bist die Arbeitgeberin und hier daher von vornherein verdächtig. Abgesehen davon kann ich dir versichern: In Mexiko ist alles möglich. Auch für Arbeitgeber, nur das ist alles andere als billig und nennt sich Korruption." Nach einem weiteren Seufzen wechselt mein Freund den Tonfall. Man müsse jetzt erst einmal abwarten und dann eine

Lösung finden. „Tut mir leid, dass ich nicht *No te preocupes* sagen kann. Ich will dich nicht anlügen. Aber ich verspreche, dass ich dir helfen werde, wo ich nur kann."

Es klopft an der Tür „Hola, jefa!", lächelt mein Koch und kommt hinter einem großen Tablett ins Büro. Frisch gepresster Orangensaft, Salat mit Ziegenkäse und Vollkornbrot, daneben Joghurtcreme auf Mangoscheiben. Während er das Menü präsentiert, hat Luciano die gegenüberliegende Seite des Schreibtisches gedeckt. „Bitte zu Tisch!" Mein Koch ist der erste Angestellte, dem ich erzählt habe, dass ich schwanger bin. Er seinerseits hat diese Neuigkeit zur Priorität erhoben und serviert mir seither fünf Mahlzeiten täglich. „Es wird dir guttun, dass dieser elende Gauner nicht mehr da ist. Ehrlich gesagt: Es wird uns allen guttun." Luciano schmunzelt. „Unten wird heftig gemauschelt, dass der Kerl dir das Leben zu Hölle machen wird." „Ich zittere vor Angst", scherze ich und versuche meine Zweifel zu ignorieren. Was kann mir dieser Kerl schon tun? Ich habe keine Lust darüber nachzudenken und wechsle die Tischseite.

Die regelmäßigen Mahlzeiten tun mir gut, vor allem aber genieße ich es verwöhnt zu werden. Dafür bin ich eindeutig im richtigen Land. Nachdem die Neuigkeit von meiner Schwangerschaft die Runde gemacht hat, entdecke ich ein neues Mexiko: das Paradies für Schwangere. Daniel, mein Kassier und Barmann, nimmt mir ungefragt alles aus der Hand, selbst wenn es eine Zuckerdose ist. „Dejame ayudarle! Lassen Sie mich helfen!" Ständig will mich einer der Angestellten auf Siesta schicken. „No quiere descansar un ratito? Wollen Sie nicht ein Weilchen ausruhen?" Und kaum stehe ich irgendwo länger als eine Minute schiebt man mir nachdrücklich einen Sessel in die Kniekehlen. „Ya tomó sus vitaminas? Haben Sie heute schon Ihre Vitamine genommen?"

Mexiko ist anders. Schwangerschaft ist hier kein Anlass für Bei- oder Mitleid, sondern ein Grund zu feiern. ¡Felizidades! Ich kann mich noch gut an eine andere Welt erinnern. Bei der Eröffnung *Ich bin schwanger* war stets angeraten erst den Gesichtsausdruck der Betreffenden zu studieren, bevor man sich Freudenausbrüchen hingab. Nein, ich bin nicht mit Naivität geschlagen und würde nie behaupten, dass es hier keine ungewollten Schwangerschaften gäbe. Die gibt es überall und vor allem dort, wo die Armut am größten ist. Die mexikanische Hauptstadt ist voller alleinstehender Mütter, die täglich darum kämpfen mit dem ungeplanten Kindersegen zurecht zu kommen. Für Frauen aber, die weder allein, noch arm sind, kann man sich offen über Nachwuchs freuen.

Es ist mehr, die Welt rundherum beglückwünscht nicht nur, sondern steht werdenden Müttern zur Seite. Aus einem „anderen Umstand" wird ein genussreicher Zustand, aus der Señora eine Mamá. Das heißt viel in einer Gesellschaft, in der Mütter das Sagen haben. Schließlich machen die Mamas ihre Jungs zu Machos und manipulieren sie dann – trotzdem - durchs Leben.

Da muss man nur längst erwachsenen Söhnen zuzuhören, wenn sie mit der Frau Mamá telefonieren, vor allem, wenn Muttern verärgert ist. „Si Mamá." „Claro Mamá, entiendo Mamá!" „Perdóname Mamá" und am Ende immer ein „Te quiero Mamá!" Meist kommt der Sohn nicht zu Wort und wenn doch, dann stimmt er zu, oder entschuldigt sich. Übersetzt heißt Vorhergesagtes: Ja Mamá, klar Mamá, verstehe Mamá, Verzeih mir

Mamá, Ich liebe dich! Bei all den Antworten klingt die Stimme eines inzwischen 50-jährigen Söhnchens nicht gequält, oder gar abwesend, sondern liebevoll und aufmerksam. Mütter sind hier eine Instanz und das merkt eine Frau bereits, wenn der Spross noch in ihrem Bauch steckt.

Ich genieße all das Theater um mich herum. Mein Mann spielt mit und das mit Perfektion. Fürsorglich kümmert er sich darum, dass ich jede Nacht acht Stunden schlafe, nicht durch die Welt hetze und übernimmt am Wochenende die Einkäufe am Großmarkt. Nichts scheint seinen Optimismus und seine Vorfreude zu trüben. Wir planen ein Kinderzimmer, überlegen uns einen Namen und kaufen schicke Babyshirts, ohne zu wissen, ob sie einem Er oder einer Sie passen sollen. Der Umstand, dass wir Eltern werden, hat ein neues Gefühl in uns wachsen lassen: Gemeinsam schaffen wir alles. Alles, was auch kommen mag. Es ist so, als hätten wir nie Probleme gehabt, nie aneinander gezweifelt, oder Angst vorm Scheitern gehabt. Eine wundervolle Zeit und ich habe keine Lust sie mir von einem fanatischen, fiesen und falschen Oberkellner verpatzen zu lassen.

Ich schaue über den Tischrand auf meinen Bauch. Der sieht nicht mehr nur danach aus, als hätte ich einfach zu viel gegessen. Sanft streichle ich über die wachsende Wölbung. „Hast du auch schon wieder Hunger?" Nichts bewegt sich. „Zuerst einmal essen wir in aller Ruhe und dann sehen wir weiter. Mach dir bloß keine Sorgen", sage ich leise. Die letzten Worte sind wohl eher an mich als an mein Baby gerichtet. Da fällt mir ein, was Idzi Dutkiewicz, ein mexikanischer Radiomoderator stets sagt: „Tu tranquilo, yo nervioso!" Du sei ganz ruhig, nervös bin schon ich. Das gilt auch hier: Ich mache mir genug Sorgen für zwei.

Aus zwei wird vier

Mein Arzt ist anders als andere und außerdem teilen wir eine Leidenschaft. Jose Aran Ramos liebt gutes Essen und gute Weine. So kommt es auch, dass mein Gynäkologe inzwischen Stammgast in den Caprichos ist. Heute aber bin ich Patientin und er Arzt - in seiner Ordination. „Na wie geht´s?", fragt er fröhlich, als ich hereinkomme. „Noch gut", sage ich leise und versuche es mit einem Lächeln. „Jetzt aber Schluss", er sieht mich ernst an, „Sie haben ein Kind verloren, ich weiß, aber: Das ist Vergangenheit, verstehen Sie?" Mir fällt nichts dazu ein, also nicke ich. „Keine Sorge, diesmal ist alles bestens", fügt er sanfter hinzu, „Sie werden sehen, ich habe Talent, was Schwangerschaften betrifft." Gut, dass ich den Arzt gewechselt habe. Trotzdem schalten sich mit dem Ultraschall-Gerät auch meine Ängste ein. Ich höre mein Herz pochen und frage mich, ob man bei dem Lärm noch den Herzschlag eines Babys ausmachen kann.

Der Herr Doktor scheint unbeeindruckt und besinnt sich auf seine wahre Leidenschaft. „Haben Sie schon sizilianischen Shiraz probiert?" Das ist typisch Aran, wenn er spürt, dass sich düstere Gedanken einschleichen, redet er von Lustvollem. „Ich habe gestern einen verkostet: Principe Feudo de Putera." „Woher kennen Sie diesen Wein?", frage ich erstaunt. „Ein Freund hat mir eine Flasche geschenkt…sehr erstaunlicher Tropfen." „Sie sollten diesen Shiraz einmal mit meinem Rotweinbraten versuchen. Sie finden ihn auf meiner neuen Weinkarte..." Aran bedeutet mir, mich auf das Bett neben ihm zu legen. Ich leiste den Anweisungen gedankenverloren Folge. „Der Italiener, der ihn importiert, ist ein hinreißender Mann...," Aran setzt ein einschlägiges Schmunzeln auf. „Nein, was denken Sie? Wir verstehen uns gut, er ist ein Weinliebhaber, so wie ich. Er weiß gutes Essen zu schätzen, so wie ich. Er kocht, so wie ich und er hat Ticks, so wie ich. Er könnte mein Bruder sein." „Ein Bruder... Nun, so ein Verhältnis kann man selbst werdenden Müttern zugestehen."

Schon erscheint ein Bild am Monitor, es erinnert an das aus meinen Albträumen. Dieser Mann wusste das und wechselt erst jetzt zum eigentlichen Thema. „Da ist er oder sie... nein er. Er, keine Frage. Alles in bester Ordnung." Dann zieht er seine rechte Augenbraue hoch. „Aber warten Sie..." Pause. „Das kann ja nicht sein..." „Was?" Es fällt mir schwer den panischen Unterton zu unterdrücken. Die Mundwinkel meines Arztes wandern nach oben, seine Augen lachen. Ergo kann es nichts Schlimmes sein. „Gut, dass Sie liegen, dann können Sie mir nicht umkippen." Er schaut mir in die Augen. „Die Sache ist die: Sie werden nicht nur ein Kind bekommen, sondern zwei." „Was?" „Nun, das nennt man Zwillinge..." „Ich weiß, wie man das nennt." Aran lässt sich nicht beirren. „Zweieiige Zwillinge, zwei in getrennten Fruchtblasen. Das heißt die beiden, wenn ich mich nicht sehr irre, Herren müssen einander nicht einmal ähnlichsehen. Das ist wie zwei Schwangerschaften in einem."

Zwillinge, so wie es die Hexe vorausgesagt hat. Jose Aran druckt die ersten Fotos von den Buben aus. „Gut, dass Sie eine gesunde, kräftige Frau sind. Das trifft übrigens auch auf die beiden zu. Ich bin mir wirklich fast sicher, dass es Buben sind." Meine Söhne. Unsere Söhne.

Ich muss Frank anrufen. „Darf ich, darf ich telefonieren?" „Klar dürfen Sie, und das hätte ich Ihnen auch dringend angeraten. Lassen Sie ihn schon grüßen, den Herrn Papa."

Während der Arzt diese kräftigen, wie er stets betont, Herren am Bildschirm vermisst, wähle ich Franks Nummer. „Zeller?" „Sitzt du gerade?" Zur Antwort kommt ein gedehntes „Jaaa?" „Gut, denn in einem halben Jahr sind wir nicht zu dritt, sondern zu viert. Du hast zwei kräftige Söhne und ich sehe sie gerade am Bildschirm." „Das ist wunderbar, mein Schatz!" Ich höre kein leises Erschrecken, kein Zaudern, nicht einmal eine kleine Denkpause. Er freut sich, er freut sich so sehr wie ich. Wobei freuen nicht das Wort ist, dass dieses Gefühl auch nur annähernd beschreiben könnte. Heute ist der 5. Juli 2004, diesen Tag werde ich nie vergessen.

Ein alter Bekannter kehrt zurück

Die Tage vergehen und es fühlt sich an, als wäre ich auf einem nie endenden Weihnachtsfest. Oder, noch treffender: So, als würde die letzte köstliche Stunde vor der Bescherung nie enden. Das größte Paket, hübsch verpackt, befindet direkt vor meiner Nase: mein Bauch. Sein bislang sehr mysteriöses Innenleben, hat Persönlichkeit bekommen. Genau genommen zwei: Da drinnen stecken meine sechs Monate alten Söhne und ich rede mit ihnen, was immer ich sonst auch gerade tun mag. Von außen betrachtet, muss das höchst seltsam anmuten. Die junge Frau, die an mir zügig vorbeijoggt, verdreht den Kopf und läuft Gefahr mit dem nächsten Baum zu kollidieren. Klar, wer spricht auch schon mit seinem Bauch, und das auf Deutsch. Die seltsamen Blicke kümmern mich nicht. Ich weiß schließlich wer in diesem – inzwischen bemerkenswerten - Bauch sitzt. Da meine Söhne selbst noch nichts sehen können, erzähle ich ihnen, was sich in der Welt außerhalb abspielt. Jeden Tag drehen wir eine große Runde durch den Park, bevor ich mich im Büro an die dicke Mappe „Zu erledigen" mache.

Inzwischen habe ich eine Sekretärin, Aldonza. Bis auf den Namen hat sie nichts mit der Angebeteten des traurigen Helden Don Quichote gemeinsam. Sie studiert Tourismus und verdient sich in den Caprichos nebenbei ein paar Pesos. Ich mag sie, Aldonza ist unbeirrbar optimistisch und hartnäckig. Seit nunmehr vier Wochen versucht sie täglich die amtliche Genehmigung für unser Schild zu bekommen. Unser Eingang ist zwar sehr diskret und ergo sehr elegant, aber ein Namenszug über der Tür könnte dem Geschäft durchaus zuträglich sein. Doch die Behörden finden stets einen Grund das Gesuch abzulehnen. Meist wegen fehlender Dokumente: irgendeine Kopie, ein Foto vom Nachbarhaus, das geplante Schild im Profil und so weiter. Adonza aber, Don Quichote gleich, kämpft gegen Mühlen, in diesem Fall Amtsmühlen und denkt gar nicht daran aufzugeben.

„Das kam gerade vom Arbeitsgericht, ich musste den Empfang unterschreiben...", unterbricht Aldonza und wedelt mit einem großen gelben Umschlag. Ich habe eine wage Vorstellung, was sich in diesem Kuvert befinden könnte. Fürwahr, es ist die Klagschrift: Sergio Andrade gegen Renate Zeller Heilig, so wie gegen das Unternehmen Los Caprichos del Emperador SA de CV.

Das Gerichts-Spanisch übersteigt meine Kenntnisse, aber so viel ist auch mir klar: Ich bin wegen ungerechtfertigter Kündigung meines Oberkellners angeklagt. Hier steht, ich hätte ihn ohne Angabe von Gründen hinausgeworfen und ihm den Zutritt zu seinem Arbeitsplatz , vor drei Zeugen (deren Namen ich noch nie zuvor gehört habe), verwehrt. Apropos verwehrt, ich hätte mich auch geweigert die, ihm zustehende, Abfertigung, und andere, von mir zu leistende Zahlungen, wie den Anteil an Weihnachts – und Urlaubsgeld, zu entrichten.

Ich atme tief durch. Verdammter Gauner. Ich habe dich nie gekündigt. Dir auch nicht den Zutritt zum Restaurant verwehrt. Die drei in der Klagschrift angeführten Typen habe ich nie gesehen. Und da ich dich nicht hinausgeworfen habe, habe ich dir tatsächlich keine Abfertigung bezahlt. Verbrecher! Ich bin so wütend, dass ich gegen den Kleiderständer trete, der beim Umfallen eine Vase mitreißt. Wasser, Scherben, Rosenblätter. Aldonza starrt mich an. „Perdón, ein kurzer Wutanfall. Der Herr, der mich da klagt, ist ein Betrüger." „So was ist hier nicht ungewöhnlich", versucht mich meine Sekretärin zu trösten, „bitte regen Sie sich nicht auf!", seufzt sie mit einem Seitenblick auf meinen Bauch. „Ich habe nicht vor mich aufzuregen. Verbinden Sie mich mit unserem Rechtsanwalt!" Mein Blick wandert noch mal auf die Klageschrift. 15. Mai? Das soll der Tag gewesen sein, an dem ich ihn rauswarf? Am 15. Mai war ich gar nicht in dieser Stadt. Petra hat mich auf ein Wochenende nach Zihuatanejo, ans Meer eingeladen. Das will mir gefallen! Meine Stimmung hebt sich merklich.

Am selben Nachmittag soll ich unseren Arbeitsrechts-Experten in der Zona Rosa treffen. Die einst schicke Zone wirkt längst verkommen, der Putz ist abgeblättert, bunte Leuchtreklamen haben von den Fassaden einst eleganter Wohnhäuser Besitz genommen. Die Zona Rosa hat sich in eine Zona Roja verwandelt. Einschlägige Bars, Sexhops und atemberaubendes Outfit für Damen, wie Herren des Gewerbes. Zwanzig Zentimeter hohe phosphoreszierende Stöckel, vierfarbige Perücken, Shorts mit povergrößernden Schaumstoffeinsätzen. Ich bin – wie so oft – zu früh dran und beschließe einen dieser exotischen Läden zu erkunden. In einem Plateau-Absatz tummeln sich bunte Plastikfische in einer bläulichen Flüssigkeit. „Ein kleines Aquarium im Schuh", erklärt der Verkäufer hilfreich, „praktisch die Haustiere dabei zu haben, wenn man stets auf der Straße ist." Hinter dem Herrn sehe ich ein großes Sortiment an Handschellen, Peitschen und Lederriemen. Eine Kundin betritt den Laden und wirft einen skeptischen Blick auf meinen Bauch. Ich bedanke mich, drehe mich am Absatz um und verlasse raschen Schrittes das Geschäft.

Draußen krame ich nach der Adresse. Ein Café als Treffpunkt? Warum nicht sein Büro? Wie auch immer, ich habe das Lokal, nahe der Kanzlei, sofort gefunden, also setze ich mich und warte. Der Kerl ist unpünktlich. Es gibt wenig, was mich ähnlich aufbringt. Zehn Minuten, fünfzehn, zwanzig. Da kommt ein etwas übergewichtiger Typ in einem glänzenden Anzug und spitzen Stiefeln auf mich zugeeilt. „Sie müssen die Besitzerin der Caprichos sein?", fragt er außer Atem. Möglicherweise kann er meinen Namen nicht aussprechen, oder er hat ihn sich nicht gemerkt. „Ja bin ich, Renate Zeller Heilig!" und strecke ihm die Hand entgegen „Entcantado, sehr erfreut!", sagt der schwitzende Mann mir gegenüber und setzt sich. Ich schiebe ihm, ohne weitere Vorrede die Klageschrift unter die Nase. Der Anwalt senkt seinen Blick in das amtliche Papier und streicht dabei über seinen Ziegenbart.

„Hmmm", sagt er und wiederholt sich, „hmmm…". „Wie bitte?", frage ich gezwungen freundlich. „Das dachte ich mir, das wird eine lange, unangenehme Geschichte." „Wie kommen Sie darauf?", frage ich gereizt, „hier ist mein Protokoll der Angelegenheit, von allen Anwesenden unterschrieben. Alles in der Klage ist erlogen und erstunken." Ich führe meine Anschuldigung aus und hebe mir die Pointe für das Ende auf „obendrein war ich an dem fraglichen Tag, an dem ich diesen Betrüger vor drei mir völlig Unbekannten gefeuert haben soll, nicht in der Stadt!" Mit einem siegessicheren Schmunzeln lege ich eine Hotelrechnung, die Petra mir rasch gefaxt hat, auf den Tisch.

Der Anwalt sagt erneut „Hmmm" und sonst nichts. „Damit muss die Sache doch gegessen sein?", frage ich nach. „Meine Liebe", beginnt der gute Mann, „wenn das so einfach wäre, hätten Leute wie ich keine Arbeit." Mich ärgert die Anrede *Meine Liebe*, denn das bin ich nicht, und obendrein kümmern mich die beruflichen Perspektiven von Leuten wie ihm herzlich wenig.

„Die andere Seite", erklärt mein Gegenüber, „wird uns ab jetzt ständig mit neuen Vorwürfen konfrontieren und wir müssen sie alle parieren. Schließlich sind wir die Angeklagten!"

Dieser Mann wurde mir aufs Wärmste empfohlen und er mag auch durchaus gut sein in seinem Rechts-Geschäft, aber er scheint nicht zu begreifen. „Haben Sie nicht verstanden? Ich war an dem Tag meines vermeintlichen Vergehens gar nicht in dieser Stadt und ich kann das auch belegen!" „Frau, ähm, Sellaa? Das weiß ich bereits, aber Klagschriften lassen sich korrigieren und das ist genau was die Herrschaften nach unserer Eingabe tun werden." „Das kann man?" „Ja, glauben Sie mir, man kann fast alles." Da bleibt mir die Luft weg.

„Eine Frage: Wollen Sie sich nicht lieber mit diesem, wie heißt er doch gleich..." und blickt verwirrt in die Papiere vor sich „...Señor Andrade, einigen? Ich meine, ihm eine Abfertigung anbieten und die Sache damit abschließen?" Ich atme tief ein und versuche so ruhig wie möglich zu klingen: „Das kommt nicht in Frage, ich werde diesem Betrüger keinen Peso bezahlen."

Kaum im Restaurant angekommen, rufe ich Lilian an „entschuldige, dass ich dich störe. Ich will dir eine Geschichte erzählen, auch wenn ich weiß, dass man für Geschichten dieser Art einen Rechtsfreund hat." Lilian hört schweigend zu, am Ende fragt sie nur „ist es der feiste Typ, Ende vierzig mit Gelfrisur, der einem nie in die Augen schauen konnte?" Genau der! Da fällt auch mir auf, Sergio hat direkten Blickkontakt immer vermieden: „Wer Zeichen nicht beachtet, muss sich später mit dem herumschlagen, was er zuvor übersehen hat." Sie hat völlig recht, dazu ist nichts hinzuzufügen. Lilian seufzt tief „ich werde die Karten befragen und du frierst diesen Herrn inzwischen ein." „Was bitte soll ich tun?" „Schreibe seinen vollständigen Namen auf ein Stück Papier (5-mal) und falte es (5-mal), wickle es in Alufolie (5-mal) und lege es in den Tiefkühlschrank." Sie spricht langsam, so wie man einem Kind erklärt, wie es sich eine Suppe wärmt. Fünfmal schreiben, fünfmal falten, fünfmal einwickeln. Alles klar. Dann friere ich ihn ein. Warum auch nicht?

Die unendliche Weihnachtsgeschichte findet ein jähes Ende. Back to Reality. Meine Gedanken lassen sich nicht vom Thema Sergio Andrade ablenken und mein Gefühls-Thermometer hat sich auf Wut eingependelt. Am späten Abend berichte ich Frank die elende

Geschichte. Er legt den Arm um mich und sagt lange nichts. Dann fragt er „wie stehen unsere Chancen?" „Ich weiß es nicht, ich habe keine Ahnung…" An diesem Abend schlafe ich erschöpft ein und der Albtraum beginnt.

Ein verkommener Gerichtssaal, es riecht wie in einer ungelüfteten Schulkasse. Mir ist übel, möchte mich setzten und ziehe einen Sessel heran. Mein Anwalt winkt ab. „Aus Achtung vor dem Gericht", flüstert er mir zu. Also bleibe ich stehen. „Sie setzen sich also über unsere Gesetzgebung hinweg?", fragt ein alter, faltiger Richter, der mich von seinem erhöhten Pult aus fixiert. „Nein, wie kommen Sie darauf? Der Klä…" Er unterbricht „Sie entlassen Ihre Angestellten einfach. Man könnte auch hinzufügen: Wenn Ihnen die Laune danach steht?" „Nein natürlich nicht…" Seine kleinen Augen funkeln bösartig „und dann wollen sie Ihren Opfern nicht einmal bezahlen, was ihnen von Rechtswegen zusteht?" Das ist ja die Höhe „die Version entspricht nicht der Wahrheit, die Geschichte hat sich ganz anders zugetragen…" wieder wird mein Versuch zu erklären unterbrochen. „Hier gibt es Gesetze, Señora, die gelten auch für Ausländer!" „Kann ich auch einmal etwas sagen?" scheinbar nicht. „Wenn Sie die Gesetze nicht einhalten, muss dieses Gericht Ihnen nahelegen in ihr Heimatland zurückzukehren!" Euer Gnaden schlägt mit einem Hammer auf das Pult.

Ich wache schweißgebadet auf und versuche noch immer meine Version der Geschichte zu formulieren. Frank setzt sich ruckartig: „Liebling, alles Okay?" „Ja, das war nur ein Traum, ein Albtraum. Schlaf weiter…" Ich rolle mich aus dem Bett und gehe ins Badezimmer. Das Gesicht im Spiegel gegenüber ist verschwitzt, doch selbst das kalte Wasser kann das unangenehm vertraute Gefühl nicht wegwaschen. Kein Zweifel, ein alter Bekannter ist zurück: die Angst.

Chisme

Ich werde nicht weglaufen. Zugegeben, das könnte ich gar nicht, selbst wenn ich wollte. Aber ich will gar nicht, ich werde mich stellen. Es gibt keinen Grund den Kopf einzuziehen. Es gibt nichts, rein gar nichts, wofür ich mich schuldig fühlen müsste. Wenn dieser miserable Betrüger Krieg will, dann soll er ihn haben. Ganz in rot - um den Hals einen silbernen Merlin - schreite ich die Treppe ins Restaurant hinab. Spanisch ist nicht meine Muttersprache und Mexiko auch nicht das Land, in dem ich geboren wurde. Außerdem ist selbst mir klar, dass der, der im Recht ist, nicht unbedingt recht bekommen muss. Fazit: Es gibt genug Gründe Angst zu haben, trotzdem habe ich beschlossen damit zu leben. Wenn mein alter Bekannter wieder am Plan ist, werde ich ihm diesmal ins Auge schauen.

Luciano schaut mich argwöhnisch an „Alles in Ordnung?" „Wundervoll, alles bestens!" und dass meine ich auch so. Es läutet, ein schlanker Mann ist an der Tür. „Alberto Carena, Keller". Ich weiß, wer er ist. Javier hat eine ganze Truppe Kellner entlassen, dieser Carena war einer von ihnen. Die Herrschaften hätten eine Flasche Rum geleert, wenn auch am Ende, aber doch in der Dienstzeit und obendrein auf Kosten des Hauses. Laut Javiers Oberkellner war Alberto Carena nur im falschen Moment am falschen Ort. Er sei ein guter und ehrlicher Kerl, ich solle ihn mir einfach mal ansehen. „Sie kennen die Geschichte?", fragt mich der Mann mir gegenüber. „Ja, die kenne ich." „Danke, dass Sie mir trotzdem einen Termin gegeben haben", mehr sagt er nicht dazu. Weder, dass er nur ein Opfer ist, noch irgendetwas über seinen Ex-Chef, seine Ex-Kollegen oder seinen Ex-Arbeitsplatz.

Alberto schaut mir offen in die Augen, ich mag ihn. Sein Lebenslauf interessiert mich nicht. „Haben Sie Lust auf ein, sagen wir mal, ungewöhnliches Restaurant?" „Ja", bestätigt mein Gegenüber „und auch Lust zu lernen? „Ja, klar." „Und vor allem ein ehrliches Interesse am Essen und Trinken." „Sehr sogar." „Gut, denn ich suche einen Kellner, der wirklich wissen will, was er verkauft, jedes Gericht und jeden Wein kennt. Einen, der tatsächlich Empfehlungen abgeben kann. Er muss außerdem im Team arbeiten können und mit komplizierten Kunden zu Rande kommen." „Klingt spannend, kann ich gleich heute anfangen, da ich schon einmal hier bin?" „Warum auch nicht: Alberto Carena suchen Sie sich ein freies Schließfach. Ich zeige Ihnen das Restaurant."

Das sind gute Neuigkeiten, nach vier Oberkellnerlosen Wochen habe ich den Job satt und das dringende Bedürfnis weniger auf eigenen Beinen zu stehen. Der stets wachsende Bauch hat inzwischen ein beachtliches Gewicht und seine Ausmaße stören bei der Arbeit. Schon nach ein paar Tagen weiß ich: So sehr ich mich in Sergio irrte, was Alberto betrifft, habe ich eine gute Wahl getroffen. Er kann mehr als sein Vorgänger, ist umgänglicher und besteht nicht darauf Kapitän zu sein, zumindest noch nicht. Dieses Restaurant braucht Indianer – keine Häuptlinge. Es reicht einer, der sagt, wo es langgeht und das bin ich.

Zwei Wochen später landet eine geänderte Klageschrift auf meinem Schreibtisch. An dem Datum, das diesmal aufscheint, war ich tatsächlich im Restaurant. Abgesehen davon ist, wie in der ersten Klage, nichts von dem wahr, was mir vorgeworfen wird. Alberto, der gerade meinen Tee ins Büro bringt, schaut mich prüfend an „Probleme?" „Ja, mit Ihrem Vorgänger..." „Hab schon gehört", sagt Alberto und zieht die Tür hinter sich zu. Offensichtlich rechnet er nicht damit, dass ich das Thema erörtere. „Schon gehört", das kann ich mir lebhaft vorstellen. Acht Angestellte und eine Gerüchteküche, die sich sehen lassen kann.

In Mexiko nennen sich diese, im besten Fall halbwahren, Geschichten Chismes. Gerüchte. Dazu gibt es auch das entsprechende Verb: chismear. In den Caprichos gibt es unzählige dieser Geschichten: Mein Ex-Barmann Daniel habe meine Ex-Putzfrau vor seinem Abgang in die USA geschwängert. Die neue Küchenhilfe Anna sei bis über beide Ohren in Alberto verliebt. Angeblich rufe sie ihn „Mi Biscocho", mein süßes Brötchen. Er erwidere diese Liebe nicht und sei daher ständig auf der Flucht. Der neue Bursche an der Bar und Kasse, Walfred, verprügle angeblich den Abwäscher, wenn ihm die Lust danach stünde. Ich selbst hätte eine Schwäche für meinen Koch und würde ihm deshalb alles durchgehen lassen.

Heute ist Kellner Gerardo nicht zum Dienst erschienen, also gibt es ansatzlos neue Chismes. Er habe sich der Klage Sergios angeschlossen. Oder – Variante zwei – er habe Probleme mit ein paar Herren, die ihm Geld geliehen hätten, er könne nicht bezahlen und müsse deshalb eine Weile untertauchen. Ich wähle seine Nummer und werde automatisch an die Mailbox weitergeleitet. „Falls Sie das abhören, bitte melden Sie sich!", sage ich rasch und ärgere mich über mein „bitte".

Schließlich hat der Kerl die verdammte Pflicht anzurufen, wenn er nicht zu erscheinen gedenkt.

Ich rühre lustlos in meinem grünen Tee. Da stupst mich etwas an. Genauer gesagt jemand und nicht außerhalb, sondern innerhalb meines Körpers. Der kleine Mann, der den oberen Bauchteil bewohnt, streckt sich genüsslich. Nachdem ich jetzt sitze und das Schaukeln ein Ende hat, wacht er auf. Eine kleine Beule wird unter meiner rechten Brust sichtbar. „Hallo Alex!", sage ich zärtlich und streichle über den sichtbaren Körperteil. Da taucht links unten eine weitere Rundung auf. „Das musst du sein: Felix! Kaum sitze ich, macht Ihr beide Bewegung..."

Wie die Zwei heißen, wissen wir seit Wochen. Frank bestand auf Alexander und ich auf Felix. Zwillingseltern müssen sich weder streiten, noch einigen: Alexander und Felix. Wir haben auch gleich beschlossen, wer welcher ist. Seither haben die Herren auf den Ultraschallbildern Namen.

Es ist Zeit, dass ich mehr Ruhe habe, die Sorgen wegen der Klage kann mir keiner abnehmen, den ganz normalen Wahnsinn schon. Javier hatte eine glänzende Idee. Seine Mutter, Mariana, wäre ideal für diese Aufgabe und sei gerade auf Arbeitssuche. Also habe ich sie angerufen und zum Abendessen eingeladen. Eigentlich kann ich mir keine Geschäftsführerin leisten, aber.... Alex strampelt energisch. Okay, habe verstanden, es gibt wichtigere Dinge als rote Zahlen.

Elegant, blond, genau dieselbe Nase wie ihr Sohn. Nur, dass ihre Augen lachen und mir das Gefühl geben, ich könne Ihr ansatzlos das Feld überlassen. Wahrscheinlich könnte ich das tatsächlich. Trotz elendem

Gehalt und langer Arbeitszeit schlägt sie ein. Mariana hat Stil, die Kunden werden begeistert sein. Was mir jedoch Sorgen macht, sind meine Angestellten.

Luciano Koch: Unberechenbares Temperament; Genial aber nicht teamfähig, auch nach Patricias Abgang.

Ana Köchin: Unterliegt der krankhaften Neigung sich bei jeder Gelegenheit zu verlieben und dabei gänzlich den Kopf zu verlieren. Zielgruppe: alle männlichen Wesen.

Roman Abwäscher: Schwuler Junge, ein lieber Kerl, zu gescheit für den Job, aber zu feige etwas anderes auszuprobieren. Empfindsam und leicht beleidigt.

Walfred Barmann: Außerdem, falls ich keine Zeit habe, an der Kasse. Stets unter meinem wachsamen Auge, da ich ihm, trotz der rehbraunen Augen, die mich stets treu anblinzeln, nicht traue.

Gabriela Putzfrau: Vergesslich, speziell, was ihre eigenen Aufgaben betrifft. Anscheinend bei schwacher Gesundheit, was dazu führt, dass sie häufig das Bett hütet und ein anderer ihren Job übernehmen muss.

Aldonza Sekretärin: Hinreißend, an und für sich klug, aber zu ehrlich für diese Welt; Ihre Schwäche: Sich in hoffnungslose Unternehmen zu verbeißen. Das heißt, dass noch immer 60% ihrer Arbeitszeit im Kampf um das Schild aufgehen.

Valentin Kellner: Yogi und blumiger Freigeist, keine Zukunft in der Gastronomie.

Gerardo Kellner: Momentaner Aufenthaltsort unbekannt; hoffnungslos nikotinsüchtig; grundehrlicher Kerl mit, abgesehen von den Zigaretten, einer Schwäche für Alkohol, ständig von einer leichten Depression umgeben.

Alberto Kellner: Begabung im Umgang mit schwierigen Kunden; Zyniker; Bei Auseinandersetzungen Heißläufer, ähnlich meines argentinischen Kochs; Die beiden umkreisen einander wie zwei Tiger vor der Schlacht ums Territorium.

Mariana lacht „ich denke diese illustre Truppe wird sich schon an mich gewöhnen und schließlich bist du ja nicht weit weg..." Es gibt scheinbar nichts, was diese Frau fürchtet. Vor 40 Jahren hat sie geheiratet, wie ihre Mutter herausstrich: eine gute Partie. Doch der Sprössling aus reichem Haus war als Ehemann und Vater ein absoluter Reinfall. Nach sieben gemeinsamen Jahren und drei Kindern hat er sich endgültig verabschiedet, nicht nur aus der Ehe, sondern auch als Erhalter. Mariana stand mit einem Mal alleine da: drei Kinder, kein Job und keine Reserven. Als gelernte Krankenschwester hat sie schließlich in der Notaufnahme eines amerikanischen Spitals Arbeit gefunden. In der Nacht war sie im Dienst der Menschheit und untertags schlüpfte sie in die Mutter-Rolle. Dann kam der nächste Job: mit besserem Gehalt und durchgeschlafenen Nächten. Ab nun bewahrte die Alleinverdienerin in einem exklusiven Schönheitstempel Neureiche vorm Altern. Später verkaufte Mariana britische Klamotten und schließlich sattelte die mittlerweile Endfünfzigerin in die Gastronomie um. So wurde aus der gelernten Krankenschwester die Geschäftsführerin eines schicken Cafés. Es scheint, Mariana hatte stets alles im Griff: Ihre drei Kinder haben ein Hochschulstudium abgeschlossen und inzwischen das Haus verlassen. Caprichos samt Team sind für diese Frau keine Hürde. Darauf trinken wir „Danke, dass du dich darauf einlässt!"

Ein paar Tische weiter sitzt ein guter Kunde des Hauses. Vor sich eine Flasche Rotwein und neben sich eine blasse, zerbrechlich wirkende Dame. Ich kann mich nicht erinnern, sie schon einmal gesehen zu haben. Das will nicht viel heißen, denn seine Begleiterinnen wechseln ständig. Der gute Mann ist Tangotänzer und bei den Damen höchst populär. Er grüßt mich stets mit gehauchtem Handkuss, umgarnt seine jeweilige Herz-Dame mit Charme und tadellosem Benehmen. Nur diesmal scheint irgendetwas schief gelaufen zu sein. Die Frau ihm gegenüber schüttelt immer wieder den Kopf, während er bemüht auf sie einredet. Sie steht auf – er erhebt sich – sie tritt in Richtung Toilette ab – er wirkt besorgt und setzt sich aber wieder. Als sie zurückkommt sieht man, dass sie geweint hat.

Alberto serviert wortlos und zieht sich, so schnell ihn seine Beine tragen, wieder zurück. Die Dame isst nichts, der Tangotänzer redet und redet. Das Essen bleibt unberührt. Sie weint und versteckt ihr Gesicht hinter der Stoffserviette. Er redet weiter, offensichtlich bemüht sie zu trösten. Sie weint. Er bestellt mehr Wein. Sie weint weiter. Er berührt Ihre Schulter, da springt sie auf, wirft die Serviette auf den Tisch und läuft hinaus. Er springt ebenfalls auf und wendet sich an mich „ich komme sofort wieder, um die Rechnung zu begleichen. Verzeihen Sie, Madame, ich ..." und schon ist er draußen. „Ein kleiner Vorgeschmack zu Thema kapriziöse Kunden..." Mariana schaut verdutzt. „Keine Sorge, der kommt wieder." Das scheint meine neue Geschäftsführerin zu beruhigen. „Der gute Mann ist was sein Liebesleben betrifft etwas unstet und manche Frauen haben offensichtlich kein Verständnis für diese Schwäche." „Er hat Madame zu dir gesagt", bemerkt sie. „Ja, das tut er immer. Ich weiß, das klingt wie die förmliche Anrede für die Leiterin eines Bordells..."

Ein neues Team

Am nächsten Morgen erscheint Gerardo mit einem blauen Auge und zerbrochener Brille. „Señora, es tut mir leid. Wirklich. Sie sind eine ganz außergewöhnliche Chefin..." Ich habe keine Lust auf Komplimente und lasse mich nicht beirren „was ist Ihnen passiert?" „Nun es gibt da ein paar Herren, denen ich Geld schulde..." Klingt nicht gut. „Ich wollte Ihnen persönlich sagen, dass ich nicht mehr für Sie arbeiten kann. Glauben Sie mir, das ist auch für Sie das Beste." Jetzt bin ich ernstlich beunruhigt und das sieht man mir wohl auch an. „Nein, nein machen Sie sich keine Sorgen, Señora. Bin ich einmal weg, dann sind auch die Gläubiger verschwunden." Er macht eine kurze Pause „Ich kündige und möchte nur klarstellen: Ich bin nicht wie Sergio!" Das ist gut zu hören. „Zahlen Sie mir bitte einfach, was mir zusteht und ich verschwinde." Genau das tue ich, lasse ihn die Kündigung unterschreiben und schüttle seine Hand. So verabschiedet sich ein ziemlich geknickter Gerardo und steckt den Scheck, den er gerade von mir bekommen hat in seine Hosentasche. „Passen Sie auf sich auf", warne ich ihn. Er lächelt verlegen. „Dafür habe ich leider kein Talent."

Das Telefon läutet und unterbricht die Abschiedsszene. „Der Herr Licenciado würde gerne mit Ihnen sprechen", flötet die Sekretärin meines Rechtsanwaltes. „Nur zu", ich mag den Mann täglich weniger. „Warum haben Sie mir das nicht gesagt?", fragt mich die Stimme am anderen Ende der Leitung. „Wie bitte?" Ich habe keine Ahnung wie man diesem Typen Manieren beibringt. „Erstens *Guten Tag* und zweitens: Ich verstehe nicht?" „Nun dabei kann ich aushelfen. Sie haben tatsächlich ein leeres Blatt Papier mit der Unterschrift von Sergio Andrade?" „Ja, das habe ich." „Und warum haben wir dieses Papier nicht dazu verwendet, um darauf seine Kündigung zu verfassen." Ich hole tief Luft. „Weil das – wie Sie hoffentlich wissen – ein Delikt ist." Er höre den Herrn Anwalt wütend schnauben. Betont langsam fahre ich fort „und ich denke nicht daran, Gesetze zu brechen." „Aber die andere Seite tut das...." Seine Worte klingen so, als würde er einem Schulkind gegenüberstehen. „Wenn die anderen Gesetze brechen: So sei es. Ich, für meinen Teil, tue das nicht." Wütend lege ich auf.

„Aldonza?" „Ja Señora?" „Warum haben sie diesem Winkeladvokaten von den Blankounterschriften erzählt?" „Weil er danach gefragt hat", antwortet meine Sekretärin offen, „ich hoffe, ich habe damit nichts angerichtet...ich glaube sogar, er wusste schon, dass es diese Unterschriften gibt." „Schon gut." Woher wusste er? Von der gegnerischen Partei, natürlich. Sergio hat seinem Anwalt sicher von dieser Unterschrift erzählt, und unter Kollegen redet man eben. Was machen sich die Herren Anwälte untereinander noch alles aus? War es mein Licenciado, der dem von Sergio als erster berichtet hat, dass ich am Tag der angeblichen Kündigung überhaupt nicht in der Stadt war?

„Señora, da ist ein Herr Quintero, er will Sie sprechen..." Quintero? Habe ich wieder einmal einen Termin vergessen? Ein sehr dünner Mann in einem sehr abgetragenen Anzug springt von der Bank im Foyer auf. „Danke, dass Sie mich empfangen, obwohl ich keinen ich Termin habe." Erleichtert, dass ich mich nicht entschuldigen muss, bitte ich ihn weiterzukommen. Der Anzug ist ihm zu kurz, die Hosenbeine erlauben freie Sicht auf Socken und Knöchel. Verschämt versucht er die Ärmel seines Sakkos über die Manschetten zu ziehen. „Ich bin Kellner", erklärt Quintero, „ein Kellner ohne Job", präzisiert er und gibt den Versuch, seine Hemdsärmeln zu verstecken auf. „Diese nette junge Dame", er lächelt Aldonza an, „verriet mir, dass sie einen Kellner suchen..." Ein hoffnungsvoller Blick trifft den meinen. „Das tun wir..."

Es stellt sich heraus, dass Quintero, Fotograf und nicht Kellner werden wollte. Doch für eine Ausbildung war in seiner Familie kein Geld da. So hat Quintero, wie sein Name schon nahelegt, der fünfte von insgesamt acht Geschwistern, in der nahegelegenen Kantine zu arbeiten begonnen. Von dort, erzählt er stolz, sei er schon bald in ein richtiges Restaurant gewechselt. Die Betonung liegt auf *richtiges*. In diesem Lokal, übrigens ein Familienbetrieb, habe er die letzten zehn Jahre über gearbeitet. „Das war eine gute Zeit", betont er, „bis das Geschäft einfach immer mehr nachgelassen hat und wir zusperren mussten." Seither sei er auf Arbeitssuche. Quintero zieht förmlich ein Zeugnis aus der schwarzen Plastikaktenmappe. Die Patrones, die Besitzer, seien mit ihm stets zufrieden gewesen. „Und wäre das Gasthaus *La Corona - Zur Krone* nicht aus der Mode gekommen, würde ich noch heute dort arbeiten!"

Ein Buch rutscht aus der Mappe auf die Bar. Immanuel Kant, Kritik der reinen Vernunft. „Sie lesen Kant?" „Ja. Sehr interessant, wirklich sehr interessant." Nun, da hat er mir etwas voraus, und wenn ich es mir recht überlege, passt Qintero in mein Team.

Das Telefon unterbricht. „Entschuldigung, es ist wieder der Anwalt...", sagt Aldonza vorsichtig. Es sei dringend und er ließe sich nicht abwimmeln. In Ermangelung anderer Möglichkeiten nehme ich den Anruf entgegen. „Bueno?" „Die andere Seite hat ein neues Beweisstück eingebracht. Ein Brief von Ihnen. Genauer gesagt ein Schreiben, in dem Sie Andrade bestätigen, dass er monatlich 14.000 Pesos verdient..." Er lässt eine Pause um die Wirkung zu verstärken „ob seines tadellosen Einsatzes für das Unternehmen. Dieser Brief ist zwei Wochen vor der vermeintlichen Kündigung datiert." „Das ist natürlich eine Fälschung", knurre ich. „Sie haben ihn also nicht geschrieben?", fragt der Anwalt forsch. „Sind Sie noch bei allen guten Geistern? Warum sollte ich einem Kellner so viel bezahlen, so viel habe selbst ich in diesem Restaurant noch nie verdient." „Sie haben diesen Brief also nicht geschrieben..." „Nein", jedes weitere Wort, das ich mir einfällt, wäre eine Beleidigung und ließe sich nicht mehr zurücknehmen. Also schweige ich, der Anwalt räuspert sich und fragt „können Sie vorbeikommen?"

Ich weiß nicht genau, was mich mehr ärgert. Dass ich ein paar kostbare Stunden verliere, oder dass ich diesen elenden Rechtsverdreher persönlich treffen muss. Mühsam steige ich aus meinem alten Golf, mit dem Bauch ist diese Karre kaum noch zu lenken. Wahrscheinlich sollte ich den Anwalt wechseln, aber wer garantiert mir, dass ich tatsächlich einen besseren finde, und nebenbei einen, der nicht noch teurer ist?

Die herzliche Missachtung beruht auf Gegenseitigkeit. Sein Lächeln wirkt genauso falsch, wie seine güldene Krawattennadel. Er hält mir den Brief, den ich angeblich geschrieben habe, unter die Nase. Das Schreiben wurde auf einer mechanischen Schreibmaschine getippt, natürlich nicht auf meinem Briefpapier und darunter eine Unterschrift, bei der sich keiner die Mühe genommen hat, meine zu fälschen. „Dieses Papier", sage ich angewidert, „hat wahrscheinlich einer dieser Typen verfasst, die hier vor Ämtern als Schreiber ihr tägliches Brot verdienen." Der Anwalt zuckt mit den Schultern. „Ich schreibe ausschließlich am Computer, alle Schriftstücke aus meinem Büro tragen das Logo der *Caprichos* und das hier unten ist zweifellos nicht meine Unterschrift." „Dachte ich mir..." und warum, hast du mich dann hierherkommen lassen? So als hätte mein Gegenüber mit - wie immer - fettigem Haar diesmal in einem schokoladenbraunen Anzug mit roten Stiefeln, meine Gedanken erahnt, erklärt er eifrig „ich musste Sie mit diesem Brief konfrontieren."

Er schaut mir in die Augen „Was Sie auch sagen, wir müssen es beweisen." „Das ist wohl nicht Ihr Ernst?" „Doch, das ist mein Ernst. Obendrein müssen wir einen Grafologen bezahlen, der bestätigt, dass das hier nicht ihre Unterschrift ist." „Was wird das kosten?" „Nun, mindestens dreitausend Pesos..." Ich ziehe die Augenbrauen hoch „mindestens?" „Nun, zahlen wir weniger, geben die anderen mehr und der gute Mann wechselt die Seite. Das heißt, dann ist das hier unmissverständlich Ihre Unterschrift." Ich schüttle den Kopf, stehe auf und enthalte mich der Stimme. „Habe ich für diese Ausgabe Ihr Einverständnis?" „Was bleibt mir denn anderes übrig?" Da fällt mir etwas ein: „Kann ich eine Kopie dieser unerhörten Frechheit bekommen." Damit hat der Licenciado anscheinend gerechnet und übergibt mir einen dunklen, kaum leserlichen Abzug.

Sehr geehrter Sergio Andrade,

mit diesem Schreiben bestätige ich die, zwischen bereits mündlich vereinbarte, Gehaltserhöhung auf ein monatliches Einkommen von 14 000.- MN (mexikanischen Pesos). Grundlage dieser Entscheidung ist Ihre ausgezeichnete Leistung und Ihr unermüdlicher Einsatz für das Unternehmen.
Ich verbleibe mit freundlichen Grüßen
Renate Zeller Heilig

Zwei Wochen nach diesem Schreiben soll ich diese kostbare Perle dann aus heiterem Himmel entlassen und ihm nicht einmal die, ihm zustehende, Abfertigung bezahlt haben. Ganz sicher, genauso hat es sich zugetragen: Solche Geschichten passieren ja täglich...

Wieder ein Sonntag

Die Bitterschokolade ist fein gehackt. Vorsichtig breche ich die bernsteinfarbenen Mandelpralinen in kleine Stücke. Das Schlagobers ist steif geschlagen, fehlt nur noch der Schnee von sechs Eiklar und sechs Esslöffeln Kristallzucker. Semifreddo. Es gibt kaum ein Dessert, das ich lieber mache, oder lieber esse. Bei diesem Halbgefrorenen muss der Eischnee dem Obers sanft untergehoben werden, erst dann kommen Schokosplitter und Pralinenstückchen zur Mischung. Das Schlagobers darf sich keinesfalls am Schüsselboden sammeln, sonst wird daraus eine harte, ungenießbare Schicht. Das verhindert man am besten durch sanftes Mischen mit bloßen Händen, die Arme bis zu den Ellbogen in der schaumigen Masse. Ich muss zugeben: ein wahrlich sinnliches Erlebnis. „Fertig, in ein paar Stunden gibt es das beste Semifreddo Mexikos", sage ich leise und schlecke meine Finger genüsslich ab. Alex tritt fordernd gegen meinen Bauch. „Bis du selbst Eis isst, wird noch einige Zeit vergehen", ermahne ich.

Luciano schaut zur Küche rein. „Wie geht es euch?", fragt er mit einem Blick auf meinen Bauch. „Bestens, ich hatte Lust zu kochen." Luciano verschließt kopfschüttelnd den Eiskübel und verstaut ihn im Tiefkühlschrank „Ich denke, ich werde wiedermal einen Sonntag in der Küche verbringen." „Mir nur recht, wenn du dich in eine Ecke verdrückst. Du bist zu schwanger für sonntäglichen Wahnsinn." „Wie kann man zu schwanger sein?", frage ich. „Lenk nicht vom Thema ab, mit einem Bauch wie dem deinen geht man kein Risiko ein." „Ganz genau", meldet sich eine Stimme aus dem Hintergrund, „así que la Señora descansará", sagt meine neue Geschäftsführerin bestimmt. Descansaré? Ich werde ausruhen? Nie im Leben, da sterbe ich vor Langeweile.

Mariana schiebt mich sanft, aber energisch aus der Küche. „Ich habe dir gerade einen frischen Orangensaft gemacht. Zeit für eine Pause – Beine nach oben." Ich muss zugeben, dass ich es genieße, bemuttert zu werden. Werdende Mütter sollten stets verwöhnt werden, das ist schließlich ihre letzte Chance. Nach der Geburt ist es ihr Job andere zu bemuttern, und zwar lebenslänglich.

Ich lehne mich zurück und lasse die Frau Geschäftsführerin machen. Sie scheint mit schrägen Vögeln gut zurechtzukommen. Alberto hat sie mit einem einfachen Trick für sich gewonnen. „Ich habe keine Ahnung vom Geschäft und das Gefühl, dass Sie der richtige Mann sind, mir alles Nötige beizubringen", der Herr Ober schlägt Räder. Der Koch tut es ihm gleich und weiht Mariana in Küchen - Geheimnisse ein, und mit dem Abwäscher bespricht die Geschäftsführerin Neuheiten aus der Modebranche. Sie wechselt die Rolle nach Bedarf: die Ahnungslose, die Freundin, die Mutter. Tritt Quintero auf, richtet sie ihm die verrutschte Schleife und lässt sich dabei Kants Theorien erörtern. Nur einen kann sie nicht von sich überzeugen, Walfred. Die Augen zu Schlitzen verengt beobachtet er sie. Mit dieser Frau im Rücken ist er stets unter Beobachtung, und genau das scheint ihm nicht zu passen.

Ein Pärchen kommt zu Tür herein „Bienvenidos!", sagt Mariana mit einem gewinnenden Lächeln und begleitet die beiden zu einem Tisch im oberen Stock. Alberto eilt mit Speisekarten und zwei Wassergläsern hinterher. Vorhang auf. Aus der Küche hört man Luciano singen und Ana schweigen. Genau gesagt: Sie schmachtet und schmollt. Ihre Liebe bleibt unerhört, denn der Mann ihrer Träume, Alberto, entzieht sich hartnäckig ihrer Reize. Seit sie ihn *Mi Biscocho* nennt, versucht er jeden Kontakt zu vermeiden, selbst Blickkontakt.

„Die Señora aus dem ersten Stock lässt ausrichten, dass wir uns mit den italienischen Gerichten heute besonders viel Mühe geben sollen. Ihr Mann sei nämlich dort geboren." Alberto erhebt drohend den Zeigefinger. „Und was sagt er?", fragt Luciano amüsiert. „Er kommt nicht zu Wort. Sie hat ihn nicht einmal selbst bestellen lassen." „Was essen die beiden?", will ich wissen. „Zuppa ai Pomodori, Tagliatelle al Pesto, danach Rotweinbraten und in Grappa flambierte Lamm-Koteletts", damit verlässt Alberto im Laufschritt die Küche. Wer weiß, ob das an Ana, oder aber am Tatbestand liegt, dass sich das

Restaurant langsam füllt. Da eine Familie mit Kleinkind, dort ein griesgrämiges Ehepaar, am Nebentisch erwachsene Kinder, die ihre Eltern ausführen. Im unteren Stock setzt sich einer unserer Nachbarn, sein Whisky auf Eis ist schon am Weg.

Alberto kommt die Stiege herunter gerast. Nach einem geflüsterten Schimpfwort zischt er „die Dame besteht darauf, Sie persönlich zu sprechen. Wenn Sie keine Zeit haben, richte ich das gerne aus..." „Alberto...", sage ich tadelnd, aber kaum bin ich am Tisch der Kundin angelangt, muss ich zugeben, dass er recht hatte, selbst mit der unflätigen Bemerkung, die nicht für meine Ohren bestimmt war.

Kaum sieht sie mich, setzt die Señora ein falsches Lächeln auf. „Meine Liebe, ich bin sehr enttäuscht, Ihr Restaurant ist nicht ein bisschen italienisch." „Genau genommen ist es ja auch ein österreichisches Restaurant." „Nun", echauffiert sich die blond gefärbte Schönheit „Sie bieten aber einige italienische Gerichte an." „Ja, das tue ich, denn die gab es auch anno dazumal, am Wiener Hof." Mein Gegenüber lässt nicht locker „nun, dann muss ich Sie belehren, dass Nudeln *al diente* zubereitet sein müssen." Ich seufze „wenn man Trockenpasta kauft, sollten sie *al diente* sein, ja, da muss ich Ihnen recht geben", im Augenwinkel sehe ich, dass der famose italienische Ehemann ein Schmunzeln unterdrückt, „selbst gemachte, frische Nudeln hingegen, vor allem, wenn sie, wie im 19. Jahrhundert, mit 32 Eiern auf ein Kilo Mehl zubereitet werden, können nur dann einen wirklich festen Biss haben, wenn man sich im Rezept verlesen hat."

Die Ehefrau eines Italieners faucht verärgert und holt wieder Luft, da meldet sich ihr Mann zu Wort „Bitte gnädige Frau, ich möchte sagen, dass Ihre Tagliatelle hervorragend waren, wirklich..." „Aber" schnappt seine inzwischen wutschnaubende Gattin „die Tomatensuppe hat Jerez, und der kommt doch nicht aus Italien, oder?" Sie reckt herausfordern das Kinn vor.

„Was Sie aus der Suppe herausschmecken, ist nicht Jerez, sondern Marsala und der könnte, verzeihen Sie, italienischer nicht sein. Dort drüben sitzt übrigens der Importeur. Ein echter Italiener mit seiner echt italienischen Mutter." Ich nicke Alessandro zu und der lächelt wissend „Sie entschuldigen mich?" ich warte die Antwort nicht ab, nutze die Chance zu flüchten und um Alessandros Mutter zu begrüßen. „Señora! Que gusto!" „Sie Arme", sagt die mit einem Schmunzeln, „die Heirat mit einem Italiener macht keine Frau zur Expertin für italienische Küche, oder gar für guten Geschmack."

Diese Worte waren nicht nur für meine Ohren bestimmt, schließlich hat mich der Blick der kritischen Blondine an den Tisch der Picones begleitet. Auf dem Weg in die Küche, sage ich im Vorbeigehen zuckersüß „ich hoffe, Sie nicht ein weiteres Mal zu enttäuschen", und mir ist selbst nicht klar, was ich damit gemeint habe. Das ehrliche Bestreben sie zufriedenzustellen, oder den innigen Wunsch diese Frau niemals wieder bewirten zu müssen. Wie auch immer, mein Wunsch sollte sich nicht erfüllen: Der Rotweinbraten sei nicht durch genug und der Käse am Gratine sicher kein Mozzarella. Abschließend wolle sie noch festhalten, dass der Kaffee keinesfalls aus Italien käme. Alberto freut sich, mit Alessandros Unterstützung die Dame zu belehren. Höflich, aber bestimmt. Daraufhin bestellt die Kundin die Rechnung.

Als die beiden das Lokal verlassen, dreht sich ihr Mann in der Tür um und kommt raschen Schrittes zur Bar zurück. „Señora, ich möchte Sie wissen lassen, dass mir der Auftritt meiner Frau leid tut...Das Essen war wundervoll, es hat mich an meine Kindheit erinnert. Und was ich noch sagen wollte: viel Glück!" Er lächelt mit einem Seitenblick auf meinen Bauch. „Bambino?", fragt er. „Due", antworte ich, gleich zwei. „Tanti auguri per i due bambini!" Er küsst mir die Hand und läuft schuldbewusst hinter seiner Gattin her.

„Wo ist dieser verdammte Quintero?", schnaubt Alberto meine Richtung, „die Hütte ist voll, Valentin räumt alles schmutzige Geschirr ab und ich brauche jemanden, der die Getränke serviert!" Mariana nimmt beherzt ein Tablett und wirft sich in die Schlacht. Ich übernehme Bar und Kasse, Walfred schnappt sich ebenfalls ein Tablett und läuft in Richtung Küche, aus der Lucianos Stimme „Caprichoooooooooooos!" intoniert. Kaum ist der Ansturm zu Ende, gehe ich auf Suche nach Quintero und finde ihn schließlich in dem Hinterzimmer im ersten Stock. Er schneidet Brot, neben ihm gut ein Dutzend gefüllte Körbe, trotzdem schneidet er verbissen weiter. „Was machen Sie da?", frage ich ihn. Erstaunt schaut er mich an „Brotschneiden. Das beruhigt mich!" Na fein, ich habe einen Kellner eingestellt, der nicht stresstauglich ist und Brotschneiden zur Therapie erhoben hat. Alberto reißt den Vorhang auf „der da" schnaubt er und deutet auf Quintero „hat allen Kunden stets *„Gleich!"*, *„Einen Moment"*, und *„Bin schon am Weg!"* gesagt. Keine dieser Bestellungen hat die Küche, oder die Bar erreicht, da sich dieser Herr hier versteckt hält..."

Ich drehe mich schnell um, auf der Stiege ins Erdgeschoss kann ich das Lachen nicht länger zurückhalten. Quintero passt wirklich in unser Team. Kein anderes Restaurant wüsste seine Fähigkeiten, oder gar seine Lektüre zu schätzen.

Frank steht hinter der Kasse und versucht das Chaos zu lichten. Da taucht Quintero auf und übergibt ihm einen Stoß Kreditkarten. Frank hebt den Blick „von wem sind die?" Quintero dreht sich irritiert um „Señor - es tut mir leid - aber ich habe nicht die leiseste Ahnung." Da muss sogar Alberto lachen, doch verspricht meinem verwunderten Mann „ich werde das sofort herausfinden, geben Sie mir eine Minute." Beim Loslaufen dreht er sich zu mir um „auf Tisch vier habe ich eine Ungarin. Sie betont, dass sie eine großartige Köchin wäre und die Speisen auf unserer Karte auch ihre Spezialitäten seien. Daher hätte sie keinen Anlass, irgendetwas zu bestellen. Was soll ich tun? Soll ich ihr einen Job in der Küche anbieten?"

Schlechte Nachrichten

„Deinem Vater...", sie macht eine Pause, als würde sie nach den richtigen Worten suchen, „geht es gar nicht gut. Er kann kaum noch gehen, deshalb hat er zu viel Wasser im Körper und sein Herz ist, na ja, nicht mehr so kräftig wie früher. Eigentlich wollte ich es dir nicht erzählen, aber..." „Danke Mama; danke, dass du es mir doch gesagt hast. Kann ich mit ihm sprechen?" Was ist, wenn er... Das darf nicht sein! Bitte, er muss doch noch seine Enkel kennenlernen. Ich spüre wie mir die Tränen in die Augen steigen. „Hallo, meine Kleine!", unterbricht eine Stimme meine Gedanken. Ich nehme all meine Kraft zusammen, um mir nichts anmerken zu lassen. „Hallo Papa!" „Wie geht's dir?", fragt er fröhlich, genauso wie immer, so als sei alles in bester Ordnung. „Nun, abgesehen davon, dass deine Enkel mich nicht schlafen lassen, gut." Mein Vater lacht, da höre ich, dass es nicht dasselbe alte Lachen ist. „Sag, Papa, wie geht's dir?" „Wie soll es einem alten Mann wie mir schon gehen?" „Das ist keine Antwort." Er seufzt. „Nun, ich habe mich schon mal besser gefühlt, und laut der Ärzte geht es mir miserabel." Ich weiß nicht, was ich sagen soll. „Hast du Schmerzen?" „Nein, das nicht, ich kann bloß nicht mehr alleine aufstehen." Er räuspert sich. „Weißt du, manchmal spüre ich meine eigenen Beine nicht." Seine Stimme wird leiser. „Deine Mutter glaubt natürlich, dass es nur daran läge, dass ich mich nicht genug bemühte..." Dann sage ich, was mir in den Sinn kommt, ohne viel zu überlegen. „Weißt du was Papa: du brauchst Verstärkung! Außerdem heftige Umarmungen und feste Küsse von einer sehr umfangreichen Tochter. Was hältst du davon, wenn ich dich besuche?" „Aber Kind du bist schwanger, hast einen Mann und obendrein ein Restaurant." „Ich weiß, aber ich denke der Gatte und das Beisel können auch mal 10 Tage ohne mich auskommen. Den Bauch bring ich einfach mit. Dann kannst du schon damit beginnen deinen Enkeln unsere Familiengeschichte zu erzählen."

Kaum habe ich aufgelegt, wird mir klar, was ich da versprochen habe. Ohne Hoffnung auf ein Wunder checke ich meinen Kontostand in Österreich, ein beachtliches Minus. Auch das Kapital der Firma überrascht mich nicht: Noch sind wir im Stande die laufenden Kosten zu decken, Rücklagen gibt es keine. Was mache ich nur? Woher nehme ich das Geld für mein Ticket? Ich kann mir wohl kaum etwas leihen, ohne zu wissen wann, oder ob ich je zurückzahlen kann. „Was ist los?", fragt Mariana besorgt. Ich habe gar nicht bemerkt, dass sie ins Büro gekommen ist. „Mein Vater ist krank und ich habe kein Geld für einen Flug nach Wien. Obendrein kann ich ja nicht einfach alles liegen und stehen lassen." Sie zieht sich einen Sessel zum Tisch. „Um das Restaurant kann ich mich kümmern, und irgendwie werden sich die 1000 USD für deinen Flug auftreiben lassen…" Sie legt die Hand auf meinen Bauch. „Wenn du tatsächlich noch fliegen willst, musst du das jetzt tun. Du bist im siebten Monat – im achten nimmt dich keine Luftlinie mehr an Bord, vor allem nicht mit einer Zwillingsschwangerschaft." Mir rinnen die Tränen übers Gesicht. Was ist, wenn er stirbt? Ich will zu meinem Vater, ich will ihn noch einmal umarmen. Mariana legt mir den Arm um die Schulter. „Kopf hoch, wir finden eine Lösung." Da läutet das Telefon. „Liebling, alles okay?" „Nein, meinem Vater geht es schlecht - ich will ihn sehen und habe kein Geld für ein Ticket…" „Aber du hast einen Ehemann, ich liebe dich und wir treiben das Geld schon auf! Was das Restaurant betrifft: deine nette Geschäftsführerin und dein Mann werden damit schon alleine fertig."

Am Nachmittag spreche ich mit meinem Arzt, der mich vor dem Abflug noch einmal checken will, generell aber nichts gegen die Reise hat. Dann rufe ich meine Schwester an. Sie freut sich „ich bin sicher, dass ihn dein Besuch aufbauen wird…" Er hätte beschlossen alt und krank zu sein. „Da gibt es noch was: Unser Vater kann nicht im Pensionistenwohnheim bleiben. In seinem Zustand stecken die ihn in die Pflegestation." Würde er dann in einem Krankenhausbett leben? Mit hantigen Pflegern um ihn herum, die ihn wie ein störrisches Kind behandelten? *„So jetzt essen wir was. Zeit zum Schlafen, wir sind schon sehr müde, nicht wahr? Auf, auf! Wenn wir uns Mühe geben, dann geht es schon."* Mir wird's schwer ums Herz. Mein Vater ist ein Pflegefall und meine Mutter kann den 90 Kilo schweren Mann nicht versorgen.

Diesen Abend, so wie die folgenden verbringen meine Geschäftsführerin und ich im Büro. Sie will wissen, was auf sie zukommt. Die alltäglichen Dinge sind rasch erklärt: Bestellungen, Löhne und Trinkgelder, selbst die Buchhaltung. Ich war heute auf der Bank und ab morgen kann Mariana Schecks unterschreiben. Soweit so gut, doch das ist leider nicht alles. In den letzten Monaten sind viele Restaurants im Viertel gesperrt worden. Große Klebebänder zieren geschlossene Türen und Fenster darauf steht zu lesen: Clausurado! Das heißt so viel wie: Auf amtliche Verordnung geschlossen! Einen Grund dafür gibt es fast immer, neue Bestimmungen wuchern und kaum ein Lokal erfüllt sie alle. Am längsten ist die Liste der vorgeschriebenen Sicherheitsvorkehrungen. Die Feuerlöscher müssen exakt in der vom Amt vorhergesehenen Höhe montiert sein, jeder Zentimeter Holz nachweislich mit Brandschutzfarbe gestrichen und die Beschilderung des Notausgangs einwandfrei sein. Für Katastrophen wie Beben und Brände muss geprobt werden. Nicht zu vergessen, die Mitarbeiter brauchen eine entsprechende Schulung von einem Zivilschutzingenieur und dann einen Titel, Brigadier für dies und das. Einer der Truppe muss geprüfter Retter sein.

„Wir haben nach bestem Wissen und Gewissen alles erfüllt", bedeute ich Mariana, der der Schock ins Gesicht geschrieben steht. „Falls ein Kontrolleur auftaucht, bitte überprüfe bei den zuständigen Stellen, ob der gute Mann auch tatsächlich amtsbekannt ist. Lass dir keine Angst einjagen und zahle keinen Groschen, nur damit er verschwindet. Mal sehen, ob sie uns tatsächlich etwas nachweisen können. Seit letzter Woche haben wir sogar die jüngste Bestimmung erfüllt und besitzen eine Speisekarte in Blindenschrift. Obendrein sind alle Dokumente des Restaurants ausgehängt und ebenso unsere Sperrzeiten. Bitte mach noch ein paar zusätzliche Schilder, die besagen, dass in diesem Etablissement niemand wegen Rasse, Klasse, oder Geschlecht diskriminiert wird. Häng sie einfach an strategisch wichtigen Plätzen auf, denn dazu kann ich keine entsprechende Vorschrift entdecken." Mariana notiert. Das ist schon die fünfte Seite. Ich schaue meiner Geschäftsführerin in die Augen „Ich habe ein schlechtes Gewissen dich alleine zu lassen." „Das legst du einfach ab und nimmst dir Zeit für deine Reisevorbereitungen."

Aus dem Paradies gefallen...

„Chef!", grüßt mich ein Mann in Lufthansa-Uniform beim Check-in: Das Gesicht kenne ich, klar ein Kunde, aber wie heißt er? Er wendet sich an die Dame am Schalter. „Ich übernehme" und nimmt ihr mein Flug-Ticket aus der Hand. „Fliegst du nach Wien?" Besorgt schaut er auf meinen Bauch. Mit nervöser Stimme beteure ich „eine absolut unproblematische Schwangerschaft, mein Arzt hat nichts gegen die Reise und ich bin erst im siebten Monat." Er tippt in den Computer. „Da ist noch Platz in der Businessclass..." Ich schaue auf. „Ein kleines Upgrade für unsere prominente Chefköchin, die mit Zwillingen im Bauch kaum in die Touristenklasse passt?" „Con mucho gusto – das mir wäre tatsächlich ein

Vergnügen." Er lacht. „Schon geschehen!" „Danke!" „Keine Ursache, komm bloß bald wieder, ich bestehe auf meine sonntäglichen Caprichos, und wenn du nicht da bist..." „... kümmert sich Frank um dich, keine Sorge!" Mein Mann nickt zustimmend und nimmt mich zum Abschied in die Arme. „Liebling, bitte pass auf dich auf!" „Ich werde dich vermissen, sehr sogar." „Und auf unsere Söhne!" Ich lehne mich an seine Schulter. „Und du, pass auf unser Beisl auf!"

Kaum in Europa gelandet, ist klar, dass ich aus dem Paradies gefallen bin. Keiner hält mir die Tür auf, niemand will meine Tasche tragen, oder bietet mir seinen Sitzplatz an. Schwangere sind hier unsichtbar. Als ich im Anschlussflug nach Wien an dem Herrn neben mir vorbeimuss, weil ich eben wieder einmal muss, steht er mit gequältem Gesichtsausdruck und unter hörbarem Seufzen auf. Ich habe große Lust ihn zu belehren, spare mir aber den Auftritt und übergehe seinen wortlosen Kommentar. Mir wird klar, warum in dieser Welt immer weniger Kinder zur Welt kommen. Noch vor zwölf Stunden haben wildfremde Menschen meines Bauches ansichtig „Felicidades" gesagt. Hier ist mein Umstand kein Anlass für Glückwünsche.

Alle schauen weg. Wegschauen scheint in dieser Welt generell eine unerlässliche Begabung. Es gibt viele Gründe zum Wegschauen: Schwangerschaft, Krankheit, Behinderung und Armut. Einfach wegschauen. Zugegeben: Ich habe schlechte Laune, bin müde und am Flug von Frankfurt nach Wien zwischen zwei Sitzen eingeklemmt. Selbstverständlich ist hier keiner auf die Idee gekommen, mich in die Businessclass zu setzen. Warum auch? Nach dem Landen in Wien drängt sich mein liebenswerter Sitznachbar brüsk an mir und meinem

Bauch vorbei. „Danke, sehr nett. Ein wahrer Kavalier der alten Schule." Und er? Er schaut weg.

Wien empfängt mich neblig und kalt, erschöpft schiebe ich meinen Bauch und meinen Koffer durch die Absperrung. Da taucht ein mir vertrauter Kahlkopf auf. „Hallo meine Liebe!" „Hallo Andreas!" „Ich habe allen anderen gesagt, sie könnten zuhause bleiben." Da taucht noch ein Gesicht auf. „Glaub diesem Mann gar nichts." Harald lacht mir entgegen, neben ihm Sonia und Martin, mit einem Baby im Arm. „Darf ich vorstellen: dein neugeborener Großneffe Nils." „Hallo Nils!" Große blaue Augen, blonde Haare, abstehende Ohren, ganz der Papa. Das ist das zweite Kind meines Neffen. „Du bist mir schon einiges voraus – wahrscheinlich sollte ich bei dir Nachhilfestunden nehmen…" Er lacht. „Du hast an meiner Schwester und mir geübt. Jetzt ziehst du gleich: von 0 auf 2. Du bist, wie immer, flott unterwegs."

Da drängt sich meine Mutter durch die Ansammlung. „Na endlich – diese Jugend hat kein Benehmen. Wie war das mit *dem Alter den Vortritt lassen*?" Sie drückt mich an sich und tätschelt meinen Bauch. „Als Großmutter darf man das", lacht sie. Ich schaue mich nach einer freien Bank um, wenn ich schon nicht liegen kann, will ich zumindest sitzen. Andi legt den Arm um meine Schulter. „Ich denke wir sollten die werdende Mutter nach Hause bringen." „Du bleibst heute Nacht bei uns – dann kannst du meinethalben zu Sonia übersiedeln", sagt meine Mutter bestimmt. „Dann mal los", antworte ich, obwohl ich mir gar nicht sicher bin, ob das eine gute Idee ist. Eine Nacht im Pensionistenwohnheim? Wie auch immer: Dort ist mein Vater und es gibt ein Bett. Was will ich mehr? Unsicher schaue ich mich um. „Wann sehe ich Euch alle wieder?" „Jetzt gleich", sagt meine Mutter unbeirrt, „die kommen alle mit, schließlich müssen wir ja anstoßen!" Im Altersheim? Das kann spannend werden. Meine Mutter hakt sich bei mir unter und führt Regie. „Wir zwei fahren mit Martin!" Mir ist alles recht, ich setze mich nach hinten und lehne den Kopf an die kalten Scheiben.

Irgendjemand versucht besonders leise zu sprechen, vorsichtig mache ich die Augen auf. Ich muss wohl eingeschlafen sein. Draußen ist nur Dunkelheit und die von den Scheinwerfern beleuchtete Landstraße zu sehen. „Entschuldigt, ich bin eingeschlafen. Wo sind wir?" „Am Weg nach Tulln", sagt meine Mutter, „wir sind letzte Woche umgezogen und wohnen jetzt bei deiner Schwester." „Was?" „Wir hatten keine Zeit mit dir darüber zu sprechen. Aber jetzt weißt du es ja." Das klingt, als würde sie jeden Angriff im Vorhinein abschmettern wollen. Keine Zeit mit mir zu sprechen? Natürlich hat sie mich nicht zu fragen, aber sie hätte mir davon erzählen können. Da sie jedoch wusste, was ich davon halte, hat sie es nicht getan.

Ich kann mir beim besten Willen nicht vorstellen, dass meine Mutter in einem Haus wohnt, das nicht das ihre ist. Sie ist daran gewöhnt zu bestimmen. So war es schon immer, wird sie das Ruder abgeben können? Kompromisse eingehen? Meine Mutter? Ich sage kein Wort. Denn egal was mir dazu einfallen könnte, wird ihr nicht gefallen und ich habe keine Kraft für Konflikte.

Meine Mutter dreht sich zu mir „geht es dir gut?" offensichtlich hat sie einen Angriff erwartet. „Bin bloß müde, ich habe 24 Stunden nicht geschlafen..." „Ich frage mich wirklich, ob eine Reise in deinem Zustand eine gute Idee war..." Sie will streiten, ich kann es nicht glauben, sie will tatsächlich streiten. „Du bist jetzt für zwei andere mitverantwortlich, du kannst nicht mehr tun und lassen was dir passt!" Ruhig bleiben, tu ihr bloß nicht den Gefallen, ruhig bleiben. „Bist du sicher, dass du nur müde bist?" Ganz sicher.

Die Tür geht auf und da sitzt er. Blass, die weißen Locken stehen ihm zu Berge, aber er lächelt. „Schatz, verzeih mir, ich kann nicht aufstehen." „Schade Papa, ich habe gedacht wir tanzen zur Begrüßung einen Walzer." Das Lachen fällt ihm schwer. „Glaub mir, es ist ein reiner Zufall, dass ich selbst noch auf den Beinen bin." Erschöpft schiebe ich den Tisch beiseite und setze mich neben ihn. „Du hast zwei ziemlich schwere Enkel." Mein Vater umarmt mich und ich sehe, dass seine Augen feucht glänzen. Er nimmt meine Hand und sagt leise „ich würde sie gerne noch sehen, wenn sie auf der Welt sind." „Das musst du mir versprechen..." Was sage ich da, wie kann er mir das versprechen? Ich habe nicht damit gerechnet, dass wir so schnell zum Thema kommen. Ich weiß nicht, was ich sagen soll. Ein *du bist bald wieder auf den Beinen* kommt mir nicht über die Lippen.

Da kommt Stimmung in den Laden, die anderen Gäste sind gelandet. Martin hat seine Frau und seine vierjährige Tochter abgeholt. Elena zeigt auf meinen Bauch und fragt „sind da wirklich zwei drin?" „Ja. Zwei." Sie reißt die Augen auf. „Und genau genommen sind die beiden deine Onkel." Vorsichtig legt sie ihr rechtes Ohr auf meinen Bauch.

Andreas öffnet eine Flasche Sekt, Harald hilft meiner Schwester in der Küche und Sonia streitet lautstark mit meiner Mutter. Endlich hat die Frau einen würdigen Gegner gefunden. Ich lehne mich an meinen Vater und schaue zu. Es ist so, als wäre ich nie weggegangen. Genauso wie vor fünf Jahren. Ein ganz normaler Abend aus einer Zeit, die heute so weit entfernt ist, dass ich mir nicht mehr vorstellen kann, dass das einmal mein Leben war. Mein Ex-Mann erzählt meiner Schwester aus seinem Leben. Sie lacht. Er ist Teil meiner Familie. Das waren wir wohl immer: Familie. Bruder und Schwester, warum haben wir je versucht ein Paar zu sein?

Den nächsten Tag verbringe ich neben meinem Vater am Sofa. Ich erzähle, er hört zu. Dann erzählt er und ich höre zu. Ein Thema aber wird geschickt vermieden: seine Krankheit. Zu Mittag übersiedeln Vater und Tochter zum Esstisch und danach landen wir wieder am selben Sofa. Er will alles über die Caprichos wissen. Ich frage ihn nach seiner Kindheit und er mich nach dem Gefühl Mutter zu werden. Langsam wird es dunkel draußen. Da schaut meine Mutter herein. „Ich habe Sonia angerufen und ihr gesagt, dass du heute sicher nicht mehr auftauchen wirst." „Gut gemacht", lobt mein Vater und schaut mich fragend an. „Deshalb bin ich schließlich gekommen, um mit dir am Sofa zu sitzen..." Ich weiß immer noch nicht, wie es ihm wirklich geht und auch nicht, was er davon hält, dass er übersiedelt wurde. Aber das spielt keine Rolle.

Ich sperre zu...

Am nächsten Tag bin ich am Weg nach Wien. Sonia hat sich ins Auto gesetzt und mich abgeholt. „Deine Mutter ist zurzeit leicht reizbar, sie sucht Streit mit allen und jedem..." Ich schaue auf. „Nicht nur mit mir – das wäre ja nichts Außergewöhnliches." Seit dem Tod meiner Schwester ist das Verhältnis von Großmutter zu ihrer einst so innig geliebten Enkelin getrübt. Sie habe ihrer seelisch-kranken Mutter nicht beigestanden, sie nicht genug geliebt. Ein ziemlich unfairer Vorwurf an eine damals 16-jährige, die mit den Depressionen ihrer Mutter nicht umgehen konnte. Wie auch? 14 Selbstmordversuche, genauso viele Internierungen danach und die ständige Angst vorm nächsten Mal. Nach Sylvias Tod hat Sonia Kontakt mit ihrem Vater aufgenommen. Auch das hat ihr meine Mutter nie verziehen. Denn ihm, dem ehemaligen Schwiegersohn, gibt sie schließlich die Schuld an der Krankheit und dem Tod ihrer erstgeborenen Tochter.

Heute ist Sonia dreißig, all das ist Vergangenheit und auch wieder nicht. Sie liebt ihre Großmutter und die liebt ihre Enkelin, selbst wenn es nicht immer danach aussieht. Sonia wirft mir einen Seitenblick zu. „Glaubst du, dass das gut geht? Ich meine Mutter und Tochter in einem Haus?" Ich schüttle den Kopf und schaue durch die nassen Scheiben ins Grau über den winterlichen Hügeln. Warum hat meine Mutter das getan? Sonia versucht eine Antwort zu finden „sie sagt, dass der Opa im Pensionistenwohnheim in die Pflegestation abgeschoben worden wäre. Außerdem wolle sie Evelyn helfen..." „Helfen?" „Ja, jetzt bezahlt sie ihrer Tochter Miete, statt - wie bisher - dem Altersheim." Warum auch nicht, könnte man meinen. Vorausgesetzt man kennt meine Mutter nicht. Ihr Wort ist Gesetz und eines ihrer Gesetze lautet: wer bezahlt, der bestimmt. Deshalb haben wir, ihre drei Töchter, versucht, so schnell wie möglich auf eigenen Beinen zu stehen, Mutters Haus und Regime zu entkommen. Meine Schwester ist eine kluge Frau, sie weiß das genauso gut wie ich, also muss sie tatsächlich in Schwierigkeiten stecken. „Evelyn versucht den Karren aus dem Dreck zu ziehen, das heißt den Schuldenberg abzuarbeiten, den ihr Ex angehäuft hat", seufzt Sonia.

Es ist noch früh am Nachmittag, aber es scheint als würde das spärliche Licht noch schwächer zu werden. Eine andere Welt. Die winterlich langen Sonnenstrahlen Mexikos fehlen mir. Auch der tiefblaue Himmel und das alltägliche Konzert der Megacity, die Symphonie aus Stimmen, Hupen unterbrochen von Musikfetzen. Hier ist es grau, düster und still, selbst in den Straßen Wiens. Vereinzelt hasten Menschen die Gehsteige entlang, rasch, um von draußen nach drinnen zu kommen. Sanft passt sich meine Stimmung dem Grau an. Ich will nur noch unter eine warme Decke. Sonia schaut mich von der Seite her an. „Kannst du dir vorstellen wieder hierher zurückzukommen?" „Nein, das kann ich nicht", ohne Zögern in der Stimme, „mir tut diese Stadt nicht gut..." „Dann war es eine gute Entscheidung, dass ich, für einen kulinarischen Ortswechsel, italienische Delikatessen eingekauft habe."

Die kleine Wohnung in Margareten sieht noch genauso aus wie damals, als meine Nichte eingezogen ist. Damals war sie gerade erst 17 und schon in ihren eigenen vier Wänden. Es riecht nach grünem Tee, Hautöl und frischem Brot. Erschöpft lasse ich mich in den nächsten Sessel fallen. Ein sehr guter Ort um sich zu verkriechen, ich habe keine Lust je wieder hinauszugehen. Sonia klappert in der Küche, da läutet mein Mobiltelefon.

„Hallo Schatz, wie geht´s dir?", fragt Frank am anderen Ende der Leitung. „So wie es einem geht, wenn man gerade im grauen, kalten Wien landet", antworte ich, „und dir?" „Schlecht." Ich versuche meinen Schrecken unter Kontrolle zu bringen. „Schlecht?" „Ich sperre diesen verdammten Laden zu." „Du kannst doch nicht einfach zusperren. Was ist denn passiert?" „Diese Type an der Bar, dieser Walfred, hat 2000 Pesos gestohlen: Marianas Gehalt. Das Kuvert war in ihrer Handtasche in der Bar." „Verdammt", ist das einzige, was mir momentan einfällt.

„Er bestreitet alles, und als ich die Truppe in aller Freundlichkeit gebeten habe, ihre Taschen auszuleeren, hat mir gleich die Hälfte unserer Angestellten mit einer Klage gedroht." „Immer mit der Ruhe", sage ich und versuche mich zu konzentrieren, „hast du den Arbeitsrechtler schon angerufen?" „Nein." „Dann tu das. Er soll morgen zum Dienstbeginn da sein und mit den Leuten reden." „Ich habe die Nase voll", ist Franks einziger Kommentar. „Hör mir zu, wenn du jetzt einfach zusperrst, können wir die laufenden Kosten nicht mehr begleichen und haben mit Sicherheit mehrere Klagen am Hals..." Frank sagt nichts. „Bitte sperr nicht zu! Nur das nicht. Wir verlieren alles!" Mein Herz klopft wie wild, ich muss ihn dazu bringen, mit einer Entscheidung auf mich zu warten.

„Wir verlieren nichts, wenn du den Anwalt anrufst und ihn bittest, dass er die Angestellten dazu bringt, mit allen Entscheidungen auf meine Rückkehr zu warten." Frank seufzt. „Gut, ich rufe ihn an." Das klingt nicht wirklich überzeugt. „Sag allen, dass Ihr morgen weiterredet und dass ein Gespräch heute, nach all der Aufregung, keinen Sinn mehr hat. Und, dass du hoffst, dass sich das Problem in aller Ruhe lösen lässt. Bitte!" Keine Antwort am anderen Ende der Leitung. „Schatz, triff keine übereilten Entscheidungen." Noch immer Stille. Ich verlege mich aufs Flehen. „Lass uns das in zehn Tagen gemeinsam lösen, vertage die Sache einfach!" „Okay. Ich rufe dich morgen an, sobald der Anwalt da ist." „Kann ich bitte mit Alberto sprechen." „Warum?", fragt Frank skeptisch. „Vertrau mir einfach."

Pause. Dann eine forsche Stimme „Si Señora?" „Alberto, ich habe eine große Bitte. Reden sie mit den anderen und sagen sie ihnen, dass sich beruhigen sollen. Wir lösen das Problem, sobald ich wieder da bin." „Gut, wenn Sie wollen... Aber ihr Mann hat uns alle des Diebstahls beschuldigt. Er wollte uns durchsuchen, " er klingt genauso wenig überzeugt wie Frank. „Verstehen Sie doch, Alberto, mein Mann hat für mich den Laden übernommen und gleich am ersten Tag nach meiner Abreise werden 2000 Pesos gestohlen. Wie würde es Ihnen gehen? Bitte Alberto!" Ein Räuspern, dann sagt er heiser „In Ordnung, versprochen, ich rede mit den anderen." „Danke. Geben Sie mir die Chance die Sache nach meiner Landung selbst zu in Ordnung zu bringen!" „Einverstanden." „Und könnten Sie Mariana ans Telefon holen?"

Es dauert eine Zeit, endlich meldet sie sich. „Renate?" „Es tut mir so leid, selbstverständlich zahlen wir dein Gehalt noch einmal..." „Das ist nicht das Problem", sagt Mariana kaum noch hörbar, „die wollen mich nicht. Du hältst den Laden zusammen und kaum bist du weg, fällt alles auseinander..." Gib bitte nicht auf, bitte nicht auch noch du... „Mariana, kann ich dich um was bitten?" „Alles, was auch immer!" „Behalte die Nerven, wir lösen die Angelegenheit in ein paar Tagen gemeinsam." Sie widerspricht nicht, das ist zumindest ein Anfang „und noch eine Bitte: Beruhige meinen Mann. So schlimm, wie es aussieht, ist es nicht!"

Sobald ich das Mobiltelefon weglege, bemerke ich, dass meine Hände zittern. Sonia stellt eine große Tasse Tee vor mich „Was ist los?" Ich erzähle ihr die Geschichte und dabei wird mir klar, was geschehen sein muss. Frank ist wütend geworden, er wollte den Dieb aufdecken.

Verständlich. Doch laut Gesetz darf man seine Angestellten nicht persönlich, das heißt eigenhändig, durchsuchen, nicht einmal deren Habseligkeiten. Dafür hätte Frank die Polizei rufen müssen. Dass der Dieb Walfred heißt, ist wahrscheinlich, aber nicht so einfach zu beweisen. Wenn er das Geld gestohlen hat, ist es längst an einem sicheren Platz versteckt. Natürlich trägt er es nicht am Körper, und schon gar nicht in seiner Sporttasche.

In dieser Nacht schlafe ich kaum. Immer wieder schießen mir dieselben Gedanken durch den Kopf. Nur nicht die Nerven verlieren, es gibt eine Lösung, es gibt immer eine. Bitte nicht zusperren, sage ich im Halbschlaf wieder und wieder. Wir verlieren alles, wenn wir jetzt zusperren. Ab dem Moment kommt kein Peso mehr herein, doch die Ausgaben gehen weiter. Bis wir einen Käufer für das Restaurant finden, muss es geöffnet bleiben.

Um drei Uhr morgens ist mir so übel, dass ich mich vorsichtig aus dem Bett rolle, um Sonia nicht zu wecken. Im Dunkeln suche ich verzweifelt nach dem Schlüssel für die Toilette, denn die liegt, wie in allen Altbauwohnungen, am Gang. Mein Stöbern bleibt ohne Erfolg. Stattdessen kippt der Kleiderständer mit einem lauten Krachen um. Jetzt ist sie wach. „Tut mir leid, ich habe versucht ohne deine Hilfe aufs Klo zu kommen." Sonia lacht verschlafen, während sie das Licht andreht und sich in ihren Bademantel wickelt. „Da hängt er, gleich neben der Tür."

Streng schaut sie auf meinen nackten Bauch, der beim besten Willen nicht mehr unter den Pyjama passt und sich erfolgreich ans Licht gekämpft hat. „Zieh dir was an, draußen ist es eiskalt!" „Tut mir leid, dass ich dich geweckt habe." „Keine Ursache, ich mach dir einen Kräutertee, danach schläfst du wieder ein…" Und tatsächlich, nach einer Tasse falle ich in einen tiefen traumlosen Schlaf.

„Ich muss los", sagt eine leise Stimme. Sonia steht angezogen vor mir, „schlaf weiter! Ich bin am Weg zur Arbeit, ruf mich an, wenn du etwas brauchst… Sehen wir uns am Nachmittag?" „Klar…", murmle ich und schlafe weiter. So lange, bis ich das Strampeln in meinem Bauch nicht mehr länger ignorieren kann. „Schon gut, schon gut!" Alex scheint das lange Liegen satt zu haben. Ein kleiner Körperteil drückt sich durch die Bauchwand, gleich daneben ein anderer. „Du bist ein unruhiges Kerlchen… ich mache erst mal Tee und dann schauen wir weiter." Kaum kocht das Teewasser pfeifend, läutet mein Mobiltelefon. „Hallo Schatz." Frank klingt entspannter. „Was gibt es Neues?" „Der Anwalt war da, die Herrschaften haben sich beruhigt, und wollen die Sache mit dir besprechen, sobald du wieder da bist." Gut. „Trotzdem, ich habe dieses Lokal satt…" „Lass einfach ein paar Tage vergehen…" Stille. „Bitte behalt die Nerven!" Endlich meldet sich der Mann am anderen Ende der Leitung. „Das tue ich, glaub mir, obwohl mir das nicht leichtfällt. Inzwischen will mich zwar kein Angestellter mehr klagen, aber jetzt sind die Herrschaften beleidigt und ergo bockig." Ich seufze „es tut mir leid, dass ich dir das angehängt habe, wirklich." „Mir auch!" Eine ehrliche Antwort. Will man unangenehme Nachrichten nicht hören, sollte man nicht das passende Stichwort geben. Mir wird klar, dass sich zwischen gestern und heute nicht viel verändert hat. Er will nicht mehr. Zweifellos gibt er mir die Schuld für die Misere. Habe ich sie, die Schuld?

Nun, das Beisl war meine Idee und somit habe ich sie wohl auch.

Ab diesem Moment will ich nur noch in den Flieger steigen und mich selbst um die Sache kümmern. Ich kann nicht zulassen, dass er alles in den Sand setzt, dass er einfach aufgibt. Es geht schließlich nicht nur um das Restaurant, diese Hütte ist unser Zuhause, mein Job und nebenbei ein Einkommen. Zugegeben ein kleines, aber ein Einkommen. Klar, könnte es besser funktionieren. Wir könnten... Wir? Gibt es noch ein Wir, was die Caprichos betrifft? Oder nur mehr ein Ich? Wenn ich auf meinen Bauch schaue, habe ich Angst. Was ist, wenn es schiefgeht? Was mache ich dann, was machen wir dann? War das Risiko zu groß?

Mir rinnen die Tränen übers Gesicht. Ich kann das nicht alleine schaffen, nicht in dem Zustand. Da läutet wieder das Telefon. Andreas. „Es tut mir leid, mir ist gerade nicht nach plaudern." „Das, meine Liebe, ist mir völlig gleich. Zieh dich an, wir gehen essen. In einer halben Stunde bin ich bei dir." „Ich will wirklich lieber..." aber mein guter Freund hat schon aufgelegt. Großartig. Ich bin noch nicht einmal geduscht, verheult und hundemüde. Doch die Methode *einfach überfahren* funktioniert bei mir immer, und das weiß auch er. Ich lege frische Kleider aufs Bett, drehe das heiße Wasser auf und kümmere mich darum, passabel auszusehen. Frisch gewaschene Haare, Make-up und eine große Tasse Tee tun tatsächlich Wunder.

Da klopft es an der Tür. Andreas hält mir wortlos eine Papiertüte entgegen. Eine Wurstsemmel, Extra ohne Gurkerln, dahinter ein breites Grinsen. „Schön, dass du da bist", sage ich kleinlaut und greife hungrig nach dem Sackerl. „Wusste ich doch", sagt mein alter Freund und nimmt mich in die Arme. „Ich gestehe, dass Sonia mich angerufen hat." Klar, denke ich, sie hat sich Sorgen gemacht. Eine knusprige, duftende Wurstsemmel ist ein wahrer Genuss. „Sag bloß, Sonia hat dir keine saure Milch gekauft?", wundert sich Andreas. „Hat sie." Ich öffne den Eiskasten, dort reihen sich fünf dunkelgrüne Päckchen ordentlich aneinander. „Nun, das ist der richtige Moment eine zu öffnen!", schlägt Andi vor, der nahezu alle meiner Leidenschaften kennt. Langsam fühle ich mich besser und erzähle die ganze Geschichte noch einmal.

Andreas scheint nicht erstaunt „ziemlich dumm reagiert, keine Frage...", sagt er „aber ich muss wohl wieder mal den Job des Überbringers schlechter Nachrichten übernehmen..." Er will mir also nicht auf die Schulter klopfen, nicht sagen, dass ich das bedauernswerte Opfer bin und mein Mann an allem schuld ist? Nein, das könne er nicht, da es einfach nicht stimme. Ich schaue ihn verwundert an. „du musst einsehen, dass der Laden nicht gut läuft und nebenbei einen Haufen Probleme abwirft, die dein Mann jetzt alleine zu lösen hat. Ob es ihm gefällt, oder nicht!" Ich protestiere „das ist nicht allein mein Projekt..." Andreas verzieht das Gesicht „nun, es war deine Idee, du hast sie durchgesetzt und, ja, hast ihn davon überzeugt. Doch nun hat er seine Meinung zum Thema Beisl geändert. Das ist zulässig."

Ganz wie der Klügere in Spencer Johnsons Buch *Wer hat meinen Käse geklaut*? (9) In der Geschichte gibt es den, der begreift, dass er sein Verhalten an eine veränderte Realität anpassen muss, er heißt Kof. Sein Partner Kif hingegen hält stur und ängstlich an gewohnten Wegen fest, obwohl sie zu nichts führen. Dabei beschäftigt er sich damit, Schuld zu verteilen und sich selbst als Opfer zu fühlen. Ist das meine Rolle? Bin ich Kif, will ich nicht loslassen, nur, weil ich darum gekämpft und harte Arbeit in das Projekt gesteckt habe? Ich lasse den Kopf in meine Hände sinken. Ist das Projekt Caprichos gescheitert und sollte ich langsam, auf die Suche nach neuen Käsevorräten gehen? „Nun, ich weiß nicht, ob du der Sache noch eine Chance geben solltest, oder nicht. Aber Zusperren, ist eine gangbare Möglichkeit", meint Andreas.

Meine Schwäche für vertraute, ausgetretene Wege hat Geschichte. Deshalb habe ich so lange an einer Beziehung festgehalten, die längst zu Ende war. Deshalb bin ich viel zu lang in Österreich geblieben, obwohl mir klar war, dass ich hier raus musste. Das alles heißt nicht, dass das Restaurant nicht funktionieren könnte. Aber es heißt, dass ich versuche, diese Möglichkeit zu übersehen. Ich muss eingestehen, dass ich meinem Mann unrechtgetan habe. Ein dummes Gefühl. Ich habe immer nur an mich gedacht, an meine Arbeit, an all das was ich investiert habe. Seine Kritik am Restaurant habe ich als Kritik an mir empfunden. Und abgetan. Vielleicht hat er bloß die Zeichen richtig gelesen. Zeichen, die ich nicht sehen wollte.

„Schluss jetzt", sagt mein alter Freund, „setzt dich samt Bauch auf mein Motorrad und wir suchen uns einen feinen Platz zum Mittagessen." Die frische, kalte Luft im Gesicht tut mir gut, schwache Sonnenstrahlen wärmen das winterliche Wien. Trotzdem, diese Stadt ist nicht mehr die meine, die Menschen auf den Straßen sind Darsteller in einem Film, der an mir vorbeizieht. Es riecht nach gebratenen Maroni, Diesel und heißen Würsteln. Es ist viele Jahre her, als ich zum letzten Mal auf einem Motorrad saß. Selbst in zweiter Reihe und hinter meinem stattlichen Bauch genieße ich dieses Abenteuer. Alle trüben Gedanken scheinen sich im Fahrtwind aufzulösen. Alle Probleme erscheinen nichtig und klein, obwohl die Wolken über und nicht unter mir sind.

Kaum in der *Goldenen Glocke* gelandet, läutet wieder mein Telefon. Frank Zeller blinkt am Display. Ich lasse ihn nicht zu Wort kommen. „Gut, dass du noch einmal anrufst, ich muss dir unbedingt etwas sagen: Es tut mir leid. Ich wollte dich nicht verstehen und schlechte Nachrichten wollte ich einfach nicht hören. Es tut mir leid, " da unterbricht mich Frank mit belegter Stimme: „Mir tut es auch leid, du kannst nichts für den Schlamassel mit dem Diebstahl und du bist auch nicht im Stande es von Wien aus zu lösen. Verzeih, dass ich die Nerven verloren habe..." „Schon gut..." „Aber es gibt da noch etwas, was ich dir sagen muss." Das sind genau die Worte, die ich gar nicht gerne höre. Ich erinnere mich an viele Gespräche, die so begonnen haben. Gespräche, die ich, im Nachhinein betrachtet, lieber nicht geführt hätte. Am Telefon ist Frank und nicht Harald. Neuer Mann, andere Geschichte... und dieser neue Mann unterbricht meine Gedanken „ich habe mich noch einmal mit dem Anwalt getroffen und wir sind zum Schluss gekommen die Sache abzuschließen, genau gesagt die Causa Andrade zu den Akten zu legen." Ich höre. „Wir haben uns mit der Gegenseite geeinigt..." „Was heißt das?" „Wir haben bezahlt und sie haben die Klage zurückgezogen." „Wie viel?" kann ich gerade noch heiser herausbringen. „25.000.- Pesos." Ich beiße mir auf die Unterlippe. Der Verbrecher hat gewonnen, Frank hat bezahlt und dieser üble Gangster hat bekommen, was er wollte. „Bist du noch dran?", fragt mein Mann vorsichtig. „Ja." „Und?" „Ich glaube, du weißt, was ich davon halte..." Mehr kann ich nicht sagen, ohne die Stimme zu heben, unfreundlich zu werden, oder gar aufzulegen. „Ich weiß und ich verstehe dich", sagt Frank schnell, „aber das Risiko ist zu groß, du bist momentan nicht in der Verfassung in den Ring zu steigen. Glaubst du wirklich, ich weiß nicht, dass du nicht schläfst, dass du dir Sorgen machst und dass du Angst hast? Selbst wenn du so tust, als sei alles in bester Ordnung?" Er hat recht, mit allem, was er sagt. Trotzdem, es passt mir nicht diesem elenden Erpresser Geld in den Rachen zu werfen. Verdammter.... „Der Preis ist zu hoch, deine Gesundheit und die unserer Kinder sind mehr wert als 25 000 Pesos."

Mutter und Tochter

Ich stehe vor einem Kaufhaus und warte auf meine Mutter. Déjà-vu: die Szene aus dem Traum: Sie hat sich vorgenommen die ersten Babykleider für ihre Enkel zu kaufen. Vor allem aber, vermute ich, will sie mit mir allein sein, ohne meinen Vater, ohne meine Schwester. Nur wir zwei. Da kommt sie schon über die Straße gelaufen, die 80 gelebten Jahre sieht man ihr nicht an. Die knallrote Sportjacke steht ihr hervorragend, das Halstuch an ihrer Handtasche festgebunden, in edlem Parfum und Jeans. Sie lächelt „auf ins Vergnügen!" und hakt sich bei mir unter.

Im Laden ist es heiß und ich knöpfe meine Jacke auf. Meine Mutter ist in ihrem Element, fröhlich plaudernd wirft sie Baby-Jäckchen, Unterwäsche und Strampelanzüge in den Einkaufwagen, den ich vor mir herschiebe, besser gesagt, auf den ich mich erfolgreich stütze. „Die Abteilung Neugeborene kannst du vergessen, meine Enkel kommen normalerweise groß zur Welt", sie klopft auf meinen Bauch „und all diesen Schnickschnack", sie wedelt mit der Hand abfällig über elegante Babykleidung mit Schleifen und Streifen, „brauchst du nicht." Meine Mutter bestimmt den Kurs, wie immer. „Vor allem warm und bequem... Schau mal, so wie der dunkelblaue Strampelanzug dort, der mit dem süßen Sweater."

Ich freue mich, dass sie sich freut. „Du bist eine geübte Oma", gebe ich zu und lege den Arm um sie. Plötzlich fällt mir auf, wie klein sie ist. „Leider sind meine ersten beiden Enkel den süßen Jahren schon entwachsen!", brummt sie. „Das tun sie alle", bestätige ich, „so wie davor deine eigenen Kinder!" „Da muss ich dir recht geben. Trotzdem liebe ich sie. Vor allem diese unmögliche Tochter, die sich mir nichts dir nichts nach Mexiko abgesetzt hat." Was ist es, dass diese Frau so stark macht? Ich weiß, dass sie nie über den Tod meiner ältesten Schwester hinweggekommen ist. Ich weiß, was es für sie heißt, dass mein Vater zum Pflegefall geworden ist und mir ist auch klar, dass sie ihre eigenen vier Wände vermisst. Trotzdem lacht sie, trotzdem hat sie Pläne, trotzdem gibt sie nicht auf.

Gleichzeitig stellen wir einander dieselbe Frage: „Bist du eigentlich glücklich?" „Du zuerst", sage ich schnell. „Ich weiß, dass du mich das schon lange fragen wolltest..." Sie schaut mir in die Augen. „Und selbst mir ist klar, dass der Umzug in das Haus deiner Schwester keine ideale Lösung ist." Ihr Blick unterbindet jede Unterbrechung „A habe ich das Pensionisten-Wohnheim nicht mehr ertragen. B Dein Vater wäre tatsächlich auf die Pflegestation gekommen und C dann säße ich allein zwischen all diesen Greisen, die sich längst selbst aufgegeben haben...", sie seufzt, „und das für viel Geld. Geld, das deine Schwester dringend braucht. Was ihre

Finanzen betrifft: Die Situation ist ernst, in Wahrheit, mehr als ernst. Dieser elende Kerl war nicht nur eine Fehlbesetzung als Ehemann, sondern auch als Unternehmer." Sie nimmt mich beim Arm. „Verstehst du mich?" „Ja, Mama." „Jetzt aber zu dir: Bist du glücklich?" „Ich habe den Mann geheiratet, den ich liebe und der mich liebt.... Aber das mit dem Restaurant. Ich weiß nicht, ob das tatsächlich eine gute Idee war. Der Laden läuft nicht, wie er soll und es gibt ständig neue Hürden, die genommen werden müssen. Und jetzt" – ich schaue auf den Berg von Babywäsche vor mir „klar, freue ich mich darauf Mutter zu werden, aber mir ist ein Rätsel, wie ich das alles schaffen soll...Kinder, Restaurant und..." „In dem du einfach du bist. Du weißt anscheinend gar nicht, wie stark du bist", sagt meine Mutter liebevoll, „du schaffst alles und vergiss nicht: du hast einen Mann an deiner Seite, du bist nicht mehr allein. Miteinander werdet Ihr das Kind schon schaukeln – besser gesagt die beiden und das Gasthaus."

Der Koffer ist so gut wie voll und ein Berg Wäsche noch immer nicht eingepackt: frisch gefaltete Hemdchen, Kapuzen-Shirts und Babysocken. Mein Vater schlürft seinen Kaffee. Ich lasse mich erschöpft neben ihm aufs Sofa fallen. „du musst die Jungs wohl mehrmals täglich umziehen, damit sie all den Kram auch anziehen können......" Ich lehne mich an seine Schulter, seine Hand klopft die meine. Seine Finger sind schneeweiß und es scheint, als sei ihm der Ehering zu eng geworden. „Papa, wie krank bist du wirklich?" Seine blauen Augen lächeln mich an „ich sterbe nicht, wenn du das meinst. Noch nicht. Aber ich bin sicher, dass ich bald im Rollstuhl sitzen werde. Und weißt du was? Das ist mir gar nicht so unrecht. Dann müssen endlich alle akzeptieren", er macht eine Kopfbewegung Richtung Küche, „dass ich nicht mehr gehen kann. Denn die zwei da draußen sind sich einig, dass ich alles könnte, wenn ich nur wollte."

Mein Vater weiß selbst am besten, wie es ihm geht. Das wusste er schon immer. Als ich sieben Jahre alt war, kam er nach einer Routineuntersuchung nicht mehr nach Hause. Diagnose: Darmkrebs. Niemand wollte mir damals erklären, wie ernst die Sache war. Ich durfte ihn erst nach der Operation besuchen. Und im Krankenhaus müsse man sich zusammenreißen, hieß es. Als ich endlich neben seinem Bett stand, kullerten, trotz aller Ermahnungen, Tränen über meine Wangen. Damals hat er meine Hand in die seine genommen und gesagt: „Ich habe nicht vor zu sterben, noch nicht, glaub mir. Wir werden noch viele Weihnachten gemeinsam feiern." Damals haben mich seine Worte getröstet und das tun sie auch noch heute. „Schau mich an", unterbricht mein Vater die Erinnerung an die Vergangenheit, „ich werde meine beiden Enkelsöhne noch in Armen halten. Das verspreche ich dir!"

Einen habe ich noch

Lufthansa 467 nach Mexiko-Stadt. Ich sitze zwischen einem schwergewichtigen Deutschen und einer Dame, anscheinend Ungarin, die alles andere als glücklich aussieht. Sitzen ist eigentlich eine unpassende Beschreibung für meinen Zustand. Ich bin eingeklemmt. In Frankfurt war keiner der Ansicht, dass eine Hochschwangere mit Ticket in der *Chicken Class* ein Upgrade verdient, obwohl die Businessclass nicht einmal halb voll war.

Ich schließe die Augen und versuche die in mir aufsteigende Panik wegzuatmen. 12 Stunden auf 50 mal 40 Zentimeter. Wer sagt, dass ich die ganze Zeit über sitzen muss? Sobald der Flieger in der Luft ist, gehe ich auf und ab. Nur noch ein paar Minuten aushalten. Der Mann neben mir versucht seine beeindruckende Körperfülle auf seinem Platz unterzubringen. So manche seiner Rundungen überschreiten jedoch die Grenze zwischen seinem und meinem Revier. Schlimm, aber noch schlimmer ist der Geruch, Schweiß, der an abgestandenes Bier erinnert. Durch den Mund atmen, durch den Mund atmen, durch den Mund atmen....

Der Abflug verspätet sich, gut, ich gehe zur Toilette. Mit einem Strahlen wende ich mich an meine Sitznachbarin zur rechten. „Sorry, would you be so kind...?" Ich richte mich ein wenig im Sessel auf, mein Bauch stößt an den Vordersitz. Die Dame neben mir versteht, lächelt nicht, steht aber auf um mich vorbeizulassen. Großartig, ansatzlos fühle ich mich besser. Eins ist klar: Ich muss von diesem Herrn zu meiner Linken weg. Sonst kann ich die Übelkeit nicht unter Kontrolle halten. Also zur Tat. Eine Stewardess will an mir vorbei. Ich lasse sie nicht „Entschuldigung, sagen Sie gibt es noch einen freien Gangplatz?" „Nein leider", sie lächelt wie gemalt „alle guten Plätze sind vergeben." Nur nicht beirren lassen „ich habe da ein kleines Problem, ich muss häufig zur Toilette und will meine Sitznachbarn nicht belästigen." „Leider kann ich da gar nichts machen", sagt die blonde Schönheit, die mich an die Barbiepuppe erinnert, die ich in einem kindlichen Wutanfall geschoren habe.

Variante zwei: Die Ungarin neben mir wird ihren Gangplatz nicht freiwillig aufgeben, aber mit Beharrlichkeit könnte ich einen Sinneswandel bewirken. Variante drei (nur im äußersten Notfall anzuwenden): Ich simuliere einen Zusammenbruch, mit einer einleitenden Übelkeit, neben dem Sitznachbarn kein Kunststück. Ich darf nicht übertreiben, schließlich will ich keine Notlandung, sondern nur einen annehmbaren Sitzplatz.

Vorerst zu Variante zwei, Titel Nervenkrieg. Kaum sitze ich ein paar Minuten, räuspere ich mich erneut „Sorry..." Sobald die Maschine auf Flughöhe ist, wiederhole ich dieses Spiel alle zehn bis 15 Minuten. Ich weiß, wie gerne die gute Frau sitzen bleiben würde und ahne, dass sie mich verflucht. Da kommt das Abendessen: Meine Sitznachbarin nimmt einen kleinen Schluck Rotwein und packt sorgfältig ihr Besteck aus. „Sorry, ähm...? Jetzt habe ich sie soweit: „Wouldn´t it be easier if we would change seats? Sollen wir die Plätze wechseln?" „If you insist, nur, wenn Sie darauf bestehen", antworte ich mit einem unsicheren Lächeln. „I do", sagt sie bestimmt und hat keine Ahnung was sie erwartet. Kaum auf meinem neuen Platz, esse ich genüsslich auf und schlafe ein. Ständiges Aufstehen macht schließlich müde.

Es ist schön wieder daheim zu sein, noch schöner, seit ich um 10 Kilos schwerer bin. Zu ebener Erde ist es heute still und dunkel. Montag Ruhetag. Dieser Moment wäre einfach perfekt, wenn da nicht noch dieses Gespräch vor uns läge, von dem ich nicht weiß, wie ich es angehen soll. Warum nicht mit einem Hüsteln: „Wir müssen über die Zukunft sprechen", sage ich und mir ist klar, dass das die dämlichste aller Einleitungen ist, „du weißt, wie viel mir die Caprichos bedeuten.... aber ich hoffe, dir ist auch klar, dass mir unsere Ehe und unsere Kinder wichtiger sind." Der Gesichtszug meines Mannes wird sanfter. „Was dieses Geschäft betrifft: Wenn du da raus willst, verstehe ich dich. Und wenn es so ist, lass uns gemeinsam eine Möglichkeit suchen..." Frank lächelt mich an, „ich denke, dass jetzt nicht der richtige Moment für Neuanfänge ist." Seine Hand legt sich auf meinen Bauch, „die beiden sind womöglich in vier Wochen schon auf der Welt und ..." „Ich weiß, ich weiß", unterbreche ich, „aber ich will mir klar sein, worauf wir hinarbeiten. Morgen ist die Besprechung mit allen Angestellten, ich muss wissen, was die Zukunft bringt: Zusperren, oder einen weiteren Versuch..."

Beim Wort Zusperren bin ich heiser geworden – ich will nicht zusperren, nicht aufgeben, noch nicht. Frank nimmt einen Schluck Tequila und lehnt sich zurück. „Siehst du", fragt er langsam, „wirklich noch eine Chance für dieses Projekt?" Sehe ich, aber ich will ihm nichts versprechen, ihm nichts einreden, nicht die Verantwortung übernehmen. Ja, ich sehe eine Chance. Vorsichtig sage ich „ein paar Ideen habe ich noch: Ich möchte mit unseren Weinlieferanten regelmäßige Verkostungen mit Degustationsmenü organisieren, aus meinem Büro ein Privado für kleine, feine Gruppen machen und am Wochenende Frühstück anbieten..." Franks Gesicht bleibt regungslos. Ich zwinge mich den Mund zu halten. Nach einer Pause schaut er mich an „ich glaube, wir müssen uns eingestehen, dass die Sache nicht funktioniert." Mein Herz klopft wie wild, eine Stimme in mir schreit: Es funktioniert, wenn auch nicht so gut wie wir dachten, aber es funktioniert... und doch ich sage kein Wort. „Aber große Veränderungen können wir im Augenblick nicht brauchen, wir können jetzt nicht zusperren, also: Versuchen wir, was du vorschlägst." Er will also auch keine Verantwortung übernehmen „nur kann ich in Zukunft kein Geld mehr in die Operation stecken, schließlich kommen unsere Kinder zur Welt und ich verdiene nicht genug, um mit meinem Gehalt auch noch ein Restaurant zu erhalten."

Das tut weh, aber jetzt wird mir so einiges klar. Für ihn ist außer Spesen nichts gewesen. Obendrein, so weiß ich jetzt, wie er die Sache sieht. Er hat den ganzen Spaß bezahlt. Als ob es das wäre, ein Spaß, ein Privatvergnügen, eine Beschäftigungstherapie für die gelangweilte Ehefrau. Ich atme tief durch. „Hoffentlich kommt mit den Neuerungen und Umstrukturierungen, die ich mir überlegt habe, mehr herein als nur die Miete, Essen und Strom..." „Nicht einmal das war immer der Fall", sagt Frank heiser. Ich will widersprechen, tue es aber nicht. Das bringt uns nicht weiter. Das brächte uns vielmehr dorthin, wo wir schon waren. Zu einem heftigen Disput, der nichts löst. Ein Streit, an dessen Ende zwei Menschen kochend einander gegenübersitzen. Zwei Menschen, die einander nicht verstehen wollen und schließlich wortlos schlafen gehen. Normalerweise hätte mich diese Aussicht nicht am Widerspruch gehindert, momentan aber kann ich das nicht durchstehen, ich bin einfach zu erschöpft. Ich spüre Tränen in meinen Augen, ein Brennen im Hals und wende mich rasch ab. Schwangere leiden tatsächlich unter gesteigerter Sensibilität, aber ich fürchte, ich würde auch unter normalen Umständen gegen aufsteigende Tränen kämpfen müssen. Ich fühle mich alleingelassen. Wahrscheinlich war ich das ja von Anfang an: alleine. Es war immer mein Projekt, meine Spielwiese und daher ist es auch mein Versagen.

Rasch stehe ich auf und gehe über den Hof in die kleine Küche im dritten Stock. Inzwischen ist auch in Mexiko der Winter eingekehrt. Fünf Grad über Null, ich ziehe das Wolltuch fester um meine Schultern. Die Nacht ist dunkel und still. Wahrscheinlich sind viele schon auf dem Weg in die Weihnachtsferien. Ich atme die kalte Luft ein und zwinge mich zur Ruhe. Keine Diskussion. Nur keine Diskussion. Er ist einverstanden, dass wir der Sache noch eine Chance geben. Das ist ein Anfang. Soweit so gut. Ich muss beweisen, dass der Laden besser laufen kann und das werde ich auch. Das schaffe ich...... Mit einer Tasse Tee in der Hand komme ich zurück zum Sofa, Frank hat inzwischen den Fernsehapparat eingeschaltet. Damit ist klar, dass unser Gespräch beendet ist. Er wirkt entspannt. Ich hingegen kann mich nicht auf die flimmernden Bilder konzentrieren.

Die Aussprache

„Ich bin kaum 24 Stunden außer Haus und schon fehlen 2000 Pesos aus der Handtasche einer Mitarbeiterin." Ich schaue durch die Runde, keiner wirkt tatsächlich betroffen, außer die Bestohlene selbst. Der Hauptverdächtige, Walfred, schaut mir trotzig ins Gesicht. „Ich nehme nicht an, dass wir die Sache aufdecken werden. Aber das muss ich sagen: Ich bin enttäuscht, dass so etwas in den Caprichos passiert. Ich glaubte immer, wir seien ein besonderes Restaurant und ein ganz besonderes Team. Doch das sind wir nicht. Leider." Jetzt senken ein paar den Blick. Gut.

„Ihr Mann", platzt Walfred heraus, „hat uns beschuldigt gestohlen zu haben. Das ist unerhört." Langsam werde ich wütend. „Nun, ganz emotionslos gesprochen: Ein Dieb, oder eine Diebin ist unter uns. Sonst wäre das Geld noch dort, wo es vor dem Diebstahl war." "So was kann ich nicht auf mir sitzen lassen", knurrt Walfred. Ich schaue ihn verwundert an, nach einer Weile senkt er den Blick. Keine Frage, der Typ muss weg, so schnell wie möglich. „Ihr Mann wollte uns durchsuchen. Laut Gesetz darf er uns nicht angreifen..." Warum hältst du dummer Junge, nicht einfach den Mund? „Das hat er aber nicht getan. Ehrlich gesagt, ich kann gut nachfühlen, dass ihm danach war, trotzdem: Er hat niemanden und nichts angegriffen. Zweites: Das eigentliche Fehlverhalten ist der Diebstahl und nicht die Absichten meines Mannes, der freundlicherweise für ein paar Tage meinen Job übernommen hat." Stille.

„Ich werde keinen beschuldigen, aber, wenn das noch einmal passiert, werde ich die Polizei rufen, denn die ist befugt jeden und alles zu durchsuchen. Danach, das verspreche ich, wird dieses Restaurant geschlossen. Damit verlieren alle ihren Job, auch ich. Ich bin aber nicht bereit, in einem Betrieb zu arbeiten, in dem gestohlen wird. Nebenbei bringen die Caprichos nicht genug Geld ein, um dafür alles zu ertragen: Diebstahl, Drohungen, Klagen." Hat jetzt mein Mann aus mir gesprochen, oder ich? Schweigen. „Apropos: Für Klagen wird hier ab sofort keine Gelegenheit mehr geboten. Alle Personalangelegenheiten laufen ab heute über meinen Rechtsanwalt, Licenciado Moreno. Ich denke, inzwischen kennen ihn alle." Pause. „Wie schon gesagt, ich habe gedacht, unser Team ist anders, aber ich habe mich geirrt."

Ich sehe Walfred unruhig auf seinem Sessel herumrutschen. Dahinter Alberto mit betroffenem Gesicht und Luciano, der traurig den Kopf schüttelt. Ich muss die Sache zu einem guten Ende bringen, denn schließlich sind alle außer einem weder Diebe, noch

Betrüger. Also seufze ich. „Trotzdem danke, dass Ihr auf Alberto gehört habt, und nicht meinen Mann, der nun wirklich nicht die Schuld an dem Dilemma trägt, geklagt habt. Danke auch, dass Ihr alle noch hier seid und die Arbeit im Restaurant nicht niedergelegt habt." Mariana versucht gute Miene zum bösen Spiel zu machen, aber ich bin noch nicht am Ende „zum Abschluss muss ich aber trotzdem jeden bitten, sich genau zu überlegen, ob er in diesem Restaurant und in diesem Team bleiben will. Ich verspreche, dass ich - im Fall des Ausscheidens eines Mitarbeiters - alle Gesetze befolgen und alle - ihm zustehenden - Zahlungen anstandslos begleichen werde." Das musste gesagt werden und jetzt ist es Zeit wieder an die Arbeit zu gehen. Ich schiebe den Sessel zurück und stehe mühsam auf.

Die anderen kommen der ungesagten Aufforderung nach und gehen ab. Luciano hält inne. „Du weißt, dass ich damit nichts zu tun habe?" Alle sind inzwischen draußen. Ich nicke. „Frank hat sich ungeschickt angestellt..." Ich nicke wieder. „Wer weiß, wie ich mich an seiner Stelle verhalten hätte..." Luciano überlegt „ich hätte dem Dieb wohl eine verpasst." „Gut, dass du nicht an seiner Stelle warst. Sonst wären die Caprichos inzwischen geschlossen und wir würden vor Gericht stehen. „Weißt du, wer es war?", fragt er mich, „ich habe meine Vermutungen..."

Da steckt Walfred den Kopf um die Ecke. „Entschuldigung hätten Sie ein paar Minuten Zeit?" „Das ist Magie", lächelt mein Koch und marschiert aus dem Büro. Mit einer Geste bedeute ich dem jungen Mann sich zu setzen. „Nach all dem, was passiert ist, Señora, habe ich beschlossen, mir einen anderen Job zu suchen." „Heißt das, dass du kündigst?" Der glaubt doch nicht ernsthaft, dass ich ihm abnehme, dass er gekränkt ist und beleidigt von dannen zieht. „Ja, ich kündige." „Ich nehme an, dass du dir das gründlich überlegt hast?" „Ja." „Gut, dann bitte ich den Anwalt ins Büro." Ich wähle die Durchwahl zur Bar. „Mariana, bitte schicke mir Moreno." Kaum aufgelegt, sage ich zu meinem erstaunt wirkenden Gegenüber „er klärt mit dir die Details."

Natürlich ist es kein Zufall, dass der Anwalt im unteren Geschoss Kaffee trinkt. Walfred scheint jedenfalls völlig von den Socken. Vor allem ob meiner Reaktion auf seinen Abtritt. Warum gehen Angestellte, die kündigen, immer davon aus, dass man sie um jeden Preis aufhalten will? Was hat er gedacht? So etwas wie: Bitte bleib! Das scheint etwas weit hergeholt, aber entspricht offensichtlich den Erwartungen meines Gegenübers. Es klopft an der Tür, der Anwalt. Ich klappe meine Agenda zu, nutze den Moment und trete ab.

Auf los geht´s los

Wo ist der Notizblock? Ich soll jede Wehe notieren. War das eine, oder keine? Woher soll ich denn wissen, was eine Wehe ist, wenn ich nie zuvor schwanger war? Ein plötzlicher Schmerz lässt mich wieder auf dem Sessel zurückfallen. Das war wahrscheinlich eine, also: 8 Uhr 20 Minuten. Mariana hat mir eingebläut, dass ich bei regelmäßigen Wehen sofort ins Spital muss. Unter der Dusche durchfährt mich wieder derselbe langanhaltende Schmerz. Hier kann ich beim besten Willen nichts notieren, also beginne ich wohl besser nach dem Duschen mit meinem Wehen-Report.

Vor dem Spiegel betrachte ich meinen nackten Körper. Der Bauch ist grotesk, ich erkenne mich selbst nicht. Brüste, Po, Oberarme, alles ist aus der Form geraten. Schnell drehe ich mich nach einem Handtuch um. Der Bauch stößt an das Waschbecken, Alex boxt zurück und ich muss mich wieder setzen. In den letzten beiden Tagen bin ich langsamer geworden. Jede Tätigkeit dauert Ewigkeiten. Wehe. Da liegt der Block, 8 Uhr 50. Noch kein Grund zur Aufregung. Meine gepackte Tasche steht auf dem Bett, für alle Fälle...

In drei Stunden habe ich einen Termin bei meinem Gynäkologen, bis dahin sollte ich angezogen und abfahrtbereit sein. Frank holt mich ab, ich passe längst nicht mehr hinter ein Lenkrad und außerdem macht sich mein Mann ernsthaft Sorgen, dass seine Söhne auf einem *Tope* zur Welt kommen. *Tope* nennt man in Mexiko eine künstliche Bodenwelle, sie hierzulande dazu dient den Geschwindigkeitswahn rasender Machos zu drosseln.

Ich suche die bequemsten aller Umstandskleider aus dem Schrank. Beim ersten Versuch in ein T-Shirt zu schlüpfen, bin ich mir sicher, was eine Wehe ist. 9 Uhr 15. Gut, dass ich schon einen Arzttermin habe. Erstaunlicherweise bin ich tatsächlich fertig, als Frank vor den Caprichos hält. Er schaut mich prüfend an „sollen wir nicht die Tasche mitnehmen?" „Was auch immer Wehen sein mögen, ich habe sie noch nicht alle zehn Minuten..." Umständlich setze ich mich auf den Beifahrersitz. Frank schiebt sachte alles an seinen Platz und schließt die Tür. Die Fahrt dauert eine Ewigkeit. Mein Mann versucht alle Topes zu umfahren, und wenn ihm trotzdem einer unterkommt, fährt er in Zeitlupentempo darüber. Ich habe den Block für den Wehen-Report vergessen und verliere den Überblick. „Alles in Ordnung", lächle ich verbissen, schließlich will ich den ohnehin besorgten Ehemann nicht noch nervöser machen.

Beim Arzt angelangt, bin ich froh, dass es nicht mehr schaukelt. Der gute Mann zieht die Augenbrauen hoch und meint „lasst uns mal sehen, wie viel Zeit wir noch haben..." „Wie bitte?", frage ich verstört. „Nun", sagt er nach einer kleinen Weile, „das ist eine Dilatation von 12 Zentimetern." „Eine was?", will ich wissen. „Im Klartext: Ich kann den Kopf eines deiner Babys sehen." „Heißt das, ich kann nicht mehr nach Hause und meine Tasche holen?" „Genau, das heißt es!" Von der Ordination direkt zur Aufnahme, keine Zeit zum Nachdenken.

Ein paar Minuten später schiebt man mich in ein Zimmer, in dem mein Arzt ganz in grün, auf mich wartet. „Der erste Bub, dessen Hinterkopf ich schon sehe, kann nicht natürlich zur Welt kommen", erklärt er und schaut mir in die Augen, „sonst gefährden wir den zweiten." Langsam wird mir klar, wovon der Herr unter dem erbsenfarbenen Häubchen spricht. „Der obere Zwilling hat sich noch immer nicht umgedreht und wenn ich versuche ihn dazu zu bewegen, setzt sein Herzschlag aus." „Also", sage ich, weil mir nichts anderes einfällt, „tu was du für richtig hältst..." „Kaiserschnitt." Ich habe keine Ahnung, ob das die richtige Entscheidung ist. Und selbst wenn, hätte ich keine Kraft zu argumentieren.

„Sie brauche ich", sagt mein Arzt und dreht sich zu Frank um. „Der Kinderarzt wird nicht so schnell da sein", erklärt er, „und Sie könnten mir helfen. Schließlich sind es zwei auf einmal." „De acuerdo, einverstanden", sagt mein Mann überraschend ruhig. Ich bin froh, dass er da ist. Dabei war ich immer der Meinung, dass Väter bei Geburt nichts verloren hätten. Besorgt schaue ich ihn an. Nein, er ist nicht blass um die Nase. „Nervös?", erkundigt sich mein Arzt wahrscheinlich mit demselben Hintergedanken. Frank schüttelt den Kopf „dann lass uns gleich beim Du bleiben, schließlich sind wir jetzt ein Team!" Aran ist mit einer Injektionsnadel bewaffnet. „Dreh dich zur Seite", sagt er zu mir, „tut fast nicht weh..." Kreuzstich.

Mein Körper liegt auf einer fahrenden Liege am Weg in den Operationssaal. Es ist so, als hätte ich gar keinen Körper mehr, auch wenn ich ihn vor mir sehe. Mein Kopf scheint vom Rest getrennt. Der Bauch muss zu einer anderen Frau gehören, am Bettende dahinter sehe ich einen Fuß, der nicht meiner sein kann, denn ich spüre ihn nicht. Ein seltsamer Film, ich habe eine Hauptrolle und bin trotzdem nur Zuschauer. Die Stimme in mir wiederholt ständig: Da ist etwas verkehrt, ich kann nichts fühlen. Das ist etwas ganz verkehrt.

Im OP versperrt mir ein grüner Vorhang die Sicht auf meinen Bauch. Darüber erscheint das, durch einen Mundschutz verdeckte, Gesicht des Arztes. Er schaut nicht auf, offensichtlich ist er beschäftigt. Was hinter dem Vorhang passiert, spüre ich nicht. Heimlich versuche ich meine Zehen zu bewegen. Habe ich welche, ich meine Zehen, habe ich eigentlich Zehen?" Ein ärgerlicher Schrei unterbricht meine Gedanken. „Da ist schon der erste", kommentiert Aran. Frank nimmt seinen Sohn in die Arme. Schützend hält er ihm die Hand vor die Augen und Felix hört zu schreien auf. Seines Vaters Stimme sagt leise „Hallo, mein Sohn!" Dann schreit es wieder – diesmal länger und verzweifelter. Ich will aufstehen.

Frank kommt mit dem zweitgeborenen, zitternden Baby zu mir „das ist eindeutig dein Sohn, der ist genauso erfroren wie du." „Hallo Alex." Das winzige Baby hält nur kurz inne um, dann gleich weiterzubrüllen. Eine Krankenschwester hält Felix, er hat die Augen offen und schaut mir ernst ins Gesicht. Meine Söhne. Ich will die beiden an mich drücken. Aran unterbricht. „Ich muss nähen!" Da sehe ich seine Schürze. Blut, alles voller Blut, mein Blut. „Sie müssen sich ausruhen", ermahnt die Krankenschwester. Warum ausruhen? Ich will meine Kinder halten. Doch dann schwappt eine große dunkle Welle über mich und bringt mich fort, von meinen Kindern, meinem Mann, meinem Körper.

Ein paar Stunden später schrecke ich hoch. Neben mir stößt etwas krachend gegen einen festen Gegenstand. Gefolgt von einem lauten „Cuidado – Achtung!" Ein Mensch stöhnt auf. Hektische Bewegungen um das vermeintliche Krankenbett neben dem meinen. Ich spüre die Aufregung, doch sehe nichts, da ein Vorhang mein Bett von dem nächsten trennt. „Rasch", sagt eine Männerstimme, „Anna, die Spritze! Kann mir jemand mit der Wunde am Oberschenkel helfen?" Dann leise „Si Doctor!" Wieder laufen. Irgendetwas scheint nicht so zu sein, wie es sollte. Das ist eine andere Geschichte, jedenfalls nicht meine.

Ich würde gerne leise aufstehen und mich davonmachen. Aber meine Beine sind noch immer gelähmt. Ich starre auf meine Zehen, so als könne ich sie zwingen aufzuwachen. Hat sich mein großer Zeh gerade bewegt? Möglicherweise. Ich kann mich nicht aufsetzen, mein Bauch unter dem breiten Verband schmerzt. Wieder Bewegungen am Vorhang neben mir. Ein Arzt spricht mit einem anderen, ich verstehe nicht, worum es geht. Geräte piepen, eine Schwester unterbricht „der OP ist fertig, wann bringen wir ihn hinunter?" „In fünf Minuten."

Dann taucht ein Kopf auf meiner Seite des Vorhangs auf. „Alles in Ordnung?" Doch die strenge Dame in Schwesterntracht wartet keine Antwort ab. Stattdessen deutet sie mit einer Kopfbewegung hinter sich. „Verkehrsunfall. Sobald wir die Sache im Griff haben, lasse ich Sie auf Ihr Zimmer bringen!" Schon ist sie weg. Ich wollte doch nach meinen Kindern fragen. Keine Ahnung, wie lange ich schon hier liege, aber ich will meine Söhne sehen. Das ist nicht der Platz, an dem ich sein will, oder sein soll. Wieder stöhnt der Patient im Nebenabteil. Ich wage nicht nach jemandem zu rufen.

Zeit vergeht, endlich taucht die Schwester wieder auf. Sie schaut - statt auf mein Gesicht - auf den Bildschirm hinter mir und befreit meinen Finger von einer Plastikklemme. „La llevo a su cuarto – ich bringe Sie in Ihr Zimmer!" „Kann ich meine Kinder sehen?" „Das müssen Sie mit der Stationsschwester ausmachen, dafür bin ich nicht zuständig." Gespräch beendet. Resolut schiebt sie mich hinter dem Vorhang hervor. Das Nebenbett ist leer.

Die Liege rattert über eine Metallschwelle in den Aufzug, ein heftiger Schmerz durchzuckt mich. Wie groß mag meine Wunde sein? Wann kann ich mich wieder bewegen? Wann kann ich aufstehen? Endlich bin ich in meinem Zimmer, aber es ist leer, kein Frank, keine Kinder. „Wo sind sie?", frage ich die Stationsschwester, die gerade hereinkommt. „Ihr Mann ist rasch ein paar Sachen von zuhause holen gefahren. Ich soll Ihnen sagen, dass er so schnell wie möglich wiederkommt." „Und meine Kinder?" „Den beiden geht es gut..." Offensichtlich denkt die gute Frau, dass mir das als Antwort reicht. „Ich möchte sie sehen", verlange ich. „Nicht jetzt", antwortet die Dame. „Wie bitte?" Langsam werde ich wütend. „Die Schwestern der Kinderstation sind schon im Nachtdienst und wir haben nicht genug Personal um Neugeborene herauf zu karren." Jetzt habe ich genug, wirklich genug. „Nun", sage ich resolut und setze mich auf, obwohl mir der Schmerz im Bauch die Luft nimmt. „Wenn meine Kinder nicht zu mir können, dann gehe ich eben zu ihnen." „Das glaube ich nicht", sagt die Krankenschwester bestimmt. „Sie müssen sich ausruhen." Mit diesen Worten geht aus dem Zimmer.

Mehr brauche ich nicht. Ich drehe mich zur Seite, strecke meine Beine, die ich inzwischen wieder spüre, aus dem Bett und stehe langsam auf. Keine Chance, ich kann den Oberkörper beim besten Willen nicht aufrichten. Am Sessel neben mir liegt ein weißer Bademantel. Mit viel Anstrengung und unter heftigem Schwanken schlüpfe ich hinein. Ein paar Spitalsschlappen stehen direkt vor mir. Unmöglich in diesem Zustand auf einem Bein zu balancieren, also beschließe ich das Schuhwerk hier zu lassen. Langsam gehe ich zur Tür und öffne sie.

Kein Mensch am Gang, also auf in die Kinderstation. Nachdem was die Schwester gesagt hat, muss sie irgendwo unter diesem Stockwerk liegen. Am Ende des Ganges sehe ich silberne Lifttüren. Ich bin mir nicht sicher, ob ich diese Strecke schaffen kann. Ich gehe, und gehe und habe das Gefühl, dass mein Ziel nicht merklich näherkommt. Da geht eine Tür auf und ein Krankenpfleger schlüpft aus dem Zimmer. Mit aller Kraft richte ich mich auf und frage mit der kräftigsten Stimme, die ich im Moment hervorbringe „wie komme ich zur Station der Neugeborenen?" „Erdgeschoss, dann rechts!", antwortet der Mann, ohne den Kopf von dem Papier am Klemmbrett zu heben.

Endlich bin ich beim Lift angekommen, im Zimmer daneben sitzen ein paar Krankenschwestern bei Kaffee, darunter auch die, die mir Ruhe verordnet hat. „Señora", ruft sie erschrocken, als sie mich bemerkt, doch da geht schon die Aufzugstür hinter mir zu. „Erdgeschoss, Planta Baja", murmle ich und finde die Taste. Vorsichtig lehne ich mich an die Wand und schaue auf meine nackten Füße. Nun, es sieht ganz so aus, als wäre ich erfolgreich ausgebüxt.

Mir ist leicht übel und im Spiegel schaut mir eine sehr blasse Frau mit dunklen Ringen unter den Augen entgegen. So sieht man nach der Geburt aus – keine rosigen Wangen und glänzenden Augen, kein Filmmutterlächeln. Endlich gelandet, halte mich rechts und finde tatsächlich den Weg zur Babystation. Eine Tür geht auf und eine ältere Krankenschwester stellt sich mir in den Weg. „Wo wollen Sie hin?" „Zu meinen Kindern, und Sie werden mich nicht daran hindern!" Verwirrt tritt sie zur Seite und deutet auf ein Waschbecken „erst Hände waschen und Mundschutz anlegen!" Ich spüre ihren Blick auf meinen nackten Füßen und taumle zum Waschbecken. Warum ist es hier so heiß…. plötzlich wird alles um mich herum dunkel.

„Usted no se preocupe! Machen Sie sich keine Sorgen, ich kümmere mich selbst um sie!" Die Stimme kenne ich. Jose Aran Ramos, mein Frauenarzt. Kaum schlage ich die Augen auf, lächelt er mich an. „Wie geht´s?" „Ziemlich schlecht", sage ich leise und bemerke, dass ich wieder auf meinem Zimmer gelandet bin. Mensch ärgere dich nicht, wieder zurück am Start. „Ich will meine Kinder sehen", sage ich etwas lauter und versuche mich aufzusetzen. Mein Arzt drückt mich sanft zurück in die Kissen. „Das haben inzwischen alle verstanden – sogar die Stationsschwestern." Er lächelt noch immer „die beiden Buben kommen gleich, ich habe persönlich Anweisung gegeben!" Erschöpft lasse ich mich zurückfallen.

„Tut mir leid", sagt mein Arzt „ich musste noch kurz in die Ordination und habe gedacht, ich wäre schneller wieder hier…" „Die wollten mich meine Kinder nicht sehen lassen…" „Ich weiß, elende Bürokraten. Es ist nach 18 Uhr und da sind alle Neugeborenen in der Baby-Station verstaut."

Die Tür geht auf. Eine Schwester schiebt einen seltsamen Kasten vor sich her. In seinem Inneren schlafen zwei Babys hinter Plexiglas. Der eine mit wirrem schwarzem Haar und der andere völlig kahl. Vorsichtig hebt die Schwester den kahlen Jungen aus dem Bettchen und legt ihn in meine Arme. „Der hier wurde als zweiter geboren…" „Hallo Alex", sage ich leise, das Baby bewegt die Nase und macht die Augen einen Schlitz breit auf. „Ich bin deine Mama." Scheinbar mit der Auskunft zufrieden schläft er wieder ein. „Geben Sie mir auch gleich den anderen!" Sie zögert und schaut fragend den Arzt an. „Tun Sie lieber, was meine Patientin sagt", brummt Aran belustigt „wer weiß, was sie sonst wieder anstellt…" Ich umarme das schwarzhaarige Baby mit meinem freien Arm. „Hallo Felix." Der macht die Augen weit auf und mustert mich eingehend. Es scheint, als hätte er die Stimme wiedererkannt, und wolle nun das Gesicht dazu genau studieren.

Ich bin Mutter. Wer hat mich eigentlich auf diesen Job vorbereitet? Warum habe ich kein einziges der klugen Bücher gelesen, die sich originalverpackt neben meinem Bett stapeln? Weil ich mich diesmal einfach auf mich selbst verlassen werde!

Temazcal

Der erste glühende Stein kommt durch einen Spalt zwischen den Tierhäuten ins Zelt. „Gegrüßt seist du, Großmütterchen", sagt der Mann am Eingang leise. Sein nackter Oberkörper ist mit indianischen Symbolen überzogen. Geometrische Formen, Schlangen, Adler. Sein Name ist Wambli, das Wort für Adler in der Sprache der Dakota. Er leitet den Temazcal, das Ritual in der Schwitzhütte.

Fünfzehn Leute sitzen im Kreis um eine Mulde in der Erde, dorthin kommt der rote glimmende Stein und es folgen ihm noch zwei weitere. Hitze breitet sich im Zelt aus, nur die Erde, auf der wir sitzen, ist kalt und feucht. Die Tierhäute werden von außen wieder zugezogen. Dunkelheit hüllt uns ein, in der Mitte nur die glühenden Steine. Ein Neuling ist sichtlich beunruhigt. „Entschuldigung, äh, ich leide unter Klaustrophobie. Kann ich raus, wenn ich es nicht mehr aushalte?" Im schwachen Schein verglühender Kräuter und harziger Kopalstücke legt Wambli den Kopf schief. „Das kannst du, wenn der Eingang geöffnet ist und ich es dir erlaube…" Der junge Mann rutscht unbehaglich herum. „Glaub mir, du hast nicht, was man Klaustrophobie nennt. Entspanne dich einfach und atme." Den Angesprochenen scheint diese Anweisung nicht wirklich zu beruhigen, doch der Adler spricht unbeirrt weiter, „vergiss eines nicht, die größte Angst ist die vor der Angst selbst." Ein schwacher Sonnenstrahl findet einen Weg zwischen den Häuten auf dem sternförmigen Holzgestell über uns.

Langsam gewöhnen sich die Augen an das schwache Licht und schemenhaft lassen sich die Umrisse der anderen erkennen. Wambli singt ein Lied über einen Adler, der sich in die Lüfte hebt. Schweißtropfen rinnen über mein Gesicht und meine Augen brennen. Es ist als würde man auf eine Reise gehen, eine Reise nach Innen. Eine Reise, auf der man alles, was man nicht mehr braucht, zurücklassen kann. Leises Trommeln, heisere Gesänge, das Zischen der Steine. Zum dritten Mal ist der Spalt in der Zeltwand offen. „Wenn Ihr etwas zu sagen habt, ist jetzt der Moment zu sprechen..." Wieder begrüßt Wambli die vulkanischen Steinbrocken, die der Mann des Feuers in die Grube schiebt. Diesmal gießt er Quellwasser über sie. Die Steine fauchen und erzählen knisternd Geschichten.

Der Neuling, der anfangs Bedenken hatte, sitzt noch immer auf seinem Platz. Er räuspert sich „habe ich die Erlaubnis zu sprechen?" „Gewährt. Aho!", nickt der Adler. „Ich möchte mich bedanken. Dafür, dass ich den Mut hatte hierherzukommen, und schließlich noch mehr Mut drinnen zu bleiben. Ich hatte Angst vor dem, was mir begegnen könnte, vor der Dunkelheit, der Hitze und vor mir selbst." „Aho", sagt Wambli anerkennend, die anderen stimmen zu. Ohne es geplant zu haben, bitte ich um das Wort. „Aho!" „Auch ich habe zu danken. Ich habe ich gelernt, dass ich, nur, weil ich Angst habe, noch lange kein Feigling bin." „Aho!"

Literatur

1 Guadalupe Loaeza, Compro luego existo, 1992, Editorial Alianza

2 Ruth Deutsch Lechuga, Rituales del día de muertos, Artes de México - Día de Muertos, Serenidad Ritual, Numero 62

3 Jacques Paire, De caracoles y escamoles: un cocinero francés en tiempos de Don Porfirio, 2001, Alfaguara

4 Claudio Lomnitz, La Idea de la Muerte en México, 2006, Fondo de Cultura Económica

5 Santa Evita, Tomás Eloy Martínez, 1995, Seix Barral

6 La tierra Ligera, Santiago Miralles, 2000, San Lorenzo de El Escorial, Ediciones de la discreta

7 Hans Bankl, Die kranken Habsburger, Befunde und Befindlichkeiten einer Herrscherdynastie1998, Orac/K&S

8 Elizabeth Gilbert, Commited, A Love Story, 2010, Viking

9 Spencer Johnson, Wer hat meinen Käse geklaut, 2002, Rusch Verlag

www.ingramcontent.com/pod-product-compliance
Lightning Source LLC
Chambersburg PA
CBHW071134300426
44113CB00009B/969